Die Prinzipienfragen in Beziehung auf eine neue Strafprozeß-Ordnung

Rechtshistorische Reihe

Band 421

Peter Lang
Frankfurt am Main · Berlin · Bern · Bruxelles · New York · Oxford · Wien

Friedrich Carl von Savigny

Die Prinzipienfragen in Beziehung auf eine neue Strafprozeß-Ordnung

Ausgearbeitet im Justizministerium für die Gesetzrevision

Eingeleitet und herausgegeben von Werner Schubert

Peter Lang
Internationaler Verlag der Wissenschaften

Bibliografische Information der Deutschen Nationalbibliothek
Die Deutsche Nationalbibliothek verzeichnet diese Publikation in der Deutschen Nationalbibliografie; detaillierte bibliografische Daten sind im Internet über http://dnb.d-nb.de abrufbar.

Herausgeber und Verlag danken der Zentralbibliothek Recht der Universität Hamburg für das zur Verfügung gestellte Exemplar der Originalausgabe von 1846.

Umschlagabbildung:
Justitia. Allegorie der Gerechtigkeit.
Druck aus dem 17. Jahrhundert.

ISSN 0344-290X
ISBN 978-3-631-63528-5

www.peterlang.de

Inhaltsverzeichnis

Einleitung

Theodor Goldtammer, der Herausgeber des „Archivs für Preußisches Strafrecht" veröffentlichte 1858 und 1859 drei Teile des nur für den inneren Dienstgebrauch bestimmten Manuskriptdrucks: „Die Prinzipienfragen in Beziehung auf eine neue Strafprozess-Ordnung" (Inhaltsverzeichnis nach der Vorbemerkung, S. VII-X), und zwar die Abschnitte über die Geschworenengerichte, die gesetzliche Beweistheorie und über die Staatsanwaltschaft[1]. Mit der vorliegenden Edition werden die „Prinzipienfragen"[2], von denen nur sehr wenige der 150 gedruckten Exemplare in die öffentlichen Bibliotheken gelangten, in einer Neuedition wiedergegeben, und zwar unter dem Namen von Savigny mit dem Untertitel „Ausgearbeitet im Justizministerium für die Gesetzrevision". Dieser Untertitel soll zum Ausdruck bringen, dass die Denkschrift in Savignys Ministerium von dessen Mitarbeitern, und zwar hauptsächlich von *Bischoff*, entworfen worden ist. Der Inhalt der Denkschrift stimmte voll mit Savignys rechtspolitischer Konzeption einer Reform des Strafverfahrensrechts überein, wie sich diese bereits 1843 in seinem Ministerium herausgebildet hatte. Ob und inwieweit Savigny vom Inhalt der Denkschrift vor den Druckkorrekturen Anfang Mai 1846 volle Kenntnis genommen hat, muss offen bleiben. Fest steht lediglich, dass er die erste Druck-Korrekturfassung vollständig durchgelesen hat, wie insbesondere seine, allerdings nur selten vorgenommenen Korrekturen zeigen.

Goldtammer stellte in seiner Einleitung 1858 fest[3], Savigny habe sich im Jahre 1846 gedrungen gefühlt, die Hauptfragen der Reform des Strafprozesses „besonders in einer umfangreichen amtlichen Denkschrift" zu erörtern, und „dadurch für die vorberathenden Stadien der Legislation eine erschöpfende Grundlage zu gewähren. Wie sich von einem solchen Verfasser erwarten lässt, enthält diese Denkschrift einen so tief und geistreich eindringenden Blick in das Wesen der in Rede stehenden Institutionen, dass sie ein bleibendes Denkmal unserer Rechtsgeschichte sein wird, obwohl sie leider nur den höchsten Behörden bekannt geworden ist." Die Denkschrift habe „denjenigen legislativen Verhand-

---

1 GA Bd. 6 (1858), S. 468 ff.; Bd. 7 (1859), S. 577 ff.

2 Zu den „Prinzipienfragen" Jürgen Regge, in: Schubert/Regge, Gesetzrevision, I 1, Vaduz 1981, S. XL; W. Schubert, in: Schubert/Regge, Gesetzrevision, I 6, 1996, S. XXIX; ferner Adolf Stölzel, Brandenburg-Preußens Rechtsverwaltung und Rechtsverfassung, Bd. 2, Berlin 1888, S. 587 ff.; Wolf-Christian von Arnswaldt, Savigny als Strafrechtspragmatiker. Ministerium für die Gesetzrevision (1842-1848), Baden-Baden 2003, S. 217 ff. – Über Savigny: Joachim Rückert, Idealismus, Jurisprudenz und Politik bei Friedrich Carl von Savigny, Ebelsbach 1984; Friedrich Carl von Savigny. Leben und Wirken (1779-1861), Köln 2011.

3 GA, Bd. 6, S. 469 f.

lungen zum Grunde“ gelegen, „welche vorläufig im Jahre 1846 zu der Einführung des Anklageprozesses mit öffentlichem und mündlichem Verfahren für die Gerichte zu Berlin, in der modifizirten Gestalt, wie sie die Verordnung vom 17. Juli 1846 enthielt, führten“. Im Übrigen habe diese Verordnung „in vieler Hinsicht denjenigen Vorschriften zum Grunde gelegen“, die zur Verordnung vom 3.1.1849[4] geführt hätten. Goldtammer weist in diesem Zusammenhang auf § 19 der Verordnung von 1846 im Vergleich zu § 22 der Verordnung von 1849 hin.

Entsprechend dem Programm Savignys vom 8.1.1842 für das Gesetzrevisionsministerium waren für das Criminalverfahren „sich entgegengesetzte Principien, ähnlich den in dem Civilverfahren wahrnehmbaren, obgleich damit nicht zusammenfallend“ maßgebend[5]: „Die wichtigste und schwierigste Frage betrifft hier die Art, wie die richterliche Ueberzeugung gebildet werden soll, und hierauf besonders beziehen sich die Verschiedenheiten des Verfahrens, deren Vorzüge und deren Nachtheile auch die Nichtjuristen, mehr als bei dem Civilverfahren, lebhaft zu beschäftigen pflegen. Es sind dieses die wichtigsten Fragen, welche unter dem Namen des öffentlichen Verfahrens und der Geschworenengerichte behandelt werden, obgleich diese Benennungen nicht selten das eigentliche Wesen der Sache mehr verdunkeln als hervorheben.“ Der König Friedrich Wilhelm IV. stellte am 28.2.1842 hierzu fest[6], es seien zunächst „die Civil- und Criminalprocessordnung, wie die Hypotheken- und Depositalordnung zu revidiren, namentlich die Fragen ‚*über das angemessenste Processsystem*‘, über mündliches und schriftliches Verfahren, Oeffentlichkeit der Rechtspflege, Anklage- und Inquisitionsprocess zur Entscheidung zu bringen.“ Savigny hatte bereits im Sommer 1842 Bischoff mündlich damit beauftragt, eine Denkschrift über die Reform des Strafprozesses auszuarbeiten und diesen Auftrag unter dem 27.9.1842 dahin präzisiert[7]: „Bei der Aufstellung der erst vorerst zu entscheidenden Principienfragen“ komme es darauf an, die bisherigen Initiativen „möglichst vollständig, kurz und im systematischen Zusammenhang darzustellen, so dass nichts Wesentliches vermisst und das Mitgetheilte zur Entscheidung anschaulich vorbereitet“ würde[8].

---

4 Verordnung über die Einführung des mündlichen und öffentlichen Verfahrens mit Geschworenen in Untersuchungssachen, Preuß. GS 1849, S. 14 ff.

5 Stölzel, aaO., S. 740 ff.

6 Stölzel, aaO., S. 530 f.

7 Hierzu die Akte im Geh. Staatsarchiv Berlin-Dahlem, Rep. 84 II 3 Nr. 33, Bd. 2. – Im April 1843 hatte Savigny in seinem Ministerium mit Bischoff, Zettwach, v. Gerlach, Heydemann und Kisker Fragen eines neuen Strafverfahrens beraten.

8 Friedrich Wilhelm August Bischoff (geb. 1804 in Halberstadt, gest. 1857 in Nürnberg) war 1835 in das Gesetzrevisionsministerium eingetreten (1842 Geh. Justizrat; 1848

1843 lag bereits eine „Denkschrift über die Principienfragen der neuen Strafprocess-Ordnung“[9] vor, die weitgehend von Bischoff, wenn nicht gar ausschließlich von ihm stammen dürfte. Diese Denkschrift ist trotz der vorgehefteten Inhaltsübersicht, die bereits wie die gedruckte die ersten zehn Prinzipienfragen umfasst, noch unvollständig. Nicht enthalten sind in der Fassung von 1843 Abschnitte über die Geschworenengerichte, die außerordentliche Strafe, die Appellation der Staatsbehörde[10] und die Kompetenz der administrativen Polizeibehörden. In der nachfolgenden Akte findet sich nunmehr die vollständige „Denkschrift“ mit der Datumsangabe „Berlin 1844“, die 1846 für die Druckfassung in 1846 abgeändert wurde[11].

Die Fassung von 1844 sandte Savigny mit einem Schreiben vom 22.11.1845 an den Nachfolger des Justizverwaltungsministers Mühlers, Alexander von Uhden (Minister vom 25.9.1845 bis zum 20.3.1848), mit dem Vorschlag[12], die beiden Hauptfragen der Strafprozessordnung mit ihm zu beraten, nämlich 1. „ob an und für sich und aus innern Gründen ein auf Mündlichkeit gegründetes Strafverfahren den Vorzug vor dem gegenwärtigen schriftlichen Strafverfahren verdiene und demgemäß die Einführung desselben wünschenswerth sei“ und „ob und in welcher Art dasselbe mit unserer Gerichtsverfassung vereinbar sei, in welcher Beziehung dann die weitere Frage entsteht, ob eine Verkleinerung und Vermehrung der Obergerichte oder eine Erweiterung der Competenz der Untergerichte in Criminalsachen den Vorzug verdiene“. Savigny erhielt auf sein Schreiben vom 22.11.1845 keine Antwort; stattdessen ließ Uhden in seinem Ministerium in Absprache mit Innenminister Bodelschwingh den Entwurf einer Verordnung über das beim „Criminal- und Kammergericht zu Berlin einzuführende Straf-Prozessverfahren“ ausarbeiten und anschließend ohne Hinzuziehung Savignys in seinem Ministerium beraten[13].

Vortragender Rat). Als wichtiger Mitarbeiter Savignys betreute er u.a. das materielle und formelle Strafrecht sowie das Handels- und Wechselrecht. Nach 1848 bearbeitete er die Entwürfe zum Strafgesetzbuch von 1851 und den preuß. HGB-Entwurf, welcher der Nürnberger Konferenz 1857 vorlag. Über Bischoff Preuß. JMBl. 1857, S. 261 ff. Strauss, JZ 1957, S. 517 f.

9 Geh. StA Berlin-Dahlem, Rep. 84 II 4 II 24, Bd. 1, Bl. 222-466.

10 Im Text: „Rechtsmittel der Nichtigkeitsbeschwerde“.

11 Geh. StA Berlin-Dahlem, Rep. 84 II 4 II 24, Bd. 2. Zum Folgenden auch Arnswaldt, aaO., S. 217 ff.

12 Geh. StA Berlin-Dahlem, Rep. 84 II 3 Nr. 33, Bd. 2; vgl. auch Arnswaldt, aaO., S. 301.

13 Verf. des Entwurfs war der spätere preußische Justizminister Heinrich (von) Friedberg (hierzu Schubert, Gesetzrevision, I 6, S. XXIX f.).

Der König hatte bereits unter dem 28.3.1846 in einer Kabinettsordre an Uhden und Bodelschwingh festgestellt[14], „die Untersuchung wegen der mit hochverrätherischen Verschwörung in den vormals polnischen Landestheilen und der daraus hervorgegangenen einzelnen Verbrechen hat eine so große Ausdehnung gewonnen und erstreckt sich über eine so große Anzahl von Angeschuldigten, dass bis zur rechtskräftigen gerichtlichen Entscheidung voraussichtlich eine geraume Zeit vergehen dürfte, wenn die Sache in dem durch die Kriminal-Ordnung vorgeschriebenen Verfahren zu Ende geführt werden soll“: Es leuchte ein, „dass ein erst nach so langer Zeit erscheinendes Strafurtheil nicht mehr den Eindruck und die Wirkung hervorbringen kann, welche bei so schweren und weitverzweigten Verbrechen im Interesse der Justiz und der öffentlichen Sicherheit besonders ins Auge gefasst werden müssen, wie andererseits eine so lange dauernde Ungewißheit über das Schicksal der Angeschuldigten für diese selbst und deren Familien mit den erheblichsten Nachtheilen verbunden ist ... – Ich finde es daher für nothwendig, dass zur möglichst schleunigen Beendigung dieser Untersuchung auf eine Abkürzung derselben durch Anwendung eines einfachen und minder zeitraubenden Verfahrens Bedacht genommen werde. – Zweckmäßig möchte in dieser Hinsicht der Anklageprozess mit mündlicher Verhandlung vor dem erkennenden Richter erscheinen, wodurch nicht nur, ohne der Gründlichkeit Eintrag zu thun, die unabsehbaren Weitläufigkeiten des schriftlichen Inquisitionsprozesses vermieden werden, sondern auch eine Beschränkung der Bestrafung auf diejenigen, welche unter den zahlreichen Angeschuldigten besonders gravirt erscheinen, möglich gemacht wird.“

Am 22.4.1846 gelangte der genannte Verordnungs-Entwurf an den König, der ihn am 24.4.1846 an die strafrechtliche Staatsratskommission überwies. In diesem Zusammenhang erhielt Savigny erst jetzt von dem Vorhaben Uhdens Kenntnis und fühlte sich durch das eingeschlagene Verfahren verletzt. Er schrieb unter dem 28.4.1846 an den König[15], dass er desto weniger „den ehrerbietigen Ausdruck des schmerzlichen Gefühls“ unterdrücken könne, dass es ihm nicht gestattet gewesen sei, an jener „Maßregel“ teilzunehmen, da diese einen „integrirenden Theil“ des ihm anvertrauten Geschäftskreises bilde. Ein Zeitgewinn sei hierdurch nicht veranlasst, da er in der Kommission die Bedenken und Zweifel vortragen werde. Das „schmerzliche Gefühl“ werde noch dadurch erhöht, dass für jeden mit dem bisherigen Gang der Geschäfte nicht bekannten Beobachter der Schein entstehen müsse, als sei die „gegenwärtige exzeptionelle

14 Zitiert nach Schubert, aaO. (Fn. 13), S. 1485. – Zur Entstehung der VO von 1846 auch Alexander Igor, Geschichte des Strafprozesses in Deutschland 1532-1846, Paderborn 2006, S. 263 ff.

15 Zitiert nach Schubert, aaO. (Fn. 13), S. XXX; vgl. ferner Arnswaldt, aaO., S. 290 ff.

Maßregel" durch eine ihm zur Last fallende Verzögerung der allgemeinen Revision der Kriminal-Ordnung notwendig geworden. Er habe schon vor einiger Zeit Uhden die Grundzüge jener Revision mitgeteilt, so dass man die Verordnung auch hätte gemeinsam ausarbeiten können.

Nachdem entgegen den ursprünglichen Plänen am 12. und 13.5.1846, wohl um Savigny zufrieden zu stellen, eine Staatsministerialberatung im Beisein des Königs stattgefunden hatte[16], stellte der König in einer KO vom 15.5.1846 an Savigny zunächst fest, dass er vorausgesetzt habe, die vorgesehene Maßregel habe „mehr einen administrativen als einen legislativen Charakter"[17] und würde deshalb in das Ressort des Verwaltungsministeriums gehören. Dennoch bedaure er, dass es übersehen worden sei, den Auftrag zugleich auch an ihn, Savigny, zu richten, und zwar dies umso mehr, als der von Uhden als zweckmäßig verfolgte Weg allerdings auch das Ressort des Revisionsministeriums berühre und deshalb die Mitwirkung Savignys auch im vorbereitenden Stadium der Beratung ihm angenehm und für die Sache nützlich hätte sein können. Es sei ihm sehr erfreulich gewesen, dem Schreiben zu entnehmen, dass der Gesetzentwurf im Wesentlichen mit den Prinzipien übereinstimme, nach welchen er, Savigny, die Reform des Strafprozesses vorbereite. Er rechne damit, dass Savigny bei den ferneren Beratungen seine einflussreiche Mitwirkung nicht versagen und so wesentlich zur Förderung auch der allgemeinen Reformen beitragen werde.

Einen Tag nach Absendung seines Schreibens an den König bat Savigny am 29.4.1846 Uhden darum, die Denkschrift „schleunig" zurückzusenden[18]. Der Titel der „Denkschrift über die Principienfragen der neuen Strafprozess-Ordnung" wurde von Savigny eigenhändig in: „Die Principienfragen in Beziehung auf eine neue Strafprozess-Ordnung" umgeändert[19]. Die von Bischoff schon 1844 entworfene „Vorbemerkung" wurde von Savigny im Schlussteil gekürzt. Hier weist Savigny darauf hin, dass die Arbeiten an der Strafrechtsreform schon „seit längerer Zeit" vorbereitet worden seien. Auch Uhden habe den Wunsch nach einem Druck der „Prinzipienfragen" geäußert: „Es hat dies um so angemessener geschienen, als in dem Eingang zu dem Entwurfe der erwähnten Spezialverordnung darauf hingewiesen worden ist, dass bereits bei der Revision der Kriminal-Ordnung überhaupt jene Prinzipien als die Grundbedingungen einer Reform aufgestellt worden seien". Die Vorbemerkung trägt das Datum vom 3.5.1846. Es ist nicht ganz auszuschließen, dass der Druck des Haupttextes

16 Hierzu Igor, aaO., S. 278.

17 Schubert, aaO. (Fn. 13), S. XXX; v. Arnswaldt, aaO., S. 295.

18 Das Schreiben ist wiedergegeben bei v. Arnswaldt, aaO., S. 303.

19 Hierzu und zum Folgenden die Akte des Geh. StA Berlin-Dahlem, Rep. 84 II 4 II 24, vol. II (Bl. 1-312 das handschriftl. Exemplar der „Prinzipienfragen").

schon vorher begonnen hatte, da die Korrekturen der Druckfahnen bereits am 4.5.1846 begannen und am 8.5.1846 abgeschlossen waren.

Die Druckfahnen sind meist von Bischoff abgezeichnet und von Savigny mit dem Vermerk „gesehen“ versehen worden. Außer Satzzeichen, Fehlern und Druckfehlern weist das Korrekturexemplar nur wenige Änderungen auf, die den Inhalt des Textes im Übrigen nicht wesentlich ändern. Die Korrekturen stammen teils von Bischoff und, seltener, von Savigny; letztere werden am Ende der Einleitung zusammengestellt. Allerdings ist nicht immer mit letzter Sicherheit vom Schriftbild her zu entscheiden, welche Korrekturen von Savigny und welche von Bischoff stammen. Savigny übersandte unter dem 9.5.1846 an sämtliche Staatsminister und an den Präsidenten des Staatsrats, an den Prinzen von Preußen sowie an den Kabinettsminister v. Thiele Druckexemplare der „Prinzipienfragen“[20], die damit zu den Beratungen im Staatsministerium am 12. und 13.6.1846 vorlagen. Nach den Beratungen im Staatsministerium wurde der Verordnungs-Entwurf vom 14.5. bis 17.6.1846 (17 Sitzungen) von der strafrechtlichen Staatsratskommission revidiert[21]. Der Entwurf wurde nicht nur auf 133 Bestimmungen erweitert und durch Randüberschriften und Gruppierungen besser gegliedert, sondern auch teilweise abgeändert. Wichtige Abweichungen gegenüber der Vorlage waren die in § 22 Abs. 2 enthaltene Regelung (Entbindung von der Anklage), die Regelung des § 20 Abs. 2 (als Ersatz für den Wegfall der außerordentlichen Strafe), die Festlegung der Richterzahl bei den entscheidenden Richterkollegien, die Präzisierung der Befugnisse des Appellationsgerichts (§ 85 des Gesetzes gegenüber § 47 Abs. 2 des Entwurfs) und die Aufnahme von Bestimmungen über das zweite Rechtsmittel. In den Beratungen spielte die Denkschrift von Savigny eine wichtige Rolle, ohne dass im Einzelnen anhand der weitgehend anonymen Protokolle nachweisbar ist, inwieweit Savigny sich mit seinen Anregungen durchsetzen konnte oder nicht. Keinen Erfolg hatte sein Antrag, das Gesetz, soweit es dem Angeklagten zum Nachteil gereichen konnte, nicht rückwirkend anzuwenden bzw. dem Angeklagten ein Wahlrecht zu geben. Der von der Redaktionskommission neu redigierte Entwurf wurde bereits unter dem 16.7.1846 als „Gesetz, betreffend das Verfahren in den bei dem Kammergericht und dem Kriminalgericht zu führenden Untersuchungen“ publiziert (GS 1846, S. 267 ff.) und trat am 1.10.1846 in Kraft.

Die „Prinzipienfragen“ behandeln die bereits in der Denkschrift von 1843 aufgeführten zehn Themenkreise: Mündlichkeit des Verfahrens, Öffentlichkeit

---

20 Vgl. die Schreiben Savignys in der Akte des Geh. StA Berlin-Dahlem Rep. 89 Nr. 17722; 90 A 4516.

21 Protokolle bei Schubert, aaO. (Fn. 13), S. 1393 ff. Zum Folgenden Schubert, aaO. (Fn. 13), S. XXXI; Igor, aaO., S. 278 ff.

des Verfahrens, Staatsanwaltschaft, Geschworenengerichte, gesetzliche Beweistheorie, außerordentliche Strafe, Appellation der Staatsbehörde, Rechtsmittel der Nichtigkeitsbeschwerde, Kompetenz der administrativen Polizeibehörden zur Untersuchung und Bestrafung der einfachen Polizeivergehen und Einteilung des Strafverfahrens (S. 1-144). Im letzten Drittel geht die Denkschrift auf die Organisation der preußischen Kriminalgerichte und deren Neuregelung sowie auf die „gegenwärtig bestehenden Jurisdiktionsverhältnisse" ein (S. 145-217). Die „Prinzipienfragen" erschließen die Grundlagen eines neuen Strafprozessrechts sehr detailliert und gehen sowohl auf die Vorzüge als auch auf die Bedenken ein, die gegen die einzelnen Prinzipien geltend gemacht würden. Die Denkschrift behandelt, und zwar mitunter sehr ausführlich, auch die Geschichte einzelner Prinzipien des preußischen Kriminalprozesses, etwa in dem Abschnitt über die Appellation der Staatsbehörde. Die rechtspolitische Diskussion der Zeit (Gutachten der Immediat-Justizkommission, Feuerbach, württembergische und badische StPO-Entwürfe) sind ebenso berücksichtigt wie die im Rahmen der Gesetzrevision aufgestellten Entwürfe zu einer neuen Strafprozessordnung von 1828, 1829 und 1841[22]. Die Protokolle der Gesetzrevisionskommission von 1828/29 werden an einigen Stellen zitiert.

Im Abschnitt über die Staatsanwaltschaft sind nicht erwähnt die seit 1843 ergangenen[23], von Savigny bis zur Reform des materiellen Strafrechts abgelehnten Initiativen zur Einführung einer Staatsanwaltschaft im strafrechtlichen Ermittlungs- und Anklageverfahren. Die Regelung der Staatsanwaltschaft in der Verordnung vom 17.7.1846 entspricht im Wesentlichen den Vorschlägen Savignys. Allerdings wurden nicht alle „Attributionen" der französischen Staatsanwaltschaft in die Verordnung übernommen[24]: Hierzu gehörten nach den „Prinzipienfragen" die „Beaufsichtigung und Ueberwachung der Gerichtshöfe, sowie der dabei fungirenden Personen wegen gehöriger Vollziehung der Gesetze". Die Staatsanwaltschaft sei ferner die „Behörde, welche bei den einzelnen Gerichten die Exekutiv-Gewalt des Staats vertritt und dieselbe im Namen des Staats ausübt; sie ist die Mittelbehörde, durch welche die Regierung ihre Mittheilungen an die Gerichte gelangen lässt; sie korrespondirt mit anderen Behörden, besorgt Zustellungen ins Ausland und empfängt dergleichen, sie hat die Beaufsichtigung der Civilstandsregister, der Hypothekenverwaltung und die Aufsicht über die

22 Hierzu die Quellen bei J. Regge, in: Schubert/Regge, Gesetzrevision, Bd. I 2, 1982, S. 553 ff., 945 ff.; bei Schubert, in: Schubert/Regge, Gesetzrevision, Bd. I 5, 1994, S. 833 ff. – Revisor für die Entwürfe von 1828/29 war Scheller; der Entwurf von 1841 stammt von Kamptz.

23 Hierzu W. Schubert, in: Schubert/Regge, Gesetzrevision, Bd. II 11, 1991, S. XXXV ff., 1249 ff.

24 Prinzipienfragen, S. 39.

Notarien der einzelnen Bezirke." Nach § 3 der Verordnung von 1846 gehörten die Staatsanwälte und deren „Gehülfen" nicht zu den richterlichen Beamten. Sie waren der Aufsicht des Justizministers unterworfen und hatten dessen Anweisungen Folge zu leisten.

Bahnbrechend für die Entwicklung des preußischen Strafprozesses war der Vorschlag, auch der Staatsanwaltschaft die Möglichkeit einer Appellation gegen die erstinstanzlichen Strafurteile, und zwar auch zu Ungunsten des Angeklagten, einzulegen. Als weiteres Rechtsmittel sah die Denkschrift die Nichtigkeitsbeschwerde („und zwar mit weiterer Annäherung an die Vorschriften des französischen Strafprozesses")[25] vor, die für Zivilsachen bereits durch eine Verordnung vom 14.12.1833[26] eingeführt worden war. In den Verhandlungen der Staatsratskommission gelang es Savigny[27], die Einführung einer Nichtigkeitsbeschwerde zur Diskussion zu stellen, und hatte damit Erfolg. Allerdings wurde das Rechtsmittel als „Revision" bezeichnet, und zwar nicht im Sinne der bisherigen Revision des preußischen Rechts, die eine weitere Verhandlung über Tatsachen zuließ, sondern im Sinne des französischen Rechtsmittels der Kassation. Danach konnte die Entscheidung des Appellationsgerichts darüber[28], „ob und in wieweit die in der Untersuchung zur Sprache gekommenen Thatsachen für erwiesen anzunehmen sind oder nicht, in der dritten Instanz nicht mehr angefochten werden". Allerdings sollte die Revision gegen zwei konforme Urteile nicht zulässig sein (Entscheidung in der Staatsratskommission mit sieben gegen vier Stimmen). In engem Zusammenhang mit der Einführung einer mündlichen Verhandlung sollten nach der Denkschrift und in Übereinstimmung damit auch nach der Verordnung von 1846 die außerordentliche Strafe sowie die gesetzliche Beweistheorie entfallen. Weder die „Prinzipienfragen" noch der Verordnungsentwurf Uhdens schlugen die Einführung von Geschworenengerichten vor, mit der sich die Denkschrift ausführlich auseinandersetzte. Von großer Wichtigkeit ist endlich auch der Abschnitt der Denkschrift über das Kriminalverfahren im Einzelnen (S. 145-144) und über die Organisation der preußischen Strafgerichte.

Schon der Verordnungs-Entwurf von Uhden zeigt, dass zumindest Friedberg, von dem die erste Entwurfsfassung stammt, die Denkschrift benutzt hat. Zwar waren die in der Denkschrift diskutierten und vorgeschlagenen Reformen des Strafprozesses Gegenstand der zeitgenössischen Diskussionen. Es findet sich jedoch in der Vormärzzeit keine ähnlich eindringliche und kenntnisreiche Darstellung über die Ablösung des Inquisitionsprozesses durch den mündlich-

25 Prinzipienfragen, S. 93.

26 Hierzu Schubert, aaO. (Fn. 23), S. XXIV ff., 67 ff. (Quellen).

27 Quellen bei Schubert, aaO. (Fn. 13), S. 1455 ff.

28 § 91 der VO vom 17.6.1846.

öffentlichen Strafprozess des französischen Rechts. Mit seinen „Prinzipienfragen" sowie seiner Mitarbeit im Staatsministerium und in der Strafrechtskommission hat Savigny die Arbeiten an der Verordnung vom 17.7.1846 „maßgeblich beeinflusst". Seine Denkschrift „Prinzipienfragen" ist, so v. Arnswaldt wohl „als conditio sine qua non für die Berliner Kriminalordnung anzusehen"[29].

Auf *Savigny zurückgehende Änderungen* im gedruckten Korrekturexemplar[30] der Denkschrift:

Vorbem. S. III 5. Zeile v.u.: das Adjektiv „modifizirten" stammt von Savigny.

S. IV, 14. Zeile v.o.: statt „höchstens eine fünfjährige" heißt es „eine geringere" Freiheitsstrafe.

S. V, 5./4. Zeile v.u.: Der Relativsatz: „welches ..." stammt von Savigny. Der Rest des Absatzes wurde von Savigny gestrichen.

S. VI, 4./5. Zeile v.o.: „seit längerer Zeit vorbereiteten" von Savigny eingefügt.

S. VI, Textzeilen 2-5 v.u.: von „als in ..." bis zum Ende von Savigny eingefügt.

S. 63, 3. Zeile v.u. (Text): Umstellung von Abegg, Möser auf Möser, Abegg.

S. 77, 7. Zeile v.u.: Statt „ziemlich gleich": „sehr nahe, oft gleich".

S. 78, 7. Zeile v.u.: „Es wird demnach zur Erwägung gestellt" (statt vorher: „der Vorschlag geht demnach dahin").

S. 89, 15. Zeile v.u.: Statt „angeführt werden": „angeführt werden sollen".

S. 101 unter 2.: „Jenes Mittel, den möglichen Fehlgriffen des Richters zweiter Instanz abzuhelfen" (statt vorher: „sich über die Unvollkommenheit der Strafjustiz zu trösten").

S. 114, 21. Zeile v.u.: „für jetzt eine nur beschränkte Änderung der bestehenden Verfassung vorzunehmen" (vorher: „sich für jetzt auf eine nur teilweise Änderung der bestehenden Verfassung zu beschränken").

S. 118, 7. Zeile v.u.: „Gewissen" vor „Verwaltungs-Beamten" wurde von Savigny eingefügt.

S. 119, 8. Zeile v.o.: „Berüchte" (d.h. Strafgelder) statt „Berüchten".

S. 119, 8. Zeile v.u.: „Selbst eine sehr mäßige körperliche Züchtigung" (statt: „eine mäßige, wenn auch die mäßigste").

---

29 von Arnswaldt, aaO., S. 315. – Zur weiteren Entwicklung des preußischen Strafprozessrechts Schubert, aaO. (Fn. 13), S. XXXI ff. – Die „Prinzipienfragen wurden wiederholt zitiert, u.a. in: C. Hahn/B. Mugdan, Die gesammten Materialien zu den Reichsjustizgesetzen, Bd. 3, 1, 2. Aufl. 1885, S. 310 f.

30 Das Korrekturexemplar befindet sich in der Akte des Geh. StA Berlin-Dahlem Rep. 84 II 4 24, Bd. 2.

S. 128, 11. Zeile v.o.: „Polizeigesetze“ (vorher: „polizeiliche Vergehungen“; evtl. auch von Bischoff).

S. 132, 2. Zeile v.o.: „immer“ vor „definitiv“ eingefügt.

S. 134, 17., 18. Zeile v.o.: „es“ vor „muss“ und „entweder“ vor „lediglich“.

S. 172, letzte Zeile v.u. bis S. 173 2. Zeile v.o.: ab „in wiefern“ bis „sein können“ (von Savigny eingefügt). Diese Passage ersetzte folgenden Text: „Auf die zufällige Hülfe unbesoldeter Assessoren sollte man überhaupt bei der Justiz-Einrichtung nicht rechnen, zumal ihnen die Unabhängigkeit und Selbständigkeit abgeht, welche man von den Richtern zu fordern hat. Wenn man sie aber berücksichtigen will, so kann das auch bei der Besetzung der verkleinerten Obergerichte geschehen.“

S. 180: 4./3. Zeile v.u.: „Bei den Gerichten, welche in Berlin ihren Sitz haben, ein mündliches Verfahren ...“ (vorher: „Bei den hiesigen Kriminalgerichten ein öffentlich-mündliches Verfahren“).

Kiel, im August 2011 — Werner Schubert

Die

Prinzipienfragen

in Beziehung auf eine

neue Strafprozeß-Ordnung.

Berlin, 1846.

Vorbemerkung.

Bei der Verschiedenheit der Meinungen, welche in neuerer Zeit über die Grundbedingungen des Strafverfahrens sich geltend machen, erscheint es für diesen Zweig der Gesetzgebung mehr als für andere wünschenswerth, zuvor die Prinzipienfragen zur definitiven Entscheidung zu bringen, ehe man sich mit der Abfassung der einzelnen Bestimmungen des Entwurfs einer Strafprozeß-Ordnung selbst beschäftigt. Erst wenn die Grundlagen des neuen Verfahrens festgestellt sind, wird es ersprießlich sein, die speziellen Vorschriften, welche sich dann zum großen Theil von selbst ergeben, zu erörtern.

In dieser Erwägung sind die Fragen über Mündlichkeit, Oeffentlichkeit, Staats-Anwaltschaft, Geschwornengerichte, positive Beweistheorie, außerordentliche Strafe, Appellation der Staatsbehörde, Einführung des Rechtsmittels der Nichtigkeitsbeschwerde, Kompetenz der administrativen Polizei-Behörden zur Bestrafung der Polizeivergehen, so wie die Eintheilung des Strafverfahrens, einer umfassenden und der Wichtigkeit des Gegenstandes angemessenen Erörterung unterworfen worden.

Das Resultat dieser Erörterung besteht darin, daß die Einführung eines mündlichen und modifizirten öffentlichen Strafverfahrens mit Staats-Anwaltschaft, jedoch ohne Geschwornengerichte, beantragt worden ist. Die Beibehaltung der positiven Beweistheorie und der außerordentlichen Strafe ist nicht für empfehlungswerth erachtet worden. Dagegen ist vorgeschlagen, die Appellation der Staatsbehörde, welche gegenwärtig nur bei Verbrechen der Beamten in der Form des Aggravations-Gesuchs vorkommt, in der Art zu generalisiren, daß dieselbe bei allen Verbrechen ohne Unterschied zulässig sein soll. Aus der Zulassung der Appellation der Staatsbehörde ergiebt sich dann die Nothwendigkeit der Einführung des Rechtsmittels der Nichtigkeitsbeschwerde, welches auch in anderer Beziehung bedeutende Vortheile gewährt, von selbst.

In Ansehung der Untersuchung und Bestrafung der einfachen Polizeivergehen ist vorgeschlagen worden, dieselbe der bestehenden Verfassung gemäß den administrativen Polizeibehörden zu belassen, jedoch sind zur Gewährung der erforderlichen Garantien einige Modifikationen in Antrag gebracht.

Für die zur Kompetenz des Kriminalrichters gehörenden Verbrechen ist, wenn sie eine geringere Freiheitsstrafe nach sich ziehen, in einfachen Sachen ein abgekürztes Verfahren durch unmittelbare Ladung vor den erkennenden Richter mit Uebergehung der Voruntersuchung des Instruktionsrichters zugelassen worden; im Uebrigen aber hat eine streng durchgeführte Gliederung des Verfahrens nach Höhe der Strafe weder angemessen, noch nothwendig geschienen, da eine solche Gliederung des Verfahrens nur da von einer wahrhaft praktischen Bedeutung ist, wo über die schwereren Verbrechen Geschwornengerichte erkennen.

Was den Geltungsbereich der neuen Strafprozeß-Ordnung betrifft, so dürfte es bedenklich erscheinen, dieselbe im Bezirk des rheinischen Appellationsgerichts-Hofes zu Cöln einzuführen. Denn wenn auch das vorgeschlagene Verfahren im Allgemeinen auf denselben Grundlagen, wie das rheinische Strafverfahren beruht, so weicht es doch in einem sehr wesentlichen Punkte, nämlich in der Ausschließung der Geschwornengerichte, von demselben ab. Gerade in dieser Beziehung dürfte es aber nicht angemessen sein, die rheinische Verfassung zu ändern.

So wenig sich die Gründe verkennen lassen, aus denen die Einführung der Geschwornengerichte in den älteren Provinzen abzuweisen ist, einen so entschiedenen Widerspruch würde es in der Rheinprovinz finden, wenn man dieselben dort abschaffen wollte.

Hiebei wird die Gesetzgebung den Vorwurf der Inkonsequenz nicht zu fürchten haben, wenn sie die Geschwornengerichte in der Rheinprovinz bestehen läßt, gleichwohl aber Bedenken trägt, dies Institut allgemein einzuführen.

In der Rheinprovinz besteht dies Institut einmal; es hat sich dort mit dem Rechtszustande der Provinz verwebt und Vorliebe gewonnen. Die hauptsächlichsten Bedenken, welche dagegen erhoben werden, haben in der Rheinprovinz eben darum geringere Bedeutung, weil dort seit fast zwei Menschenaltern Gerichts-Oeffentlichkeit bestanden hat, und die Geschwornengerichte in Uebung gewesen sind. Mag der hohe Werth, welchen man dem Institute dort beilegt, ein wahrer oder ein eingebildeter sein, so unterliegt jedenfalls die Aufhebung desselben andern Rücksichten, wie die Einführung in den übrigen Provinzen.

Es bedarf keiner Erwähnung, daß die Einführung des mündlichen Verfahrens in den älteren Provinzen einige Modifikationen der Gerichtsverfassung nothwendig macht. Da nämlich im mündlichen Verfahren die Angeschuldigten und Zeugen vor dem erkennenden Richter persönlich erscheinen müssen, so würde es die Gerechtigkeitspflege zu sehr erschweren und vertheuern, wenn man nicht darauf Bedacht nähme, den Umfang der Kriminalgerichts-Bezirke angemessen zu bestimmen, welches ohne manche Abänderung der Gerichtsverfassung nicht möglich ist.

Die unverkennbare Schwierigkeit einer befriedigenden Lösung dieser, auf die Gerichtseinrichtung bezüglichen Fragen ist die Veranlassung gewesen, daß die nachfolgenden Arbeiten, welche bereits seit längerer Zeit beendet sind, zur Entscheidung in den höhern Stadien der Gesetzgebung bisher noch nicht vorgelegt wurden. Da jedoch neuerlich des Königs Majestät die Berathung über eine Spezialverordnung für die Strafrechtspflege in Berlin anzuordnen geruhet haben, so sind diese seit längerer Zeit vorbereiteten Arbeiten, in Uebereinstimmung mit dem von dem Herrn Justizminister Uhden ausgesprochenen Wunsche, zum Abdruck befördert worden. Es hat dies um so angemessener geschienen, als in dem Eingang zu dem Entwurfe der erwähnten Spezialverordnung darauf hingewiesen worden ist, daß bereits bei der Revision der Kriminal-Ordnung überhaupt jene Prinzipien als die Grundbedingungen einer Reform aufgestellt worden seien.

Berlin, den 3ten Mai 1846.

v. Savigny.

Inhalts-Verzeichniß.

A. Mündlichkeit des Verfahrens.

Der Gegensatz zwischen dem Verfahren, welches man heutzutage das schriftliche nennt, und zwischen demjenigen, welches als das mündliche bezeichnet wird, besteht nicht darin, daß bei dem ersteren keine mündliche Vernehmung stattfindet und bei dem letzteren nur mündlich, ohne schriftliche Aufzeichnung, verhandelt wird. Auch bei dem sogenannten schriftlichen Verfahren, wie es sich in den letzten Jahrhunderten in Deutschland ausgebildet hat, und wie es in der Allgemeinen Kriminal-Ordnung für die Preußischen Staaten angeordnet ist, werden durch den Untersuchungsrichter die Angeschuldigten und Zeugen mündlich vernommen, und auch im mündlichen Verfahren, wie es in der Rheinprovinz besteht, werden die Untersuchungsverhandlungen zum Theil zu Protokoll niedergeschrieben. Der wesentliche Unterschied besteht vielmehr darin, daß bei dem schriftlichen Verfahren die Untersuchung durch einen Untersuchungsrichter geführt wird und der erkennende Richter nur aus den Akten, also nur mittelbar, durch die Schrift von dem Sachverhalte Kenntniß erlangt, bei dem mündlichen Verfahren aber der erkennende Richter selbst die Angeschuldigten, deren Vertheidiger und die Zeugen hört und sieht, also auf unmittelbare Vernehmung und Anschauung sein Urtheil spricht. I. Allgemeine Bemerkungen.

Ob die Verhandlung, welche solchergestalt vor dem erkennenden Richter vorgeht, aufgezeichnet wird oder nicht, macht im Wesen der Sache keinen Unterschied; es wird, wenn die Annahme des mündlichen Verfahrens im Prinzip entschieden ist, zu erwägen sein, in wieweit eine Aufzeichnung der Verhandlung anzuordnen ist. Dagegen bedarf aber dieses Prinzip selbst in den folgenden Beziehungen noch einer nähern Bestimmung, ehe zur Erörterung der Gründe für und wider dasselbe übergegangen wird:

1. Schon nach den Vorschriften der Allgemeinen Kriminal-Ordnung erlangt der einzeln stehende Richter in den minder erheblichen Fällen, in welchen er nicht nur zu untersuchen, sondern auch selbst zu erkennen hat, unmittelbar Kenntniß von den Aussagen der Angeschuldigten, der Zeugen u. s. w. Man könnte nun sagen, daß der Zweck des mündlichen Verfahrens erreicht werde, wenn man das Verfahren der Kriminal-Ordnung im Allgemeinen beibehielte, und nur die Abänderung träfe, daß in den Sachen, in welchen kein Einzelrichter, sondern ein Kollegium zu erkennen hat, das ganze Kollegium allen einzelnen Verhandlungen

beiwohne. Eine derartige Einrichtung besteht in der That für eine gewisse Kategorie der Untersuchungssachen in Neu-Vorpommern nach der Verordnung vom 18ten Mai 1839. (Gesetz-Samml. S. 207.). — Indessen soll die allgemeine Einführung dieser Art des Verfahrens nicht zur Frage gestellt werden. Dasselbe würde sich mit unserer bestehenden Gerichtsverfassung sehr schwer vereinigen lassen und es würde dem Zweck und Charakter desjenigen mündlichen Verfahrens, welches hier in Rede steht, nicht entsprechen, da eine wesentliche Eigenthümlichkeit des letzteren darin besteht, daß dem Richter mit der unmittelbaren Anschauung zugleich eine Totalanschauung der Untersuchung in ihrem ganzen Zusammenhange gewährt wird.

Vor Allem wird demnach bei dem hier in Rede stehenden Verfahren als wesentlich vorausgesetzt,

> daß alle erheblichen Momente der Untersuchung, Verhör des Angeschuldigten, Beschuldigungs- und Vertheidigungs-Beweis in Einem Zuge, also in Einer Hauptverhandlung an dem Gericht vorübergeführt werden.

2. Damit ist jedoch nicht gesagt, daß nunmehr die ganze Untersuchung ohne materielle Vorbereitung in diese Eine Verhandlung zusammen zu drängen sei. Es ist vielmehr als ein weiteres unerläßliches Erforderniß vorauszusetzen,

> daß jenes Hauptverfahren durch eine Voruntersuchung, welche durch einen Untersuchungsrichter zu führen ist, vorbereitet werde.

Welche Ausdehnung dieser Voruntersuchung zu geben, und welche Beweiskraft den Vorverhandlungen beizulegen, das wird erst bei der weiteren Ausführung des Prinzips zu prüfen sein.

3. Die Mündlichkeit ist nicht durch die Oeffentlichkeit bedingt, sofern man darunter die Zulassung anderer, als der betheiligten Personen versteht. Wieweit diese Oeffentlichkeit einzuführen, wird Gegenstand einer besonderen Erörterung sein. Dagegen kann bei der Mündlichkeit ohne Gefährdung ihres Zwecks eine Oeffentlichkeit in Beziehung auf den Angeschuldigten nicht entbehrt werden. Als eine dritte unveräußerliche Eigenthümlichkeit dieses Verfahrens ist demnach zu bezeichnen,

> daß nach beendigter Voruntersuchung das Hauptverfahren in seinem ganzen Verlaufe in Gegenwart des Angeschuldigten und seines Vertheidigers vor sich geht.

4. Ebenso wenig, wie die eigentliche (volksthümliche) Oeffentlichkeit, sind das Institut der Geschwornen, die Abschaffung der positiven Beweistheorie, das öffentliche Ministerium, und der vollständige Anklageprozeß nothwendige Beigaben der Mündlichkeit. Alle diese Gegenstände sind einstweilen außer Acht zu lassen. Zu bemerken ist nur, daß es nicht zu vermeiden ist, sich den Formen des Anklageprozesses in soweit zu nähern,

> daß das mündliche Hauptverfahren durch einen Vortrag aus den Vorverhandlungen, welcher die That und die Beschuldigungsgründe zusammenstellt,

eingeleitet wird, mag man damit einen Staatsanwalt, einen besonders bestellten Ankläger oder einen Berichterstatter des Gerichts beauftragen.

Nur die vorstehend bezeichneten Eigenthümlichkeiten der Mündlichkeit sind vorerst als unerläßlich festzuhalten. Was dem Verfahren etwa sonst aus den Institutionen der Rheinprovinz oder auswärtiger Staaten, in welchen die Mündlichkeit angenommen ist, beizumischen, und wie das Verfahren im Einzelnen zu regeln sei, wird entweder in den folgenden Absätzen erörtert werden, oder kann erst nach der Entscheidung über das Prinzip zur Sprache kommen.

Es handelt sich also vorläufig nur um die Frage:

> ob ein Verfahren eingeführt werden soll, nach welchem das erkennende Gericht sein Urtheil nicht lediglich auf die Akten eines Untersuchungsrichters und einen daraus erstatteten Vortrag baut, sondern nach welchem in einem Hauptverfahren, vorbereitet durch eine Voruntersuchung und eingeleitet durch einen auf die letztere gegründeten Vortrag, die ganze Untersuchung in allen ihren wesentlichen Momenten vor dem erkennenden Gericht in Gegenwart des Angeschuldigten und seines Vertheidigers verhandelt wird?

In dieser Bedeutung aufgefaßt, hat die viel besprochene Frage über die Mündlichkeit des Verfahrens in neuerer Zeit die lebhafteste Vertheidigung gefunden. Die vielen Rechtsgelehrten, deren Stimmen über die Reform des deutschen Strafverfahrens laut geworden sind, haben fast mit Einstimmigkeit die Rückkehr zu dem ursprünglichen deutschen Prinzip jener Mündlichkeit dringend anempfohlen, und zum Theil dieselbe für eine unabweisbare Forderung der Gerechtigkeit sowohl, als einer gesunden Kriminal-Politik erklärt *). Allein anderseits sind gerade bei den legislativen Verhandlungen in Preußen, wie in anderen deutschen Staaten, namentlich Würtemberg und Sachsen, vielfache Bedenken gegen das Aufgeben des bisher befolgten Prinzips erhoben worden **). Hat man auch dem allgemeiner

*) Vergl. insbesondere Feuerbach über Oeffentlichkeit und Mündlichkeit der Rechtspflege. Er vertheidigt das, was wir unter Mündlichkeit zusammenfassen, theils unter dem Namen der partheilichen Oeffentlichkeit (Th. I. S. 96. u. ff.), theils unter dem Ausdrucke Mündlichkeit (S. 195—295.). — Mittermaier in verschiedenen Schriften, insbesondere im Neuen Archiv des Kriminalrechts 1842. Heft 1. 2. 3. — 1843. Heft 1. Abegg, Beiträge zur Strafprozeß-Gesetzgebung S. 82. — Hepp, über Anklageschaft, Oeffentlichkeit und Mündlichkeit rc. Leue, mündlich öffentlicher Anklageprozeß. Lemann, über Oeffentlichkeit und Mündlichkeit u. s. w. — Für den schriftlichen Prozeß hat sich in neuerer Zeit nur noch Martin in Richters Jahrbüchern 1843. S. 97. in einer Rezension der eben erwähnten Schrift von Hepp erklärt.

**) In Würtemberg hat die Mündlichkeit zwar nicht vollständig, jedoch in soweit obgesiegt, daß der Angeklagte beim Schlusse sich persönlich vor dem Gericht verantworten kann.

In Sachsen hat die zweite Kammer und in Bayern neuerdings die Versammlung der ersten Kammer sich für das Prinzip der Mündlichkeit ausgesprochen.

In Preußen erklärte sich der Justizminister v. Kircheisen aus Veranlassung

zunehmenden Verlangen nach Mündlichkeit einzelne Konzessionen machen wollen, so hat sich doch das Prinzip in seiner Vollständigkeit außerhalb der Landestheile, in welchen es durch die französische Zwischenregierung eingeführt ist, bis jetzt in Deutschland noch keine Geltung zu verschaffen vermocht.

Es wird deshalb erforderlich sein, die wesentlichen Gründe, welche für das eine und das andere Verfahren angeführt werden, zusammenzustellen und zu würdigen. Hierbei wird die Ordnung befolgt werden, daß zuerst versucht wird, die Vortheile, welche das mündliche Verfahren im Vergleich mit dem schriftlichen zu gewähren scheint, zu entwickeln, demnächst aber die Bedenken zu widerlegen, die gewöhnlich gegen die Zuverlässigkeit des erstern aufgestellt werden.

II. Vorzüge des mündlichen Verfahrens.

Es soll nicht geläugnet werden, daß das schriftliche Verfahren einzelne Vortheile gewährt, welche sich bei der Mündlichkeit vielleicht nicht in gleichem Maaße erreichen lassen, und gewiß verdient das schriftliche Verfahren nicht alle die Vorwürfe, welche ihm in neuester Zeit gemacht worden sind; in vielen Fällen wird auf beiden Wegen die Wahrheit und ein gerechtes Urtheil gefunden werden. Ist aber die Frage, welches Verfahren seiner Natur nach die größere Sicherheit für die Entdeckung der Wahrheit und die Gerechtigkeit des Urtheils gewährt, und welches demnach in der Regel am gewissesten zu dem rechten Ziele führt, so dürfte das mündliche Verfahren den Vorzug verdienen.

1. Nach der Erfahrung.

Zum großen Theil ist diese Frage eine Frage der Erfahrung. In dieser Beziehung verdient also das bekannte, schon im Jahre 1818. erstattete Gutachten der Rheinischen Immediat-Justizkommission die größte Beachtung, da diese Kommission aus Männern bestand, die in ihrer Amtswirksamkeit beiderlei Arten von

---

des bekannten Gutachtens der Rheinischen Immediat-Justiz-Kommission von 1818. für den schriftlichen Prozeß. Bei der frühern Revision der Kriminal-Ordnung wollte der Revisor vollständige mündliche Verhandlung vor dem erkennenden Richter. Ihm stimmten die meisten Mitglieder der Kommission bei. Der Justizminister Graf v. Danckelman entschied jedoch: „es sei ihm noch kein Fall vorgekommen, in welchem es von Werth gewesen, die vernommenen Personen noch zu hören und zu sehen. Daraus sei nicht der Schluß zu ziehen, daß es dergleichen Fälle nicht gäbe; wohl aber, daß solche Fälle selten seien. Dieser seltenen Fälle wegen die Mündlichkeit allgemein einzuführen, würde dem Staate zu viele Kosten, den Richtern aber zu viele Arbeit verursachen." Daher ging der Beschluß dahin: den erkennenden Richtern in den Fällen, in welchen sie die Umstände dazu angethan fänden, zu gestatten, auf den Vortrag des Referenten per resolutum das mündliche Schlußverfahren anzuordnen, und erst nachdem sie die vernommenen Personen selbst gehört und gesehen, das Erkenntniß abzufassen. — Der Vorschlag, auch dem Angeschuldigten den Antrag auf mündliches Schlußverfahren zu gestatten, wurde abgelehnt (Protokolle Vol. I. Fol. 25. ff.) und später beschlossen, daß der Richter gar nicht die sämmtlichen Zeugen 2c., sondern nur die Personen, deren unmittelbare Vernehmung er für dienlich erachte, vorzuladen brauche (Vol. 2. Fol. 344.).

Der Entwurf des Justizministers v. Kamptz §. 317. gestattet auch dem Angeschuldigten und dessen Vertheidiger den Antrag auf mündliche Schlußverhandlung.

Verfahren kennen gelernt hatten. In diesem Gutachten wird aber schon damals bezeugt, daß „das mündliche Verfahren in den bei weitem meisten Fällen eine, jeden vernünftigen Zweifel ausschließende Gewißheit gewähre" und „daß es unzählige Fälle gäbe, worin es unter übrigens gleichen Umständen unmöglich sei, die Wahrheit mit eben der Zuverlässigkeit und Beruhigung für den Richter durch blos schriftliches, wie durch mündliches Verfahren zu ergründen." Dieses Urtheil ist durch spätere Erfahrungen nicht widerlegt, sondern bestätigt worden. Es ist dies das einstimmige Urtheil der Gerichtshöfe der Rheinprovinz gewesen und bis in die neueste Zeit geblieben. Dies Zeugniß ist um so gewichtiger, als eine Reihe von Jahren hindurch in der Rheinprovinz viele Untersuchungen nach den Vorschriften der Allgemeinen Kriminal-Ordnung geführt worden sind, und hiernach die Gerichtshöfe am besten im Stande sind, beide Arten des Verfahrens in ihren praktischen Resultaten zu vergleichen. Dem Urtheile der Rheinischen Gerichtshöfe treten die Justizbeamten bei, welche aus den älteren Provinzen in die Rheinprovinz, oder aus der letztern in die alten Provinzen versetzt worden sind. Dasselbe bestätigt endlich die Erfahrung in anderen Ländern. Mittermaier berichtet im Archiv für Kriminalrecht, Jahrgang 1842. S. 107., daß in den italienischen Staaten, in welchen vor und nach ein mündliches Verfahren eingeführt worden, alle Richter darin das beste Mittel erkennen, ihren Zweck zu erreichen, und daß darüber, besonders in Sardinien unter den Praktikern, nur Eine Stimme sei.

2. Nach der Natur der Sache.

Es bedarf indessen kaum dieser Zeugnisse der Erfahrung, um die Vorzüge des mündlichen Verfahrens zu erkennen.

Um dem Einwande, daß den Beamten, welche im schriftlichen Verfahren die Handelnden sind, ein unverdientes Mißtrauen bewiesen werde, vorzubeugen, werde bei der folgenden Vergleichung einstweilen vorausgesetzt, daß jeder Inquirent und Referent im schriftlichen Verfahren von jedem Vorurtheile, jeder Regung des Gefühls für oder gegen den Angeschuldigten sich frei halte und daß sie so gewissenhaft, überlegt und aufmerksam zu Werke gehen, wie man nur, mit Rücksicht auf die menschliche Natur, billigerweise von ihnen fordern darf. Es werde aber auch andererseits angenommen, daß die Richter im mündlichen Verfahren nicht minder gewissenhaft ihr Amt wahrnehmen.

a) Unmittelbarkeit und ihre Vortheile.

Zunächst erhalten die Richter im mündlichen Verfahren dadurch, daß sie Angeschuldigte und Zeugen unmittelbar hören und sehen, eine reinere und eine vollständigere Kenntniß dessen, was ihnen zu wissen Noth ist.

Betrachtet man den Einfluß näher, welchen die Zwischenorgane des Inquirenten und Referenten auf die Erkenntniß der Wahrheit haben, so giebt zuvörderst der Inquirent nie die Aussagen der Zeugen und Angeschuldigten ganz vollständig. In jedem Verhör wird mehr gesprochen, wie niedergeschrieben. Nicht zu erwähnen, daß bei der Abfassung des Protokolls mitunter einzelne Aeußerungen übersehen werden mögen, so sondert der Inquirent immer das Erhebliche von dem Unerheblichen und bringt nur das erstere zu Protokoll. Die Ausscheidung geschieht nach seiner Ansicht; sie beruht auf einem Urtheile, was dem Inquirenten nicht zustehen darf. Mag man ihm nun auch vertrauen, daß er mit Vorsicht verfahre nnd nur das für offenbar unerheblich Erkannte ausscheide, so muß doch die Möglichkeit zugestanden werden, daß eine Aeußerung unerwähnt bleibt, welche der erkennende Richter für erheblich gehalten oder welche, wenn auch an sich gleichgültig, doch im Verlaufe der Sache zu weiteren Aufklärungen, sei es unmittelbar über die Thatumstände, oder über die Glaubwürdigkeit des einen oder anderen Zeugen Veranlassung gegeben haben würde. Man darf sich nicht darauf berufen, daß der Referent die unvollständige Vernehmung ergänzen lassen könne; denn dazu findet er bei Unvollständigkeiten dieser Art selten Veranlassung, weil man es dem Protokolle in der Regel nicht ansieht, daß etwas, und was, ausgelassen sei.

Eben so wenig ist die protokollarische Aussage auch ganz getreu; am wenigsten bei denjenigen Vernehmungen, bei welchen ein Mißverständniß leichter möglich und darum die größere Vorsicht erforderlich ist, nämlich bei den Vernehmungen ungebildeter Leute. Denn was der Inquirent hört, bringt er erst in eine gewisse Ordnung und giebt es dann in seiner Sprache wieder. Man sagt zwar, daß es in der Regel nicht auf die Worte, sondern nur auf den Sinn ankomme, und daß der Inquirent da, wo es ihm nöthig erscheine, die eigenen Ausdrücke des Vernommenen anführe. Allein, wenn eine solche Umstellung der Rede in vielen Fällen auch unschädlich sein mag, so gesteht man mit jener Bemerkung doch zu, daß es möglicherweise für den Richter von Interesse sein könne, die eigenen Worte des Vernommenen zu hören. Ist aber letzteres der Fall, so darf es wiederum nicht dem Urtheile des Inquirenten allein überlassen werden, wann er sie geben solle und wann nicht. Es läßt sich auch nicht verkennen, daß bei einer solchen Niederschrift leichter ein Mißverständniß sich einschleichen kann, und wenn auch rücksichtlich der Aussage des Angeschuldigten gewöhnlich in den späteren Verhören der rechte Sinn sich herausstellen mag, so ist es doch bei den Aussagen der Zeugen nicht ebenso.

Erheblicher noch ist es, daß der Inquirent den Ton der Rede, den eigenthümlichen Zusammenhang derselben, das Benehmen des Vernommenen, die Art und Weise, wie es seine Erklärungen abgegeben, ob mit Bestimmtheit oder stockend, ob mit Unbefangenheit oder Verlegenheit, nicht wiederzugeben, überhaupt die Individualität des Vernommenen und das Charakteristische seiner Aeußerungen nicht darzustellen vermag. Soviel auch Vorschriften und Anleitungen darüber seit der peinlichen Halsgerichts-Ordnung bis zur Allgemeinen Kriminal-Ordnung gegeben worden sind, so ist doch, wie aus den Erfahrungen bekannt, kaum dem Begabtesten eine völlig getreue und vollständige Darstellung dieser Momente möglich, und wäre sie möglich, dann würde es doch gewagt sein, Schlüsse darauf zu bauen, weil bekanntlich bei vielen Angeschuldigten und Zeugen ihr Benehmen durch die Art, wie ihnen der Inquirent entgegentritt, bestimmt wird, und darüber aus dem Protokolle nichts zu ersehen ist. Die Bemerkungen der Inquirenten über dergleichen Dinge sind in der Regel nur ein Urtheil, das um so bedenklicher ist, als es dem Vernommenen nicht zu Gesicht kommt. Die mündliche Verhandlung dagegen giebt hievon dem Richter unmittelbare und vollständige Kenntniß, und gewährt überdies den Vortheil, daß bei der größeren Lebhaftigkeit der Verhandlung die Persönlichkeit des Vernommenen viel bestimmter hervortreten und eine Verstellung sich eher entlarven wird, als dies bei dem einsamen Verhör vor dem Untersuchungsrichter zu erwarten ist. Man will zwar auch hierin einen erheblichen Vorzug des mündlichen Verfahrens nicht anerkennen, weil das Benehmen und die Gebehrden wegen ihrer Vieldeutigkeit doch nur einen sehr unsicheren Schluß auf das Innere des Vernommenen erlauben. Das beweist jedoch zunächst nur, daß die Relationen der Inquirenten, die sogenannten Gebehrdenprotokolle, in der Regel ganz nutzlos oder gefährlich sind. Im mündlichen Verfahren wird der erkennende Richter die Vieldeutigkeit schon berücksichtigen und aus der äußeren Erscheinung der Angeschuldigten und Zeugen nur Schlüsse ziehen, wenn sie an sich oder in Verbindung mit anderen Umständen hinlängliche Gewißheit gewährt. Dazu wird er aber eben durch die unmittelbare Vernehmung in der mündlichen Verhandlung leichter gelangen. Wenn beispielsweise der Inquirent vermerkt, daß der Zeuge seine Aussage stockend, mit Befangenheit abgegeben habe, so ist der Richter, welcher darauf Rücksicht nehmen will, immer in Gefahr, die Glaubwürdigkeit des Zeugen falsch zu beurtheilen. Wenn ihn dagegen der Richter in der mündlichen Verhandlung vor sich hat, und von allen Seiten prüfen kann, so wird er, wenn nicht immer, doch sehr oft darüber völlig ins Klare kommen, ob das Stocken des Zeugen in Unwahrhaftigkeit, in mangelhafter Auffassung oder in bloßer Schüchternheit seinen Grund hat.

Daß die Gerechtigkeit eines Urtheils häufig durch eine solche genaue Kenntniß der Individualität der vernommenen Zeugen und Angeschuldigten bedingt ist, läßt sich nicht verkennen. Bei den Zeugen hängt die Glaubwürdigkeit durchaus von der Persönlichkeit, von der Auffassungsgabe und dem Willen ab. Was den Angeschuldigten betrifft, so wird die unmittelbare Anschauung desselben und sein persönliches Erscheinen gleichfalls in vielen Fällen zur Bestärkung, Erklärung und Berichtigung anderer Beweismittel dienen. Noch wichtiger ist dies aber aus einem anderen Grunde. Bei jedem Verbrechen wird nämlich das Maaß der Strafe mehr oder minder durch innere Zustände des Verbrechers,Böswilligkeit, Heftigkeit des Affekts, Vorsatz, List, Willensfreiheit u. s. w. bestimmt. Gerade in dieser Beziehung wird aber die Persönlichkeit des Verbrechers, wie sie in der mündlichen Verhandlung hervortritt, in vielen Fällen die geeignete Aufklärung gewähren.

Alles, was bisher gesagt worden, bezieht sich auf die Thätigkeit des Inquirenten. Aber auch, was dieser liefert, erhält der Richter im schriftlichen Verfahren noch nicht vollständig und getreu; er empfängt es abermals verstümmelt und in einer neuen Darstellung durch das Organ des Referenten. Die Bedenken gegen die Zuverlässigkeit der Relationen hat man zwar mit der Bemerkung zu beseitigen gesucht: man müsse die Dinge beurtheilen nach dem, was sie sein sollen, nicht nach dem, was sie nicht sein sollen; wenn die Relation nach den ausführlichen Vorschriften der Allgemeinen Kriminal-Ordnung abgefaßt werde, dann liefere sie der Entscheidung eine vollkommen sichere Unterlage. Indessen läßt sich dieser letzteren Behauptung nicht beistimmen, selbst wenn auch vorausgesetzt wird, daß die Referenten vollkommen ihre Pflicht erfüllen. Die Kriminal-Ordnung gestattet im §. 480. bis zu ziemlich hohen Strafen mündliche Vorträge, bei denen, wie Niemand läugnen wird, die Vollständigkeit in hohem Grade gefährdet ist; der Referent soll nach §. 497. unerhebliche Nebenumstände auslassen, also über die Erheblichkeit vorweg entscheiden; endlich sollen nach §. 488. die Relationen in Form eines Urtheils gefaßt, also die Entscheidungsgründe gleich in Gestalt einer Konklusion gegeben werden, wodurch sie leicht eine für die Unbefangenheit der Zuhörer gefährliche Färbung erhalten.

Alles das würde jedoch dem Prinzip der Schriftlichkeit nicht entgegenstehen, wenn es möglich wäre, bessere, völlig sicher stellende Vorschriften zu geben. Eben dieses muß man aber bezweifeln.

Abgesehen davon, daß auch dem gewissenhaftesten und sorgsamsten Referenten oft ein Versehen begegnen kann, so giebt der Referent doch immer das Resultat der Untersuchung in seiner Darstellungsweise und in einer von ihm bestimmten Ordnung wieder; die Anordnung der Erzählung, das Gruppiren der einzelnen Thatsachen, wodurch diese ein eigenthümliches Licht erhalten, wird immer durch das Urtheil bestimmt werden, welches er sich selbst schon gebildet hat. Will er sich nicht oft wiederholen, so wird er immer nach einer allgemeinen Uebersicht die Darstellung des Details und der einzelnen Beweismittel mit der Motivirung seines Urtheils verflechten. Selbst wenn man, um diesen Uebelständen vorzubeugen, eine andere Methode ausdrücklich anordnen und die vollständige Trennung der ganzen Geschichtserzählung von der Beurtheilung vorschreiben wollte, würde man wenig gewinnen, da es doch immer dem Referenten unbenommen bleiben müßte, das seines Erachtens Unerhebliche auszuscheiden. Andererseits aber wäre das Verlesen einer derartigen Relation vielleicht noch weniger geeignet, die Aufmerksamkeit der Zuhörer zu fesseln und ein selbstständiges gründliches Urtheil derselben hervorzurufen. Das Ergebniß einer Untersuchung ganz vollständig, in übersichtlicher Ordnung, in einer die Aufmerksamkeit erhaltenden Darstellung, und dennoch rein objektiv, ungefärbt durch das eigene Urtheil des Referenten, wiederzugeben, ist eine Aufgabe, die kaum der Begabteste zu lösen vermag. Man ist immer in Gefahr, daß entweder dem erkennenden Kollegium das Sachverhältniß nicht faßlich und ganz vollständig vorgetragen, oder daß das Urtheil desselben durch die Art des Vortrages bestochen wird. Anderwärts, z. B. in Oesterreich, läßt man deshalb auch die ganzen Akten vorlesen, was aus einleuchtenden Gründen keine Empfehlung verdient.

Vollständig wird dieser Mangel des schriftlichen Verfahrens auch nicht etwa durch die in Vorschlag gekommene Einrichtung gehoben, daß bei dem Vortrage der Relation der Angeklagte und sein Vertheidiger zugelassen werden. Die wenigsten Angeschuldigten werden wohl im Stande sein, einem abgelesenen schriftlichen Vortrage zu folgen, und dem Vertheidiger wird selten der ganze Inhalt der Untersuchungs-Akten so gegenwärtig sein, daß er die Relation überall sofort prüfen und berichtigen könnte. Wenn letzterer dann in einer vorher ausgearbeiteten

Vertheidigungsrede das Sachverhältniß wiederum in anderer Ordnung vorträgt, die einzelnen Ergebnisse der Untersuchung anders gruppirt und damit in ein anderes Licht stellt, dann wird sich das Kollegium, welches nun erkennen soll, in einer schwierigen Lage befinden. Wahrscheinlich würde gerade diese Einrichtung alsbald das Bedürfniß eines mündlichen Verfahrens, welches letztere allein vollständige Abhülfe zu schaffen geeignet ist, um so fühlbarer machen.

b) Der stetige Zusammenhang der Untersuchung und die dadurch zu erlangenden Aufklärungen.

Den Vorzügen, welche die **Unmittelbarkeit** gewährt, ist der andere an die Seite zu stellen, daß die Lebendigkeit der mündlichen Verhandlung und der stetige Zusammenhang der Untersuchung Mittel zur Entdeckung der Wahrheit darbieten, welche dem schriftlichen Verfahren fremd sind.

Man kann der Immediat-Kommission nur beistimmen, wenn sie bemerkt, daß die Gegenwart aller Angeschuldigten und Zeugen, sowie ihre unmittelbare Vernehmung in stetigem Zusammenhange treffliche Mittel sind, die durch Zufall oder List entstellte oder verborgene Wahrheit zu Tage zu fördern. Bei dem Gange des schriftlichen Verfahrens lernt der Inquirent die erheblichen Elemente der Wahrheit, welche gerade in der Wechselwirkung der einzelnen Thatsachen, Aussagen und Umstände liegen, nicht kennen. Die Konfrontationen, wie sie die Allgemeine Kriminal-Ordnung vorschreibt, können unmöglich dieselben Vortheile gewähren, da die Konfrontation immer erst erfolgt, wenn bereits ein Widerspruch sich ergeben hat, und nur zwischen zweien Personen zugleich erfolgen soll. Denn eben die Vereinigung aller Interessenten, ihre gegenseitigen, durch den Lauf der Verhandlungen herbeigeführten Erklärungen, die Möglichkeit, augenblicklich über vorkommende Umstände von den anderen Mitwissern Erkundigung einzuziehen, sind bei der mündlichen Verhandlung verwickelter Fälle diejenigen Mittel, welche sehr häufig und sicher zur Wahrheit führen. Gerade diese Mittel kann das schriftliche Verfahren in keiner Weise ersetzen.

c) Vollständige Vertheidigung.

Ein anderer Vorzug des mündlichen Verfahrens liegt darin, daß dem Angeschuldigten eine wirksamere Vertheidigung gestattet ist. Auch die Vollständigkeit der Vertheidigung liegt im Interesse der Wahrheit und Gerechtigkeit. Der Angeschuldigte erfährt im mündlichen Verfahren die Zeugenaussagen vollständig, er hört sie unmittelbar und es ist ihm Gelegenheit gegeben, sofort seine Erinnerungen zu machen und weitere Erläuterungen zu veranlassen. Ebenso vernimmt auch der Richter die Vertheidigung in lebendiger Beziehung zu der so eben vor seinen Augen vorgegangenen Untersuchung; er hört sie in ihrem ganzen Umfange, während er im schriftlichen Verfahren nur so viel davon erfährt, als der Referent aufzunehmen für angemessen erachtet. Die Defensionen im schriftlichen Verfahren sind fast nur für die Referenten. Wenn die meisten Vertheidigungsschriften, wie man klagt, zu oberflächlich sind, so rührt dies zum großen Theil eben daher, daß die Verfasser derselben ihre Arbeit für eine nutzlose halten.

d) Gewicht der bisher entwickelten Vorzüge in Beziehung auf das neue Strafgesetzbuch.

Bereits oben ist darauf aufmerksam gemacht, daß für die Abmessung einer Strafe dem Richter die vollständige Kenntniß des Verbrechers und seiner That mit allen ihren Bezügen nothwendig ist. Diese Nothwendigkeit tritt in einem um so höhern Maaße ein, je mehr das Gesetz dem Ermessen des erkennenden Richters überlassen hat. Sind die Strafen, sei es für ganze Gattungen der Verbrechen oder auch für die in bestimmter Weise qualifizirten Arten einer Gattung, absolut festgesetzt, dann ist es dem Inquirenten leichter, dem Richter zu einem gesetzmäßigen Erkenntnisse die genügende Unterlage zu liefern. Es kommt nur darauf an, ob die im Gesetz bestimmten Bedingungen der Anwendung des Strafgesetzes vorhanden sind; die gesetzlichen Kriterien des Verbrechens geben dem Inquirenten sichere Anleitung der Absonderung des Erheblichen vom Unerheblichen; sonstige Nebenumstände sind mehr oder weniger gleichgültig; die inneren Zustände des Verbrechens kommen nur in soweit in Betracht, als dadurch die Zurechnungsfähigkeit bestimmt wird, oder eine gewisse Willensrichtung zum Begriff dieses oder jenes Verbrechens gehört. Schwieriger aber wird die Sache bei relativen Strafbestimmungen, und die Schwierigkeit steigt mit jeder Erweiterung des Spielraums, welcher dem richterlichen Ermessen verstattet wird. Je mehr das Strafmaaß im Maximum und Minimum erweitert wird, und je weniger das Gesetz bei den einzelnen Gattungen der Verbrechen die Rücksichten vorzeichnet, welche das Ermessen des Richters leiten sollen, desto weniger ist der Inquirent im Stande, dem erkennenden Richter alles das vollständig vorzuführen, was dieser bei der Abmessung der Strafe berücksichtigen würde, und um desto mehr muß der erkennende Richter das Bedürfniß fühlen, die Angeschuldigten und Zeugen selbst zu hören und zu sehen.

Schon das Allgemeine Landrecht hat die Strafen zum großen Theil relativ bestimmt, aber es hat zugleich bei allen Gattungen von Verbrechen eine Menge spezieller Bestimmungen gegeben, wodurch zum Theil für besondere Fälle die Strafen besonders festgesetzt, zum Theil die Umstände hervorgehoben sind, welche der Richter bei seinem Ermessen berücksichtigen soll. Der Entwurf des neuen Strafgesetzbuchs geht aber noch weiter. Mit Ausnahme der Strafen, welche, wie die Todesstrafe, ihr bestimmtes Maaß in sich tragen, sind alle Strafen relativ festgesetzt und zwar größtentheils nur für ganze Gattungen von Verbrechen; die spezielleren Strafbestimmungen des Allgemeinen Landrechts sind fast alle beseitigt und dagegen die Strafmaaße bedeutend erweitert.

So wenig sich nun auch hieraus die von einigen provinzialständischen Versammlungen angenommene Nothwendigkeit folgern läßt, das neue Strafgesetzbuch erst gleichzeitig mit der neuen Strafprozeß-Ordnung ins Leben treten zu lassen, eine Ansicht, deren Unrichtigkeit sich aus dem Beispiele des gemeinen deutschen Kriminalrechts ergiebt, wo dem Richter ein noch viel größerer Spielraum gewährt ist, so wird doch Niemand leugnen, daß, da dem Richter in Betreff der Zumessung der Strafe eine so wichtige Aufgabe zu Theil geworden ist, ihm auch die Hülfsmittel gewährt werden müssen, welche das mündliche Verfahren in einem so reichen Maaße darbietet.

Eine ähnliche Erwägung, wie die vorstehende, tritt ein, wenn nach einem späteren Vorschlage (No. V.) abweichend von der Theorie der Allgemeinen Kriminal-Ordnung, das Ermessen des Richters auch rücksichtlich des Beweises von den Fesseln befreit wird, mit welchen dasselbe bis jetzt durch die positive Beweistheorie belastet ist. Bei einer positiven Beweistheorie hat das schriftliche Verfahren weniger Bedenken und Schwierigkeiten. Es kommt dabei nicht sowohl auf materielle Wahrheit und die Ueberzeugung des Richters, als vielmehr darauf an, ob die Bedingungen vorhanden sind, unter welchen gesetzlich die Schuld oder Unschuld als wahr angenommen werden soll. Das Gesetz, welches in den Beweisregeln dem Richter die Gesetze seines Denkens vorzeichnet, trägt die Verantwortlichkeit, daß die Strafe keinen Unschuldigen trifft und doch das Gemeinwesen gesichert wird. Will aber der Gesetzgeber diese Verantwortlichkeit ablehnen, und auf den Richter mit dem Anspruche übertragen, daß er ohne Beweisregeln nach eigenen Vernunftgesetzen die wirkliche Wahrheit finde, dann ist es eine unabweisbare Forderung, daß ihm alle Erkenntnißquellen so rein und so vollständig eröffnet werden, als es thunlich ist. Diese Forderung erfüllt nach den obigen Bemerkungen nur das mündliche Verfahren.

e) Größere Sicherheit in Beziehung auf die Unzuverlässigkeit der Inquirenten und Referenten.

Bei der bisherigen Vergleichung ist vorausgesetzt worden, daß in der schriftlichen Untersuchung die handelnden Personen, namentlich die Inquirenten und Referenten ihre Schuldigkeit thun und dem erkennenden Richter den Fall so vollständig zur Kenntniß bringen, als es nach dem Maaße menschlicher Kräfte durch blos schriftliche Verhandlungen möglich ist. Es ist aber wiederum eine bedenkliche Seite des schriftlichen Verfahrens, daß diese Voraussetzung nothwendig gemacht werden muß, daß der Ausgang der Untersuchung und somit das Schicksal des Angeschuldigten mehr oder weniger von dem Willen und von der Fähigkeit hauptsächlich des Inquirenten und, wenn auch in geringerm Grade, des Referenten abhängt. Es kann ihnen wenigstens der gute Wille fehlen und es muß ihnen in der Wirklichkeit nicht selten die erforderliche Fähigkeit und Aufmerksamkeit abgehen. Vor allem darf man wegen der Unbefangenheit des einflußreichsten von ihnen, des Inquirenten, besorgt sein. Er soll zwar, so heißt es, unbekümmert um den Ausgaug der Untersuchung, nur die Wahrheit suchen, Schuld und Unschuld mit gleichem Interesse erforschen. Aber unläugbar richtig ist die oft wiederholte Bemerkung, daß bei dieser Anforderung die Kraft eines Menschen überschätzt wird. Selbst die Vertheidiger des schriftlichen Verfahrens gehen davon aus, daß sich bei dem Inquirenten während der Untersuchung, Haß oder unzeitiges Mitleiden einschleichen könne, und es ist noch mehr von mißverstandenem Diensteifer, Ehrgeiz, Vorurtheil zu fürchten. Wenn ein Verbrechen begangen ist, dann muß der Inquirent nothwendig Interesse daran nehmen, den Schuldigen zu entdecken, und es kann unter solchen Umständen nicht fehlen, daß er in der Regel bei jedem, der ihm als verdächtig vorgeführt wird, den Wunsch hegt, gleich hier zum Ziele zu gelangen, d. h. den Verdächtigen schuldig zu finden. Es ist eine bekannte Erfahrung, daß die Inquirenten leicht eine Meinung für oder gegen den Angeschuldigten fassen, und jener Wunsch mag es erklären, warum sie gewöhnlich geneigter sind, die Schuld als die Unschuld anzunehmen, so lange nicht ein bestimmter Verdacht gegen einen andern hervortritt. Hat sich einmal eine Meinung gebildet, dann wird sie selten ohne Einfluß auf die Untersuchung bleiben. Der Inquirent, welcher den Angeschuldigten für schuldig hält, wird vorzugsweise die Ueberführung zu vervollständigen suchen, und in Ermangelung genügender Beweismittel sein Bestreben darauf richten, den Angeschuldigten zu einem, vielleicht wahren, vielleicht unwahren Geständnisse zu vermögen. Er wird eine Ehre darin finden und sich zu empfehlen hoffen, wenn ihm die Ueberführung gelingt; denn außer den seltenen Fällen, wo die Unschuld direkt erwiesen wird, ist man nur zu geneigt, die verfehlte Entdeckung des Verbrechers der mangelhaften Inquirirkunst des Untersuchungs-Richters zuzuschreiben. Die Vertheidiger des schriftlichen Verfahrens verkennen auch diese Gefahren nicht; sie wollen eben darum die Trennung der untersuchenden und erkennenden Behörden, und glauben hierin hinreichenden Schutz zu finden. Der Schutz ist jedoch ein unzuverlässiger; denn das Gefährlichste liegt gerade in demjenigen, was der Referent nicht prüfen kann, entweder weil es an sich einer Prüfung nicht fähig ist, z. B. die Farbe der Auslassungen des Angeschuldigten, die Aeußerungen des Inquirenten über das Benehmen rc., oder weil die Akten keine Spur davon enthalten. Wenn der Inquirent beim Niederschreiben einer Zeugenaussage irgend eine Aeußerung, welche zu weiteren Entdeckungen für oder gegen den Angeschuldigten Fingerzeige giebt, geflissentlich oder aus Fahrlässigkeit ganz ausläßt, dann kann der Referent die Vervollständigung nicht veranlassen, und wenn der Inquirent in seiner Ueberzeugung von der Schuld eines Angeklagten durch nicht gerechtfertigte Mittel ein Geständniß hervor zu locken sucht, dann wird er sich schon hüten, davon etwas in den Akten zu erwähnen.

Was die möglichen Versehen, Fahrlässigkeiten und Pflichtwidrigkeiten des Referenten betrifft, so glauben die Vertheidiger des schriftlichen Verfahrens sich damit beruhigen zu können, daß derselbe durch den Korreferenten, den Präsidenten und die Abfassung der Entscheidungsgründe kontrolirt werde. Ein Korreferent wird indeß selten bestellt und die Kontrole der Präsidenten hat keine genügende Bedeutung. Es giebt gewiß nur wenige Präsidenten, die sich bezeugen können, daß sie alle Untersuchungs-Akten so genau prüfen, um mit Zuverlässigkeit über die Vollständigkeit der Relationen urtheilen zu können. Die Abfassung der Entscheidungsgründe ist allerdings im schriftlichen Verfahren eine sehr nützliche Einrichtung; sie wird jedoch einem gewissenlosen Referenten kein besonderes Hinderniß bereiten und sie gewährt immerhin nur die Möglichkeit, nie die Gewißheit, daß das durch ein ungerechtes Urtheil verursachte Uebel hinterher theilweise werde gehoben werden.

Genug indeß, daß die Zuverlässigkeit des schriftlichen Verfahrens von solchen Kontrolen abhängt, während das mündliche die Gewißheit in sich trägt, daß allen Mitgliedern des erkennenden Gerichts alle Momente der Untersuchung rein und vollständig vorgeführt werden.

Darin liegt ein unverkennbarer Vorzug des letzteren. Man hat zwar bemerkt, die Fehler der Inquirenten und Referenten fielen nicht dem Gesetze oder dem Prinzip der Schriftlichkeit zur Last; sie könnten auch im mündlichen Verfahren vorkommen; im letzteren könne das untersuchende und zugleich erkennende

Gericht eben so gut fehlen, wie im erstern die Inquirenten und Referenten. Dies ist jedoch nicht richtig. Es liegt bei der Mündlichkeit schon in der Stellung des Gerichts, daß es nicht den Einwirkungen ausgesetzt ist, welche nach den obigen Bemerkungen die Unbefangenheit des Inquirenten gefährden. Mag auch der Vorsitzende, welcher die Untersuchung leitet, nicht überall von solchen Eindrücken frei bleiben, oder mag seine Fähigkeit mangelhaft sein, so wird er doch von dem Angeschuldigten, dessen Vertheidiger und vom ganzen Richterkollegium kontrolirt. Allen ist die Gelegenheit gegeben, durch eigene Fragen auf die Richtung der Untersuchung einzuwirken, Mangelhaftes zu ergänzen und die Fehler des Vorsitzenden, mögen sie ihren Grund haben worin sie wollen, unschädlich zu machen. Weder absichtliche noch fahrlässige Pflichtverletzungen sind bei einem ganzen Kollegium so leicht zu befürchten, wie bei dem einzelnen Inquirenten oder Referenten. Soll dem Rechte Geltung gegeben werden, so ist der Staat genöthigt, irgend einer Behörde die Ausübung der Strafjustiz anzuvertrauen; das ist die erkennende Behörde. Auch sie ist allerdings nicht unfehlbar. Aber wenn das schon zu bedauern ist, dann soll man nicht ohne Noth andere, noch unzuverlässigere Zwischen-Organe einschieben. Daß dieses im schriftlichen Verfahren geschieht, fällt lediglich dem Prinzip der Schriftlichkeit zur Last.

f) Recht des Angeschuldigten auf Unmittelbarkeit des Verhörs.

Endlich kommt zur Erwägung, daß man nach den Grundsätzen der Gerechtigkeit dem Angeschuldigten überhaupt nicht füglich das Recht versagen darf, unmittelbar zu seinen Richtern zu reden.

Mag auch der Staat glauben, sich bei dem Vertrauen auf die volle Pflichtmäßigkeit und Fähigkeit seiner Beamten beruhigen zu dürfen, so kann man doch von dem Angeschuldigten nicht fordern, daß er dieses Vertrauen theile. Handelte es sich, statt um Leben, Ehre, Freiheit, nur um unerhebliche Interessen, dann möchte es erlaubt sein, darüber hinwegzusehen. Aber bei Strafsachen muß man mit den Vertheidigern der Mündlichkeit für den Angeschuldigten das Recht in Anspruch nehmen, unmittelbar zu seinen Richtern zu reden. Das wird denn auch gegenwärtig selbst von den eifrigsten Vertheidigern des schriftlichen Verfahrens anerkannt. Letztere haben deshalb vorgeschlagen, nach geschlossener Untersuchung dem Angeschuldigten den Antrag auf mündliche Verhandlung zu gestatten und dazu den Angeschuldigten, seinen Vertheidiger und die Zeugen vorzuladen. Indessen hat dieser vermittelnde Vorschlag mancherlei gegen sich. Es bedarf keiner Erwähnung, daß behufs der Einführung des mündlichen Verfahrens mehrere Abänderungen in der Organisation der Gerichte erforderlich sind. Man würde also bei Annahme jenes Vorschlags die erforderlichen Einrichtungen treffen müssen, ohne doch mit einiger Wahrscheinlichkeit bemessen zu können, wie oft die mündliche Verhandlung eintreten werde. Allerdings scheint man solche Einrichtungen nicht für nothwendig zu achten, da man der Meinung ist, daß die mündliche Verhandlung nur ausnahmsweise in seltenen Fällen verlangt werden würde. Indessen dürfte diese Voraussetzung nicht zutreffen. Es ist mit ziemlicher Gewißheit vorauszusehen, daß alle Vertheidiger, welche sich nur einiger Redefertigkeit bewußt sind, ihre Klienten zu dem Antrage auf mündliche Verhandlung bestimmen werden, sei es aus Interesse für die Sache, oder aus Scheu vor der Mühe der schriftlichen Ausarbeitung der Defensionen oder in dem Wunsche, ihr Rednertalent glänzen zu lassen. Ueberhaupt aber leidet jener Vorschlag an einem inneren Widerspruch. Glaubt man das Recht des Angeschuldigten auf unmittelbares Gehör anerkennen zu müssen, so ist es nicht zu rechtfertigen, daß man dasselbe immer nur auf besonderen und ausdrücklichen Antrag gewähren will. Die Formen des Strafverfahrens müssen von der Beschaffenheit sein, daß das Interesse des Angeschuldigten von Amtswegen seine Vertretung findet.

III. Widerlegung der Bedenken gegen die Mündlichkeit des Verfahrens.

A. Im Allgemeinen.

Nach den vorstehenden Betrachtungen, welche den Zweck hatten, die Vortheile und die Nothwendigkeit der Einführung eines mündlichen Verfahrens darzustellen, bleibt noch übrig, die Bedenken zu prüfen, welche man gegen dasselbe erhoben hat *).

Hierbei muß vorab die Einmischung alles Ungehörigen und insbesondere eine Hinverweisung auf Erscheinungen abgewiesen werden, welche in Frankreich bei der Straf-Justizpflege zu Tage gekommen sind, und die vielleicht minder auf den Institutionen selbst, als auf den politischen Verhältnissen und dem eigenthümlichen Charakter des Volks beruhen. Ueberdies ist in Frankreich die Mündlichkeit mit anderen einflußreichen Einrichtungen, wie den Geschwornengerichten, umgeben, die keinesweges unzertrennlich mit der Mündlichkeit verbunden sind. Das mündliche Verfahren besteht in vielen Ländern und hat dort, wo es nach dem Vorgange von Frankreich in neuerer Zeit eingeführt ist, namentlich in den Niederlanden, in den italienischen Staaten, in mehreren Schweizer-Kantons eine ganz andere Gestaltung erhalten, wie in Frankreich. In allen jenen Ländern besteht das mündliche Verfahren ohne Geschwornengerichte. Es wäre fehlerhaft, wenn man die Anwendung der französischen Prozeß-Ordnung etwa entstehenden ungünstigen Ergebnisse der Strafjustiz unbedingt als Beweise gegen die Mündlichkeit geltend machen wollte, da mit der Mündlichkeit nicht nothwendig die ganze Einrichtung des französischen Strafverfahrens einzuführen ist, im Gegentheil bei Durchführung des Prinzips sich ergeben wird, daß eine große Reihe einzelner empfehlenswerther Bestimmungen der Allgemeinen Kriminal-Ordnung ohne alles Bedenken beibehalten werden kann.

Aus diesen Gründen kann denn insbesondere auf dasjenige kein Gewicht gelegt werden, was über die Härten während der Voruntersuchung, die lange Haft des Angeschuldigten, die große Gewalt des Untersuchungsrichters, den ungemessenen Einfluß des Staats-Anwaltes, als angebliche Folgen der Einführung des mündlichen Verfahrens, gesagt worden ist. Sollten nach den Bestimmungen der französischen Kriminal-Prozeß-Ordnung solche Uebelstände wirklich in einem höheren Maaße, als nach den Vorschriften unserer Kriminal-Ordnung vorkommen können, wie dies jedoch nach den Ergebnissen der rheinischen Justizpflege zu bezweifeln ist, so würde uns ja nichts hindern, die Bestimmungen über die Ver-

*) confr. die Vorbemerkungen zum revidirten Entwurf 1841.

haftung angemessen zu regeln, die Voruntersuchung derselben Kontrole zu unterwerfen, welcher nach der Allgemeinen Kriminal-Ordnung die ganze Untersuchung unterliegt, und dem Untersuchungsrichter, wie dem öffentlichen Ministerium, wenn dessen Einführung beliebt wird, diejenige Stellung zu geben, welche das Interesse des Staats und die Gerechtigkeit gegen den Angeschuldigten erfordert.

In gleicher Weise finden auch die Bedenken Erledigung, welche man aus der ermangelnden Aktenmäßigkeit entnommen hat. Die Voruntersuchung wird schon gegenwärtig nach der französischen Kriminal-Ordnung schriftlich geführt, und einer späteren Erwägung bleibt vorbehalten, ob man derselben eine größere Ausdehnung geben soll. Die mündliche Verhandlung wird zwar nicht füglich ganz protokollirt werden können. Aber schon bei dem rheinischen Verfahren werden vor den Zuchtpolizei-Gerichten die Zeugen-Aussagen ganz, und vor den Assisen wenigstens alle Zusätze und Abweichnngen, welche von den früheren protokollarischen Erklärungen vorkommen, niedergeschrieben. Das läßt sich erforderlichen Falls weiter ausdehnen; es würde sogar thunlich sein, das Wesentliche der mündlichen Verhandlung wenigstens in soweit aufzeichnen zu lassen, daß es bei dem weiteren Verfahren und bei Abfassung der Entscheidungsgründe einen genügenden Anhalt gäbe, wenn dieser wirklich für nothwendig erachtet werden müßte. Auch der Begleitung des Urtheils mit Entscheidungsgründen steht die Mündlichkeit an sich eben so wenig im Strafverfahren wie im Civilverfahren entgegen. Bei den rheinischen Zuchtpolizei-Gerichten kommen die Urtheile mit Entscheidungsgründen schon vor.

Die Mündlichkeit ist, wie wiederholt bemerkt werden muß, hier nur mit ihren im Eingange angegebenen nothwendigen Folgen zu betrachten. Es ergiebt sich hieraus, daß nur solche Bedenken einer näheren Erörterung und Widerlegung bedürfen, die sich aus der Natur und dem Wesen des mündlichen Verfahrens selbst ergeben. In dieser Beziehung ist nun Folgendes zu bemerken:

B. Im Besonderen.

1. in Betreff der Führung der Untersuchung.

Zuvörderst hat man angeführt, daß wenn eine Untersuchung die volle Wahrheit zu Tage bringen solle, sie mit Ueberlegung nach einem gewissen Plane geführt werden müsse. Der Inquirent müsse Ruhepunkte haben, die bisherigen Ergebnisse zusammen zu halten, die weiteren Maaßregeln zu bedenken, Widersprüche aufzuklären, Lücken auszufüllen und so Einheit in das Ganze zu bringen. Die Entdeckung der Wahrheit hange oft davon ab, daß der mit der Individualität des Angeschuldigten genau bekannte Inquirent alle seine Schritte beobachte, sie für die Untersuchungs-Taktik benutze und den Faden festhalte, der allein zum Ziele führen könne. Das Alles sei nur im schriftlichen Verfahren möglich. Beim mündlichen Verfahren sei an eine Zweckmäßigkeit des Plans und an Einheit der Untersuchung nicht zu denken. Die Vortheile, welche die Kenntniß der Individualität des Angeschuldigten biete, gehe verloren, weil er in der Regel den Richtern zum erstenmale entgegentrete. Durch die unterbrechenden Fragen der einzelnen Richter, des Anklägers, des Vertheidigers, werde dem inquirirenden Präsidenten jede planmäßige Leitung der Untersuchung unmöglich gemacht. In Ermangelung einer Niederschrift und bei dem ununterbrochenen Fortgange der Untersuchung könne ohnehin der Präsident nur schwer die Uebersicht behalten, sich nicht sammeln und nicht mit gehöriger Ueberlegung zu Werke gehen, zumal er obenein oft durch den Ablauf der abgemessenen Zeit, durch die Ungeduld der auf den Abschluß harrenden Richter und Zeugen so gedrängt werde, daß nicht einmal vollständige Vernehmungen zu erwarten seien. Nur besondere Geistesgaben, wie man sie selten in Einem Manne vereinigt finde, könnten den Präsidenten befähigen, unter solchen Umständen die Untersuchung zweckmäßig zu leiten; die Erfahrung bestätige dies. Der unbefangene Beobachter mündlicher Verhandlungen müsse die Bemerkung machen, wie viele Umstände oft unerörtert und zweifelhaft blieben, wie oft der Präsident Umstände als feststehend voraussetze, die ihm vielleicht aus der Voruntersuchung bekannt seien, aber den erkennenden Richtern erst hätten vorgeführt und erwiesen werden müssen. Dabei dürfte man selbst den Auslassungen der Vernommenen weniger vertrauen. Mancher Angeschuldigte würde in der Verhörsstube nur seinem Inquirenten gegenüber sich zu einem Bekenntnisse entschließen, in Gegenwart des ganzen Gerichts und der sonst herbeigelassenen Personen aber sich scheuen, die Wahrheit unverholen zu sagen. Von der andern Seite seien die Geständnisse, welche bei der mündlichen Verhandlung abgelegt würden, weniger zuverlässig. Bei dem schriftlichen Verfahren komme man auf das Geständniß in verschiedenen Verhören mehrmals zurück; am Schlusse der Sache könne man über die Zuverlässigkeit des Geständnisses nicht füglich mehr im Zweifel sein. Bei dem mündlichen Verfahren sei dem nicht so, das Urtheil folge gleich auf die eine Verhandlung und das sei um so bedenklicher, da man bei einer Verhandlung dieser Art immer zu besorgen Ursache habe, daß Befangenheit, Verlegenheit, Aufregung, Verwirrung in Folge der Bestürmung mit Fragen von verschiedenen Seiten ꝛc., ein unwahres Geständniß veranlaßt habe.

Bei den vorstehenden Klagen über die Planlosigkeit und Unzweckmäßigkeit der Untersuchung in der mündlichen Verhandlung scheint man zweierlei im Auge zu haben. Das Eine ist das Geständniß des Angeschuldigten, welches man in der allmählig fortschreitenden Untersuchung durch eine angemessene Behandlung des Angeschuldigten sicherer zu erhalten hofft; das Andere ist die vollständigere, gründlichere Erörterung aller erheblichen Umstände, wozu nur eine ruhige und bedächtige schriftliche Untersuchung führen soll.

Jedes dieser Bedenken soll mit wenigen Worten einer besonderen Erwägung unterworfen werden.

Was zuvörderst das Geständniß betrifft, so scheint man in Folge der eigenthümlichen Geschichte des deutschen Strafprozesses auf dasselbe ein größeres Gewicht zu legen, als ihm wenigstens nach Aufhebung der positiven Beweistheorie und bei unbedingter Zulassung des Indicienbeweises gebühren wird. Allein auch hiervon abgesehen, scheint man nicht in Anschlag zu bringen, daß jeder mündlichen Verhandlung eine schriftliche Untersuchung des Inquirenten vorhergeht, der man jede für angemessen zu erachtende Ausdehnung geben kann und die schon gegenwärtig nach den Bestimmungen der rheinischen Kriminal = Prozeßordnung bei allen wichtigeren Untersuchungen so gründlich geführt wird, daß in der That alle Vortheile des schriftlichen Verfahrens mit den Vorzügen der Mündlichkeit verbunden sind. Hiernächst ist aber nicht erwogen, daß die mündliche Verhandlung in der Gegeneinanderstellung des Angeschuldigten mit Allen, welche Kunde haben, Mittel darbietet, die Verstellung zu entlarven und den Trotz zu brechen, welche dem blos schriftlichen Verfahren fremd sind. Es steht noch dahin, ob bei der Mündlichkeit aufrichtige Geständnisse seltener erlangt werden, wie bei der Schriftlichkeit. Mittermaier (a. a. O. S. 115.) weist durch eine vergleichende Zusammenstellung aus den statistischen Tabellen verschiedener Staaten nach, daß bei dem mündlichen Verfahren mehr Verurtheilungen vorkommen, wie beim schriftlichen. Für die Vergleichung zwischen der Rheinprovinz und den älteren Provinzen Preußens liegen bis jetzt keine vollständige Materialien vor, weil es hier auf eine Unterscheidung der einzelnen Arten der Verbrechen und Untersuchungen ankommt. Aus dem gedruckten General-Berichte des Justiz-Ministers Mühler für 1839. ergiebt sich aber, daß das Verhältniß der Verurtheilten zu den Angeschuldigten bei den Assisenhöfen der Rheinprovinz ungefähr dasselbe ist, wie bei den Kriminal-Untersuchungen der älteren Provinzen. Bei den ersteren sind nach Seite 205. von 536 Angeschuldigten 351, also von 100 Angeschuldigten 65,29; bei den letzteren von 100 Angeschuldigten nach Seite 147, 66,97 verurtheilt worden. Es ist nicht zu übersehen, daß das Verhältniß sich in dieser Art bei den Assisenhöfen gestaltet. Wie es bei den Zuchtpolizeigerichten besteht, ist nicht ermittelt. Nach Mittermaier's Zusammenstellung sind aber da, wo im mündlichen Verfahren rechtsgelehrte Richter erkennen, die Verurtheilungen häufiger, wie vor den Geschwornen. Man wird hierbei nicht einwenden wollen, daß die Verurtheilungen zu leicht, ohne genügende Gewißheit erfolgen. Denn wenn man zur Rechtfertigung des schriftlichen Verfahrens überall die volle Gewissenhaftigkeit des Inquirenten und Referenten vorausgesetzt wissen will, so soll man auch nicht zweifeln, daß im mündlichen Verfahren die Richter nicht ohne die vollständigste Ueberzeugung von der Schuld verurtheilen. Dagegen ist noch zu berücksichtigen, daß es den letzteren nicht gestattet ist, sich im Zweifel durch eine außerordentliche Bestrafung mit ihrem Gewissen abzufinden, wobei entweder den Schuldigen nicht die gerechte Strafe, oder den Unschuldigen eine unverdiente Strafe trifft. Man wird also zugeben müssen, daß entweder im mündlichen Verfahren das Bekenntniß nicht schwerer zu erlangen ist, oder doch, was im Resultate dasselbe ist, der Indicien-Beweis verhältnißmäßig öfter mit solcher Klarheit erbracht wird, daß das Geständniß entbehrlich wird.

Daß die in der mündlichen Verhandlung, an der Seite des Vertheidigers, abgelegten Bekenntnisse im Allgemeinen unzuverlässiger seien, läßt sich nicht behaupten, da ja bereits früher eine Vernehmung des Angeschuldigten in der Voruntersuchung stattgefunden hat und er durch die Fragen des Präsidenten nicht überrascht werden kann. Dagegen vermögen die Richter besser zu urtheilen, ob das Geständniß ein aufrichtiges oder ob es möglicherweise durch Verlegenheit oder

Verwirrung hervorgerufen sei, während im schriftlichen Verfahren der Richter nicht so leicht zu ersehen vermag, welchen Antheil die Ueberredungskünste des Inquirenten an dem Geständnisse haben.

Was hiernächst zweitens die ferner geäußerte Besorgniß betrifft, daß im mündlichen Verfahren die Erörterung der erheblichen Umstände mit weniger Ruhe und Gründlichkeit erfolge, so scheint man sich die Leitung einer mündlichen Verhandlung schwieriger vorzustellen, wie sie dies nach der Erfahrung in der Wirklichkeit ist. Man erwägt nicht, daß die Eigenthümlichkeit dieser Verhandlung die Geisteskraft schärft, daß derselben eine schriftliche Voruntersuchung zum Grunde liegt, welche den Vorsitzenden hinlänglich in den Stand setzt, sich einen angemessenen Plan für die Verhandlung zu entwerfen, daß der einleitende Vortrag aus den Untersuchungs-Akten in der Form einer Anklage oder eines Referats, sowie die Antwort des Angeschuldigten auf letzteres, der Untersuchung einen Halt giebt, und daß endlich dem Vorsitzenden die anderen Mitglieder des Gerichts zur Seite stehen, um ihn auf Unvollständigkeiten in seinen Vernehmungen aufmerksam zu machen. Eine sonderliche Störung des Vorsitzenden kann dadurch nicht entstehen, daß er nach der Vernehmung eines Zeugen auch noch auf den Antrag anderer Richter, oder des Vertheidigers Fragen an den Zeugen richten muß. Ein ungeduldiges Drängen zum Schluß, und darum übereilte, unvollständige Vernehmungen lassen sich im mündlichen Verfahren viel weniger, wie im schriftlichen befürchten. Dort verwahrt dagegen mehr oder minder die größere Feierlichkeit und die Gegenwart aller Betheiligten. Die anderen Richter, der Angeschuldigte mit seinem Vertheidiger und, wo es besteht, das öffentliche Ministerium können jede Uebereilung verhüten, und wenn sie dennoch geschieht, so geschieht sie wenigstens nicht ohne Mitschuld der Betheiligten. Im schriftlichen Verfahren kann hingegen die Ungeduld des Inquirenten, welcher vielleicht gerade nicht disponirt ist, oder eine Menge zu vernehmender Zeugen warten sieht, oder noch andere Termine abhalten soll, oder durch häusliche Umstände gedrängt wird, viel leichter oberflächliche Vernehmungen veranlassen, und das Verfahren bietet keinerlei Schutz dagegen.

2. In Betreff der Vernehmung der Zeugen.

Man hat die Besorgniß geäußert, daß auch die Vernehmung der Zeugen im mündlichen Verfahren mit eigenthümlichen Schwierigkeiten verbunden sei. Mancher scheue sich, in Gegenwart des Angeschuldigten mit der Wahrheit herauszurücken, die er im abgesonderten Verhöre ohne Anstand sagen würde. Wenn man sich überdies die Stellung der Zeugen denke, wie sie von vielen Seiten mit Fragen unterbrochen, von dem Angeschuldigten vielleicht verhöhnt oder eingeschüchtert, von dem Richter und Ankläger bei jeder Abweichung von der in der Voruntersuchung gegebenen Aussage mit dem Meineide bedroht würden, so werde man eine so erlangte Aussage oft nur als das Resultat der Bestürzung, nicht als das Ergebniß einer klaren, unbefangenen und ruhigen Ueberlegung ansehen dürfen.

Im Allgemeinen darf erwartet werden, daß die größere Feierlichkeit der mündlichen Verhandlung und die Gegenwart aller Personen, welche von der

Sache Kunde haben, auf die Wahrhaftigkeit der Zeugen einen vortheilhaften Einfluß üben. Eine verwirrende Bestürmung mit Fragen, wie man sie befürchtet, wird der Vorsitzende zu verhüten wissen; alle Fragen müssen durch ihn an den Zeugen gelangen, und dieser hat nur ihm zu antworten; ob der Vorsitzende aus eigenem Antriebe oder auf Veranlassung Anderer frägt, kann keinen sonderlichen Unterschied machen. Eben so ist es dem Vorsitzenden nicht schwer, eine unangemessene Bedrohung mit den Strafen des Meineides zu vermeiden; diese kann auch nur die Folge haben, daß der Zeuge allenfalls bei der früheren Aussage verbleibt, wenn sie auch der Wahrheit nicht getreu war. Das ist allerdings nicht gut; aber es ist wenigstens kein Nachtheil, den die Mündlichkeit herbeiführt. Denn im schriftlichen Verfahren würde es gleichfalls bei der ersten Aussage verblieben sein, weil den Zeugen keine Veranlassung gegeben ist, sie zu berichtigen, und wenn einmal eine Wiederholung der Vernehmung eintritt, dann kann von dem allein stehenden Inquirenten, welcher vielleicht durch eine Aenderung der Aussage die bisher erlangten Resultate vernichtet zu sehen besorgt, eine unangemessene Behandlung des Zeugen wenigstens in gleichem Maaße befürchtet werden, wie in der mündlichen Verhandlung. Richtig mag es sein, daß mitunter ein Zeuge sich scheut, in Gegenwart des Angeschuldigten die Wahrheit gegen ihn zu sagen; aber ein anderer wird sich auch wieder scheuen, ihm ins Angesicht Unwahres anzudichten. Die Unzuverlässigkeit eines Zeugen, dessen Wahrhaftigkeit so wenig fest ist, daß sie bei der Gegenwart des Angeschuldigten wankt, wird auch dem Richter nicht leicht entgehen. Ueberdies wird sich eine solche Scheu mehr und mehr verlieren, je länger das mündliche Verfahren besteht. Es ist abermals eine beachtenswerthe Seite der Mündlichkeit, daß sie den bürgerlichen Muth stählt, während die Schriftlichkeit das Schleichen befördert.

3. In Betreff der Wiederholung des Verhörs vor dem erkennenden Richter.

Man hat geäußert, daß Angeschuldigte und Zeugen bei der mündlichen Verhandlung oft ihre früheren Aussagen ändern würden, ohne den Grund der Aenderung sofort angeben oder bewahrheiten zu können, und daß hierdurch die Zweifel vermehrt werden müßten.

Wenn jedoch bei der Wiederholung der Verhöre in der mündlichen Verhandlung Abweichungen von früheren Aussagen vorkommen, so ist dies für die Richter allerdings nicht bequem; allein für die Wahrheit und Gerechtigkeit ein offenbarer Gewinn. Jeder Zeuge, welcher seiner ersten Aussage nicht treu bleibt, macht eben dadurch seine Glaubwürdigkeit zweifelhaft, weil man sofort vermuthen darf, daß es ihm entweder an der bestimmten Auffassung und an treuem Gedächtnisse, oder an rechtem Willen fehlt. Daß dieses vor dem Erkenntnisse entdeckt wird, ist ein unzweifelhafter Vortheil. Rücksichtlich der Abweichungen in den Erklärungen des Angeschuldigten steht die Sache wenigstens nicht schlimmer, wie wenn derselbe am Schlusse einer schriftlichen Untersuchung seine früheren Angaben widerruft, ohne den Irrthum nachweisen zu können.

4. In Betreff der Urtheilsfindung.

Es ist geäußert worden, daß wie die Untersuchung, so auch die Urtheilsfindung im mündlichen Verfahren minder sicher sei.

Die Gründe, worauf sich diese Behauptung stützt, bestehen in folgenden:

a) Besorgniß einer irrthümlichen Auffassung durch den erkennenden Richter.

a) Zuvörderst wird bemerkt, daß im mündlichen Verfahren die erkennenden Richter eben so leicht, oder vielmehr bei dem schnellen Fortgange, worin die Vernehmungen auf einander folgen, noch leichter die Aussagen irrig auffassen könnten, wie die Inquirenten, Referenten und zuhörenden Richter im schriftlichen Verfahren, und es sei bei dem erstern die Berichtigung eines solchen Irrthums seltener zu erwarten, als bei den letzteren, weil dort auf das Anhören der Verhandlungen gleich das Urtheil folge und man nicht einmal erfahre, wie dabei die Aussagen aufgefaßt seien, während hier Alles durch die Schrift fixirt und eben darum jeder Irrthum leichter hinterher entdeckt werde.

Indessen ist es wohl kaum möglich, daß ein Mißverständniß oder ein Irrthum im Verlauf der mündlichen Verhandlung unberichtigt bleibe, wie dies im schriftlichen Verfahren von Seiten des Inquirenten zu befürchten ist. Alle Richter haben Gelegenheit, bestimmte Erklärungen zu veranlassen, wo ihnen eine Dunkelheit geblieben ist. Es tritt die Bedeutung jeder Aussage und ihre Beziehung zu den Erklärungen anderer sofort lebhaft hervor; jede Aeußerung wird von den Vertheidigern, vom öffentlichen Ministerium, bei den Konfrontationen besprochen; keinem Richter kann es entgehen, wenn er eine Aussage anders aufgefaßt hat, als die übrigen Betheiligten, und er wird bei der Wahrnehmung eines Mißverständnisses nicht anstehen, Erläuterung zu fordern; die vernommenen Zeugen selbst bleiben bei der weitern Verhandlung gegenwärtig, sie hören es, welcher Sinn ihrer Aussage gegeben wird und können ein Mißverständniß berichtigen. Nur durch einen sonderbaren Zufall könnten *sämmtliche* Richter während der ganzen Untersuchung in demselben Irrthum befangen sein und bleiben. Daß übrigens die Mündlichkeit die Abfassung vollständiger Entscheidungsgründe nicht ausschließt, ist bereits oben bemerkt.

b) Mangel an Gründlichkeit.

b) Ferner ist angeführt worden, daß im mündlichen Verfahren an *Gründlichkeit* der Urtheilssprechung nicht zu denken sei. Ein gerechtes Kriminal-Urtheil erfordere sowohl zur Würdigung des Beweises, als zur Abmessung der Strafe, ein ruhiges sorgfältiges Erwägen und daher ein wiederholtes Gegeneinanderhalten aller einzelnen Umstände. Bei vollständiger Aktenmäßigkeit, wie sie das schriftliche Verfahren erfordere, und bei dem Vortrage geordneter Relationen sei das möglich; bei dem mündlichen Verfahren nicht. Dem Richter würden in ununterbrochener Folge Angeschuldigte und Zeugen, letztere oft in großer Zahl, vorgeführt; er habe nach deren Vernehmung die oft ausführlichen Reden des Anklägers und Vertheidigers, welche die Aussagen ihrer Tendenz gemäß gruppiren und färben, anzuhören; es sei kaum gedenkbar, daß ein Richter jetzt noch aller einzelnen Umstände so klar sich bewußt sein werde, um ein wahrhaft gründliches Urtheil fällen zu können, zumal das Urtheil in Ermangelung einer vollständigen Niederschrift in der Regel sogleich nach dem Schlusse der Verhandlung erfolgen müsse, und eine längere Ueberlegung nicht vergönnt sei. Es könne nicht anders sein, als daß die meisten Urtheile mehr durch ein dunkles Gefühl, als durch klare Einsicht des Verstandes bestimmt würden.

Allerdings ist es als ein Vorzug des schriftlichen Verfahrens anzuerkennen, daß es dem Urtheilsfasser eine ruhigere Erwägung und darum eine gründlichere Durcharbeitung des gegebenen Stoffes möglich macht, als das mündliche Verfahren. Der Vorzug ist aber nicht so bedeutend, wie man ihn darstellt, und jedenfalls nicht bedeutend genug, um dem schriftlichen Verfahren bei seiner sonstigen Unzuverlässigkeit den Vorrang zu gewinnen. Zunächst ist nicht zu übersehen, daß auch im schriftlichen Verfahren jene ruhigere Erwägung in der Regel nur dem Referenten und höchstens einem Korreferenten zu Statten kommt; die übrigen Mitglieder haben auch hier nach angehörtem Vortrage ihr Urtheil abzugeben. Sodann wird im mündlichen Verfahren durch die Lebhaftigkeit der Verhandlung die Aufmerksamkeit der Richter mehr gespannt, der Blick mehr geschärft und eine klarere Gesammt-Anschauung der Individualität des Falles gegeben, als es durch das Lesen todter Akten und das Anhören eines schriftlichen Vortrags möglich ist; in gewöhnlichen Fällen muß sich mit der allmähligen Entwickelung des Falles ein völlig sicheres Urtheil über die Thatfrage bilden; dieser Vorzug des mündlichen Verfahrens ist so erheblich, daß er in nicht verwickelten Sachen den Vorzug der gerühmten Gründlichkeit des schriftlichen Verfahrens aufwiegt. In sehr weitläufigen Sachen ist allerdings die Aufgabe der Richter nicht so leicht; indeß sind doch denen, welche befürchten, die Einzelnheiten nicht behalten zu können, in der Voruntersuchung, in dem protokollirten Theile der Verhandlung und in eigenen Notirungen Mittel genug geboten, sich am Schluß mit Sicherheit ein Urtheil zu bilden. Ein ruhigeres Ueberdenken des Falles wird durch die Mündlichkeit den Richtern nicht ganz abgeschnitten; nur von Geschwornen muß das Urtheil sofort gefordert werden. Wenn rechtsgelehrte Richter erkennen, so kann die Entscheidung zwar nicht länger, aber doch immerhin bis zu einer der folgenden Sitzungen verschoben werden, was auch im rheinischen Verfahren bei den Zuchtpolizei-Gerichten gestattet ist.

c) Gefährdung der Unpartheilichkeit.

c) Demnächst wird geltend gemacht, daß auch die Unpartheilichkeit gefährdet sei. In Deutschland sei seit Jahrhunderten mit Recht der Grundsatz befolgt, daß der untersuchende Richter nicht erkennen dürfe; einer der Gründe sei der, daß sich durch die Untersuchung leicht unzeitiges Mitleid oder Haß erzeuge. Bei dem mündlichen Verfahren falle diese wohlthätige Trennung weg; die Gefahr bleibe bestehen. Die unmittelbare Anschauung des Angeschuldigten, worauf von den Vertheidigern des mündlichen Verfahrens so großes Gewicht gelegt werde, sei nicht ein Vorzug, sondern eine sehr bedenkliche Seite dieses Verfahrens. Ein gefälliges oder Mitleid erregendes Aeußeres, ein heuchlerisches Verstellen werde den Richter oft für einen Schuldigen, und ein linkisches, unbeholfenes Benehmen, Befangenheit, ein widerwärtiges Ansehen, der Trotz der Unschuld, werde ihn oft gegen einen Unschuldigen oder minder Schuldigen einnehmen. Die Erfahrung bestätige dieses in Frankreich, wo nach einem Berichte des Kassationshofes, die Kindesmörderinnen in der Regel freigesprochen, und nach den jährlich erscheinenden Uebersichten von den Angeschuldigten verhältnißmäßig weniger Frauen als Männer und weniger Gebildete, als Leute einer niedrigern Bildungsstufe verurtheilt würden. Gleiche Gefahr drohe der Unpartheilichkeit von den Redekünsten der Vertheidiger her. Es sei schon im Alterthum geklagt, und es werde noch heute in England und Frankreich geklagt, daß die mündliche Beredsamkeit der mächtigste Schutz gegen die Gesetze, ein Palladium der Schuld sei. Die Lebhaftigkeit, welche die mündliche Vertheidigung in die Verhandlung bringe, rege nur das Gefühl auf, trübe aber leicht die ruhige Ueberlegung des Verstandes, welcher doch allein entscheiden solle.

Bereits oben ist bemerkt worden, daß die Partheilichkeit des Inquirenten im schriftlichen Verfahren bei Weitem mehr zu befürchten sei, als die der Richter beim mündlichen Verfahren. Dies gilt auch in fast gleichem Maaße von den Eindrücken, welche das Aeußere der Angeschuldigten machen kann. Die Erfahrungen, welche man in dieser Beziehung aus der französischen Strafjustizpflege gesammelt hat, haben wenig Bedeutung, so lange es sich nur um die Mündlichkeit handelt; die angeführten Urtheile sind nicht von rechtsgelehrten Richtern, sondern von Geschwornen gefällt, und zwar von französischen Geschwornen, welche unverkennbar oft das „nicht schuldig" oder das „schuldig mit mildernden Umständen" gegen besseres Wissen aussprechen, nicht aus Mitleiden, sondern nur darum, weil sie überhaupt das Strafgesetz nicht für angemessen halten. Darin mag auch wohl die regelmäßige Freisprechung der Kindesmörderinnen ihren Grund haben.

Auch die befürchteten Redekünste der Vertheidiger, wenn sich wirklich in Deutschland eine mächtige Beredsamkeit ausbilden sollte, möchte nur allenfalls bei Geschwornengerichten gefährlich sein. „An rechtsgelehrten Richtern," bemerkt Feuerbach mit Recht, „welche geübt, Gehöriges vom Ungehörigen zu sondern, ihren Gegenstand nicht nach blinden Gefühlen, sondern nach dem Richtscheid und Winkelmaaß des Gesetzes messen, und gewohnt sind, dem Gemüth kein Recht über die Urtheile des Verstandes einzuräumen, müssen die Künste, welche außer den Grenzen einer klaren und lebendigen Darstellung der Sache selbst, neben dieser, wenn auch noch so herrlich, vorbei zu streifen und dem Herzen beizukommen suchen, fast immer zu Schanden werden."

Und sollte auch einmal ein Schuldiger durch die Beredsamkeit seines Vertheidigers der verdienten Strafe entzogen werden, dann kann das keinen Grund abgeben, dem Angeschuldigten die vollständige Vertheidigung vor dem erkennenden Richter zu versagen, welche vielleicht noch häufiger einen Unschuldigen aus der Gefahr einer unverdienten Bestrafung erretten wird.

d) Gefährdung der Unabhängigkeit.

d) Endlich hat man gesagt, daß auch in Beziehung auf die Unabhängigkeit des Urtheils das mündliche Verfahren bedenklich sei, indem bei demselben der Präsident oder ein anderes ausgezeichnetes Mitglied, das im Berathungszimmer sich des Wortes bemächtige, leicht einen präponderirenden Einfluß auf die Entscheidung gewinnen möge, welchem nicht eine aktenmäßige schriftliche Relation entgegengesetzt werden könne.

Indessen ist diese Besorgniß wohl etwas weit hergeholt. Das Uebergewicht eines Präsidenten oder eines anderen Mitgliedes kann sich, wie die Erfahrung gezeigt hat, auch bei schriftlichen Vorträgen geltend machen. —

Nach Allem diesem dürften die Bedenken, welche man in Betreff der Urtheilsfindung gegen das mündliche Verfahren aufstellt, nicht begründet erscheinen.

5. In Betreff der Rechtsmittel.

5. Man hat erinnert, daß bei dem mündlichen Verfahren ein Rechtsmittel des Verurtheilten über die Thatfrage nicht wohl möglich sei. Nur bei vollständiger Aktenmäßigkeit und bei Abfassung der Urtheile mit Entscheidungsgründen sei eine materielle Prüfung der Urtheile von Seiten eines höheren Richters gedenkbar. Bei dem mündlichen Verfahren könne die Haupt-Verhandlung, also dasjenige, was einzig die Grundlage des Erkenntnisses bilden solle, nicht mit allen für das „Schuldig" oder „Unschuldig" erheblichen Momenten vollständig niedergeschrieben werden; man erfahre nicht, wie der Richter die einzelnen Aussagen aufgefaßt habe, und welche Gründe ihn eigentlich zur Verurtheilung bestimmt hätten. Wer nicht bei der Verhandlung zugegen gewesen, könne nicht über die Richtigkeit des Urtheils entscheiden. Man dürfe aber das Schutzmittel, welches die weitere Vertheidigung dem Angeklagten gewähre, um so weniger aufgeben, je mehr nach den obigen Bemerkungen die Gründlichkeit und Unpartheilichkeit des Urtheils gefährdet sei.

Indessen sind materielle Rechtsmittel nur mit Geschwornengerichten nicht wohl vereinbar. Die Mündlichkeit an sich schließt sie nicht aus. Sie waren schon im Römischen öffentlich-mündlichen Anklage-Prozesse zulässig, und finden nach der französischen Strafprozeß-Ordnung gegen die Urtheile der Zuchtpolizei-Gerichte statt. Sollte sich auch eine Wiederholung der ganzen mündlichen Verhandlung vor dem höheren Richter als unzulässig darstellen, so läßt sich diese doch immerhin in soweit fixiren, daß sie in Verbindung mit der Voruntersuchung, der nochmaligen Anhörung des Angeschuldigten, des öffentlichen Ministeriums und allenfalls derjenigen Zeugen, deren wiederholte Vernehmung von der einen oder anderen Seite in Antrag gebracht wird, dem höheren Richter eine materielle Prüfung in demselben Maaße, wie das schriftliche Verfahren, gestattet. Ueberdies gewährt das mündliche Verfahren den Angeschuldigten eine so vollständige Vertheidigung und so viele Garantie, daß die Rechtsmittel nicht mehr die gleiche Wichtigkeit haben. Der Werth, welcher in anderen Ländern selbst auf die Einrichtung der Geschwornen-Gerichte gelegt wird, ist ein Beweis, daß man die in dem öffentlich-mündlichen Verfahren liegende Garantie für zuverlässiger hält, als diejenige, welche die Rechtsmittel gewähren.

6. Mangel der Aktenmäßigkeit und Kontrole.

6. Ferner hat man angeführt, daß auch, abgesehen von den Rechtsmitteln die Aktenmäßigkeit, welche alle Schritte des Inquirenten fixire und der künftigen Kontrolle unterwerfe, in Verbindung mit der Trennung des untersuchenden und erkennenden Richters die sicherste Garantie für die Gesetzmäßigkeit der Untersuchung sei. Die Nöthigung, Alles niederzuschreiben und die Gewißheit, daß der erkennende Richter Alles prüfen werde, veranlasse den Inquirenten, sich in den gesetzlichen Schranken zu halten, und wenn er dennoch

fehle, so bleibe die abhelfende Kontrole des erkennenden Richters nicht aus. Bei dem mündlichen Verfahren falle in Beziehung auf die Haupt=Untersuchung die Kontrole weg, weil der untersuchende und der erkennende Richter Eins seien.

Wenn sich indeß bisher das mündliche Verfahren als das gerechtere und zuverlässigere dargestellt hat, so kann man dem Umstande, daß die volle Aktenmäßigkeit des schriftlichen Verfahrens und die Trennung des untersuchenden und erkennenden Richters eine bessere Kontrole über die Gesetzmäßigkeit des Verfahrens möglich mache und die Ober=Aufsicht erleichtere, keine Bedeutung geben. Man wird die Kontrole nicht zum Zweck erheben und ein unzuverlässiges Verfahren darum beibehalten oder einführen wollen, damit man es durch eine Kontrole regeln könne. — Ueberdies trägt aber das mündliche Verfahren eine vollständigere Garantie in sich, als sie die Prüfung des erkennenden Gerichts und die Ober=Aufsicht der Centralbehörden gewähren kann. Daß in Beziehung auf die Hauptsache, auf die vollständige und getreue Darlegung des Falles, die Mängel des schriftlichen Verfahrens durch keinerlei Kontrole gehoben werden können, leuchtet von selbst ein. Die Voruntersuchung wird auch beim mündlichen Verfahren schriftlich geführt; sie kann eben so kontrolirt werden, wie die vollständige schriftliche Untersuchung. Dem tritt hinzu, daß dort die Illegalitäten weniger nachtheilig sind, weil die Voruntersuchung auf das endliche Ergebniß der Sache keinen entscheidenden Einfluß hat, daß eben darum der Inquirent weniger Veranlassung findet, die Schranken des Gesetzes zu übertreten und daß er sich mehr davor hüten mag, weil er erwarten darf, daß alle Unregelmäßigkeiten bei der mündlichen Verhandlung öffentlich zur Sprache kommen, während im schriftlichen Verfahren der Inquirent, geschützt durch die Präsumtion der Gesetzmäßigkeit seines Verfahrens, die Entdeckung seiner absichtlichen oder fahrlässigen Pflichtwidrigkeiten nicht sehr zu fürchten hat und überdies nicht der Mittel entbehrt, den Angeklagten von einer Beschwerdeführung abzuhalten. Ein Inquisit, welcher mit einem leidenschaftlichen Inquirenten zu thun hat, wird ohnehin Bedenken tragen, den letztern durch eine Beschwerde zu reizen. In der mündlichen Verhandlung wird der Vorsitzende durch das übrige Gericht und das ganze Gericht durch den Angeschuldigten, dessen Vertheidiger und das öffentliche Ministerium genügend kontrolirt. Dagegen beweist die Erfahrung zur Genüge, daß bei der Formlosigkeit des schriftlichen Verfahrens alle gerühmten Kontrolen die vollständige Beobachtung der Gesetze nicht sichern können. Auch abgesehen von der erheblicheren Illegalität einzelner pflichtwidriger Inquirenten ist es bekannt, daß oft genug einzelne Vorschriften der Kriminal=Ordnung unbefolgt bleiben, daß die Untersuchungen mißleitet oder verschleppt, daß sie so sehr oft, allen Excitatorien und Ordnungsstrafen zum Trotz, durch Saumseligkeit der Vertheidiger oder Referenten hingehalten werden, daß die Entscheidungsgründe der Urtheile oft weit hinter den Anforderungen zurückbleiben, welche die allgemeine Kriminal=Ordnung macht u. s. w.

Nicht in Kontrolen, deren Handhabung von Persönlichkeiten und Zufällen abhängt, sondern zunächst in den Formen des Verfahrens selbst, ist die Garantie für die Gesetzmäßigkeit zu suchen.

7. Man hat gesagt, daß eine Verzögerung der Justiz eine unausbleibliche Folge des mündlichen Verfahrens sei. Das Gericht, welches auf die von ihm selbst geführte Untersuchung ohne Relation erkennen solle, dürfe dieselbe nicht unterbrechen; alle andere Untersuchungen müßten also einstweilen ruhen, bis die Reihe an sie komme, worauf man oft Monate lang werde warten müssen; es werde eine Art von Spruch-Justitium entstehen, wenn einige verwickelte und weitläufige Untersuchungen vor dem erkennenden Richter anhängig seien und ihn vielleicht Wochen lang beschäftigten. 7. Verzögerung der Justiz.

Indessen ist diese Besorgniß der Justizverzögerung nicht anzuerkennen; vielmehr die größere Schnelligkeit wiederum als ein Vorzug des mündlichen Verfahrens geltend zu machen, den die Erfahrung bestätigt (vergl. Mittermaier's Zusammenstellung a. a. O. Seite 115.). Würde auch die Voruntersuchung eben so vollständig, wie eine gewöhnliche Untersuchung geführt, so würde doch schon dadurch Zeit erspart werden, daß nicht erst weitläuftige Vertheidigungsschriften und Relationen ausgearbeitet zu werden brauchen, welche so oft lange Verzögerungen verursachen. Wenn ein Gericht dergestalt mit Untersuchungen überladen sein sollte, daß es nicht bald nach geschlossener Voruntersuchung die mündliche Verhandlung veranlassen könnte, daß man gar Monate lang darauf zu warten hätte, so würde das nicht in der Mündlichkeit, sondern in einer fehlerhaften Gerichtsverfassung und in einer den Bedürfnissen nicht entsprechenden Besetzung des Gerichts seinen Grund haben, die in gleicher Art auch beim schriftlichen Verfahren nachtheilig einwirken würde. Die Untersuchungen, in welchen die mündliche Verhandlung das Gericht Wochen lang beschäftigt, sind so außerordentlich selten, daß sie gar nicht in Betracht kommen können. Für solche außerordentliche Fälle wird sich im administrativen Wege durch Kommittirung von Hülfsarbeitern ꝛc. leicht Abhülfe leisten lassen.

8. Endlich hat man gegen das mündliche Verfahren noch einige äußere, nicht in dem Verfahren selbst beruhende Gründe geltend gemacht. Man hat behauptet, daß das mündliche Verfahren einen großen Druck des Publikums mit sich führe, da die Verhandlungen vor den erkennenden Gerichten viele Transporte der Angeschuldigten und Reisen der Zeugen, Sachverständigen ꝛc. verursachen würden, daß dasselbe bei unserer jetzigen Justizverfassung unausführbar sei und andere Einrichtungen erfordere, und daß dasselbe einen größeren Kosten-Aufwand nothwendig mache. 8. Beschwernisse für das Publikum ꝛc.

Indessen ist zu bemerken, daß die Beschwerden, welche die Transporte der Gefangenen und die Reisen der Zeugen und Sachverständigen zu dem Sitze des erkennenden Gerichts verursachen, großentheils von der Organisation der Kriminalgerichte abhangen, bei deren Kompetenz-Regulirung dieser Punkt besonders berücksichtigt werden muß. Jedenfalls kann aus dieser untergeordneten Rücksicht um so weniger ein Grund gegen die Annahme der Mündlichkeit entnommen werden, als dort, wo das mündliche Verfahren besteht, namentlich in der Rheinprovinz, nach glaubwürdigen Berichten, das Volk sich lebhaft für die Beibehaltung interessirt, also man jene Beschwerden nicht empfinden, oder in Betracht der Vorzüge dieses Verfahrens nicht achten muß.

Wie das mündliche Verfahren bei unserer Gerichtsverfassung auszuführen sei, davon wird in einem besondern Abschnitt gehandelt werden.

Die Strafprozeß-Ordnung ist übrigens für das Wohl des Volks von so hoher Bedeutung, daß man keinen Anstand nehmen darf, solche Modifikationen in der Verfassung der Gerichte vorzunehmen, wie sie das, als das gerechteste und zweckmäßigste anerkannte, Verfahren erfordert.

Aus demselben Grunde kann es auch nicht darauf ankommen, ob das eine oder andere Verfahren einige Kosten mehr oder weniger verursacht, wobei überdies zu bemerken ist, daß in dieser Beziehung die Strafjustiz der Rheinprovinz gegen die der anderen Provinzen nicht sehr im Nachtheil zu stehen scheint. —

IV. Schluß-Antrag.

Keines der erhobenen Bedenken erscheint demnach genügend, die Annahme der Mündlichkeit zu widerrathen. Zu ihrer Empfehlung ist dagegen darauf aufmerksam zu machen, daß sie dem Unwesen der Vielschreiberei steuert und daß nur mit ihr eine angemessene Oeffentlichkeit bestehen kann. Die Vortheile, welche nach der folgenden Erörterung die Oeffentlichkeit der Strafjustiz gewährt, sind eben so viele Vorzüge der Mündlichkeit.

Der Vorschlag geht demnach dahin, der Strafprozeß-Ordnung das Prinzip der Mündlichkeit zu Grunde zu legen.

B. Oeffentlichkeit des Verfahrens.

I. Allgemeine Bemerkungen.

Die Oeffentlichkeit der Strafrechtspflege ist nicht durchaus bedingt durch die Mündlichkeit. In gewissem Maaße wenigstens ließe sie sich auch bei dem schriftlichen Verfahren erzielen. Sie würde jedoch hierbei nur in einer solchen Beschränkung stattfinden und darum nur eine so untergeordnete Bedeutung erlangen können, daß es sich vorerst nicht der Mühe lohnen würde, die Oeffentlichkeit in Verbindung mit dem *schriftlichen* Verfahren für den Fall in Erwägung zu ziehen, daß die Beibehaltung des letzteren beschlossen werden möchte.

Es wird vielmehr die Annahme der Mündlichkeit vorausgesetzt und gefragt: ob das mündliche Verfahren zugleich ein *öffentliches* sein soll?

Von einer Oeffentlichkeit der *Voruntersuchung* kann keine Rede sein; sie besteht nur theilweise in England, sonst nirgends, und wird von Niemandem empfohlen. Die Frage, um welche es sich handelt, ist vielmehr nur die:

> ob bei der mündlichen Verhandlung vor dem erkennenden Gericht auch dritte unbetheiligte Personen als Zuhörer zugelassen werden sollen?

Die Oeffentlichkeit in diesem Sinne ist, wie ersichtlich, nicht nothwendige Voraussetzung oder Folge der Mündlichkeit. Aber wo die Mündlichkeit angenommen ist, besteht überall auch mit mehr oder weniger Beschränkungen eine Oeffentlichkeit des Hauptverfahrens. Erprobt ist das mündliche Verfahren nur in Verbindung mit Oeffentlichkeit, und es ist nicht daran zu zweifeln, daß gerade ihr ein wesentlicher Antheil an der lebhaften Theilnahme gebührt, welche das öffentliche mündliche Verfahren überall gefunden hat, so wie denn auch in Uebereinstimmung mit dem mehrerwähnten Gutachten der rheinischen Immediat-Justizkommission alle Vertheidiger des mündlichen Verfahrens auf die Oeffentlichkeit desselben besonderes Gewicht legen *). Unter diesen Umständen muß es von vorn herein bedenklich erscheinen,

---

*) Die Oeffentlichkeit geht bei den Schriftstellern, wie bei den Ständeverhandlungen in der Regel mit der Mündlichkeit Hand in Hand. *Feuerbach* fordert die *Oeffentlichkeit* ganz entschieden und noch lebhafter wie die Mündlichkeit (Bd. 1. S. 159. u. bes. Th. II. S. 204.); er will aber nur eine Wiederherstellung der Oeffentlichkeit *in deutschem Geiste*, d. h. nur Zulassung der *Männer* und zwar der *Ehrenmänner* (Th. I. S. 178. Th. II. 216. ff.). *Gegen* diese Beschränkung erklärt sich *Leue* (Anklageprozeß S. 280.), welcher die Oeffentlichkeit nur objektiv, bei Verbrechen der Unzucht ausschließen will.

Bei der frühern Umarbeitung der Kriminal-Ordnung erklärte sich der Revisor im Allgemeinen zwar für Oeffentlichkeit, war jedoch mit Rücksicht auf die vielen in

die Mündlichkeit ohne Oeffentlichkeit einzuführen. Man würde sich dazu nur entschließen können, wenn sich etwa ergeben sollte, daß die Oeffentlichkeit unvermeidlich bedeutende Nachtheile mit sich führe. Das läßt sich nicht behaupten. Eine unbeschränkte Zulassung aller sich andrängenden Personen in allen Untersuchungen kann allerdings nicht für rathsam erachtet werden. In angemessenen Schranken aber wird sie nicht nur nicht nachtheilig sein, sondern vielmehr in manchen Beziehungen Vortheile gewähren und Bedürfnisse befriedigen, gegen welche unbedeutendere Nachtheile nicht in Betracht kommen können.

II. Einfluß der Oeffentlichkeit auf die einzelnen Untersuchungen.

Es muß zugegeben werden, daß die Zuhörer nicht unmittelbar auf die Untersuchung einwirken, nicht eine eigentliche Kontrole, die man ihnen wohl zugetheilt hat, ausüben können. Ihr Erscheinen ist zufällig; es wird sich kaum Einer unter ihnen befinden, welcher über die Gesetzmäßigkeit drs Verfahrens ein vollständiges Urtheil sich zu bilden vermöchte; überdies fehlt es ihnen an einem Organe, da das Hineinsprechen in das Rechtsverfahren, sowie überhaupt jede laute Aeußerung über den Gang der Sache, unbedenklich abgewiesen werden muß.

Dennoch ist ein heilsamer Einfluß der Oeffentlichkeit auf das Strafverfahren nicht zu bestreiten.

Die Zuhörer können, wenn nicht urtheilen, doch mindestens Kunde geben von dem, was vor ihnen verhandelt ist. Sie umstehen das Gericht als Zeugen und geben als solche von der einen Seite dem Angeklagten Mittel, sich gegen Ungesetzlichkeiten Recht zu verschaffen, während sie auf der andern Seite den Richter ermahnen, sich in den gesetzlichen Schranken zu halten. Mag auch bei der Sicherheit, welche schon die Mündlichkeit gewährt, darauf nicht zu großes Gewicht zu legen sein, so hat man doch auch diese Garantie nicht zu verschmähen, zumal wenn die mündliche Verhandlung nicht vollständig durch die Schrift fixirt wird.

Erheblicher vielleicht, als die vermehrte Garantie gegen eigentliche Rechtswidrigkeiten ist es, daß die Oeffentlichkeit den Ernst, die Gründlichkeit und die strenge Beobachtung aller Formen befördern wird. Sie umkleidet das Verfahren mit größerer Würde und Feierlichkeit und sie unterhält bei dem Richter das Gefühl, daß er von Unbetheiligten beobachtet wird. So wie ihn jene zu größerem Ernst stimmen wird, so wird dieses seine Aufmerksamkeit auf sich selbst anspannen. Auch der pflichtgetreueste Richter bedarf mitunter des äußeren Anreizes, und dazu ist vorzugsweise die Gegenwart beobachtender Personen geeignet. Sie wird selten ohne Einfluß bleiben. Darauf, daß doch keiner der Anwesenden von der Sache etwas verstehe, kann sich der Richter um so weniger verlassen, als in vielen Beziehungen zur Würdigung seiner Thätigkeit nichts weiter, wie gesunder Verstand, Rechts- und Schicklichkeitsgefühl gehört. Bei bestehender Oeffentlichkeit wird sich

---

Preußen dagegen aufgetretenen Stimmen der Meinung, daß es zu bedenklich sei, von dem bisherigen Verfahren sofort zur vollen Oeffentlichkeit überzugehen.

Bei der Berathung erklärte sich der Justizminister Graf von Danckelman ohne Weiteres gegen die Oeffentlichkeit (Berathungsprotokolle Vol. I. fol. 6 v.). Dabei ist es auch in dem Entwurfe des Justizministers von Kamptz geblieben.

überdies die Kenntniß der Formen des Verfahrens bald verbreiten. Diese Seite der Oeffentlichkeit ist nicht blos für die einzelne Untersuchung von Bedeutung. Die Gewohnheit der Richter, stets in öffentlichen Versammlungen und darum mit voller Aufmerksamkeit auf sich und ihre Pflichten ihr Amt auszuüben, kann auf den Geist und die Haltung der Justizbehörden überhaupt nicht anders, wie wohlthätig einwirken.

Auch auf die Wahrhaftigkeit der Zeugen muß die größere Feierlichkeit der Handlung und die vermehrte Besorgniß, daß aus der größeren Umgebung sie der eine oder andere Lügen strafen könne, einen vortheilhaften Einfluß üben. Die Befürchtung, daß mancher Zeuge in öffentlicher Versammlung, und insbesondere dem Angeschuldigten gegenüber, die Wahrheit zu sagen sich scheuen werde, ist schon in der vorigen Betrachtung als ungegründet dargestellt. Dort ist auch bereits die andere Erinnerung, daß bei dem öffentlichen mündlichen Verfahren ein Geständniß des Angeschuldigten schwerer zu erlangen sei, gewürdigt worden. Mitunter wird auch die Oeffentlichkeit neue Aufklärungen über die Sache verschaffen; es sind schon Fälle vorgekommen, daß anwesende Zuhörer sich bei zweifelhaften Umständen zum Zeugniß gemeldet haben.

III. In Beziehung auf die Angeschuldigten insbesondere.

Vor Allem kommt es jedoch darauf an, die Folgen zu prüfen, die sich für den Angeschuldigten aus der Oeffentlichkeit ergeben.

In dieser Beziehung ist mehrfach die Meinung geäußert worden, daß für denselben eine nicht zu rechtfertigende Härte darin liege, daß er in öffentlicher Sitzung erscheinen müsse.

Das läßt sich jedoch nicht anerkennen; es muß vielmehr behauptet werden, daß das wohlverstandene Interesse derjenigen Angeschuldigten, auf welche hier besonders Rücksicht zu nehmen ist, nämlich der Unschuldigen und der reuigen Verbrecher, gerade die öffentliche Verhandlung fordere, auch abgesehen von dem größeren Schutze gegen Gesetzwidrigkeiten, welche nach den früheren Bemerkungen die Oeffentlichkeit gewährt.

Im Allgemeinen wird sich die Scheu vor dem öffentlichen Erscheinen bei länger bestehender Oeffentlichkeit mehr und mehr verlieren. Die Erfahrung hat das überall bestätigt und es kann nicht anders sein. Wenn immer öffentlich verhandelt wird, wenn nach den Ergebnissen der täglichen Erfahrung nicht selten unschuldig Verdächtige gereinigt von der Angeklagtenbank aufstehen, und andere nur durch Uebereilung dem Strafgesetz verfallene Angeklagte das Mitleid der Zuhörer davon tragen, wird das öffentliche Erscheinen vor den Schranken des Gerichts nicht mehr als etwas an sich Verletzendes betrachtet werden können. Einzelne Angeschuldigte werden allerdings auch unter jenen Voraussetzungen immer eines gewissen Widerwillens und einer Schüchternheit sich nicht entäußern können; allein auf solche einzelne Fälle darf man keine überwiegende Rücksicht nehmen, wenn die Oeffentlichkeit im Allgemeinen dem Interesse der Angeschuldigten entspricht, wie dies näher erörtert werden soll.

Zur öffentlichen Kunde kommen die Untersuchungen bekanntlich auch, wenn sie bei verschlossenen Thüren verhandelt werden. Aber sie kommen nicht vollständig und getreu in Umlauf. Das Gerücht entstellt sie, und es ist bekannt, daß solche Entstellungeu in der Regel zum Nachtheile des Angeschuldigten ausfallen; darum muß zunächst der Angeschuldigte, welcher seine Unschuld behauptet und sich ihrer wirklich bewußt ist, die öffentliche Verhandlung wünschen. Gelingt es ihm beim geheimen Verfahren, den Verdacht abzulehnen, dann bleibt er freilich straflos; aber er steht in den Augen seiner Mitbürger noch nicht gereinigt da. Man weiß nicht, ob er seine Unschuld dargethan, oder nur durch Leugnen und Verschmitztheit sich der Strafe entzogen hat, und bekanntlich ist man nur zu geneigt, das letztere anzunehmen. Hinlänglichen Schutz gegen das »semper aliquid haeret« giebt nur die Oeffentlichkeit.

Nicht anders steht es mit denjenigen Angeschuldigten, welche sich in der Aufwallung des Affekts, oder durch Mangel und Noth zu Verbrechen haben hinreißen lassen, oder die von Andern zu dem Verbrechen verführt worden sind, oder die nach der besonderen Beschaffenheit des Falles überhaupt hoffen dürfen, daß die That ihren Mitbürgern in einem milderen Lichte erscheinen wird, wenn alle begleitende Umstände zur Kunde kommen. Beim geheimen Verfahren erfährt man das Verbrechen und die Strafe, nicht aber das, wonach die Moralität des Verbrechens zu würdigen ist. Es verwischt sich der Unterschied zwischen Gefallenen und Verdorbenen, zwischen Schwäche und Schlechtigkeit. Der junge Mensch, welcher sich zum Erstenmale an fremdem Gut vergriffen hat und als Dieb ins Gefängniß wandert, wird verachtet wie ein anderer Dieb. Man erfährt nicht seine aufrichtige Reue, nicht die Noth, welche ihn vielleicht verführt. Die ihn verfolgende Verachtung mag manchen Gefallenen zu Grunde richten, welcher bei öffentlichem Verfahren gerettet sein würde. Man braucht auch nicht etwa zu fürchten, daß die Oeffentlichkeit des Verfahrens das Schamgefühl solcher Verbrecher ersticken werde. Die Feierlichkeit der Verhandlung und die Ermahnungen des Vorsitzenden an ihn und die Zuhörer werden einen tieferen und erhebenderen Eindruck auf ihn machen, als im geheimen Verfahren die Verkündigung der Strafe, nach deren Abbüßung er mit dem Gefühl unter die Menschen tritt, daß Jeder ihn als Verbrecher ansehe und Keiner wisse, wie es eigentlich mit ihm bestellt sei.

Verdorbeneren, ehrlosen Verbrechern ist in der Regel die Art des Verfahrens ziemlich gleichgültig. Sie verdienen auch keine Berücksichtigung. Wenn das öffentliche Verfahren im Uebrigen für zweckmäßig erkannt wird, dann kann ihnen das damit verbundene Unangenehme eben so wenig erspart werden, wie die Unannehmlichkeit der Untersuchungshaft, des Transports u. s. w. Wer die öffentliche Blosstellung fürchtet, wird überdies leichter die Versuchung überwinden, ein Verbrechen zu begehen, welches ihn der Verachtung Preis geben könnte.

Wollte man übrigens auch die Scheu einiger Angeschuldigten vor der öffentlichen Verhandlung berücksichtigen, so würde das immerhin keinen Grund darbieten, die Oeffentlichkeit des Strafverfahrens ganz aufzugeben; man könnte sich nur allenfalls veranlaßt finden, dem Gerichte in der einzelnen Untersuchung auf den Antrag des Angeschuldigten die Ausschließung der Oeffentlichkeit zu gestatten, eine Vergünstigung, die jedoch in Erwägung der sonstigen Vorzüge dieses Verfahrens nicht angerathen werden kann.

IV. In Beziehung auf das Staatsleben überhaupt.

Wenn man nicht schlechthin jede Theilnahme des Volks an den Angelegenheiten des Gemeinwesens abschneiden will, dann giebt es kaum eine andere Thätigkeit der Staatsbehörden, bei welcher man mehr Grund hätte, eine angemessene Oeffentlichkeit zuzulassen, wie eben die Rechtspflege. Denn

1. Die einzelnen Rechtssachen berühren nicht blos die unmittelbar Betheiligten, sondern sie sind in gewisser Beziehung eine gemeinsame Angelegenheit Aller. Daraus folgt nun allerdings nicht, daß jedem Einzelnen aus dem Volke unbedingt das Recht zu vindiziren sei, nach Belieben von jeder Rechtssache Kenntniß zu nehmen und sich durch Anschauung davon zu überzeugen, daß diejenigen, welche in dem Staats-Organismus zur Handhabung der Rechtspflege berufen sind, ihr Amt nach Vorschrift der Gesetze wahrnehmen. Allein es folgt daraus, daß man das Recht als eine gemeinsame Angelegenheit wenigstens in soweit verwalten muß, als dies ohne Gefährdung des nächsten Zwecks der Rechtspflege zulässig ist. Mit dieser Beschränkung liegt in unserer Verfassung nichts, was der Erfüllung jener Forderung entgegenstände.

2. Die Oeffentlichkeit hat ferner die wichtige Folge, daß sie das Vertrauen zu der Rechtspflege und hiemit das Bewußtsein der Rechtssicherheit, die erste Bedingung eines kräftigen Volkslebens, erhöhet. Dem läßt sich nicht entgegensetzen, daß immer verhältnißmäßig nur wenige an den öffentlichen Verhandlungen Theil nehmen werden; die Thatsache allein, daß das Recht öffentlich gepflegt wird, ist geeignet und genügend, jenes Vertrauen zu erwecken.

3. Hiezu kommt, daß die Oeffentlichkeit die Kenntniß des Rechts und seiner Formen mehr verbreiten und das Rechtsgefühl stärker wird. Das Recht wird mehr Gemeingut werden und mehr wirkliches Leben erlangen. Auch in dieser Beziehung ist der Erfolg nicht blos von der unmittelbaren Anwesenheit von Zuhörern zu erwarten. Mag auch die Zahl derer, welche den Verhandlungen beiwohnen, verhältnißmäßig gering bleiben, so wird doch die Rechtspflege eben durch die Oeffentlichkeit mehr und mehr ein Gegenstand der Theilnahme Aller und daher ein Gegenstand weiterer mündlicher oder schriftlicher Besprechung werden. Wer nicht selbst sieht, hört wenigstens.

4. Das wird dann zugleich nicht nur eine zeitgemäße Weiter-Entwickelung des Rechts durch die Gesetzgebung erleichtern, sondern auch unmittelbar auf die Rechtspflege fortbildend einwirken. Es gilt dies vorzugsweise von der Strafrechtspflege, da ihre Elemente bei Weitem mehr mit dem Leben und der Sitte verwachsen sind, als dies bei der Civilrechtspflege der Fall ist, wo der Richter in der Regel nur nach positiven Normen zu entscheiden hat und seine Aufgabe hauptsächlich dem Scharfsinne anheimfällt.

V. Widerlegung der Bedenken gegen die Oeffentlichkeit.

Es bleibt noch übrig, die Bedenken gegen die Offentlichkeit, so weit sie in der bisherigen Darstellung noch keine Erörterung gefunden haben, zu erwähnen.

1. Zuvörderst ist die Besorgniß geäußert worden, daß die Unpartheilichkeit und Unabhängigkeit der Richter durch die Anwesenheit und die Aeußerungen

des Publikums über die Schuld oder Unschuld des Angeklagten gefährdet werde. Indessen dürfte diese Besorgniß nicht begründet erscheinen. Zuvörderst sind solche Meinungs-Aeußerungen überhaupt nicht zu dulden und durch gehörige Handhabung der Polizei zu vermeiden. Brechen sie dennoch hervor, so könnten sie allenfalls gefährlich werden, wenn öffentlich abgestimmt würde. Bei einer geheimen Abstimmung ist jener Besorgniß kein Raum zu geben, und am wenigsten, wenn nicht Geschworne, sondern rechtsgelehrte Richter erkennen, welche täglich zu Gericht sitzen und deshalb bald gegen dergleichen Einflüsse gestählt sein werden.

2. Ferner hat man gesagt, daß die Gerichtssäle meist von Tagedieben und von Gesindel angefüllt wären und deshalb die Verhandlungen nicht feierlicher, sondern durch das Betragen der Menge und das Ab- und Zulaufen nur gestört werden würden.

Dem kann nicht ganz widersprochen werden. Aber es ist theils durch die Polizei, theils durch eine angemessene Beschränkung der Oeffentlichkeit, wovon später die Rede sein wird, Abhülfe zu schaffen.

3. Sodann hat man bemerkt, daß die öffentlichen Verhandlungen Bildungsschulen der Immoralität seien. Die Freisprechung eines Angeschuldigten, welchen die Zuhörer für schuldig halten, schade mehr, als viele Verurtheilungen gut machen könnten; der angehende Verbrecher lerne die Ränke und Kunstgriffe kennen, sich der Verurtheilung zu entziehen; der Unverdorbene erlange Kenntniß von Verbrechen und Unsittlichkeiten, welche ihm bis dahin vielleicht unbekannt gewesen seien, und seine Moralität werde, wenn sie nicht ganz feststehe, durch die Verhandlungen, insbesondere durch die Reden der Vertheidiger, welche das Verbrechen beschönigen, vielleicht als eine erlaubte Handlung oder als Folge ehrenwerther Gesinnungn darstellen, leicht wankend gemacht werden.

Die so eben geschilderten Gefahren können nicht ganz in Abrede gestellt werden; allein, wenn dieselben auch nicht durch eine Beschränkung der Oeffentlichkeit zu beseitigen wären, könnte man sie doch immer nicht für so bedeutend erklären, um das Aufgeben der Oeffentlichkeit zu rechtfertigen. Während der Eine an seiner Sittlichkeit durch die öffentliche Verhandlung Schaden nimmt, werden viele Andere auf dem rechten Wege erhalten werden, sei es, weil sie größeren Abscheu vor dem Verbrechen, oder weil sie größere Furcht vor dessen Folgen davon tragen. Die Strafverkündigung in Folge der öffentlichen Verhandlung hat ungleich mehr Abschreckendes, wie die bloße Strafvollstreckung, oder gar das bloße Hören von einer geschehenen Bestrafung. Die öffentliche Darlegung des Verbrechens, die Wahrnehmung, wie ein erster Fehltritt den Verbrecher am Ende an den Abgrund führen kann, die andere Wahrnehmung, daß ein Verbrecher mit aller Verschmitztheit und Frechheit der Strafe nicht entgeht, können einen günstigen Eindruck auf wankende Zuhörer nicht verfehlen. Die Moralität wird demnach durch die Oeffentlichkeit der Strafrechtspflege wohl auf der einen Seite eben so sehr befördert, als auf der anderen gefährdet werden. Jedenfalls hat es die Erfahrung noch nicht bewiesen, daß dort, wo das öffentliche Verfahren besteht, die Verbrechen unter übrigens gleichen Verhältnissen mehr überhand nehmen, wie anderwärts. Einzelne Freisprechungen, die vielleicht in sich nicht gerechtfertigt sind, werden nicht mehr Nachtheil bringen, als bis jetzt die zahlreichen Freisprechungen von der Instanz bei der bestehenden Beweistheorie gebracht haben. Die Ursachen der Immoralität liegen tiefer und anderswo, als in dem öffentlich gehegten Gericht; eher kann man die Gefängniß- und Strafanstalten als einen Heerd der Verbrechen bezeichnen. Die eben erwähnten Uebelstände haben nur in sofern Bedeutung, als sie die unabweisbare Nothwendigkeit ergeben, eine Beschränkung der Oeffentlichkeit, theils in Beziehung auf gewisse Arten von Sachen, theils in Beziehung auf die zuzulassenden Personen eintreten zu lassen.

4. Eben so verhält es sich mit dem anderen Bedenken, daß unentdeckte Mitschuldige durch die öffentlichen Verhandlungen in den Stand gesetzt werden, etwanige Spuren und Verdachtsgründe zu entfernen, und so ihre Ueberführung zu verhindern.

Das sind vereinzelte Fälle, welche für die Einrichtung des Strafverfahrens im Allgemeinen nicht maaßgebend sein können. Die Besorgniß kann nur unter besonderen Umständen von einiger Erheblichkeit sein. Beispielsweise könnte etwa in volkreichen Städten, in denen sich ganze Schaaren von Dieben, Gaunern, Hehlern wechselseitig zu unterstützen pflegen, die Oeffentlichkeit der Untersuchungen über Diebstähle und ähnliche Verbrechen gefährlich werden. Auch gegen diese Gefahr wird aber eine angemessene Beschränkung der Oeffentlichkeit hinlänglichen Schutz gewähren.

VI. Beschränkung der Oeffentlichkeit.

In dem Bisherigen ist wiederholt darauf hingedeutet worden, daß es bedenklich sei, den Zutritt zu den Verhandlungen unbedingt frei zu geben, und es fragt sich demnach, ob und in welcher Weise eine Beschränkung eintreten soll.

1. Zuvörderst kann die Oeffentlichkeit objektiv, in Ansehung gewisser Arten von Verbrechen eingeschränkt sein. In der Rheinprovinz sind die Gerichte bereits durch die Verordnung vom 31sten Januar 1822. (Gesetzsammlung S. 89.) autorisirt und angewiesen, auf den Antrag des öffentlichen Ministeriums die Oeffentlichkeit der Verhandlungen auszuschließen, wenn diese der Sittlichkeit nachtheilig werden möchte. Es leidet keinen Zweifel, daß diese Beschränkung beizubehalten ist.

Gleichergestalt wird die Oeffentlichkeit aber auch auszuschließen sein, wenn in besonderen Fällen durch Gewährung derselben eine Gefährdung des Staats oder der öffentlichen Sicherheit zu besorgen ist, also insbesondere bei Untersuchungen wegen Hochverrath, Landesverrath, Majestätsbeleidigung, Aufruhr und Tumult.

2. Hiernächst ist auch hinsichtlich der zuzulassenden Personen eine Beschränkung für rathsam zu erachten. Im Allgemeinen kann gegen eine solche Beschränkung in sofern nichts erinnert werden, als auch nach unserer Verfassung die Theilnahme an politischen Rechten überall durch gewisse persönliche Eigenschaften und Verhältnisse bedingt ist.

Bei dem alten germanischen, öffentlich-mündlichen Verfahren waren es die ehrbaren vollwortigen Mitglieder der Gemeinde, welche das Gericht umstanden. Wenn es auch nicht nöthig und thunlich ist, jetzt den Kreis der Zuhörer durchaus auf gleiche Weise zu begrenzen, so erscheint es doch räthlich, das öffentliche Verfahren im Geiste jener alten Sitte wieder aufzunehmen. Die Zwecke der Oeffentlichkeit fordern nicht, daß die Thüren des Gerichtssaals Jedermann offen stehen. In allen Beziehungen, in welchen oben die Oeffentlichkeit als empfehlenswerth dargestellt wurde, kommt es nur auf die Zulassung gereifter, achtbarer Staatsbürger an. Nur ihre Gegenwart kann die Würde und Feierlichkeit der Handlung erhöhen, nur sie sind tüchtige Gerichtszeugen und Gewährsleute, und nur bei ihnen kann vermuthet werden, daß sie wirklich an der Rechtspflege Interesse nehmen. Stehen die Thüren der Gerichtszimmer Jedermann offen, so müssen unleugbar die oben erwähnten Nachtheile entstehen, und insbesondere die Ruhe und Feierlichkeit der Verhandlung gefährdet werden. In dieser Erwägung dürfte eine Beschränkung der Oeffentlichkeit in der Art gerechtfertigt sein, daß Weiber und Kinder, so wie bekannte Verbrecher und verdächtiges oder unbekanntes Gesindel, überall zurückzuweisen sind.

C. Staats-Anwaltschaft.

I. Geschichtliche Vorbemerkungen.

Die Staats-Anwaltschaft als eine Justizbehörde, welche neben dem Richter stehend bei der Rechtspflege das öffentliche Interesse wahrnimmt und die Beobachtung der Gesetze überwacht, ist zwar nicht erst mit der Einführung der französischen Gerichtsverfassung nach Deutschland verpflanzt, vielmehr kommt dieselbe, als eine ursprünglich germanische Institution, unter dem Namen „Fiskalat" bis in die neuere Zeit fast in allen deutschen Ländern vor. Allein es hat dieses Institut in Deutschland eine so wesentlich verschiedene und ungleich minder kräftige Entwickelung, als in Frankreich erhalten, daß man die Einrichtungen beider Länder nicht mit einander verwechseln darf.

1. In Beziehung auf Deutschland.

In Deutschland rief das Bedürfniß der Vertretung des Fiskus und die Verfolgung der Verbrechen im Namen des Staats schon früh das Institut des Fiskalats hervor. Nach der älteren, noch unvermischten deutschen Gerichts-Verfassung waren es die Fürstlichen Verwaltungsbeamten, welche das fiskalische Interesse ihrer Herren vor Gericht geltend machten, unterstützt wie andere Partheien durch Fürsprecher. Seit der Einrichtung ständiger Gerichtshöfe zu Ende des funfzehnten und Anfang des sechszehnten Jahrhunderts traten, den Vorschriften des recipirten fremden Rechts gemäß, procuratores und advocati fisci an ihre Stelle. Die Reichskammer-Gerichts-Ordnung von 1500. Tit. 22. setzt das Königliche Fiskal-Amt als zu diesem Gericht gehörig voraus und verordnet nur, daß dasselbe mit einer redlichen, gelehrten, verständigen Person besetzt werden solle. Eben so hatte der Reichshofrath seinen Fiskal und dem Muster der Reichsgerichte folgten auch hierin die höhern Gerichte in den Territorien. Bei weiterer Ausbildung der fiskalischen Verwaltung wurde selbst für jeden Zweig derselben ein eigner Fiskal bestellt. So gab es einen Kammerfiskal für die Domainensachen, einen Lehns-, Forst-, Postfiskal u. s. w. Die eigenthümlichen, den landesherrlichen Gerichten, Justiz-Kanzleien u. s. w. zugeordneten Fiskale hatten dann nur die bei dieser Behörde einkommenden Gefälle und Strafgelder einzuklagen. Ueber allen stand auch wohl ein allgemeiner Landes- oder General-Fiskal.

Die Verfolgung der Verbrechen im Namen des Staats durch einen öffentlichen Ankläger hatte zunächst einen davon unabhängigen Ursprung. Der deutsche Kriminalprozeß war in früherer Zeit rein akkusatorisch, also abhängig von der Klage des Verletzten, nicht nur wenn Buße, sondern auch wenn Leibes- oder Lebensstrafe bezweckt wurde. Viele Verbrechen mußten in Ermangelung eines Privat-Anklägers ungestraft bleiben. Um dies zu verhüten, kam seit dem vierzehnten Jahrhundert der Grundsatz auf, daß in Ermangelung eines Privat-Anklägers eine Klage von Amtswegen erhoben werden könne, wo dann die Buße dem Gericht zufiel. Die Form des Verfahrens war dabei ohne Zweifel die des reinen Anklageprozesses, wie dies auch die Bambergensis und Carolina voraussetzen, welche die Sache selbst anerkannten und dadurch ihren Gebrauch befestigten, daher er noch im sechszehnten und siebenzehnten Jahrhundert nicht selten erscheint.

Als Kläger trat dabei bald der Richter selbst auf, bald ein Verwaltungsbeamter, der hierzu außerordentlichen oder stehenden Auftrag hatte; bald auch wurde einer der Fürsprecher des Gerichts im einzelnen Fall dazu verordnet; endlich auch wohl ein eigner peinlicher Ankläger ein für allemal bestellt.

In sofern nun ohnedies zu den vorhin erwähnten Zwecken ein Fiskal bei dem Gericht angestellt war, der jeden Falls die dem Gericht oder Gerichtsherrn verfallnen Bußen einzuziehen hatte, so war nichts natürlicher, als eben demselben auch das Amt der eigentlich peinlichen Anklage auf Leibes- und Lebensstrafen zu übertragen. Soche Kriminal-Fiskale finden sich denn auch seit dem 16ten Jahrhundert bei vielen Gerichten.

Indessen hat dies Institut in Deutschland weder allgemeinen Eingang gefunden, noch eine größere Bedeutung gewonnen. Der Grund lag in dem Ueberhandnehmen des deutschen Inquisitionsprozesses, wobei das Gericht als überwiegend oder selbst ausschließend im Namen des Staats thätig gedacht wird. So kam es, daß in den meisten Ländern, z. B. in Sachsen, von jeher bei eigentlich peinlichen Sachen, d. h. wo Leibes- oder Lebensstrafen eintreten, die Thätigkeit der Fiskale ganz ausgeschlossen und nur auf geringere Vergehen, wobei Geldstrafen stattfinden, beschränkt wurde, und selbst da, wo ihm eine Mitwirkung bei eigentlichen Kriminalsachen blieb, diese mehr formeller Natur war und häufig entweder als hemmende Formalität in neuester Zeit beseitigt oder in eine ihm vom Gericht übertragene Inquisition verwandelt wurde. Aehnliche rein formelle Ueberbleibsel der öffentlichen Ankläger haben sich noch lange Zeit in dem Achtsprozeß und den Feierlichkeiten des hochnothpeinlichen Halsgerichts erhalten und sind erst in neuester Zeit verschwunden.

2. In Beziehung auf Preußen.

In den Ländern der Preußischen Monarchie hat das Institut der Fiskale im Ganzen dieselben Phasen durchlaufen, wie im übrigen Deutschland. Der im vorigen Jahrhundert erwachte energische Gesetzgebungstrieb bemächtigte sich auch dieser Einrichtung zur Erreichung seiner löblichen Zwecke. Aber ohne das eigentlich organische Bildungsvermögen gelang es nicht, derselben eine eigenthümliche Gestalt und Lebenskraft mitzutheilen; daher wir sie allmählig aufgegeben, und endlich völlig verschwinden sehen.

Schon das Projekt einer Ordnung für das Kammergericht der Mark Brandenburg von 1516. bestellt bei demselben, zu Einforderung der Buß- und andern Sachen fisci einen gemeinen Procuratorem fiscalem, welchem auch die

Führung der Armensachen übertragen wird, und daß diese Anordnung wenigstens im Laufe des sechszehnten Jahrhunderts zur Ausführung gekommen, zeigen die Verordnungen von 1565. und 1573., nach welchen der Fiskal die Strafquote von Wucherern einziehen soll. Spätere Verordnungen des siebzehnten Jahrhunderts erwähnen ihn öfter. In der ersten ausführlichen Kammergerichts-Ordnung von 1709. Tit. 13. erscheinen ein Hof-Advokat, ein Adjunctus fisci und einige Hof-Fiskäle, deren Geschäftsführung im Wesentlichen schon Alles umfaßt, was spätere Gesetze nur weiter ausgebildet haben. Die neue Kriminal-Ordnung vom 8ten Juli 1717. wird im Patent ausdrücklich unter die spezielle Obhut der Fiskäle gestellt; in der Verordnung wegen Beschleunigung der Kriminal-Untersuchungen vom 12ten Juli 1732. wird den Fiskälen ein bedeutender Antheil an den Kriminal-Untersuchungen eingeräumt; im Rescript vom 18ten Januar 1736. wird das Verfahren in fiskalischen Strafsachen im Gegensatz der eigentlichen Kriminalprozesse bestimmt, und im Jahre 1738. wird in Berlin ein besonderes fiskalisches Kollegium errichtet, bei welchem der Generalfiskal wöchentlich einmal die Lage aller Kriminalsachen in der Residenz und auf dem Lande revidiren und durch die Fiskäle kontrolliren soll.*)

Alle diese vereinzelten Bestimmnngen faßte demnächst das im Jahre 1748. veröffentlichte Projekt des Codicis Fridericiani Marchici Theil I. Tit. 13. zusammen. Nach demselben steht unter der Leitung eines General-Fiskals eine Mehrzahl, den einzelnen Justiz- und Verwaltungs-Kollegien beigegebener Fiskale. Das Amt derselben besteht in Civilsachen in Vertretung des Fiskus, wo dieser unmittelbar Parthei ist oder nur als Intervenient oder Assistent auftritt, wie in Sachen der Minderjährigen, Wahnsinnigen, Abwesenden und milden Stiftungen. In Strafsachen denunciiren die Fiskale die begangenen Verbrechen den Justiz-Kollegien und erhalten von diesen Auftrag zur General- und Spezial-Untersuchung, wenn sie nicht Untergerichten kommittirt wird. Der Prozeß ist rein inquisitorisch und der Fiskal selbst kommittirter Inquirent. Leichtere Vergehen, worauf Geld- oder Gefängnißstrafe steht, verfolgt der Fiskal, auch ohne vom Gericht dazu excitirt zu sein, jedoch nicht ohne dessen Ermächtigung, in Form des summarischen Civilprozesses und erhält von den eingezogenen Strafgeldern eine Tantieme. Ueber die von den Fiskalen verhandelten Sachen senden dieselben Bericht und Tabellen sowohl an den Generalfiskal, als an das Justiz-Kollegium, dem sie beigeordnet sind. Im Allgemeinen sollen sie über die Beobachtung der Landes-, insbesondere auch der Polizei- und Prozeßgesetze wachen, das gesammte Justizpersonal beaufsichtigen und, um bei jedem vorkommenden Fall ihr Amt versehen zu können, allen Gerichtssitzungen beiwohnen. Die Fiskale erhalten außer dem Strafantheile eine Besoldung und haben auch das Recht für Privaten zu advociren.

Während der Regierung des Königs Friedrich II. wurde das General-Fiskalat zu einer allgemeinen Aufsichts- und Kontrol-Behörde über die Ausfüh-

*) Vergl. Mylius Const. March. II. 3. No. 32., II. 3. No. 46., II. 3. No. 66., II. 3. No. 77.

rung der Gesetze in allen Zweigen der Staatsverwaltung erhoben. In einer offenen Ordre d. d. Berlin den 19ten April 1763. für den General=Fiskal Uhden wurde derselbe angewiesen, sein Amt wider Jedermann, ohne Ansehen der Person, von den Ministern an bis auf den Geringsten wahrzunehmen und gegen Uebertreter der Gesetze zu agiren, auch sowohl bei den Justiz= wie bei den Finanz=Kollegien die nöthigen Schritte zu thun. (Acta des Geh. Archivs R. IX. K. de 1763.) Ganz in diesem Sinne wurde die Instruktion für den General=Fiskal d'Aniers unterm 2ten Dezember 1763. ausgefertigt. Es wurde ihm namentlich die Anweisung ertheilt, jede Behörde an ihre Schuldigkeit bei eingetretenen Mängeln zu erinnern, und wenn solches nicht verfangen sollte, dem Könige darüber zu berichten. Er sollte das Recht haben, alle Akten über innere Landes=Angelegenheiten bei den verschiedenen Behörden zu inspiziren. Alle Fiskale zu Berlin und in den Provinzen, mit Ausnahme Schlesiens, wo zwei besondere General=Fiskale und verschiedene Unter=Fiskale angestellt waren, wurden ihm unterworfen, er, wie diese, ermächtigt, Denunziationen anzunehmen, zu untersuchen und Zeugen zu vernehmen, während in Ansehung der speziellen, vor die Gerichte gehörigen Fälle auf das Projekt Cod. Frd. March. I. 13. Bezug genommen ward. — Diesem nach hatte sich das General=Fiskalat nach allen Seiten der inneren Verwaltung auszudehnen, wie d'Aniers auch in einem an den König unterm 16ten November 1772. erstatteten Bericht darlegte.

Nach dem Corpus Juris Fridericianum und der Allgemeinen Gerichts=Ordnung stellt sich die Wirksamkeit der Fiskale in folgender Weise dar: 1) der General=Fiskal ist Wächter der Gesetze; er hat auf die Amtsführung bei den Landes=Justiz=Kollegien und auf einen ununterbrochenen Betrieb der Prozesse Acht zu geben, dem Chef der Justiz desfallsige Bemerkungen zu machen, und Kontraventionen anderer Art durch die ihm untergebenen Fiskale untersuchen und betreiben zu lassen (A. G. O. III. 6. §. 13—15.). 2) Die bei einzelnen Behörden angestellten fiskalischen Bedienten müssen a) den Landesherrn und Fiskus in Civilprozessen vertreten, b) die Beobachtung der Gesetze überwachen, auf das amtliche Verhalten der höheren und niederen Justizbedienten achten und dem Präsidenten oder dem Chef der Justiz darüber Anzeige machen, und c) die ihnen aufgetragenen fiskalischen Untersuchungen führen (Allgemeine Gerichts=Ordnung Th. I. Tit. 35. Th. III. Tit. 6. §. 3—11.).

Nach Allem diesem lagen in dem Fiskalat Elemente, durch deren Entwickelung dasselbe eine ähnliche Bedeutung wie das öffentliche Ministerium in Frankreich hätte gewinnen können. Daß es sie nicht erlangt hat, davon lag der Grund vorzüglich in dem überwiegenden Ansehen der Gerichte, als den eigentlichen Organen des landesherrlichen Willens in Justizsachen. Zu Aufrechthaltung der Gesetze, der öffentlichen Ordnung u. s. w. waren nämlich auch Letztere angewiesen, von Amtswegen einzuschreiten und den Fiskal zu der etwa formell nothwendigen Mitwirkung heranzuziehen, ihn zu „excitiren." Auch sie sollten nicht minder „auf die Aufrechthaltung der Königlichen Konstitutionen und Edikten vornehmlich bedacht und Custodes legum sein" (Mylius Const. March. I. 13.

S. 50.); sie mußten durch ihr höheres Ansehen die Fiskale um so mehr in den Hintergrund drängen, als diese von der Privatpraxis nicht ausgeschlossen, mit den übrigen Advokaten ihrer Disziplin sowohl als der des General-Fiskals untergeben und von ihren Befehlen abhängig waren. Bei der Tendenz der spätern Gesetzgebung, die Thätigkeit der Gerichte zu steigern und die Advokaten ganz entbehrlich zu machen, mußte natürlich auch das Fiskal-Amt noch mehr in den Schatten treten und zuletzt als ein völlig überflüssiges Glied in dem Organismus der Gerichtsverfassung erscheinen. So kam es, daß endlich, ohne ausdrückliches Gesetz, durch eine nicht publizirte Kabinets-Ordre an das Justiz-Ministerium vom 10ten März 1809. (Starke Preuß. Gerichtsverfassung S. 140.) die Wiederbesetzung der erledigten Fiskalstellen untersagt und somit dem ganzen Institut ein Ende gemacht wurde. Der Geheime Rath Klein erklärte sich zwar in einem Gutachten für Beibehaltung der Fiskale und Erweiterung ihrer Funktionen als Wächter der Gesetze, unter der Benennung öffentlicher Anwalte und mit ähnlichen Bestimmungen wie die des öffentlichen Ministeriums in Frankreich. Allein ohne wesentliche Umbildung der Gerichtsverfassung würde es nur ein Schattenbild dieses Instituts ohne reelle Bedeutung gewesen sein.

3. In Beziehung auf Frankreich.

Eine viel kräftigere Entwickelung erhielt in Frankreich die Staatsanwaltschaft oder das öffentliche Ministerium. Die Amtsbefugnisse desselben beruheten zuerst mehr auf Observanz und besonderen Aufträgen, als auf gesetzlichen Verfügungen. Letztere finden sich erst in umfassender Weise in dem Edikte von 1661. und in den Ordonnanzen von 1667. 1670. 1673. Die letzte systematische Vollendung empfing das Institut unter Napoleon im gegenwärtigen Jahrhundert. In dieser Gestaltung ist dasselbe sowohl in der Restauration, als auch nach der Juli-Revolution geblieben. Es bildet eine eigene Hierarchie gerichtlicher, nicht-richterlicher Beamten. In jedem Appellationsgerichts-Bezirke ist ein General-Prokurator angestellt, welcher mit büreaukratischer Gewalt über sein Parquet, bestehend aus General-Advokaten und Substituten, so wie über die bei den einzelnen Gerichten des Sprengels angestellten Einzel-Prokuratoren bekleidet ist. Die General-Prokuratoren stehen wieder unter der Leitung des Justizministeriums, mit einer Nebenkontrole, welche der, freilich demselben Haupt auch wieder unterworfene, General-Prokurator des Kassationshofes über alle Gerichtspersonen ausübt.

Zu den Attributionen der französischen Staatsanwaltschaft gehört die Beaufsichtigung und Ueberwachung der Gerichtshöfe, so wie der dabei fungirenden Personen wegen gehöriger Vollziehung der Gesetze, sie ist ferner die Behörde, welche bei den einzelnen Gerichten die Exekutiv-Gewalt des Staats vertritt und dieselbe im Namen des Staats ausübt; sie ist die Mittelsbehörde, durch welche die Regierung ihre Mittheilungen an die Gerichte gelangen läßt; sie korrespondirt mit anderen Behörden, besorgt Zustellungen ins Ausland und empfängt dergleichen, sie hat die Beaufsichtigung der Civilstandsregister, der Hypothekenverwaltung und die Aufsicht über die Notarien der einzelnen Bezirke.

Unter den einzelnen Aufgaben der französischen Staatsanwaltschaft steht jedoch oben an, als die ursprünglichste und eminenteste: ihre Konkurrenz bei Verfolgung und Bestrafung der Verbrechen, die mit Rücksicht auf den vorliegenden Zweck näher ins Auge zu fassen ist.

Die verschiedenen, dem öffentlichen Ministerium in dieser Beziehung in Frankreich anvertrauten Funktionen lassen sich, mit Uebergehung des Details in folgenden Gesichtspunkten konzentriren:

1. Die Staatsprokuratur hat in Verbindung mit der zu ihrer Disposition gestellten gerichtlichen Hülfspolizei die vorkommenden Kriminal- und Korrektionell-Verbrechen zu überwachen und aufzusuchen; sie hat dabei das ausschließliche Recht des ersten Einschreitens. Sie kann sogar in zwei Fällen zur Konstatirung des Thatbestandes und zur Verhaftung schreiten, nämlich 1) wenn der Verbrecher auf frischer That betroffen wird, oder 2) das Verbrechen in dem Innern eines Hauses verübt ist und das Haupt des Hauses die Staatsbehörde zum Einschreiten aufgefordert hat. Außerdem beschränkt sich das Amt desselben im Wesentlichen auf die Annahme der Denunziation und Veranlassung der weiteren Untersuchung, welche dem Instruktionsrichter gebührt. Letzterer selbst kann nur auf die Veranlassung der Prokuratur einschreiten, ausgenommen im Fall des flagrant délit (Code d'instr. 57. 279. f. 289.).

2. In der weiteren Voruntersuchung, welche lediglich dem Instruktionsrichter oder etwanigem Stellvertreter gebührt, muß die Prokuratur mit allen Resultaten der Untersuchung bekannt gemacht werden (Art. 61.). Kein Augenschein kann ohne ihre Zuziehung aufgenommen, kein Verhaftsbefehl ohne ihre vorherige Anhörung erlassen werden (Art. 62. 94.); zu jeder Zeit kann sie die etwa zweckdienlichen Anträge stellen (Art. 61.); sie hat das Recht der Opposition gegen die in der Voruntersuchung ergehenden Beschlüsse des Gerichts (Art. 135.); durch ihre Vermittelung gelangen die Verhandlungen an die Anklagekammer.

3. In den zur peinlichen Anklage verwiesenen Fällen ist die Staatsbehörde der allein berechtigte Ankläger; sie hat allein den Antrag auf Bestrafung; sie erscheint nun als wahre Hauptpartei dem Angeklagten gegenüber und muß in dieser Eigenschaft überall mit ihren Konklusionen gehört werden (Art. 408.). Zwar hat sie nicht das Recht, die einmal erkannte Anklage aufzugeben, allein sie hat andererseits auch nur die Pflicht, eine legale und gegründete Anklage im Namen des Staates zu handhaben und muß deshalb dem Gerichte die Bestimmung überlassen, ohne daß letzteres an die Ansicht der Staatsbehörde gebunden ist. — Etwas anders verhält es sich in Fällen einfacher oder zuchtpolizeilicher Kontraventionen. Hier hat die Staatsbehörde nur das Recht, nicht aber die ausschließliche Befugniß der Anklage; auch die Civilpartei kann hier die Strafe provociren, jedoch ist das öffentliche Ministerium bei der Verhandlung der Sache selbst zuzuziehen und als Organ des Gesetzes zu hören (Art. 145. 182.).

4. Auch die Vollstreckung der Kriminal-Erkenntnisse hat, wie schon oben bemerkt wurde, die Staatsbehörde; sie hat für diesen Zweck eine Mitaufsicht über die Gefängnisse.

II. Begründung des Antrags auf Einführung der Staatsanwaltschaft.

1. Nähere Bestimmung der Frage.

Nach allem diesem bildet die Staatsanwaltschaft ein wesentliches Glied in dem Organismus der rheinischen Gerichtsverfassung. In neuerer Zeit ist mehrfach die Frage aufgeworfen, ob eine solche Behörde in ähnlicher Gestalt, wie sie im Rheinlande besteht, auch in den übrigen Provinzen einzuführen sein dürfte? Bei den Berathungen über die Justizeinrichtung in den Jahren 1833. u. f. ist diese Frage bejahend entschieden worden. Hier ist dieselbe vorläufig nur in Beziehung auf den Strafprozeß zu erörtern; in Ansehung des Civilprozesses wird die Entscheidung bei der Revision des letztern erfolgen müssen. Es mag jedoch bemerkt werden, daß wenn die Staatsanwaltschaft auch nur in Betreff des Strafprozesses und nicht des Civilprozesses eingeführt wird, sie doch in mannichfacher anderen Beziehung für die Justizverfassung im Allgemeinen wird benutzt werden können. Sie wird insbesondere nicht nur dazu dienen können, die Aufsicht über das Justizpersonal zu erleichtern und wirksamer zu machen, ohne die Unabhängigkeit der Richter zu gefährden, sondern auch das Mittel geben, einen der bedeutendsten Uebelstände in unserer Justizverfassung zu beseitigen, nämlich die Belastung der Richter mit zu vielen Dingen, welche der Rechtspflege fremd sind, wie z. B. die Korrespondenz mit anderen Behörden, die Anstellung der niederen Beamten ꝛc.

Für den Strafprozeß bietet die Frage über das öffentliche Ministerium verschiedene Seiten dar, je nachdem das schriftliche oder das mündliche Verfahren angenommen wird. Es werde jedoch hier wiederum die Annahme des mündlichen Verfahrens vorausgesetzt.

Diese letztere Form des Verfahrens erfordert nicht gerade nothwendig ein öffentliches Ministerium. Die Einrichtung ließe sich allenfalls in der Art denken, daß die Inquisitoriate und Untersuchungsrichter, wie bisher, den Verbrechen nachforschten, von Amtswegen die Untersuchung einleiteten, und die Voruntersuchung abschlössen, daß sodann in dem mündlichen Verfahren nicht dem Angeschuldigten ein öffentlicher Ankläger entgegen träte, sondern nur der Vortrag eines Gerichtsmitgliedes über das Ergebniß der Voruntersuchung zum Grunde gelegt und darauf von dem Vorsitzenden lediglich im Geiste des bisherigen Inquisitionsprozesses das Weitere geleitet würde.

Es ist jedoch schon bei Erörterung der ersten Frage wiederholt angedeutet worden, welchen Gewinn das mündliche Verfahren aus der Mitwirkung des öffentlichen Ministeriums ziehen kann und es muß anerkannt werden, daß dieses Verfahren seinen vollen Werth nur in Verbindung mit der Staatsanwaltschaft erlangen wird. Selbst Gegner des letzteren erkennen an, daß dasselbe bei der Mündlichkeit des Strafprozesses nicht füglich zu entbehren sei, und entnehmen eben daraus wiederum einen Tadel des öffentlich-mündlichen Strafprozesses. Es wird deshalb weniger auf den Nachweis, daß mit der Mündlichkeit des Verfahrens zweckmäßig auch das öffentliche Ministerium eingeführt werde, als vielmehr darauf ankommen, die Stellung des letzteren zu bezeichnen, und mit Rücksicht darauf die Einwürfe zu würdigen, welche gegen das Institut erhoben worden sind. Den Wirkungskreis des öffentlichen Ministeriums im Einzelnen genau zu bestimmen, muß künftigen Erörterungen vorbehalten bleiben. Im Allgemeinen aber wird seine Stellung dieselbe sein müssen, welche es in der französischen Gerichtsverfassung einnimmt. Seine Aufgabe wird also im Wesentlichen dahin gehen,

> die Spuren der Verbrechen zu sammeln, die angemessene Verfolgung dieser Spuren zu veranlassen, die Personen, gegen welche, und die Verbrechen, wegen welcher Untersuchung eingeleitet werden soll, dem Gerichte anzuzeigen, und in den eingeleiteten Untersuchungen das Interesse des Staats als der öffentliche Ankläger wahrzunehmen,

wogegen dann die Gerichte zwar in den beantragten Untersuchungen selbstthätig der Wahrheit nachforschen, aber die Untersuchungen gegen bestimmte Personen nicht von Amtswegen, sondern nur nach den Anträgen des öffentlichen Ministeriums einleiten. Der Strafprozeß wird also die Form des Anklageprozesses annehmen.

2. Widerlegung der erhobenen Bedenken.

Nach dieser Bezeichnung werden sofort einige Bedenken beseitigt werden können, welche gegen die Staatsanwaltschaft erhoben worden sind *). Das Eine derselben verdient kaum der Erwähnung, das Bedenken nämlich, daß ein solcher öffentlicher Ankläger in Deutschland zu verhaßt sein werde. Die Achtung, welche die Staatsprokuratoren in der Rheinprovinz, wie in anderen Ländern genießen, giebt die hinlängliche Widerlegung. Wäre das Bedenken gegründet, dann müßten auch Inquisitoriate und Polizeibehörden dem Hasse des Volks ausgesetzt sein.

Nicht viel erheblicher ist eine andere Erinnerung. Aus Veranlassung der bekannten Thatsache, daß der Anklageprozeß die ursprünglich deutsche Form des Strafprozesses ist und erst in den letzten Jahrhunderten der jetzige reine Inquisitionsprozeß sich gebildet hat, ist nämlich behauptet worden: der Inquisitions-Prozeß sei ein Ergebniß der fortschreitenden Civilisation, die Entwickelung der Idee des Staats, die Erkenntniß, daß durch ein Verbrechen nicht bloß der Einzelne, sondern der Staat selbst verletzt werde, habe den Anklageprozeß verdrängen müssen; die Wiederaufnahme desselben werde ein Rückschritt sein.

Es kann hier dahingestellt bleiben, welche Umstände und Mißverständnisse den Inquisitionsprozeß herbeigeführt und befördert haben. Das Wahre, was in jener Erinnerung liegt, trifft nicht den Anklageprozeß, wie er sich durch die Staats-Anwaltschaft gestaltet. Die Ausbildung der Staats-Idee führt allerdings zu der Forderung, daß die Rüge des Friedensbruches nicht lediglich dem Einzelnen überlassen, sondern das Verbrechen um des Staateswillen, und darum von Amtswegen verfolgt werde. Dieser Forderung wird aber eben durch die Staats-Anwaltschaft genügt. Der Anklageprozeß unterscheidet sich in dieser Beziehung vom Inquisitionsprozesse nur dadurch, daß dort die Funktionen unter zwei Staatsbehörden vertheilt sind, welche sich hier in einer Behörde vereinigt finden. In der Untersuchung selbst geht das Wesen des Inquisitionsprozesses nicht verloren, der Richter wird nur in Beziehung auf den Gegenstand der Untersuchung durch die Anträge des öffentlichen Ministeriums beschränkt; er

*) Vergl. die Vorbemerkungen zum revidirten Entwurfe von 1841.

untersucht und richtet nur, was dasselbe vor seinen Richterstuhl bringt. Aber darum verfällt die Untersuchung nicht in die s. g. Verhandlungsmaxime; der Richter hört nicht blos, was man ihm von beiden Seiten vortragen will; er forscht selbstthätig, er inquirirt. Nur soll er darin, wie vom Angeklagten und seinem Fürsprecher im Interesse der Vertheidigung, so vom öffentlichen Ministerium im Interesse des Staats unterstützt und ihm durch die Vertretung beider Interessen seine Unbefangenheit bewahrt werden. Von einem Rückschritte kann überall keine Rede sein. Es liegt ganz in der Natur der Sache, daß die fortschreitende historische Entwickelung der Dinge sehr häufig durch Um- und Abwege anfängliche, naturgemäße Zustände und Institute, nur geläutert und zur bewußten Kenntniß gebracht, wieder heraufführen muß. Die Frage bleibt immer nur, ob das öffentliche Ministerium in der angedeuteten Stellung eine wirksame und gerechte Strafrechtspflege befördern wird.

Dies kann, zumal bei dem mündlichen Verfahren, nicht bezweifelt werden; man kann die Vortheile nicht verkennen, welche die Staats-Anwaltschaft im Kriminalprozesse begründen muß. 3. Vortheile der Staats-anwaltschaft.

1. Es ist schon bei Erörterung der ersten Frage ausgeführt, daß im Inquisitionsprozesse die Unbefangenheit und Unpartheilichkeit des Untersuchungs-Richters sehr gefährdet sei. Die Gefahr, welche hieraus für die Gerechtigkeit des Endurtheils entspringt, wird durch das mündliche Hauptverfahren vor dem erkennenden Gerichte zwar wesentlich vermindert, aber nicht gehoben. Einestheils wird nach Umständen die Voruntersuchung mehr oder weniger Einfluß auf das Schicksal der Sache haben; anderntheils besteht die Gefahr, wenn gleich in geringerem Grade, auch bei dem Kollegium, welches auf die mündliche Untersuchung zu erkennen hat. Der Grund der Gefahr liegt in der Stellung des Richters darin, daß er die Funktionen des Richters, des Anklägers und beziehungsweise des Vertheidigers allein wahrnehmen soll.

Man hat dies zwar geläugnet; man sagt: es gebe im Strafprozeß nicht verschiedene Partheien; der Richter habe nicht den Widerstreit zwischen entgegenstehenden Interessen zu schlichten; er habe nur das Eine, die Wahrheit, zu erforschen; der Staat, und daher auch der Richter, habe kein Interesse dabei, daß der Verdächtige schuldig befunden, sondern nur, daß Gerechtigkeit geübt werde, möge Freisprechung oder Verurtheilung das Resultat sein. Allein gegen diese Argumentation läßt sich mancherlei erinnern. Zuvörderst ist nicht zu läugnen, daß in einer Untersuchung in der That verschiedene Interessen einander entgegen treten. Der Angeschuldigte hat ein Interesse, für unschuldig oder minder strafbar erkannt zu werden; der Staat hat ein Interesse, ihn mit der gebührenden Strafe belegt zu sehen, wenn er wirklich schuldig ist, und selbst daß in ihm der Schuldige entdeckt werde, ist für den Staat nicht ohne Interesse, wenn es bereits feststeht, daß überhaupt ein Verbrechen begangen worden ist. Demnächst aber kömmt es, auch wenn man eine solche Verschiedenheit der Interessen der Angeschuldigten und des Staats nicht annehmen will, doch immer darauf an, auf welchem Wege nach der Natur der Sache am zuverlässigsten und sichersten die reine Wahrheit, die Schuld oder Unschuld, zu Tage gebracht wird? In dieser Hinsicht dürfte aber der Untersuchung, die unter Mitwirkung des öffentlichen Ministeriums erfolgt, der Vorzug gebühren. — Der Richter soll allerdings nur die Wahrheit erforschen, allein da er hiernach von Zweien Eins, die Schuld oder Unschuld, ermitteln muß, so nimmt seine Untersuchung eine bestimmte, und zwar eine doppelte Richtung an. Die Wahrheit wird er nur finden, wenn er beide Richtungen mit gleichem Interesse und gleicher Unbefangenheit verfolgt, und beim Urtheilen das, was er in beiden Richtungen gefunden, auf seine Ueberzeugung mit Vollgewicht einwirken läßt. Dazu aber genügt es nicht, ihm zu sagen, daß er der Schuld und Unschuld mit gleichem Interesse nachforschen solle. Er muß in eine Stellung treten, in welcher zugleich seine Menschlichkeit so viel wie möglich vor der Gefahr geschützt ist, zu einem überwiegenden Interesse nach der einen oder andern Richtung hin verleitet zu werden. Der Angeschuldigte, mit oder ohne Vertheidiger, unterstützt nun den Richter in der einen Richtung der Untersuchung; er tritt ihm aber in der andern absichtlich und partheilich entgegen. Es muß also, um das Gleichgewicht zu erhalten, von der andern Seite das öffentliche Interesse vertreten werden. Hierdurch wird nicht nur verhindert, daß der die Untersuchung leitende Richter etwas versäumt und zu früh von dem Angeschuldigten sich einnehmen läßt, sondern es ist auch das einzige Mittel, wie im Interesse des Angeschuldigten die Unbefangenheit des Richters bewahrt werden kann. Entgegengesetzten Falls und wenn es nur allein des Richters Amt ist, die Wahrheit gegen die Bestrebungen des Angeschuldigten klar zu stellen, geräth derselbe zu dem Angeschuldigten in eine Art streitender Stellung; das größere Interesse und die größere Bemühung wendet sich alsdann dem Anschuldigungs-Beweise zu.

2. Durch die Thätigkeit des öffentlichen Ministeriums wird auf der einen Seite die Ueberführung des Schuldigen befördert, und zugleich auf der andern Seite durch die Form des Anklageprozesses dem Angeschuldigten die Vertheidigung erleichtert, nämlich dadurch, daß ihm in der Anklage das Verbrechen, wegen dessen er sich zu verantworten hat, bestimmt bezeichnet wird, und der Richter ihn nicht wegen eines schwerern Verbrechens verurtheilen darf, wenn er nur eines geringern angeschuldigt ist. Im Inquisitionsprozesse qualifizirt erst der erkennende Richter das Verbrechen aus den ermittelten Umständen, und verurtheilt mitunter den Angeschuldigten wegen eines Verbrechens, woran dieser gar nicht gedacht hat, und dessen Anschuldigung er durch andere Thatsachen vielleicht hätte widerlegen können. So ist es beispielsweise leicht möglich, daß ein Angeschuldigter, welcher sich blos über strafbare Eigenmacht verantworten zu müssen glaubte, vom Richter wegen Diebstahls bestraft wird, ungeachtet er leicht hätte darthun können, daß er einen unrechtmäßigen Vortheil nicht gesucht hat.

3. Hieran reiht sich der andere Vortheil, daß die Untersuchung durch die Anträge des öffentlichen Ministeriums eine bestimmte Richtung und Grenze erhält. Es ist bekannt, daß im reinen Inquisitions-Prozesse die Inquirenten oft genug umher tasten, ohne selbst zu wissen, worauf sie eigentlich inquiriren sollen,

oder die Untersuchung ohne Maaß auf ein Verbrechen ausdehnen, wozu sich nur der entfernteste Anschein ergiebt.

4. Mit Recht ist es als ein Vorzug des Anklage-Prozesses geltend gemacht, daß dadurch manchen unnützen Untersuchungen vorgebeugt wird. Nicht bei allen Handlungen, die nach der Strenge strafbar sein würden, liegt die gerichtliche Verfolgung im öffentlichen Interesse. Die eine ist gar zu geringfügig; bei der andern liegt die Verzeihlichkeit so klar vor, daß man schon bei Einleitung der Sache die später erfolgende Begnadigung mit Gewißheit vorauszusehen vermag; wiederum bei andern, namentlich bei politischen Vergehen, hat man oft zu wünschen, daß sie von Anfang an mit Stillschweigen übergangen worden wären. Der Richter kann nicht aus derartigen Gründen eine Denunziation unberücksichtigt lassen. Dem öffentlichen Ministerium dagegen steht frei, sei es nach eigenem Ermessen, oder nach eingeholter höherer Weisung, die Anklage zu unterlassen, wenn sie nicht angemessen erscheint.

5. Wenn sich öffentliches Ministerium und Anklage-Prozeß solchergestalt schon aus allgemeinen Gründen empfehlen, dann wird man sich um so unbedenklicher nach Annahme des mündlichen Verfahrens für deren Einführung entscheiden müssen. Auf die mündliche Hauptverhandlung soll das Urtheil abgefaßt werden. Die Gerechtigkeit fordert deshalb, daß der Angeschuldigte vorher in den Stand gesetzt werde, seine Vertheidigung vollständig vorzubereiten, und die Vertheidigungsmittel bereit zu halten. Dieser Forderung würde nur unvollständig dadurch genügt werden, daß man etwa den Vertheidiger nur die Einsicht der Vor-Akten gestattete. Der Angeschuldigte bedarf hier noch mehr, wie beim schriftlichen Verfahren, einer vollständigen Bezeichnung der Beschuldigung, gegen welche er sich vertheidigen soll. Die Abfassung einer solchen Darstellung, einer Anklage, würde nicht füglich dem Gerichte überlassen werden können; sie wird vielmehr einem öffentlichen Ankläger aufzutragen sein, welcher andererseits zugleich für die Herbeischaffung aller Anschuldigungsbeweise Vorsorge zu treffen hat. In der Hauptverhandlung selbst würde das öffentliche Interesse des erforderlichen Schutzes entbehren, wenn nicht dem Vertheidiger des Angeklagten ein öffentlicher Ankläger gegenüberträte, welcher hervorhebt, was der Vertheidiger zurückdrängt, und würdigt, was er vorbringt; dem Angeschuldigten würde oft die Gelegenheit entgehen, Lücken in seiner Vertheidigung, worauf er eben durch die Auslassungen des Anklägers aufmerksam gemacht wird, zu ergänzen; die Verhandlung würde viel von jener Lebendigkeit einbüßen, auf welche in der Erörterung der ersten Frage besonderes Gewicht gelegt worden; dem Richter würde die Auffassung der Sache ungleich schwerer werden, wenn nicht in der Beleuchtung derselben, von entgegengesetzten Gesichtspunkten aus, die Gegensätze bestimmt hervorträten und alles Erhebliche für die Anschuldigung, wie für die Vertheidigung, kontrolirt und hervorgehoben würde.

6. Schließlich ist darauf aufmerksam zu machen, daß das öffentliche Ministerium nöthig werden wird, wenn bei der später zu erörternden Frage die Zulassung von Rechtsmitteln im Interesse des Staats beschlossen werden sollte.

Auch in Beziehung auf das bereits bestehende Rechtsmittel in den Untersuchungen wider Beamte würde das öffentliche Ministerium sofort dem, für angeschuldigte Justizbeamte bedenklichen Uebelstand abhelfen, daß der Justizminister oft in der Lage ist, den Gerichtshöfen unmittelbar sein Urtheil über das erste Erkenntniß angeben zu müssen.

Aus diesen Gründen wird vorgeschlagen, mit dem öffentlich-mündlichen Verfahren noch die Staatsanwaltschaft einzuführen.

III. Stellung der Staatsanwaltschaft:

1. zu den administrativen Polizeibehörden;

In Beziehung auf die Stellung der Staatsanwaltschaft müssen jedoch noch zwei Punkte besonders berührt werden:

1. Begangenen Verbrechen nachzuforschen, ist gegenwärtig hauptsächlich Aufgabe der Polizei, gehört jedoch nach §§. 106. u. f. der Kriminal-Ordnung auch zum Amte der Gerichte. Nach der französischen Gerichtsverfassung ist diese Funktion dem öffentlichen Ministerium übertragen, welchem zu diesem Behuf außer den betreffenden Justizbeamten auch die Polizeibeamten als Hülfsbeamte der gerichtlichen Polizei beigesellt und untergeordnet sind. Man hat auch von dieser Seite die Einführung des öffentlichen Ministeriums bedenklich gefunden. Einestheils soll es überflüssig sein, weil die Polizei in ihrer jetzigen Verfassung genüge, anderntheils befürchtet man eine nachtheilige Verwirrung der Ressort-Verhältnisse und hält die Einrichtung ohne gänzliche Umgestaltung der bestehenden Polizei-Verfassung nicht für ausführbar. Indessen sind diese Bedenken unbegründet; die Organisation der Polizei-Behörden wird durch die Einführung des öffentlichen Ministeriums nicht berührt. Wesentlich ist nur, daß das öffentliche Ministerium statt der Gerichte das Amt, Verbrechen nachzuspüren, übernimmt, unbeschadet der Hülfe, welche ihm darin von den Gerichten zu leisten ist. Die Polizei dagegen kann in ihrer bisherigen Stellung verbleiben, mit dem einzigen Unterschiede, daß sie ihre Verhandlungen nicht ferner unmittelbar an die Gerichte, sondern an das öffentliche Ministerium abgiebt; ob man weiter gehen solle, ist hier nicht zu untersuchen. Nur beiläufig ist zu bemerken, daß das öffentliche Ministerium in seiner nähern Verbindung mit der Polizei allerdings erhebliche Vortheile zu gewähren geeignet ist, sowohl in Beziehung auf die Sicherheits-Polizei überhaupt, als in Beziehung auf die einzelnen Untersuchungen. Bei der jetzigen Verfassung liegt ein Uebelstand darin, daß die Gerichte und die Polizei ohne eine eigentliche organische Vermittelung neben einander hergehen. Die Gerichte erfahren nicht immer, was die Polizei bei der Verfolgung der verübten Verbrechen vornimmt und ermittelt; die Polizei bleibt nicht in fortlaufender Kenntniß dessen, was die gerichtlichen Untersuchungen ergeben; sie durchkreuzen sich oft in ihren Operationen, statt sich wechselseitig zu fördern. Es kann daher nicht zweifelhaft sein, daß für die Sicherheits-Polizei im Allgemeinen die Errichtung einer Behörde sehr zweckmäßig sein würde, welche zwischen der Polizei und den Gerichten stehend, sie verbindet, welche übersieht, was bei beiden und zwar bei allen Gerichten und allen Polizei-Behörden eines gewissen Bezirks verhandelt wird, und die nach allen Seiten hin die entsprechenden Kräfte in angemessene Bewegung setzen kann. Allein auf der andern

Seite läßt sich nicht leugnen, daß eine solche Einrichtung, durch welche die Polizei-Behörden in diesem Zweige ihrer Thätigkeit unter die Leitung einer Justizbehörde gestellt würden, der sie von allen ihren Schritten sofort Nachricht und Rechenschaft zu geben hätten, sehr tief in die bestehende Verfassung eingreifen und besonders von Seiten der Polizei-Gerichtsherren auf dem platten Lande wahrscheinlich mancherlei Schwierigkeiten finden würde. Es ist daher um so mehr davon Abstand genommen worden, als sich die erwähnten Vortheile zum großen Theil auch durch Instruktionen der Minister der Justiz und des Innern an die ihnen untergebenen Behörden dürften erreichen lassen.

2. zu dem Untersuchungsrichter.

Es ist oft getadelt worden, daß das öffentliche Ministerium nach der französischen Verfassung eine zu ausgedehnte Gewalt besitze, welche leicht zu Bedrückungen und einer unangemessenen Einwirkung auf die Vor-Untersuchung gemißbraucht werden könne. Daß dem so sei, kann nicht geleugnet werden. Der Grund dieses Uebelstandes liegt aber nicht in dem Wesen des Instituts, sondern nur in einer mangelhaften Bestimmung seiner Stellung zu dem Untersuchungsrichter. Es wird deshalb allerdings künftig darauf Bedacht zu nehmen sein, in dieser Beziehung den Wirkungskreis der Staats-Anwaltschaft genauer und angemessener zu begrenzen. Auch in den Voruntersuchungen, sobald diese die Richtung gegen ein bestimmtes Individuum genommen haben, wird das öffentliche Ministerium mehr in die Stellung einer Parthei zurücktreten; der Untersuchungsrichter wird vom öffentlichen Ministerium unabhängig und nur unter die Aufsicht des Gerichts gestellt werden müssen, so daß dem Staats-Anwalt die unmittelbare Einmischung in die Untersuchung abgeschnitten bleibt, und seine Anträge eben so, wie die Anträge des Angeschuldigten, der Prüfung des Untersuchungsrichters und des vorgesetzten Kollegiums unterliegen.

D. Geschwornengerichte.

I. Allgemeine Bemerkungen.

Nach neuern Forschungen sind die Geschwornengerichte, welche so vielfach als ein ursprünglich deutsches Institut, als ein Element germanischer Freiheit empfohlen werden, unzweifelhaft nicht deutschen, sondern englischen Ursprungs; sie kommen in den ältern Zeiten nur in England und in dem nördlichen Theile von Frankreich vor, wohin sie von den Engländern während ihrer Herrschaft im dreizehnten Jahrhundert verpflanzt wurden *).

In Deutschland hat nie eine Einrichtung bestanden, welche den Geschwornengerichten ähnlich wäre. Es finden sich zwar in der mittelalterlichen Rechtsverfassung Elemente, welche unter andern Umständen zu dem Institut der Jury hätten führen können; allein die Entwickelung derselben hat einen andern Gang genommen.

Die deutschen Schöffengerichte sind der Jury gar nicht verwandt. Sie hatten in Civil= wie in Kriminalsachen ursprünglich **nur** über die **Rechts**frage zu entscheiden. Die **Thatfrage** wurde im Falle des Streits von den Partheien selbst auf eine, jedes weitere Urtheil ausschließende, formelle Weise durch Gottesurtheil, Eideshelfer, Zeugniß der Gemeinde u. s. w. festgestellt. Später urtheilten die Schöffengerichte gerade, wie unsere Richter, über die **That=** und die **Rechts**frage. Eine Trennung des Urtheils über beide Fragen, worin gerade die prozessualische Bedeutung der Geschwornengerichte besteht, ist dem deutschen Rechte fremd. Auch wurden die Schöffen nicht für den einzelnen Fall berufen, sondern ein für allemal, und zwar von den kaiserlichen, später von landesherrlichen Beamten bestellt; sie waren **ständige** Richter und Beamte, welche bei der Ausbildung des materiellen Rechts in Deutschland größtentheils schon seit Jahrhunderten entweder nur noch zur Beglaubigung zugezogen wurden, oder Rechtsgelehrte sein mußten und eben damit in die späteren Gerichtshöfe übergingen **).

Die Einführung von Geschwornengerichten hat für Preußen in sofern eine andere Bedeutung, wie für die übrigen deutschen Staaten, als in einem Theile der Monarchie die Geschwornengerichte bereits bestehen und dort ihre Aufhebung nicht beabsichtigt wird. Der letztere Umstand ist allerdings ein erhebliches Moment für die allgemeine Einführung des Instituts. Allein so sehr auch die

---

*) Vergleiche **Biener**, Geschichte des Inquisitions=Prozesses S. 232. 267. sqq. 312.

) **Biener a. a. O. S. 120.
Mittermaier, Strafverfahren Bd. 1. S. 164. ff.

Gleichförmigkeit des Strafverfahrens in der ganzen Monarchie zu wünschen sein mag, so leuchtet doch ein, daß diese Rücksicht allein bei einer so wichtigen Frage, wie es die vorliegende ist, nicht den Ausschlag geben kann. Stehen innere Gründe entgegen, oder ist nach denselben der Werth der Geschwornengerichte auch nur zweifelhaft, so muß sich die Gesetzgebung darauf beschränken, die bestehenden verschiedenen Formen des Strafverfahrens einander zu nähern und die weitere Verschmelzung der Zukunft zu überlassen.

Bei der Prüfung der Günde, welche man für die Einführung der Geschwornengerichte gewöhnlich geltend macht, fordert nun schon die Geschichte des Instituts und der Widerstreit der Urtheile darüber zu einer besonderen Vorsicht auf. Das öffentliche mündliche Verfahren hat sich in der Ausführung bewährt, und eine fast ungetheilte Zustimmung gefunden; dagegen läßt sich von dem Geschwornengericht nicht ein Gleiches sagen. Bekanntlich ist in Frankreich selbst das Institut von bedeutenden Stimmen fortwährend angefochten worden *). Mängel desselben sind dort längst von der Gesetzgebung anerkannt; von der Einführung an bis in die neuere Zeit hat sie sich damit beschäftigt, durch wiederholte Aenderungen dem Institut eine Einrichtung zu geben, bei welcher sowohl das Interesse des Angeschuldigten als das Interesse des Staats hinreichenden Schutz finden möchten; sie hat die Aufgabe zur Zeit noch nicht zu lösen vermocht; wenigstens findet man sich theils in politischer, theils in juridischer Beziehung auch durch die bestehende Einrichtung, namentlich in Beziehung auf die Wahl der Geschwornen und auf die Stimmenzählung, noch nicht befriedigt. In andern Ländern, in welchen das Institut bestand, ist dasselbe wieder untergegangen. Im Königreiche der Niederlande sind schon im Jahre 1814. die Geschwornengerichte abgeschafft und man hat sich auch bei der neuen Strafprozeß-Ordnung vom Jahre 1838. nicht veranlaßt gesehen, sie wieder herzustellen, obgleich die Prozeß-Ordnung im Uebrigen wiederum auf der Grundlage des französischen Strafprozesses beruht **).

In den italienischen Staaten, Neapel, Toskana, Parma, Sardinien, hat man mit mehr oder weniger Annäherung an den französischen Prozeß das

*) Siehe insbesondere die Debatten über den Code d'instruction criminelle in Locré Legislation civile, commerciale et criminelle de la France (Bd. 24. S. 10. u. ff.). Namentlich sprachen sich Siméon, Dupuy, Portalis, Segur im Staatsrath gegen die Jury aus. Siehe auch Foelix über Mündlichkeit, Oeffentlichkeit und Geschwornengerichte S. 80. u. ff. Derselbe schildert umständlich alle Mängel der französischen Jury aus der schlechten Zusammensetzung der Geschwornen, aus der Unmöglichkeit, das Faktum von dem Rechtspunkte zu trennen, aus der Willkühr der Jury bei der Abstimmung, wobei entweder Einzelne entscheiden oder der Zufall, und er kömmt zu dem Resultate, daß sie weder für den Angeklagten noch den Staat eine Garantie biete, daß sie mehr Mängel als ständige Gerichte habe und keine Vortheile gewähre.

**) Vergl. de Bosch-Kemper: Wetbock von Strafvordering Th. III. S. 486. ff.

öffentlich-mündliche Verfahren theils beibehalten, theils neu eingeführt, aber überall ohne Geschworne. Eben so ist in den Schweizer Kantons, welche öffentlich-mündliches Verfahren angenommen haben, die Entscheidung über die Thatfrage den Richtern überlassen. In Belgien hat man nach der letzten Revolution die Geschwornen wieder eingeführt, aber auch alsbald mit neuen Gesetzen wieder nachzuhelfen angefangen.

In Ansehung der Rheinprovinz haben in den Jahren 1819. u. ff. ausführliche Berathungen über die Beibehaltung der Geschwornengerichte stattgefunden. Mehrere Gerichtshöfe, Beamte und Privatpersonen haben sich damals gegen die Geschwornengerichte erklärt, und die Immediat-Justizkommission selbst, welche sie in ihrem bekannten Gutachten vertheidigt, hat wenigstens Abänderungen in ihrer Verfassung für nothwendig gehalten (Gutachten S. 53.), deren Erfolg aber eben so unsicher gewesen sein möchte, wie der Erfolg der Abänderungen in Frankreich.

Auf England, wo allerdings seit Jahrhunderten Geschwornengerichte, und zwar ziemlich unverändert, bestehen, wird man sich nicht berufen wollen. Der Umstand, daß in England die Geschwornengerichte von jeher bestanden haben, erlaubt es nicht, dessen Beispiel auf die hier zu nehmende Entschließung Einfluß zu gestatten. Wo seit Jahrhunderten von den Zeiten einfachen Lebens und einfacher Rechtsverhältnisse bis heute, die ganze Rechtspflege öffentlich gewesen, und in Civil- wie in Kriminalsachen über den Beweis von Geschwornen gerichtet worden ist, wo nebenbei eine so lebendige Theilnahme an allen öffentlichen Angelegenheiten und so viel politische Bildung verbreitet ist, wie in England, da mag es nicht bedenklich sein, den Geschwornen eine solche Theilnahme an der Rechtssprechung zu belassen. Aber daraus folgt nicht, daß es empfehlenswerth sei, sie dort einzuführen, wo jene Voraussetzungen zum großen Theil fehlen. Auch darf nicht unbemerkt bleiben, daß wenn in England das Institut der Geschwornengerichte wenig oder gar nicht geändert worden ist, es dies vielleicht weniger seiner prozessualischen Vollkommenheit, als vielmehr der Zähigkeit zu danken hat, welche dort den öffentlichen Zuständen eigen ist. Duldet man ja doch eben im Strafprozesse Einrichtungen, welche man geradezu widersinnig nennen kann; z. B. die, daß, um des Beweises willen, einem Mitschuldigen, oft dem Hauptverbrecher, Straflosigkeit bewilligt wird, um ihn dann als Zeugen — Königszeugen — zu gebrauchen. In Beziehung auf die rein juristische Seite wird das Institut auch selbst von Engländern getadelt.

In Deutschland sind bekanntlich die Stimmen über die Geschwornengerichte sehr verschieden. Heutzutage sind diejenigen nicht zahlreich, welche sie fordern, am wenigsten die, welche einen sofortigen Uebergang vom nicht öffentlichen schriftlichen Verfahren zu Geschwornengerichten anrathen. Sie sind noch in keinem deutschen Lande weiter eingeführt und die Anträge darauf sind, so viel erinnerlich, in keiner Ständeversammlung durchgegangen. Bei den frühern Berathungen über die Revision unserer Kriminal-Ordnung hat man von Anfang an von dem Institut der Geschwornen gänzlich abgesehen.

Nach allem diesen darf man wenigstens sagen, daß die Akten über den Werth oder Unwerth der Geschwornengerichte im Allgemeinen noch nicht geschlossen sind. Es wird dies genügen, um zu beweisen, daß man sich für die Einführung eines so tief in die Strafrechtspflege eingreifenden Instituts nur wird entscheiden können, wenn aus innern Gründen die überwiegenden Vorzüge desselben nicht zu verkennen sind. —

Bevor nun auf eine Prüfung der Gründe für und wider die Einführung der Geschwornengerichte selbst übergegangen wird, ist schließlich noch eine Frage zu erwähnen, die bei dem lebhaften Streite, welcher seit einem halben Jahrhundert über die Geschwornengerichte geführt wird, nicht selten vorangestellt wird, und die für unsere politischen Verhältnisse in der That als präjudiziell zu betrachten ist. Es ist dies die Frage: ob die Geschwornengerichte in der reinen Monarchie ihre Stelle finden können? Mehrere Stimmen haben diese Frage verneint; allein es dürfte dieselbe affirmativ zu entscheiden sein. Feuerbach in seinen Betrachtungen über die Geschwornengerichte (S. 47.) hält dieselben mit jener Verfassungsform für unverträglich. Man würde ihm beistimmen müssen, wenn man mit Welker und Andern die Geschwornengerichte nur in der Art auffassen könnte, daß die Geschwornen die Repräsentanten des Volks im Gegensatz der Regierung wären, die, wie man sich ausgedrückt hat, zum Schutze der Freiheit und der Verfassung an der Strafjustiz Theil nähmen. In dieser Art der Auffassung würden die Geschwornengerichte mit dem Wesen der reinen Monarchie allerdings nicht vereinbar sein. Denn es widerspricht durchaus der Idee dieser Verfassungsform, Regierung und Volk im Gegensatz zu denken und als hülfsbedürftig einander gegenüber zu stellen. Der Monarch vereinigt in sich organisch die Gewalten, welche anderwärts getheilt sind, ohne daß dieselben dadurch eine andre Bedeutung erhalten. Er steht nicht dem Volke gegenüber, vielmehr ist er zugleich der geborne Vertreter des Volks, nicht minder, wie anderwärts gewählte Repräsentanten; die vom Landesherrn ausersehenen Beamten sind gerade in der reinen Monarchie recht eigentlich Staatsbeamte; eben sowohl Volks- als Regierungsbeamte. Allein die so eben angedeutete Auffassung ist nicht die einzig zulässige; man kann die Geschwornengerichte aus einem andern Gesichtspunkte auffassen, und in dieser letztern Bedeutung sind die Geschwornengerichte mit einer Verfassung, wie die unsrige, keineswegs unverträglich. Der König kann nicht Selbst die richtende Gewalt ausüben; sie ist Andern anzuvertrauen. Wen Er dazu bestimmt, ob Er ständige Richter beruft oder einen Wechsel eintreten läßt; ob Er die Richter unmittelbar ernennt oder durch den Justizminister bestellen oder nach gewissen von Ihm vorgeschriebenen Normen wählen läßt, ist für die Stellung des Monarchen an sich gleichgültig. Seine Gewalt wird auf die eine Art so wenig wie auf die andere beeinträchtigt. Die Berufenen, wer sie auch seien, ständige Richter oder Geschworne, allein oder zusammen, richten nur Namens und aus Vollmacht des Königs, und haben überall keine andre Aufgabe, wie die eines jeden Richters. In diesem Sinne ist also unsere Verfassung den Geschwornengerichten nicht entgegen.

II. Widerlegung der Gründe für die Einführung der Geschwornengerichte.

Geht man nun hiernächst auf die Erörterung der Gründe selbst über, aus welchen Geschwornengerichte empfohlen oder gefordert werden, so lassen sich dieselben im Wesentlichen auf zwei Kategorien zurückführen. Sie beziehen sich entweder auf die größere Unabhängigkeit und Unpartheilichkeit, oder auf die größere Befähigung, die Thatfrage in Straffachen unbefangen und vorurtheilslos aufzufassen. Beide Kategorien von Gründen sollen einer näheren Erörterung unterworfen werden.

1. In Ansehung der größern Unabhängigkeit und Unpartheilichkeit.

Zuvörderst und hauptsächlich fordert man Geschwornengerichte, weil man in die Unabhängigkeit und Unpartheilichkeit der ständigen Gerichte Zweifel setzt. Man glaubt, daß die ständigen Richter sich durch die Regierung einschüchtern oder bestimmen lassen; die Geschwornengerichte sollen eine Schranke gegen die Tyrannei pflichtvergessener oder leidenschaftlicher Beamten bilden; man glaubt, daß in den Zeiten der Partheiungen und Zerwürfnisse das Geschwornengericht die einzig denkbare Garantie für eine unpartheiische Justizpflege sei.

Indessen trifft dieser Grund nicht zu, wo, wie in Preußen, die Unabhängigkeit der Gerichte anerkannt und geschützt ist. Das große Ansehen, welches die Geschornengerichte in England gewonnen haben, beruht ursprünglich darauf, daß die Unabhängigkeit der Königlichen Richter erst im vorigen Jahrhundert anerkannt wurde (Blackstone Comment. Vol. I. chp. 7. Seite 286. der Ausgabe von 1771.). Bis dahin war für die Unpartheilichkeit der Gerichte keine Bürgschaft gegeben, und in der That läßt sich nicht läugnen, daß sie sehr häufig durch die Partheien, welche sich augenblicklich im Besitze der Macht und der Regierung befanden, beherrscht und geleitet wurden. Indessen treffen solche Besorgnisse bei uns nicht zu. Das Amt kann den Richtern in Preußen ohne Richterspruch nicht genommen werden. Ist daher von Einwirkungen der höhern Behörden und der Minister die Rede, so kann man nur an Beförderungen, Remunerationen u. s. w. denken. Niemand wird läugnen, daß solche Einwirkungen möglich und denkbar sind; allein die Geschichte der Preußischen Gerichtshöfe, das ungetheilte Vertrauen, dessen sie im Lande genießen, beweist zur Genüge, wie sehr entfernt diese Gefahr ist. Auch scheinen die Vertheidiger der Geschwornengerichte selbst an die Wahrheit ihrer Besorgnisse nicht recht zu glauben, da nach ihrem Vorschlage die Verwaltungsbeamten nicht von der Wahl zu Geschwornen ausgeschlossen werden sollen. Letztere sind aber von der Regierung und den höhern Beamten noch abhängiger, und würden daher viel eher Mißtrauen verdienen, wie die ständigen Richter (Feuerbach a. a. O. Seite 109.). Jedenfalls muß man zugeben, daß die Gefahr einer Willfährigkeit der Gerichte gegen höhere Wünsche nicht größer ist, wie die, daß ein Geschworner den Vorstellungen und Versprechungen der Betheiligten Gehör giebt, oder daß er durch Furcht, Haß, Mitleid, so wie durch das öffentliche Geschrei, welches so oft den Unschuldigen verfolgt, bestimmt wird. Aeußere Einwirkungen, durch welche die Unpartheilichkeit des Richterspruchs zum Nachtheil des Gemeinwesens oder des Angeschuldigten gefährdet werden kann, sind bei den Geschwornen in nicht minderm Grade, als bei den ständigen Richtern denkbar. Gans, obgleich ein Vertheidiger der Geschwornengerichte *), bemerkt in seinen Beiträgen zur Revision der Gesetzgebung (Seite 71.) sehr richtig, daß das Geschwornengericht unmöglich seine Wahrheit in einer Besorgniß oder Eifersucht haben könne, der die entgegengesetzte unmittelbar gegenübertritt.

Sind nun hiernach die äußern Einwirkungen, durch welche die Wahrheit des Urtheils getrübt werden kann, bei Geschwornen und ständigen Richtern wenigstens in einem gleichen Maaße denkbar, so kömmt es nur darauf an, bei welchen von beiden man in einem höhern Grade den Willen, die Unpartheilichkeit und die Unbefangenheit voraussetzen darf, durch welche jene äußern Einwirkungen beseitigt werden. In dieser Hinsicht dürfte es aber wohl unzweifelhaft sein, daß man sich deren im Allgemeinen bei ständigen Richtern eher versichert halten kann, wie bei Geschwornen. Die zur Abwehrung aller ungehörigen Einflüsse erforderliche Kraft der Selbstverläugnung, die dazu nothwendige Gewöhnung an eine beständige Aufmerksamkeit auf sich selbst, der Muth der eigenen Ueberzeugung sind den wenigsten Menschen so angeboren, daß sie nicht der Uebung bedürften. Der Richter findet diese in seiner täglichen Berufsbeschäftigung und wird darin gestärkt durch den Geist der Kollegien und die Kontrolle der Vorgesetzten. Daß man solche Festigkeit in gleichem Maaße bei Geschwornen finden werde, darf man am wenigsten dort als gewiß voraussetzen, wo bisher weder Oeffentlichkeit der Rechtspflege noch sonst eine lebhafte Theilnahme an den öffentlichen Angelegenheiten die Einsicht und das Bewußtsein der Pflichten gegen den Staat genährt und gekräftigt hat. Hauptsächlich aber werden in den Zeiten der Zerrissenheit und heftiger Partheiungen, für welche die Geschichte unmöglich nach einer Volksjustiz lüstern machen kann, die festesten Stützen der Ordnung immer Richterkollegien

*) Gans verwirft die gewöhnlich aufgestellten Gründe für das Geschwornengericht theils als unrichtig, theils als unzulänglich, und leitet dasselbe aus einem Rechte des Angeklagten her. Er geht von dem Satze aus, daß die Strafe nicht ein bloßes Uebel sei, welches der Verbrecher leide, nicht ein bloßes Verhängniß, dem er sich zu unterwerfen habe, sondern die Konsequenz seiner verbrecherischen That, welche der Verbrecher als Recht in Anspruch nehmen könne, da in ihr seine sittliche Wiederherstellung liege. Er entwickelt daraus weiter, daß eigentlich das Bekenntniß der allein gültige Beweis sei, daß jedoch durch die Anerkennung dieses Satzes der Subjektivität eine Gewalt eingeräumt werde, welche die objektive Handhabung der Gerechtigkeit unmöglich mache, und daß darum eine Vermittelung zwischen den Forderungen der Subjektivität und der objektiven Gerechtigkeit nöthig sei. Diese Vermittelung findet er im Geschwornengerichte, welches das Bekenntniß des Angeklagten repräsentire und sein Gewissen sei, jedoch in objektiver Gestalt und befreit von der subjektiven Willkühr und der Zufälligkeit des Bekennens. — Es wird genügen, diese Ansicht hier erwähnt zu haben. Man kann sie eine geistreiche Hypothese zum Versuch der Erklärung historischer Erscheinungen nennen. Aber sie liegt den Grundsätzen, auf welchen das Strafverfahren beruht, so sehr fern, daß man sich durch diese Auffassung der Sache zur Annahme der Geschwornengerichte schwerlich wird bestimmen lassen.

sein, denen es durch die Pflicht zur Gewohnheit geworden ist, unbekümmert um die Folgen, nur das Recht zu suchen und diese ihre Aufgabe größtentheils wissenschaftlich zu lösen. Eben in der wissenschaftlichen Richtung der richterlichen Thätigkeit liegt eine nicht genug gewürdigte Bürgschaft für die Unpartheilichkeit, selbst bei denjenigen Aussprüchen, bei welchen mehr ein verständiges Ermessen als Konsequenz aus wissenschaftlichen Gesetzen den Ausschlag geben muß. Nichts kann für den Stand der Richter ein rühmlicheres Zeugniß geben, als daß bei allen großen Umwälzungen und Partheikämpfen exzeptionelle Gerichtshöfe die Leidenschaften der Partheimänner befriedigen mußten.

2. In Ansehung der größeren Befähigung zur Entscheidung der Thatfrage.

Der zweite Grund, aus welchem die Einführung von Geschwornengerichten empfohlen wird, besteht darin, daß man den Geschwornen eine größere Befähigung zur unbefangenen und vorurtheilslosen Entscheidung der Thatfrage in Strafsachen beilegt, als den ständigen Gerichten.

Zur Begründung dieser Behauptung geht man davon aus, daß über Gegenstände der Sinnes-Erfahrung, also auch über die Schuld oder Unschuld eines Angeklagten, keine durch Demonstration herbeizuführende nothwendige, mathematische oder metaphysische Erkenntniß, welche die Möglichkeit des Gegentheils ausschließe, sondern nur eine historische Ueberzeugung erlangt werden könne, bei welcher das Gegentheil denkbar bleibe. Man bemerkt dann weiter, daß das Bemühen, für diese Ueberzeugung allgemeine Gesetze aufzustellen und so eine Demonstration herbeizuführen, vergeblich sei, daß ferner die historische Ueberzeugung, als das Bewußtsein von der Wahrheit eines sinnlichen Gegenstandes, niemals auf dem Wege der Reflexion erlangt werden könne *) und daß mithin zur Entscheidung über die Thatfrage nicht rechtsgelehrtes Wissen, sondern nur gesunder Menschenverstand und Lebenserfahrung gehöre (Gutachten der Immediat-Justiz-Kommission S. 55.). Hiernächst geht man aber noch weiter und legt den Geschwornen nicht nur eine gleiche, sondern eine noch höhere Befähigung zur Entscheidung über die Thatfrage bei, weil die ständigen Richter erfahrungsmäßig nicht selten in eine übermäßige Strenge oder in eine Zweifelsucht verfielen, welche keine feste Ueberzeugung mehr aufkommen lasse, weil ferner die Geschwornen aus allen Ständen gewählt, als Mitbürger dem Angeklagten näher ständen und wegen der Aehnlichkeit der Lebensbeziehungen richtiger urtheilen würden, als die ständigen Richter, die sich im bürgerlichen Verkehr weniger bewegen, und weil endlich in der Regel ein Theil der Geschwornen den Angeklagten und die Zeugen persönlich kenne,

---

*) In dem Gutachten der Immediat-Justiz-Kommission heißt es: „Man sieht, weil man sieht, man ist sich des Sehens bewußt, weil man sich dessen bewußt ist, ohne daß man andere Gründe, als dieses Bewußtsein angeben kann. . . . .“

„So wenig daher Vorschriften darüber gegeben werden können, unter welchen Umständen die Empfindung des Sehens anzunehmen ist, so wenig kann es auch darüber Regeln geben, unter welchen Umständen die historische Ueberzeugung Platz greifen könne.“

sie schon im Leben beobachtet habe, und ihren Ruf wisse, was die Entscheidung der Thatfrage nothwendig erleichtern müsse (Gutachten der Immediat-Kommission S. 19. 71. u. f.).

Indessen dürften diese Bemerkungen in Folgendem ihre Widerlegung finden.

1. Bei Erörterung der folgenden Hauptfrage (E.) wird der Nachweis versucht werden, daß eine Beschränkung des richterlichen Ermessens durch spezielle Beweisregeln weder nothwendig noch zweckmäßig sei. Allein andererseits kann nicht zugegeben werden, daß es für die historische Ueberzeugung gar keine objektive Bestimmungsgründe gebe, daß sie nicht durch Reflexion erlangt werden könne, daß sie demnach ihre Rechtfertigung nur in sich selbst, und die Gewähr für ihre Wahrheit nur in der Thatsache ihres Bestehens finde.

Wenn, wie Niemand läugnen wird, der Urtheilende sein Urtheil über die Thatfrage im Strafverfahren selten oder nie aus der eignen unmittelbaren Sinneswahrnehmung schöpfen kann, wenn er sich an die Aussagen Dritter halten, also auch deren Glaubwürdigkeit würdigen, Analogien und Phänomene benutzen muß, so folgt eben daraus, daß es die Reflexion ist, durch welche sich die Ueberzeugung bilden muß. Die Erscheinung, daß das Fürwahrhalten sich oft einstellt, ohne daß man sich einer Reflexion des Verstandes bewußt wird, steht dem nicht entgegen; die Reflexion behält nichts desto weniger ihren Antheil an der Ueberzeugung, welche unter allen Umständen einer mit Bewußtsein prüfenden und berichtigenden Reflexion fähig ist. Die Möglichkeit und Nothwendigkeit der Reflexion wird selbst in der französischen Strafprozeß-Ordnung vorausgesetzt, obwohl die französischen Schriftsteller meistentheils annehmen, daß die Geschwornen nur nach dem sogenannten Total-Eindrucke urtheilen sollen. Denn die Vorschrift z. B. daß gewisse Zeugenaussagen nicht preuve, sondern nur renseignement geben (Art. 269.), hat gar keinen Sinn, wenn nicht den, daß die Geschwornen diesen Aussagen keinen Einfluß auf ihre Ueberzeugung gestatten sollen. Damit wird ihnen aber eben nichts andres zugemuthet, als daß sie abstrahiren, also nicht blos den Total-Eindruck empfinden und aussprechen, sondern daß sie ihre Ueberzeugung mit Bewußtsein bilden und berichtigen sollen. — Alle die aus der Erfahrung und aus der Natur der Menschen entnommenen Sätze, welche der reflektirende Verstand bei der Bildung oder Prüfung der Ueberzeugung beachten muß, sind eben so viele Regeln für den Beweis. Daß der Gesetzgeber dennoch nicht ohne Gefährdung der Wahrheit bindende Beweisregeln vorschreiben kann, hat lediglich in der unerschöpflichen Mannichfaltigkeit dieser Sätze seinen Grund. Wenn demnach demjenigen, welcher mit der Entscheidung der Thatfragen betraut ist, überlassen werden muß, mit freiem Ermessen den einzelnen Fall nach seiner Eigenthümlichkeit zu entscheiden, so folgt daraus nicht, daß die Garantie für die Wahrheit der Entscheidung lediglich in der Thatsache der subjektiven Ueberzeugung des Urtheilenden gefunden werden könne; die Garantie liegt vielmehr nach wie vor in der Art, wie der Urtheilende seine Ueberzeugung gebildet oder die sich aufdringende geprüft hat. Auch der Beschränkte, Unwissende, Unbesonnene faßt leicht und lebhaft eine subjektive Ueberzeugung; aber je leichter er sie faßt, desto mehr hat man Ursache, ihr zu mißtrauen. Die Gewähr für die Wahrheit des Urtheils über die Thatfrage ist also darin zu suchen, daß der Urtheilende neben dem unerschütterlichen Willen, der Wahrheit die Ehre zu geben, die erforderlichen Kenntnisse und Fähigkeiten besitze, und daß er davon in besonnener Reflexion wirklich Gebrauch mache.

Hält man diese Prinzipien fest, so fällt es schwer, den Geschworenen eine gleiche oder höhere Befähigung, als den ständigen Richtern beizulegen.

Vorausgesetzt, daß nicht nach gesetzlicher Beweistheorie erkannt werden soll, und einstweilen zugegeben, daß die Thatfrage ganz rein, unvermischt mit juristischen Momenten, hingestellt werden kann, so ist es richtig, daß die Entscheidung darüber keine eigentlich juristischen Kenntnisse erfordert. Allein daraus folgt wenigstens nicht, daß die ständigen Richter, denen man doch den gesunden Menschenverstand nicht absprechen wird, nicht auch zur Entscheidung befähigt seien. Man dürfte das bezweifeln, wenn unsere Richter so wenig Lebenserfahrung besäßen, wie Justus Möser bei seiner Empfehlung der Geschwornengerichte (Patriotische Phantasien, Bd. 1. No. 59.) voraussetzt und vielleicht bei damaligen Spruchkollegien voraussetzen konnte, wenn sie, wie sich Welker (a. a. O. S. 134.) ausdrückt, nur „Stubengelehrte wären, welche neben ihren Civilprozessen nur dann und wann einmal einen Kriminalprozeß theoretisch zu behandeln hätten.“ Allein bekanntlich trifft das bei den Richtern in Preußen nicht zu, welche von ihrem Eintritte in den Dienst fortwährend in unmittelbare Berührung mit allen Ständen kommen und namentlich mit Kriminalgerichtssachen so vielfach beschäftigt werden.

Nach unserer Verfassung sind wir bei den ständigen Richtern nicht nur gewiß, daß sie Rechtskenntnisse besitzen, sondern auch, daß sie eine gründliche allgemeinere Ausbildung erhalten, die ihren Geist für jede Art der Thätigkeit gefördert und für die Funktionen eines Urtheilers in Strafsachen um so mehr vorbereitet haben muß, da die Kenntnisse, welche Bürgschaft für die Richtigkeit des Urtheils geben, wenigstens zum Theil einer Erweiterung durch wissenschaftliche Verarbeitung unbedenklich fähig sind. Wenn auch ohne Zweifel viele andere Staatsbürger, sei es durch eigentlichen Unterricht oder durch praktische Uebung natürlicher Anlagen, gleiche Ausbildung gewonnen haben, so fehlt es doch an der Garantie, daß man nur solche Befähigte unter den Geschwornen finden werde, zumal viele von denen, unter welchen man sie zunächst zu suchen hätte, theils sich wegen ihres Erwerbs der Theilnahme an den Schwurgerichten entziehen werden (Aerzte, Advokaten), theils wegen ihrer Lebensbestimmung nicht wohl zu den Geschwornen geeignet sind (Geistliche), theils wegen anderer Dienstverhältnisse die Zeit zur Beiwohnung der Verhandlungen in Strafsachen nicht entbehren können (viele Verwaltungsbeamte). Darf man auf alle diese Personen nicht rechnen, so würde man zuverlässig in den meisten Landestheilen zur Zeit die Ansprüche an die Geschwornen in dem bedenklichsten Grade herabstimmen müssen.

Auch den Besten geht aber diejenige Uebung und diejenige Erfahrung ab, welche dem ständigen Richter sein Beruf gewährt. Die Kommission der Kammer der Abgeordneten in Würtemberg bemerkt mit Recht, daß auch in dieser Thätigkeit die Uebung den Meister mache *).

Die Gabe der Beobachtung, das Zusammenhalten aller Momente der Verhandlung, die Gabe schneller Kombination, die Unbefangenheit im Urtheilen, ohne Trübung durch die Angriffe der Anschuldigung oder Vertheidigung auf das Gefühl, werden ohne Zweifel durch die fortwährende Uebung der ständigen Richter in einem Maaße gestärkt, wie man es bei Andern nicht voraussetzen kann. — Eben so sind gerade die Kriminalsachen selbst die reichhaltigste Quelle derjenigen Menschenkenntniß, deren der Strafrichter bedarf.

2. Man stellt es als einen besondern Vorzug der Geschwornengerichte dar, daß die Geschwornen, aus allen Ständen gewählt, als Mitbürger dem Angeklagten näher stehen, und glaubt, daß sie wegen der Aehnlichkeit der Lebensbeziehungen richtiger urtheilen können, wie die ständigen Richter, welche sich in dem bürgerlichen Verkehr weniger bewegen (Gutachten S. 19.). Indessen hängt wohl in dieser Beziehung sehr viel vom Zufalle ab; es ist möglich, daß die Geschwornen über Handlungen zu urtheilen haben, welche die Lebenskreise aller oder der Mehrzahl der Urtheiler gar nicht berühren, wie z. B. Duelle, Fallissements, manche Staatsverbrechen ꝛc. Im Allgemeinen giebt es kaum einen Stand, welcher mit allen übrigen Ständen so vielfach in Berührung käme und aus allen Kreisen so vielseitige Erfahrung zu sammeln vermöchte, wie eben der Stand der Richter. Im Allgemeinen wird also die Kenntniß der bürgerlichen Verhältnisse, wie sie bei demselben anzutreffen ist, vollkommen genügen. Hiezu kommt, daß bei weitem die meisten und gefährlichsten Verbrecher dem Pöbel angehören; es ist aber bekannt, daß über das Treiben solcher gemeinen Verbrecher kein Mensch eine so vollständige und sichere Kenntniß erlangt, wie der, welcher sich viel mit Untersuchungssachen beschäftigt.

3. Sehr zweideutig ist der andere, hiemit verwandte angebliche Vorzug der Geschwornengerichte, nämlich der, daß in der Regel ein Theil der Geschwornen den Angeklagten und die Zeugen persönlich kenne, sie schon im Leben beobachtet habe und ihren Ruf wisse (Gutachten S. 19.). Abgesehen davon, daß auch dieses vom Zufalle abhängt, so hat schon Blackstone (Comment. on the law of England, B. III. Ch. 23.) darauf aufmerksam gemacht, daß es bedenklich sei, die Geschwornen aus der Heimath der Partheien zu nehmen. Es ist ebenso sehr zu fürchten, daß Interesse, Vorurtheil, Zu- oder Abneigung, Furcht ꝛc., solche Geschwornen von der Wahrheit ablenken werden, als man von ihrer Personalkenntniß Gewinn für die Rechtspflege zu hoffen Ursache hat. Sie können überdies

*) Verhandlungen der Kammer der Abgeordneten von 1841 — 1842. Erstes Beilageheft Seite 219.

leicht Momenten auf ihre Ueberzeugung Einfluß gestatten, welche die Betheiligten vielleicht hätten beseitigen können, wenn sie darüber gehört worden wären.

4. Ebenso wenig kann man den Vorwurf anerkennen, welcher, wie bereits oben angedeutet wurde, den rechtsgelehrten Richtern in sofern gemacht wird, als nach dem Gutachten der Immediat-Kommission (S. 71. u. ff.) alte Praktiker oft in eine übermäßige Strenge, andere ständige Richter dagegen aus theoretischen Bedenken in eine Zweifelsucht verfallen, welche keine feste Ueberzeugung mehr aufkommen lasse. Im Allgemeinen darf man die Richtigkeit der Bemerkung, wie sie hingestellt ist, mit dem Justizminister von Kircheisen (Votum S. 31.) bezweifeln. Soweit sie richtig ist, wird der Grund des angeblichen Uebels lediglich in der bisherigen Beweistheorie liegen und durch das Aufgeben oder Modifiziren der letzteren Abhülfe finden. Das Wahre bei der Sache dürfte nämlich sein, daß bei gesetzlicher Beweistheorie der angehende Praktiker den Beweis strenger nach den Regeln der Schule beurtheilt, der alte Praktiker, welcher durch die tägliche Erfahrung von der Unzulänglichkeit gesetzlicher Beweisregeln immer mehr durchdrungen wird, sein Ermessen mehr und mehr von diesen Fesseln frei macht und mit Entschiedenheit den Indizienbeweis ergreift, in der Uebergangsperiode aber ein gewisses Schwanken eintritt. Die Zweifelsucht läßt sich mit größerem Rechte vielen Geschwornen vorwerfen. Wenn man in Frankreich förmlich in statistischen Tabellen Wahrnehmungen macht, wie sich die Geschwornen nach und nach mehr an das Schuldig gewöhnen, wenn die Geschwornen häufig absichtlich ihre Stimmen so vertheilt haben (7 gegen 5), daß nach den Vorschriften der Prozeß-Ordnung die Richter mitstimmen müssen, so kann das, wenn nicht in Furchtsamkeit, nur darin seinen Grund haben, daß sie nicht zu einer wirklichen festen Ueberzeugung zu gelangen vermögen.

5. Hiezu kommt, daß die eine der früheren Voraussetzungen nicht gemacht werden darf, nämlich die, daß die Thatfrage ganz von juristischen Elementen getrennt werden könne (Feuerbach a. a. O. Seite 169.).

Man ist darüber einverstanden, daß den Geschwornen nicht die Aufgabe gestellt werden darf, blos das für erwiesen geachtete Ereigniß mit allen Umständen anzugeben, damit demnächst der Richter entscheide, ob die für wahr gehaltene Handlung ein strafbares Verbrechen enthalte, daß ihnen vielmehr, wie die französische Prozeß-Ordnung Art. 337. vorschreibt, die Frage gestellt werden müsse, ob der Angeklagte ein bestimmtes, unter ein Strafgesetz fallendes Verbrechen mit gewissen erschwerenden oder mildernden Umständen begangen habe. Die Antwort auf solche Frage setzt aber unbedenklich die Kenntniß der Kriterien des Verbrechens, also Rechtskenntnisse voraus, die man bei den Geschwornen zu finden wenigstens nicht gewiß ist, und dort, wo bisher keine Oeffentlichkeit der Rechtspflege bestand, gar nicht erwarten kann. Ueberdies kommen bei manchen Verbrechen, abgesehen von der Schlußfrage über das „Schuldig oder Unschuldig,“ oft einzelne, dieses Urtheil bedingende Momente vor, deren Würdigung Civil-Rechtskenntnisse erfordert, so bei Amtsvergehen, Fälschungen, Fallissements u. s. w.

6. Jedenfalls fehlt dem Ausspruche der Geschwornen die Garantie, welche die ständigen Richter, mögen sie nach gesetzlichen Beweisregeln oder ohne dieselben erkennen, schon vermöge der wissenschaftlichen Richtung ihrer Beschäftigung, der fortwährenden Uebung und der gewohnten kollegialischen Diskussion gewähren. Vor allem sind es die Entscheidungsgründe und die Rechtsmittel, welche die gründliche Prüfung sichern. Mögen auch die Entscheidungsgründe häufig nur in einem Aneinanderreihen der einzelnen Elemente der Ueberzeugung bestehen, so wird doch der Richter durch die Nöthigung zur Abfassung derselben immerhin zu einer vollständigen Reflexion über das Ergebniß der Untersuchung hingeleitet, und daß es für die Wahrheit nur Gewinn sein kann, wenn es gestattet ist, das Urtheil des ersten Richters zu einer nochmaligen, durch die Erörterungen der Betheiligten über die Gründe des ersten Urtheils belebten, Prüfung zu bringen, ist nicht zu bestreiten; die Prüfung des Rechtsmittels ist die fortgesetzte Reflexion.

7. Endlich wird man nicht ohne Grund befürchten müssen, daß sehr oft das Urtheil der Geschwornen nicht durch ihre selbsteigene Ueberzeugung, sondern wenn sie nicht bereits durch die Künste der Redner verführt sein sollten, durch die Stimmen einzelner befähigter oder vorlauter Mitglieder des Geschwornengerichts oder durch das Resumé eines vielleicht befangenen Präsidenten bestimmt werden würden. Für beides fehlt es selbst dort nicht an Erfahrungen, wo die Geschwornengerichte schon länger in Uebung gewesen sind. Dem schon von Feuerbach in den Betrachtungen über Oeffentlichkeit und Mündlichkeit, Bd. II. Seite 444. und in der Abhandlung über die Geschwornengerichte Seite 190. erhobenen Bedenken, daß dem resümirenden Präsidenten eine gefährliche Macht eingeräumt sei, hat die Immediat-Justizkommission mit Unrecht entgegen gesetzt, daß ja der Präsident ein rechtsgelehrter ständiger Richter sei. Er ist allerdings ein Richter, aber eben auch nur Einer. Wer wird die Möglichkeit bestreiten, daß nicht auch einmal ein Richter irren, daß er durch Wünsche, Ansichten &c. befangen sein, ja daß er rechtswidrige Absichten haben könne? Dagegen schützen eben die Kollegialität und die Rechtsmittel. Der Vorsitzende einer Versammlung ebenbürtiger rechtsgelehrter Richter wird schwerlich jemals den Versuch wagen und noch weniger mit dem Versuche zum Ziel gelangen, seine Ansichten und Wünsche dem Kollegium in der Weise aufzudringen, wie es z. B. in den von Feuerbach erzählten Fällen in Frankreich und England vorgekommen.

Mag man nun auch von andern mehr oder weniger erheblichen Bedenken, welche sonst noch gegen das Institut zur Sprache gebracht sind, absehen, mag man insbesondere auch voraussetzen, daß bei uns die Geschwornen nicht, wie es in Frankreich häufig geschehen und wie es freilich auch von deutschen Geschwornen berichtet worden ist, mit ihrem Eide ein frevelhaftes Spiel treiben, und eine Kritik des Gesetzes sich anmaaßend oder Partheiwünschen folgend, gegen besseres Wissen freisprechen werden, so wird diese Darstellung doch hinlänglich dargethan haben, daß zur Zeit das Institut der Geschwornengerichte bei uns durch keinerlei Bedürfniß gefordert wird, und daß die Einführung desselben mit zu vielen Gefahren für die Gerechtigkeit umgeben ist, als daß sie angerathen werden könnte. —

Wie man aber auch über die Geschwornengerichte denken mag, so würde ihre Einführung jedenfalls doch erst dann in Frage kommen können, wenn sich durch längere regere Theilnahme an den Angelegenheiten des Gemeinwesens und durch Oeffentlichkeit der Rechtspflege das Bewußtsein dessen, was dem Staate und der Gerechtigkeit gebührt, gekräftigt hat, das Recht lebendiger und die Rechtsbildung allgemeiner geworden ist. Das Richteramt ist ein zu wichtiges, als daß die Theilnahme daran gestattet werden könnte, um erst eben dadurch diejenige Bildung der Geschwornen herbeizuführen, bei welcher allein man ihnen mit einiger Beruhigung den Ausspruch über Leben, Freiheit, Ehre und Vermögen der Unterthanen, über das Wohl des ganzen Gemeinwesens, anvertrauen kann. Wenn die Geschwornengerichte wirklich den Vorzug vor ständigen Richterkollegien verdienten, so würde man immerhin nicht mit ihnen den Anfang in den Reformen des Strafprozesses zu machen haben.

(Vergl. Votum des Justizministers von Kircheisen, S. 37.)

Aus ähnlichen Gründen haben auch in den würtembergischen und sächsischen Ständeversammlungen selbst diejenigen, welche die Geschwornengerichte als das Endziel der Reformen in dem Strafprozesse betrachten, nicht auf die sofortige Einführung antragen wollen.

Verhandlungen der Kammer der Abgeordneten in Würtemberg von 1841—1842., Sitzung 7. Seite 16.

Sächsischer Kommissions-Bericht, Seite 55.

Selbst der eifrigste der heutigen Vertheidiger der Geschwornengerichte, Welker, sollte billig Bedenken tragen, zur Zeit die allgemeine Einführung des Instituts in Deutschland anzurathen, wenn es wahr wäre, daß, wie er sich Seite 160. a. a. O. ausdrückt, ein Theil unserer Nation, in höhern wie in niederen Ständen, politisch feig und ungebildet sei.

III. Genossenschaftsgerichte.

Da nach diesen Bemerkungen das Geschwornengericht nicht angerathen werden kann, so mag noch des Vorschlages Erwähnung geschehen, über die Thatfrage von Standesgenossen des Angeklagten, von Genossenschaftsgerichten, entscheiden zu lassen. Das würden im Wesentlichen Geschwornengerichte sein, mit der Modifikation, daß die Geschwornen jedesmal aus dem Stande des Angeklagten genommen würden. Der Vorschlag ist noch weniger ausführbar, wie die Einführung der gewöhnlichen Geschwornengerichte. Gegner wie Vertheidiger der letztern haben sich auch gegen eine solche Einrichtung erklärt.

Feuerbach, a. a. O. S. 81.

Gutachten der Immediat-Justiz-Kommission, S. 119.

Ein Rechtsprinzip, welches diese Genossenschaftgerichte rechtfertigen könnte, ist nicht erfindlich. Das Verbrechen verletzt nicht den einzelnen Stand, sondern den Staat; es liegt deshalb kein Grund vor, den Verbrecher nur von seinem Stande richten zu lassen. Dagegen wird die Gerechtigkeit durch solche Gerichte noch in viel höherm Maaße gefährdet, wie durch die aus allen Ständen vermischt gewählten Geschwornen.

Daß die Urtheiler in ihren Lebensbeziehungen und Lebensansichten dem Angeschuldigten näher stehen, daß Gleiche von Gleichen gerichtet würden, dessen würde man zwar auf solche Weise mehr versichert sein, wie bei der gewöhnlichen Zusammensetzung der Geschwornengerichte. Aber dieser Vortheil, wenn er überhaupt den ständigen Richtern gegenüber geltend gemacht werden könnte, würde viel zu theuer erkauft sein. Was die Urtheiler an Fähigkeit gewönnen, würden sie an Unbefangenheit verlieren. Standes-Interessen, Standes-Vorurtheile, Standes-Ehre und selbst eine gewisse Vorliebe für die Standesgenossen, würden nur zu leicht ihren Einfluß auf den Ausspruch der Urtheiler üben, das Gericht oft genug wirklich zur Parthei machen und überall ein Vertrauen der Gesammtheit zu diesen Gerichten nicht aufkommen lassen. Die heutige Vermischung der Stände im gewöhnlichen Leben würde die Gefahr nur vergrößern. Grade unter den jetzigen Verhältnissen würde die Eifersucht der verschiedenen Stände um so heftiger entbrennen, wenn man sie in Beziehung auf die Rechtspflege noch mehr absondern wollte, wie es jetzt durch den eximirten Gerichtsstand geschieht.

Das Geringste, was die Gerechtigkeit fordern könnte, wäre, daß man jedesmal gemischte Gerichte bildete, wenn durch das Verbrechen verschiedene Stände berührt würden. Sie würden nothwendig sein, wenn die mehreren Theilnehmer am Verbrechen oder der Verbrecher und der Damnifikat verschiedenen Ständen angehörten, also fast in allen Fällen. Von allen sonstigen Verwickelungen abgesehen, welche solche Zusammensetzungen hervorrufen würden, so würde sehr oft die Folge keine andre sein, als daß sich das Gericht in zwei streitende Partheien auflöste. Die Angeklagten würden dabei allerdings nicht schlecht stehen, weil sie bei gleichen Stimmen freigesprochen werden müßten; aber das Gemeinwesen würde um so schlechter berathen sein.

Um sich die Gefahr zu vergegenwärtigen, nehme man nur Straffälle, wie sie vorkommen, z. B. wenn sich ein Gutsbesitzer seiner Rechte gegen einen Bauer überhebt, oder wenn sich der Bauer an der Person oder an dem Vermögen des Gutsherrn vergreift. Man frage sich, wie es mit der Gerechtigkeit stehen würde, wenn der eine nur vom Ritterstande und der andre nur vom Bauernstande, oder wenn beide von einer gleichen Zahl Urtheiler aus beiden Ständen gerichtet werden sollten.

Ueberdies läßt sich der Vorschlag ohnehin aus andern Gründen in vollständiger Gliederung aller Stände nicht durchführen. Nicht zu gedenken, daß man bei manchen Angeklagten, z. B. Ehrlosen und Vagabunden, nicht wissen würde, welchem Stande man sie zutheilen solle, so würde man bei einer Trennung der Stände vielleicht in dem einen oder andern eine hinlängliche Bildung der Urtheiler voraussetzen können: aber man würde dagegen bei anderen wegen der Wahl derselben in desto größerer Verlegenheit sein. Daß es aber unmöglich angerathen werden könne, einzelne Stände auszuzeichnen und ihnen Genossenschaftsgerichte zu bewilligen, wird kaum der Erwähnung bedürfen.

Der hier besprochene Vorschlag ist derjenige, welcher von allen die meisten Schwierigkeiten darbietet, und am wenigsten befriedigen, vielmehr bei der jetzigen Vermischung der Stände in fast allen Landestheilen allgemeine Unzufriedenheit hervorrufen würde.

E. Gesetzliche Beweistheorie.

I. Einleitung.

Wenn nicht Geschworne, sondern ständige Richter über die Thatfrage zu entscheiden haben, so entsteht die Frage, in wiefern für diese Entscheidung gesetzliche Normen aufzustellen seien. Die Richter haben ihr Urtheil zu gründen auf die in der mündlichen Verhandlung ihnen vorgeführten Beweise. Daß es nothwendig sei, in der Strafprozeß-Ordnung die zulässigen Beweismittel anzugeben, soll nicht in Zweifel gezogen werden. Die Frage ist aber, ob sich die Strafprozeß-Ordnung damit befassen solle, die Kraft der Beweise, die Bedingungen, unter welchen eine Thatsache ein Richter als wahr anzunehmen befugt sein solle, durch spezielle Regeln genauer zu bestimmen.

Die Quellen des gemeinen deutschen Strafrechts, die Karolina, wie das römische und kanonische Recht, enthalten nur wenige Bestimmungen über die Kraft der Beweise; allein es haben jene Bestimmungen zu einer weitern Entwicklung dieser Lehre in Wissenschaft und Praxis Anlaß gegeben. Da nämlich nach der Karolina nur auf Geständniß oder vollständigen direkten oder natürlichen Beweis auf Strafe erkannt, bei mangelhaftem Beweise aber zur Tortur geschritten werden soll *), so traf schon früh das Bedürfniß ein, die Grade des Beweises abzumessen, um sich die Bedingungen klar zu machen, unter welchen ein vollständiger, oder ein zur Anwendung der Tortur hinreichender unvollständiger Beweis anzunehmen sei.

Das Bedürfniß erweiterte sich mit der Abschaffung der Tortur; es machte sich der Indizienbeweis, die außerordentliche Strafe, die absolutio ab instantia geltend; es entstand eine Abstufung der Strafe nach den Graden der Gewißheit. Die Wissenschaft säumte nicht mit dem Versuche, für das solchergestalt erweiterte Urtheil des Richters bestimmte Regeln zu suchen und festzustellen.

---

*) P. G. O. Art. 22. »Item es ist auch zu merken, daß niemant auff eynicherley Anzeygung, argkwons warzeichen oder verdacht, endlich zu peinlicher straff soll verurtheylt werden, sonder allein peinlich mag man darauff fragen, so die Anzeygung, als hernach funden wirdet, gnugsam ist, dann soll jemant entlich zu peinlicher straff verurtheylt werden, das muß auß eygen bekennen, oder beweisung, wie an andern enden inn diser ordnung klerlich funden wirdt, beschehen, vnd nit auff vermutung oder anzeygung.«

So hat sich in Deutschland mehr durch Wissenschaft, als auf den Grund bestimmter Gesetze eine vollständige, wenn auch im Einzelnen vielfach bestrittene Beweistheorie ausgebildet, und in der Praxis mehr oder weniger Ansehen verschafft. Sie ist in mehrere Partikular-Gesetzgebungen der neueren Zeit, insbesondere in die Strafprozeßgesetze Preußens, Oesterreichs, Bayerns, Hannovers und Mecklenburgs übergegangen.

Einen andern Weg hat die französische Gesetzgebung eingeschlagen. Während sie in Kriminalsachen das Urtheil über die Thatfrage Geschwornen auf das Gewissen legte, hat sie auch in den Sachen, in welchen ständige Richter erkennen, nämlich in den Polizei- und Zuchtpolizeisachen, keine vollständige Beweisregeln vorgeschrieben. In den Ländern, in welchen nach Wiederaufhebung der französischen Gesetzgebung das öffentlich-mündliche Verfahren beibehalten wurde, ist man meistentheils bei diesen Prinzipien stehen geblieben, so in den Niederlanden, in Neapel und Parma.

Die Prüfung der französischen Institutionen, im Vergleich mit dem deutschen Strafverfahren ist es zunächst, welche in neuerer Zeit in der Doktrin, wie in der Legislation, eine lebhafte Erörterung der Frage hervorgerufen hat: ob man die Richter bei Beurtheilung des Beweises in Strafsachen durch gesetzliche Regeln beschränken solle. Die Rechtslehrer *) haben sich im Allgemeinen für die Bejahung der Frage entschieden und die Meinung vertheidigt, daß man nur die Wahl habe zwischen Geschwornengerichten und ständigen Richtern mit Beweistheorie; allein über den Umfang der Beschränkung durch Beweisregeln waltet unter denselben eine sehr wesentliche Verschiedenheit der Meinungen ob.

Die eine Ansicht will dem Richter die Regeln für die Bildung seines Urtheils positiv und möglichst vollständig vorschreiben; der Richter soll, soweit ihm nicht bei einzelnen Momenten freies Ermessen gestattet ist, nur nach diesen Regeln sein Urtheil bilden; er soll also bei einem nach den gesetzlichen Regeln für vollständig zu erachtenden Beweise der Schuld verurtheilen, auch wenn er persönlich über die Schuld im Zweifel oder wohl gar von der Unschuld überzeugt wäre; allein er soll auch auf der andern Seite bei formell ungenügendem Beweise freisprechen, selbst wenn er persönlich von der Schuld des Angeklagten die vollständigste Ueberzeugung hätte. Dieses System der positiven Beweistheorie, zu welchem sich Möser, Abegg und Roßhirt bekennen, soll nach beiden Richtungen hin, sowohl für das Gemeinwesen, wie für den Angeschuldigten, Garantie gegen Partheilichkeit, Unfähigkeit oder Leichtsinn des Richters geben.

---

*) Feuerbach Gerichtsverfassung und gerichtliches Verfahren Frankreichs, Seite 418. Mittermaier deutsches Strafverfahren 3te Ausgabe Bd. 1. S. 250. und Bd. 2. S. 226. u. ff. Hencke Handbuch des Kriminalrechts ꝛc. Bd. IV. S. 75. Abegg Beiträge zur Strafgesetzgebung S. 130. 191. Justus Möser Patriotische Phantasien Bd. 1. S. 308. Gans Beiträge zur Revision der Gesetzgebung S. 6. u. ff. Welcker über die Jury, Staats-Lexikon, Bd. 9. S. 143. 149.

Nach der zweiten Ansicht wird der Richter zunächst an seine Ueberzeugung gewiesen; allein es werden ihm Regeln gegeben, nach welchen er ungeachtet seiner eigenen Ueberzeugung den Beweis nicht für erbracht annehmen darf, wenn er nicht zugleich nach diesen Regeln begründet ist. Durch diese negative Beweistheorie, für welche sich Feuerbach, Hencke und Mittermaier erklären, soll nur dem Angeschuldigten ein Schutz gegen ungegründete Verurtheilung und nicht auch dem Gemeinwesen gegen unrechtliche Freisprechung gewährt werden. —

Was die legislativen Arbeiten über den Kriminalprozeß betrifft, so wollte bei der frühern Revision unserer Kriminal-Ordnung der Revisor negative Beweisregeln aufstellen. Sein Vorschlag fand indeß keinen Beifall. Man stellte positive Regeln auf und bestimmte, daß, wenn nach diesen Regeln ein formell vollständiger direkter Beweis vorliege, der Richter ohne Rücksicht auf seine subjektive Ueberzeugung verurtheilen müsse. Hiernächst aber ging man noch weiter. Es wurde nämlich bestimmt, daß auch ohne einen derartigen formellen Beweis der Richter zur gesetzlichen Strafe verurtheilen könne, wenn er sich nach Lage der Sache von der Schuld überzeugt halte (Entwurf von 1829. §. 239. und 240.). Durch diese Bestimmungen wurden die vorzugsweise auf den Schutz des Angeschuldigten berechneten negativen Beweisregeln des Revisors nicht nur beseitigt, sondern es wurde in der entgegengesetzten Richtung, nämlich zum Schutze des Gemeinwesens gegen Freisprechungen aus Partheilichkeit oder Aengstlichkeit, die Verurtheilung gleichzeitig sowohl auf Grund eines gesetzlich vollständigen Beweises, als auf die Ueberzeugung des Richters zugelassen. Der zuletzt angedeutete Gesichtspunkt war es, welcher bei den Verhandlungen von den Vertheidigern der positiven Beweistheorie hervorgehoben wurde (Konferenz-Protokolle Vol. II. Fol. 114. ff. und Vol. IV. Fol. 186. ff.).

Diese Theorie, bei welcher es im Wesentlichen im späteren Entwurf von 1841. geblieben ist, stimmt mit der bestehenden Kriminal-Ordnung überein, mit dem alleinigen Unterschiede, daß nach der letzteren in dem Falle des unvollständigen gesetzlichen Beweises nur auf eine außerordentliche Strafe erkannt werden darf, welche den Entwürfen fremd ist.

Von den ausländischen legislativen Arbeiten über den Kriminalprozeß ist hauptsächlich die würtembergische Strafprozeß-Ordnung vom Jahre 1843., die holländische Strafprozeß-Ordnung vom Jahre 1838. und der Entwurf einer Kriminalprozeß-Ordnung für das Königreich Sachsen zu erwähnen.

In der würtembergischen Strafprozeß-Ordnung ist die negative Beweistheorie angenommen. Dagegen wollen die holländische Strafprozeß-Ordnung und der sächsische Entwurf eine spezielle Beweistheorie nicht aufstellen, jedoch zur Leitung des richterlichen Ermessens einige allgemeine Grundsätze angeben.

In den Motiven zu dem sächsischen Entwurf wird bemerkt, daß in Sachsen im Allgemeinen schon bisher der Grundsatz gegolten habe, daß der Richter nur nach seiner Ueberzeugung zu erkennen, aber sein Urtheil durch Gründe zu rechtfertigen habe; eine spezielle Beweistheorie, wie sie neuere Gesetzgebungen aufzustellen versucht hätten und ein Theil der Kriminalisten vorschlage, sei in den sächsischen Gesetzen nicht begründet (Motive S. 115.).

Bei der holländischen Strafprozeß-Ordnung, welche nach einer langjährigen, oft unterbrochenen und wieder aufgenommenen Vorbereitung, mit Benutzung eigner Erfahrungen aus dem französischen Prozesse, erlassen ist, hat man im Wesentlichen eine gleiche Ansicht befolgt (de Bosch-Kemper: Wetboock van Strafvordering Th. III. S. 489.). Die darin gegebene Andeutungen über den Beweis sind zwecklich sehr unbedeutend.

Für die Revision unserer Strafprozeß-Ordnung geht gegenwärtig der Vorschlag dahin, eine spezielle Beweistheorie nicht aufzustellen, sondern im Wesentlichen die Ueberzeugung des Richters entscheiden zu lassen.

Der Vorschlag bedarf jedoch vor seiner Rechtfertigung noch in zwei Beziehungen der nähern Bestimmung.

1. Die lebhafte Vertheidigung, welche die gesetzliche Beweistheorie bei den Rechtslehrern gefunden hat, beruht hauptsächlich auf der Voraussetzung, daß die Richter, wenn sie nicht an gesetzliche Beweisregeln gebunden seien, sofort in die Stellung der Geschwornen im Sinne des französischen Strafprozesses träten, so daß sie ohne alle Rechenschaft nach ihrer nicht weiter zu begründenden intime conviction, und ohne Zulassung eines Rechtsmittels in Betreff der Thatfrage zu erkennen hätten *). So war es allerdings bis zur Publikation der neuen Strafprozeß-Ordnung von 1838. in den Niederlanden, wo durch ein Gesetz vom 6ten November 1814. das Institut der Geschwornen aufgehoben und mit Beibehaltung der übrigen Vorschriften und Einrichtungen des französischen Strafprozesses das Urtheil über die Thatfrage den Richtern gleich Geschwornen überlassen wurde; und so ist es noch gegenwärtig in einigen italienischen Staaten. Eine solche Einrichtung hat allerdings die erheblichsten Bedenken gegen sich. Käme man mit der Verwerfung der Beweistheorie nothwendig zu diesem Standpunkte, gäbe es keinen Mittelweg, dann würde man sich allerdings für die Beibehaltung der Beweistheorie entschließen müssen. So steht jedoch die Sache nicht.

Das charakteristische Merkmal, wodurch sich die Geschwornengerichte von den ständigen Gerichten unterscheiden, besteht darin, daß die Geschwornen sich ohne Weiteres bei der einfachen Thatsache ihrer Ueberzeugung als solcher beruhigen dürfen, während die ständigen Richter ihr Urtheil nach Gründen und Regeln bilden müssen. Dieses charakteristische Merkmal wird durch das Aufgeben der gesetzlichen Beweistheorie nicht aufgehoben. Daraus, daß die Beweisregeln nicht ein für allemal gesetzlich festgestellt werden, folgt noch nicht, daß die Richter überhaupt von der Verpflichtung entbunden werden, nach Gründen und Regeln zu urtheilen und hievon Rechenschaft zu geben. Im Gegentheil können und müssen

---

*) Vergl. insbesondere Feuerbach in dem Werke: Ueber die Gerichtsverfassung und das gerichtliche Verfahren Frankreichs Seite 418. u. ff.

die Richter nach Aufhören der gesetzlichen Beweistheorie im Wesentlichen durchaus in ihrer bisherigen Stellung verbleiben; sie werden daher nach wie vor ihr Urtheil nach Beweisgründen bilden, von letztern in der Ausfertigung des Erkenntnisses Rechenschaft geben und die Prüfung derselben durch den Appellationsrichter erwarten müssen. Der Unterschied zwischen Richtern mit und ohne Beweistheorie besteht lediglich und allein darin, daß in letzterem Falle dem Richter selbst die Auffindung und Anwendung der Beweisregeln, welche die allgemeinen Denkgesetze, Erfahrung und Menschenkenntniß an die Hand geben, überlassen wird, während in ersterm Falle gewisse Beweisregeln schon durch das Gesetz selbst ein für allemal als unabänderliche Formeln festgestellt und dadurch das Urtheil des Richters gefesselt und derselbe gehindert wird, jeden Fall nach seinen Eigenthümlichkeiten zu beurtheilen. Die Ergebnisse der Wissenschaft, soweit sich diese nicht an rein positive Satzungen anlehnt, behalten für den Richter ihren Werth; der dadurch geleiteten Beurtheilung des Richters fällt nur ganz und ausschließlich anheim, was ihm alle gesetzlichen Beweistheorien zum größten Theil überlassen.

Die Stellung der Richter, welche hier vorgeschlagen wird, ist im Wesentlichen dieselbe, welche im französischen Strafverfahren den Gerichten in den Zuchtpolizeisachen zugetheilt ist. Es ist zwar früher von vielen Seiten, namentlich auch von der Immediat-Justizkommission, angenommen worden, daß dort die Richter gerade so wie die Geschwornen nur nach ihrer intime conviction ohne Rechenschaft zu erkennen hätten. Darauf beruht auch der lebhafte Angriff Feuerbach's auf die französische Gerichtsbarkeit in Zuchtpolizeisachen, welche er der Jurisdiktion eines türkischen Kadi an die Seite stellt (Ueber die Gerichtsverfassung Frankreichs, Seite 404.). Allein diese Ansicht ist nicht richtig. Die französische Strafprozeß-Ordnung giebt den Richtern zwar keine bindende Beweisregeln; aber sie ertheilt ihnen eben so wenig die Anweisung, welche im Art. 342. den Geschwornen gegeben ist, daß sie nämlich nur ihr Gewissen fragen sollen, welchen Eindruck die Verhandlung auf sie gemacht habe. Sie bezeichnet in den Art. 154. und 189. die zulässigen Beweismittel (Protokolle, Berichte und Zeugen) und läßt gegen die Urtheile auch in Beziehung auf die Thatfrage die Appellation, also die weitere Prüfung zu, was mit der Stellung der Geschwornen nicht verträglich ist. Es ist darum auch in neuerer Zeit anerkannt, daß in Zuchtpolizeisachen die Richter nach den Elementen der schriftlichen Instruktion und der mündlichen Verhandlung die Ueberzeugung zu bilden haben; sie geben ihre Urtheile nach den durch Vernunft und Erfahrung gegebenen und durch die Wissenschaft empfohlnen Regeln, und sprechen in den Entscheidungsgründen die Elemente ihrer Ueberzeugung aus. (Mittermaier im Archiv des Krimalrechts, Jahrgang 1843. S. 76.)

Wenn also in der nachfolgenden Erörterung das Aufgeben der positiven Beweistheorie befürwortet wird, so wird hiebei keineswegs davon ausgegangen, daß den Richtern gleich Geschwornen die Entscheidung über Schuld und Nichtschuld ohne eine äußere Rechenschaft und ohne Verantwortlichkeit nach blos individueller Ueberzeugung überlassen werden soll, im Gegentheil wird dabei die Motivirung des Erkenntnisses durch Entscheidungsgründe und die Prüfung durch den Appellationsrichter als wesentlich und unerläßlich recht eigentlich vorausgesetzt.

2. Hiernächst ist zur genauern Bestimmung der hier vorliegenden Frage noch zu bemerken, daß es sich vorläufig nur um das Prinzip, welches bei der Strafprozeß-Ordnung befolgt werden soll, nämlich darum handelt, ob sich die Strafprozeß-Ordnung damit befassen soll, die Kraft aller Beweismittel auf Regeln zu bringen, ob also, mit andern Worten eine spezielle Beweistheorie in dem Sinne aufgestellt werden soll, wie sie sich in der Jurisprudenz ausgebildet hat, wie sie in den neuern deutschen Strafprozeß-Ordnungen vorkommt, und wie sie insbesondere von denen, welche Beweistheorie oder Geschwornengerichte fordern, gedacht wird. Diese spezielle Beweistheorie ist es, welche hier verworfen wird. Dagegen steht nichts entgegen, neben den Bestimmungen über die zulässigen Beweismittel auch einzelne, den Standpunkt und die Aufgabe des erkennenden Richters bezeichnende Andeutungen zu geben, wie dies in der niederländischen Strafprozeß-Ordnung und dem sächsischen Entwurf geschehen ist.

III. Vortheile einer freiern Beurtheilung des Richters.

Geht man nun zur Prüfung des solchergestalt näher bestimmten Vorschlages über, so wird im Allgemeinen Niemand leugnen, daß es in hohem Grade schwierig, wenn nicht unmöglich ist, ohne Gefährdung der Gerechtigkeit allgemein gültige Beweisregeln festzusetzen. Der Gesetzgeber kann natürlich Bedingungen vorschreiben, unter welchen der Richter strafen oder freisprechen soll; er kann sie so stellen, daß nicht leicht ein Schuldiger der Strafe entgeht oder ein Schuldloser bestraft wird; allein er vermag keine Regeln aufzustellen, welche, unbedingt befolgt, nach keiner von beiden Seiten hin die Gerechtigkeit gefährden und die Wahrheit des richterlichen Ausspruchs verbürgen. Die Regeln, wonach der reflektirende Verstand sein Urtheil bildet und die sich andrängende Meinung prüft, beruhen auf Sätzen der Erfahrung und auf Kenntniß der sittlichen und sinnlichen Natur des Menschen. Allerdings kann die Wissenschaft hierin Erfahrungen verbreiten, Prinzipien entwickeln und dem Richter und der Gesetzgebung vorarbeiten; allein sie kann dem Gesetzgeber keine allgemein gültigen und erschöpfenden Regeln an die Hand geben, weil es sich großentheils um Elemente der Wahrscheinlichkeit handelt, deren Regeln sich nach allen Richtungen hin auf die mannigfaltigste Weise durchkreuzen. Der Gesetzgeber kann keine spezielle Beweisregel hinstellen, ohne das Bewußtsein, daß in vielen Fällen durch deren Befolgung die Wahrheit verfehlt werden wird, in welchen sie nicht verfehlt sein würde, wenn die Regel nicht bestanden hätte; er selbst würde sich zuverlässig nicht vorher bindende Regeln festsetzen, wenn er selbst die einzelnen Fälle zu beurtheilen hätte. Das, was wir Gewißheit einer Thatsache nennen, beruht auf so vielen einzelnen, in ihrer Zusammenwirkung nur dem einzelnen Fall angehörenden Elementen, daß sich dafür gar keine wissenschaftlichen allgemeinen Gesetze geben lassen.

IV. Widerlegung der Gründe für die Beweistheorie im Allgemeinen.

Alles dies wird im Wesentlichen von den Anhängern der Beweistheorie nicht bestritten; man erkennt es an, daß in der Regel die Uebereinstimmung des Urtheils mit der Wirklichkeit eher erwartet werden darf, wenn der einzelne Fall in seiner Individualität aufgefaßt und der Beweis nach der eigenthümlichen Verknüpfung der Elemente geprüft wird, als wenn die Kraft der Beweise nach vorher gegebenen abstrakten Regeln abgemessen wird. Allein man fordert die Beweistheorie als eine Garantie gegen den unrechten Willen, das Vorurtheil, die Uebereilung und die Unfähigkeit der Richter; man glaubt zwischen zwei Uebeln wählen zu müssen und betrachtet die Aufstellung einer Beweistheorie als das geringere Uebel.

Im Wesentlichen beruhet also die Entscheidung der vorliegenden Frage lediglich darauf: ob die in der Beweistheorie gesuchte Garantie nothwendig, oder wenigstens zweckentsprechend sei?

1. Entbehrlichkeit der Beschränkung des Richters durch Beweisregeln nach den Resultaten der Erfahrung.

In dieser Beziehung ist nun zuvörderst zu bemerken, daß nach der Erfahrung bei dem öffentlich mündlichen Verfahren eine solche Garantie sich als unnöthig dargestellt und die Einrichtung, daß die Richter in der vorgeschlagenen Art nach freiem Ermessen erkennen, sich bewährt hat. Auch dort, wo das öffentlich mündliche Verfahren ohne Geschworne angenommen ist, hat man vielfach die Beweistheorie aufgegeben, und mehrentheils sogar die von Abegg als „monströs" bezeichnete Einrichtung getroffen, daß die Richter als Geschworne ohne Rechenschaft und ohne Appellation erkennen. So namentlich in den Niederlanden mittelst des Gesetzes vom 6ten November 1814. Diese Einrichtung soll nicht vertheidigt werden. Es ist jedoch für die vorliegende Erörterung von Interesse, daß selbst über diese freie Stellung der Richter keine sonderlichen, aus der Erfahrung entnommenen Klagen bekannt geworden sind. Feuerbach bemerkt zwar in dem Werke: „Ueber die Gerichts-Verfassung Frankreichs S. 417." daß in den Niederlanden über diese Stellung der Richter viel geklagt sei, und es ist richtig, daß man in der neuesten Strafprozeß-Ordnung für das Königreich der Niederlande diese Stellung modifizirt hat. Aber bemerkenswerth ist es, daß man selbst dort nach langer Erfahrung sich nicht veranlaßt gesehen hat, das Ermessen des Richters erheblich zu beschränken. Positiv ist derselbe gar nicht beschränkt, da er nach Art. 431. nur verurtheilen soll, wenn er persönlich von der Schuld überzeugt ist. In negativer Beziehung besteht die wesentlichste Beschränkung darin, daß er nach Art. 433. auf die Aussage eines einzigen Zeugen nicht verurtheilen darf, wenn diese nicht durch Nebenumstände unterstützt wird. Auch diese Beschränkung hat aber, wie man aus den Erläuterungen von de Bosch-Kemper (S. 533.) und den dort angeführten Rechtsfällen und Kassations-Urtheilen ersieht, keine wahrhaft praktische Bedeutung. Ein Fall, in dem Alles, Thatbestand und Thäterschaft, nur auf der Aussage Eines Zeugen beruht und auch schlechterdings kein einziger Umstand zur Sprache kommt, worin eine Unterstützung der Aussage liegt, ist nicht wohl denkbar. Eine erheblichere Modifikation des früheren Zustandes besteht darin, daß der Richter seine Entscheidung begründen muß; allein auch diese letztere Beschränkung verliert wiederum dadurch an Bedeutung, daß selbst nach der neuen Strafprozeß-Ordnung die Appellation nur in Korrektionellsachen und nicht auch in Kriminalsachen zulässig ist. Zu wesentlichen Abänderungen hat man sich also bei Abfassung der neuen Niederländischen Strafprozeß-Ordnung nicht veranlaßt gesehen, und es dürfte sich hieraus ergeben, daß der frühere, durch das Gesetz vom 6ten November 1814. herbeigeführte Zustand zu gar großen Uebelständen nicht Anlaß gegeben hat.

Dem sei indeß, wie ihm wolle; diejenige Stellung des Richters, welche hier vorgeschlagen wird, nämlich die des französischen Richters in Zuchtpolizeisachen, hat sich in der Rheinprovinz vollkommen bewährt. Es ist dort wohl im entgegengesetzten Sinne darüber Klage erhoben worden, daß einzelne Arten von Untersuchungen den Korrektionellgerichten entzogen und nach den altländischen Gesetzen behandelt werden sollten. Allein über die Zuchtpolizeigerichtsbarkeit, über eine zu große Gewalt der Richter, oder über einen Mißbrauch derselben sind keine Klagen laut geworden. Es ist dabei nicht zu übersehen, daß das Korrektionellgericht an praktischer Bedeutung den Geschwornengerichten nicht nachsteht. Nach dem Generalbericht des Justizministers Mühler für das Jahr 1839. waren im genannten Jahre bei den Assisenhöfen nur 420, bei den Zuchtpolizei-Kammern dagegen mehr wie das 20fache, nämlich 9315 Untersuchungen anhängig. Mag auch der bei weitem größte Theil der letzteren in sehr einfachen Sachen bestanden haben, so umfaßt doch der Wirkungskreis der Zuchtpolizeigerichte, welche bis zu 5jähriger Freiheitsstrafe erkennen, manche bedeutendere und weitläuftige Untersuchung.

Man darf sogar behaupten, daß selbst nach der Erfahrung im deutschen schriftlichen Strafprozeß das Bedürfniß einer Beschränkung des Richters durch Beweisregeln sich nicht geltend gemacht hat. In demselben ist das Ermessen des Richters in der That nicht viel mehr beschränkt, wie in den Zuchtpolizeisachen des französischen Strafprozesses. Die gemeinrechtlichen, eigentlichen gesetzlichen Beweisregeln reduziren sich auf wenige abgerissene Sätze. Die Beweistheorie ist das Ergebniß der Wissenschaft. Ob der Richter die im Einzelnen vielfach bestrittenen Sätze derselben als richtig anerkennen und anwenden will, hängt zunächst von seinem eigenen Urtheil ab. Man giebt zwar an, daß die Beweistheorie durch Gerichtsgebrauch sanktionirt sei (Mittermaier Strafverfahren 3te Ausgabe Bd. 2. S. 288.). Das läßt sich jedoch nicht unbedingt behaupten. Nach den bereits oben erwähnten Motiven zum Entwurf einer Kriminal-Prozeß-Ordnung für das Königreich Sachsen (S. 145. 146.) hat dort schon bisher der Grundsatz bestanden, daß der Richter nach seiner vollen Ueberzeugung zu erkennen habe; die spezielle Beweistheorie ist eben nur als wissenschaftliche Unterweisung benutzt. Und wie man auch anderwärts die Freiheit des richterlichen Ermessens bei der Beurtheilung der Beweise und der Benutzung der sogenannten Beweistheorie festgehalten hat, davon geben die Urtheils-Sammlungen der Praktiker vielfache Kunde. Gleichwohl aber hat, wie es scheint, auch im deutschen schriftlichen Strafprozeß die freiere Beurtheilung des Richters zu keinen Uebelständen und Mißbräuchen Anlaß gegeben, wie schon das Beispiel Sachsens beweist, welches, wie oben erwähnt wurde, bei der Ausarbeitung der neuen Strafprozeß-Ordnung sich gegen die Aufstellung einer Beweistheorie erklärt hat.

2. Unerreichbarkeit einer wahrhaften und zweckmäßigen Beschränkung des Richters durch Beweisregeln:

Es muß aber auch behauptet werden, daß eine erhebliche Beschränkung des richterlichen Ermessens und eine Garantie gegen dasselbe durch Beweistheorien überhaupt nicht erreicht werden **kann**. Die angesehensten Vertheidiger der Beweistheorie: **Feuerbach**, **Henke**, **Mittermaier** u. s. w., erkennen es selbst an, daß dem Ermessen des Richters ein großer Spielraum gelassen werden müsse, und dieser wird immer so ziemlich das ganze Feld des Beweises einnehmen.

a) in Betreff des Indizienbeweises;

Vor allem ist es der **Indizienbeweis**, welcher die größte Schwierigkeit macht. Für ihn können wenig oder gar keine Regeln aufgestellt werden. Es ist nicht möglich, alle die mannichfachen Umstände und deren denkbaren Verknüpfungen, durch welche die Schuld oder Unschuld eines Angeklagten zu Tage gebracht werden kann, erschöpfend anzugeben. Das Bestreben, dies zu thun, wäre, wie **Feuerbach** sagt, nicht vernünftiger, als der Plan, den Ocean der Natur in einen Eimer zu fassen. Wie die Allgemeine Kriminal-Ordnung, so haben auch alle neuere legislative Versuche und die in den bisherigen Revisionsarbeiten vorgelegten Entwürfe die Prüfung des Indizienbeweises ganz dem Richter überlassen zu müssen geglaubt.

Gerade der Indizienbeweis bildet aber den vorzugsweise wichtigen Theil des Beweises in Strafsachen. Erwägt man, daß außer dem Falle des Geständnisses nur höchst selten ein vollständiger direkter Beweis vorliegt, daß die unvollständigen Elemente des direkten Beweises gleichfalls als Indizien benutzt werden müssen, und daß der künstliche Beweis eben sowohl über die Vertheidigungs-Momente, wie über die Anschuldigung zugelassen werden muß, so ist es einleuchtend, daß in den meisten und schwierigsten Fällen nicht die Beweisregel, sondern das Ermessen des Richters entscheiden wird. Hiermit fällt denn aber, selbst wenn man ausreichende Regeln über den direkten Beweis aufzustellen im Stande wäre, zum großen Theil die Garantie zusammen, welche man in der Beweistheorie gegen den bösen Willen des Richters, gegen seine Partheilichkeit zu Gunsten oder zum Nachtheil des Angeschuldigten aufstellen will. Man frage sich nur, ob es einem Richter, welcher gegen seine Ueberzeugung urtheilen will, oder dessen Urtheil durch Partheilichkeit bestochen ist, nach irgend einer Beweistheorie, welche den Indizienbeweis zuläßt, unmöglich oder auch nur schwerer sein wird, sein Urtheil mit Gründen zu rechtfertigen, als wenn er nach verständigem Ermessen urtheilen soll.

Eine wahrhafte Garantie läßt sich durch eine Beweistheorie nur dann erreichen, wenn man den Indizienbeweis gänzlich ausschließt und lediglich auf die Grundsätze der Carolina zurückgeht. Nur in dieser Weise kann man die Richter so stellen, daß sie, wie **Justus Möser** dies will: „von dem dürren Buchstaben des Gesetzes auch nicht um ein Haar breit abweichen können.“ Allein es bedarf kaum der Erwähnung, daß dies unmöglich ist. Ganz abgesehen davon, daß das Aufgeben des Indizienbeweises schon an und für sich nicht rathsam erscheint, da derselbe nach Umständen eine eben so zuverlässige und mitunter noch zuverlässigere historische Gewißheit giebt, wie der vollständigste direkte Beweis, ist er auch nach Aufhebung der Tortur unentbehrlich geworden. Ohne seine Zulassung müßte man fast auf die Handhabung der Kriminal=Justiz verzichten. Wo das Geständniß fehlt, ist bekanntlich höchst selten ein vollständiger direkter Beweis zu beschaffen; bei Weitem in den meisten Fällen dieser Art, überall wo jetzt auf außerordentliche Strafe erkannt wird, müßte Freisprechung erfolgen; nur die reuigen oder beschränkten Verbrecher würden der Strafe unterliegen; die gefährlichsten würden straflos bleiben; gegen sie würde das Gemeinwesen alles Schutzes entbehren, wenn man nicht zu dem allerbedenklichsten Auskunftsmittel, nämlich zu dem willkührlichen polizeilichen Festhalten freigesprochener Angeschuldigten, seine Zuflucht nehmen wollte.

b) in Betreff des direkten Beweises.

Es ist nun allerdings gesagt worden, daß wenn der Gesetzgeber nicht Alles erreichen und das Verhältniß des Indizienbeweises nicht feststellen könne, er wenigstens durch Aufnahme von Bestimmungen über den direkten Beweis das thun müsse, was er zu thun vermöge. Indeß, wenn es auch einen Zweck haben könnte, dem Richter das Einfache und Unzweifelhafte zu sagen, während das Schwierigere, der Indizienbeweis, seinem Urtheil überlassen bleibt, so wird sich doch kaum über den direkten Beweis eine bestimmte spezielle Regel aufstellen lassen, welche unbedingt unter allen Umständen anwendbar wäre. Selbst bei dem direkten Beweise muß das Meiste dem richterlichen Ermessen anheimfallen. Der Regel nach enthalten denn auch alle positiven Beweisregeln in sich eine Bestimmung, welche ihre Anwendung wiederum von dem eigenen Urtheile des Richters abhängig macht. Das Geständniß soll ein freies, ernstes, der Irrthum beim Widerruf des Geständnisses soll wahrscheinlich, die beiden Zeugen, deren übereinstimmende Aussage vollen Beweis giebt, sollen glaubwürdig, das Gutachten der Sachverständigen soll mit überzeugenden Gründen unterstützt sein u. s. w.; überall Nebenbestimmungen, über welche der Richter, und zwar meist ohne alle Anleitung des Gesetzes, nach eigenem Ermessen zu urtheilen hat.

Man sieht hieraus, daß selbst in Ansehung der direkten Beweise die Beschränkung des Richters nur eine scheinbare ist. Man muß sich damit begnügen, nur das vermeintlich Allgemeingültige und sich von selbst verstehende im Gesetze auszusprechen. Allein auch dies ist nicht ohne Gefahr, weil es überaus schwer ist, dergleichen abstrakte Sätze so zu fassen, daß sie nicht Mißdeutungen veranlassen und der weiteren Entwickelung eine falsche Richtung geben können. Auch haben solche gesetzliche Regeln zu leicht die Folge, daß sich der Richter an ihrem Buchstaben hält, ohne selbstthätig tiefer zu forschen.

Wie unmöglich es ist, das richterliche Ermessen wahrhaft zu beschränken, ohne dasselbe zum Nachtheil der Gerechtigkeit zu fesseln, ergiebt sich am besten aus der Dürftigkeit und Verschiedenheit aller Gesetzgebungen, welche eine Beweistheorie zu geben versucht haben, so wie aus den eigenen Aeußerungen der Kriminalisten, welche die Beweistheorie vertheidigen. Letztere erkennen an, daß die gemeinrechtliche Beweistheorie der Verbesserungen bedürftig sei, z. B. Abegg Beiträge zur Strafgesetzgebung Seite 146., Mittermaier Strafverfahren Bd. 2. Seite 231. Allein es ist noch keinem gelungen, eine Theorie aufzustellen, welche sich allge=

meiner Zustimmung zu erfreuen gehabt hätte. Die Wissenschaft ist sehr weit davon entfernt, zu einem festen Resultat geführt zu haben und es liegt in der Natur der Quellen, woraus sie ihre Erkenntniß zu schöpfen hat, daß sie wahrscheinlich nie auf anderem Wege zu einer Einstimmigkeit führen wird, als indem sie immer mehr von ihren Regeln aufgiebt, und dieselben durch fortgesetzte Modifikationen beschränkt.

V. Widerlegung der Gründe für die positive Beweistheorie im Besondern.

Die Gründe, welche gegen die Beweistheorie im Allgemeinen sprechen, finden, wie dies keiner Erwähnung bedarf, im Wesentlichen auf die beiden Systeme, die positive und negative Beweistheorie, Anwendung.

Hauptsächlich gilt dies von der positiven Beweistheorie, deren Wesen darin besteht, daß der Richter ohne Rücksicht auf seine subjektive Ueberzeugung bei einem nach den gesetzlichen Regeln für vollständig zu erachtenden Beweise der Schuld verurtheilen muß.

Nach den frühern Bemerkungen bedarf es keiner Erwähnung, daß durch die positive Beweistheorie die hier beabsichtigte Garantie des Gemeinwesens nicht erreicht werden kann.

Da über den Indizienbeweis keine positive Regeln gegeben werden können und selbst bei dem direkten Beweise das Meiste dem richterlichen Ermessen anheimfällt, so kann durch keine positive Regeln ein Richter gezwungen werden, ohne oder sogar gegen seine Ueberzeugung zu verurtheilen.

Im Interesse der Gerechtigkeit kann man sich auch hierzu nur Glück wünschen. Mag immerhin von dem Sprüchwort „daß es besser sei, hundert Schuldige freizusprechen, als einen Unschuldigen zu bestrafen," oft genug ein ungemessener Gebrauch gemacht worden sein, so bleibt dasselbe doch wahr. Wenn die Majorität eines Kollegiums, nach vollständiger Verhandlung der Sache, im mündlichen Verfahren sich von der Schuld nicht überzeugt hält, dann darf der Staat sich nicht der Gefahr aussetzen, auf den Grund vermeintlicher allgemeiner Wahrheiten einen Unschuldigen der Strafe zu unterwerfen.

Daß es nicht erforderlich ist, in positiven Beweisregeln Schutz gegen grundlose Freisprechungen zu suchen, hat die Erfahrung in den Ländern, wo die Richter im öffentlich-mündlichen Verfahren ohne Beweistheorie erkennen, bewiesen, indem dort wenigstens eben so viele Verurtheilungen vorkommen, wie anderwärts.

Sollen positive Beweisregeln nicht den begründeten Vorwurf der Härte erfahren, so wird man sich mehr oder minder darauf beschränken müssen, lediglich belehrende und warnende Winke und Andeutungen zu geben, etwa in der Weise, wie dies im Entwurf der Strafprozeß-Ordnung für das Königreich Sachsen geschehen ist (§. 130. u. f.). Ob man derartige Belehrungen aufnehmen solle, ist eine Frage von keiner Erheblichkeit. Sie werden weder viel nützen, noch viel schaden. Die Prozeß-Ordnung dürfte dafür der rechte Ort nicht sein. Man wird sie der Wissenschaft überlassen können. Wird es für nothwendig erachtet, auf gründliche wohl durchdachte Entscheidungen hinzuwirken, dann wird dies am zweckmäßigsten durch Instruktionen über Abfassung der Entscheidungsgründe geschehen.

Uebrigens bedarf es kaum der Erwähnung, daß die vorstehenden Bemerkungen sich nur auf das regelmäßige Verfahren beziehen. Es mag Fälle oder Arten von Vergehen geben, wo gewissermaaßen ein Nothstand obwaltet und darum selbst mit Gefahr, daß einmal ein Unschuldiger bestraft wird, der Schuldbeweis durch besondere Vorschriften erleichtert werden muß, was dann zugleich in der Art und Geringfügigkeit der Strafe weitere Entschuldigung finden kann *). Dergleichen Ausnahmen können hier, wo es sich nur um Feststellung der allgemeinen Grundsätze handelt, vorläufig noch nicht in Betracht kommen. Indessen wird das Gesetz in solchen Fällen, wenn der Zweck wirklich erreicht werden soll, jedes weitere richterliche Ermessen gänzlich ausschließen müssen.

VI. Widerlegung der Gründe für die negative Beweistheorie im Besonderen.

Was die negative Beweistheorie betrifft, so soll dieselbe dem Angeschuldigten einen kräftigen Schutz gegen leichtsinnige oder parteiliche Urtheile gewähren.

Schon aus den oben angeführten allgemeinen Gründen muß man bezweifeln, daß dieser Schutz durch Beweisregeln gewährt werden könne. Indessen treten diesen allgemeinen Gründen noch spezielle hinzu, die in dem Folgenden erwähnt werden sollen.

1. Zuvörderst darf nicht unbeachtet bleiben, daß durch negative Beweisregeln auch der Angeschuldigte in bedeutenden Nachtheil gesetzt werden kann. Es liegt in der Natur der Sache, daß das Gesetz nicht für die Komplikationen der einzelnen Fälle Regeln geben kann; alle Beweistheorien beschränken sich darauf, die Kraft der einzelnen Beweismittel zu bestimmen. Die Beweisregeln kommen daher bei allen einzelnen, in der Untersuchung zur Sprache gebrachten Thatumständen zur Anwendung. Sonach wird aber dem Angeschuldigten der Beweis der Momente, welche zu seiner Vertheidigung dienen sollen, durch die negative Beweistheorie in demselben Maaße erschwert, wie der Anschuldigungs-Beweis, was den Angeschuldigten besonders bei denjenigen Thatsachen in große Gefahr setzt, welche mit den zur Anschuldigung vorgebrachten Umständen nicht in unmittelbarer Verbindung stehen, z. B. Einreden gegen einen Zeugen, Nothwehr und überhaupt die meisten Umstände, welche bei vorausgesetzter Richtigkeit der That zur Entschuldigung gereichen sollen. Um diesem Uebelstande zu entgehen, müßte sich der Gesetzgeber, um das Verhältniß des Anschuldigungs- und Vertheidigungs-Beweises zu bestimmen, entweder in eine sehr bedenkliche Kasuistik einlassen, oder in Beziehung auf die Vertheidigungs Momente den Richter mit Entbindung von allen Beweisregeln lediglich an seine Ueberzeugung verweisen. Damit würde man denn freilich den Angeschuldigten hinreichend schützen, aber zugleich auf nicht zu verantwortende Weise das Gemeinwesen blos stellen.

*) Z. B. die Bestimmung des französischen Rechts, daß in gewissen Sachen ein procès verbal vollen Beweis giebt und keinen Gegenbeweis zuläßt.

2. Bei manchen einzelnen Beweisregeln entsteht ferner eine Gefahr für den Angeschuldigten dadurch, daß gerade sie den oberflächlichen Richter von einem tieferen Eingehen abhalten. Wenn beispielsweise das Gesetz die Zeugen klassifizirt, und die Einwendungen, welche gegen einen Zeugen würden gemacht werden können, herzählt, so wird der Richter nur zu leicht die Zeugen, welchen nicht gerade diese Einwendungen entgegenstehen, als glaubwürdig behandeln, ohne mit weiterer Sorgfalt weiter zu forschen.

3. Eine irgend erhebliche Garantie für den Angeklagten kann nie durch negative Beweisregeln erreicht werden, so lange der Indizienbeweis zugelassen wird. Man hat allerdings denselben gerade in negativer Richtung auf Regeln zu bringen vielfach versucht; man hat die Indicien herzuzählen gesucht; man hat ein numerisches Verhältniß festgesetzt; zwischen vorhergehenden, gleichzeitigen und nachfolgenden unterschieden u. s. w.; aber die gänzliche Verschiedenheit eben dieser Versuche und der fortwährende Streit der Kriminalisten darüber, sind der beste Beweis, daß man auch mit negativen Regeln nicht zum Ziele gelangen kann.

Vergl. Henke a. a. O. S. 562. ff.

Mittermaier, neues Archiv des Kriminalrechts 1832. S. 497. ff.

Darum haben auch die meisten neuen Prozeß-Ordnungen und Entwürfe, ebenso wie die Allg. Kriminal-Ordnung, den Versuch aufgegeben. Hiermit werden denn aber die negativen Beweisregeln in der That illusorisch. Beim Indizienbeweise kann und darf man den Richter nicht hindern, auch unvollkommene direkte Beweismittel, die Aussage Eines Zeugen, die Aussage eines vom Gesetz als verdächtig bezeichneten Zeugen, ein mangelhaftes Geständniß, die Handschriften-Vergleichung u. s. w. als Anzeigen zu benutzen. Geschieht das aber, und kann man dem Richter nicht zugleich Vorschriften darüber ertheilen, unter welchen Bedingungen er den Anzeigebeweis für vollständig erachten darf, so verlieren offenbar die negativen Beweisregeln ihren praktischen Werth. Einige Bedeutung behalten sie nur da, wo die Strafe nach der Art des Beweises abgestuft wird, wie in der Allg. Kriminal-Ordnung. Indessen hat auch dies sehr wenig zu bedeuten, da das Maaß der außerordentlichen Strafe lediglich vom Richter abhängt, und nur einzelne, ohnehin selten eintretende Strafarten ausgeschlossen sind.

VII. Schlußbemerkung.

Nach allem diesen geht also der Vorschlag dahin, das richterliche Ermessen bei der Beurtheilung der Kraft der ihm vorgeführten, zulässigen Beweismittel nicht durch spezielle bindende, gesetzliche Beweisregeln zu beschränken; er darf seiner Entscheidung kein gesetzlich unzulässiges Beweismittel zum Grunde legen; allein die Kraft dieser gesetzlich anerkannten Beweismittel, das Maaß der Ueberzeugung, welches das eine oder andere Beweismittel gewähren soll, wird dem Richter in dem Gesetze nicht vorgeschrieben.

Daß hierdurch das gemeine Wohl, oder die Angeklagten gefährdet würden, läßt sich nicht behaupten.

Man frage sich nur, ob denn wirklich die Angeschuldigten, wie das Gemeinwesen, weniger als dies bisher bei zugelassenem Indizienbeweise der Fall war, geschützt sein werden,

wenn im mündlichen Verfahren beiden Theilen zu vollständiger Erörterung und den Richtern selbst zu vollständiger Erschöpfung der Erkenntnißquellen Gelegenheit gegeben wird;

wenn dieses öffentlich, Angesichts der Betheiligten und des Publikums geschieht;

wenn die Richter ihren Ausspruch rechtfertigen, also alle vorgebrachte Anschuldigungs- und Vertheidigungsmomente nach verständigem Ermessen würdigen müssen;

wenn das Urtheil, nach wie vor, der höheren Prüfung des Appellationsrichters unterworfen werden kann, und

im Interesse des Staats ein Rechtsmittel gestattet wird.

In Beziehung auf die in den Entscheiduugsgründen liegende Garantie ist zu bemerken, daß deren Werth von einigen, z. B. Roßhirt, Geist des deutschen Strafverfahrens S. 19. und früher Mittermaier, neues Archiv des Kriminalrechts Jahrg. 1832. S. 496. für den Fall in Zweifel gezogen ist, daß sich die Gründe nicht an gesetzliche Regeln anschließen müssen. Indessen läßt sich der Werth der Entscheidungsgründe nicht verkennen. Dieselben haben eine doppelte Bedeutung; einmal, indem sie die gründliche Erwägung befördern, und sodann, indem sie die Anfechtung des Erkenntnisses durch Rechtsmittel sowie die Prüfung durch den höheren Richter vorbereiten und möglich machen. In letzterer Beziehung kann ihr Werth nicht bestritten werden. Aber auch in ersterer Beziehung läßt sich, wie Mittermaier später selbst anerkannt hat (Neues Archiv des Kriminalrechts Jahrg. 1843. S. 69. u. ff.), der Nutzen der Entscheidungsgründe nicht verkennen, da die Verpflichtung wohl motivirte Entscheidungen zu geben, von selbst eine ernstere und gründlichere Prüfung nothwendig macht.

F. Außerordentliche Strafe.

Auf eine außerordentliche, nämlich auf eine gelindere als die gesetzliche Strafe, und insbesondere nicht auf Todesstrafe, lebenswierige Freiheitsstrafe, oder körperliche Züchtigung, soll nach der Allgemeinen Kriminal-Ordnung §§. 391. und 408., und nach der Allgemeinen Gerichts-Ordnung Th. I. Tit. 35. §. 75. ff. erkannt werden:

> „wenn gegen den Angeschuldigten erhebliche Beweise vorhanden, diese aber nicht so vollständig sind, daß er der That für völlig überführt erachtet werden könnte, und es also", — setzt die Allg. Gerichts-Ordnung hinzu — „wenn die Sache im Wege des Civilprozesses verhandelt würde, noch auf einen nothwendigen Eid ankommen würde."

Es wird vorgeschlagen, diese außerordentliche Strafe aufzugeben. Man hat viel darüber gestritten, ob die außerordentliche Strafe wegen des Verdachts oder wegen der Schuld verhängt werde, ob bei einem gewissen Grade des Verdachts, oder nur bei persönlicher **Ueberzeugung** des Richters von der Schuld darauf zu erkennen sei. Dieser Streit kann auf sich beruhen. Zur Zeit bestreitet Niemand mehr, daß die außerordentliche Strafe als Verdachtsstrafe, als welche sie sich übrigens in den Quellen des Preußischen Strafprozesses ziemlich unzweideutig charakterisirt *), schlechthin verwerflich sei. Die wenigen Stimmen, welche in neuerer Zeit diese Strafe noch in Schutz nehmen, behaupten, daß sie nur erkannt werden dürfe, wenn der Richter subjektiv von der Schuld vollständig überzeugt sei und nur der gesetzliche Beweis fehle; so namentlich der Justizminister von Kircheisen in dem Votum über die Organisation der Justizverfassung in der Rheinprovinz S. 19. ff. — In diesem Sinne setzt aber die außerordentliche Strafe eine vollständig ausgebildete und zwar positive gesetzliche Beweistheorie voraus. Soll das Strafmaaß davon abhangen, ob der Angeklagte nach den gesetzlichen Vorschriften oder nur nach der subjektiven Ueberzeugung des Richters für schuldig zu achten ist, so muß selbstredend das Gesetz bestimmen, unter welchen Voraussetzungen ein vollständiger Beweis anzunehmen ist. Mit der positiven Beweistheorie muß daher auch die außerordentliche Strafe fallen.

---

*) Die Kabinets-Ordre vom 4ten August 1754. bestimmt z. B., daß die außerordentliche Strafe eintreten soll, wenn die Umstände den Inquisiten nicht ganz völlig kompliziren, jedoch der größeste Verdacht vorhanden sei.

Hieraus wird man nicht etwa einen Einwand gegen das Aufgeben der Beweistheorie entnehmen wollen. Die außerordentliche Strafe würde abzuschaffen sein, wenn man auch eine Beweistheorie beibehielte. Soll einmal ohne vollen gesetzlichen Beweis auf den Grund der subjektiven Ueberzeugung des Richters gestraft werden, dann ist kein Grund erfindlich, die volle gesetzliche Strafe auszuschließen (Vergl. Henke Handbuch Bd. 4. S. 585.). Die Abstufung der Strafe nach der Art oder dem Grade des Beweises trägt einen Widerspruch in sich selbst. Entweder ist die Schuld für gewiß anzunehmen oder nicht: im letztern Falle darf die Strafgewalt gar nicht strafen und im erstern muß sie die gesetzliche Strafe in Anwendung bringen; es bleibt überall nur die Eine Alternative, Freisprechung oder gesetzliche Strafe. Der oben angeführte Zusatz der Allg. Gerichts-Ordnung deutet darauf hin, daß man gewissermaßen eine Theilung des Objekts als angemessen betrachtet habe, wie sie nach Tit. 13. l. c. §. 29. ff. im Civilprozesse gestattet ist, wenn bei obwaltendem Zweifel nicht ein nothwendiger Eid den Ausweg bietet. Es bedarf nicht der Erwähnung, daß eine solche Analogie unstatthaft ist, weil eben nur gestraft werden darf, wenn für den Richter kein Zweifel obwaltet. — Der Zweck, welchen man mit der außerordentlichen Strafe verfolgt, nämlich eine Bestrafung der zwar schuldigen aber hartnäckig leugnenden Angeschuldigten herbeizuführen, wird übrigens sicherer und vollständiger erreicht, wenn der erkennende Richter im mündlichen Verfahren die vorhandenen Beweismittel völlig erschöpfen kann und in der Würdigung derselben nicht zu sehr durch Beweisregeln beschränkt wird.

Man ist denn auch bei den bisherigen Berathungen, vom ersten Revisor an bis zu dem vom Justizminister von Kamptz vorgelegten Entwurf über die Beseitigung der außerordentlichen Strafe einverstanden gewesen.

Vergl. Erster Entwurf der Strafprozeß-Ordnung, Motive S. 154. ff., Konferenzprotokolle. Vol. II. S. 140. ff. Revidirter Entwurf, Motive S. 97.

Im revidirten Entwurf ist nur die Modifikation vorgeschlagen worden, daß auf den Grund des Indizienbeweises nicht Todesstrafe oder lebenswierige Freiheitsstrafe erkannt werden solle.

Gegen diese Modifikation ist im Wesentlichen dasselbe zu erinnern, was gegen die außerordentliche Strafe überhaupt zu erinnern ist. Wird einmal angenommen, daß durch zusammentreffende Anzeigen ein vollständiger Schuldbeweis geführt werden könne, dann muß auch konsequent auf die bestimmte gesetzliche Strafe erkannt werden dürfen.

Für die Ausnahme der lebenswierigen Freiheitsstrafe läßt sich überhaupt schwer ein Grund auffinden, da eine zwanzig- oder dreißigjährige Freiheitsstrafe einer lebenswierigen sehr nahe, oft gleich steht.

Der Grund, weshalb man die Todesstrafe ausschließen will, besteht darin, daß, wenn späterhin die Nichtschuld des am Leben Gestraften ausgemittelt werden sollte, das Geschehene nicht ungeschehen gemacht werden könne. Hierin liegt allerdings etwas dieser Strafart Eigenthümliches. Man kann Hencke nicht beitreten, wenn er in seinem Handbuche sagt, daß dasselbe auch bei den meisten andern Strafarten, insbesondere bei längern und schwerern Freiheitsstrafen, eintrete und die konsequente Anwendnng jenes Grundsatzes zu der Maxime führen würde,

> „solche Strafübel, wodurch ein unersetzlicher Nachtheil verhängt wird, nicht blos nicht auf Indizien zu gründen, sondern sie überall nicht zu verhängen, indem auch die übrigen Beweismittel durchaus keinen Anspruch auf Untrüglichkeit haben."

Nur würde man andererseits zu weit gehen, wenn man, wie in dem Entwurfe des Justizministers von Kamptz geschehen, bestimmen wollte, daß auf den Grund des Indizienbeweises niemals auf Todesstrafe erkannt werden dürfe. Es würde dann die Sache im Wesentlichen so zu stehen kommen, daß ohne das Geständniß des Verbrechers niemals auf den Tod erkannt werden könnte, wie dies im §. 161. des Entwurfs der sächsischen Strafprozeß-Ordnung in der That auch ausdrücklich ausgesprochen ist. Jedermann sieht aber, wohin dieser Grundsatz führen würde. Er führt ganz einfach dahin, daß nur die reuigen oder beschränkten Verbrecher der Todesstrafe unterliegen, während alle übrigen, also gerade die gefährlicheren und strafbareren, davon verschont bleiben.

Es wird demnach zur Erwägung gestellt, in Uebereinstimmung mit mehreren neuern Gesetzgebungen dem Richter nur die Ermächtigung zu ertheilen, außer dem Falle des Geständnisses, anstatt der gesetzlich bestimmten Todesstrafe auf lebenswierige Freiheitsstrafe zu erkennen. Die in dem Entwurfe des Justizministers von Kamptz in dieser Hinsicht aufgestellte Distinktion zwischen direktem und Indizienbeweis dürfte schon deshalb abzuweisen sein, weil sie wiederum die Aufstellung einer Beweistheorie nothwendig machen würde.

G. Appellation der Staatsbehörde.

I. Geschichtliche Vorbemerkung.

1. Im Allgemeinen.

Im ältern reinen Anklage-Prozeß nach den Grundzügen des römischen Rechts standen sich Ankläger und Angeklagter in Beziehung auf die Rechtsmittel im Wesentlichen gleich. Das Rechtsmittel war, wie in Civilsachen, die Appellation; wo sie überhaupt stattfand, war sie sowohl dem Ankläger wie dem Angeklagten gestattet.

Die Karolina gedachte der Appellation, wie überhaupt eines Rechtsmittels in Strafsachen nicht. In dem Projekte von 1529. war bestimmt, daß von den Kriminal-Urtheilen keine Appellation stattfinden und dieselben ohne Weiteres vollzogen werden sollten. Allein diese Bestimmung ist in die Karolina nicht aufgenommen. Man darf hieraus mit einigen Kommentatoren der Karolina folgern, daß die Appellation nicht im Allgemeinen verboten, sondern dieser Gegenstand, um die an vielen Orten hergebrachte Berufung in Kriminalsachen nicht zu mißbilligen, ohne Entscheidung geblieben sei. In dem Reichsabschiede von 1530., §. 95., und der Kammergerichts-Ordnung von 1555., Th. II. Tit 21. §. 5., wurde die Appellation an die Reichsgerichte untersagt. Später hat man dies mit Unrecht auf die übrigen Gerichte ausgedehnt, und die Zulässigkeit der Appellation in Strafsachen überhaupt bezweifelt. Vollständig wurde die Appellation durch die Ausbildung des Inquisitionsprozesses verdrängt. *) Carpzow, dessen Schriften vorzugsweise den Inquisitionsgrozeß verbreitet haben, stellte die Ansicht auf, daß der Inquisitionsprozeß ein summarisches Verfahren sei, indem die öffentliche Sicherheit erfordere, daß ein Verbrecher mit Uebergehung aller Weitläuftigkeiten und Umschweife sogleich gestraft werde, damit er keine Gelegenheit erhalte, aus dem Gefängnisse zu fliehen, um Milderung der Strafe einzukommen und ihm nicht der Arrest von der Strafe abgerechnet werden müsse. Er war deshalb der Meinung, daß in diesem summarischen Verfahren das ordentliche Rechtsmittel der Appellation nicht zulässig sei. Allein er führte zugleich ein neues, in seinem Umfange weit beschränkteres Rechtsmittel für den Angeklagten in die Praxis ein, nämlich das Rechtsmittel der weitern Vertheidigung. Diese Carpzowsche Theorie hat sich zugleich mit dem Inquisitionsprozesse fast in ganz

*) Vergl. Biener, Beiträge zur Geschichte des Inquisitions-Prozesses, 165. ff. Mittermaier, deutsches Strafverfahren, Bd. 2. S. 453. ff. Hencke, Handbuch, Th. IV. S. 769. ff. Weber, Appellation in Strafsachen, §. 7. u. ff.

Deutschland Geltung verschafft. Es galt der Grundsatz, daß im Inquisitionsprozesse nur die weitere Vertheidigung des Angeschuldigten stattfinde. Hiernach konnte denn auch vom Rechtsmittel eines Anklägers oder des Staats keine Rede sein.

Das Bedürfniß der oberst=richterlichen Einwirkung auf die Rechtsprechung im Interesse des Staats und des Gesetzes suchte indeß auf andern Wegen Befriedigung; man unterwarf die Erkenntnisse der Prüfung und Bestätigung, Milderung oder Schärfung des Landesherrn oder der höchsten Landesbehörden; oder man ließ die Erkenntnisse vor der Publikation durch den höhern Richter mit der Befugniß der Milderung und Schärfung revidiren; oder man übertrug von vorne herein die Abfassung der Erkenntnisse den Obergerichten; oder man ließ in gewissen Sachen nach der Publikation eine nothwendige Revision eintreten; oder man gestattete endlich bei einem Rechtsmittel des Angeschuldigten auch eine reformatio in pejus. Das Alles hat sich jedoch nur partikularrechtlich und sehr verschiedenartig ausgebildet.

In neuerer Zeit ist die frühere Meinung, daß die Appellation im Inquisitionsprozesse unzulässig sei, besonders von Weber, „über die Appellation in Kriminalsachen," mit Erfolg angefochten worden, und es hat sich seit gleicher Zeit mehr und mehr die Ansicht festgestellt, daß auch dem Staate ein Rechtsmittel zustehen müsse. Sie hat bei den neusten Gesetzgebungen vielfach Anerkennung gefunden. Im Oesterreichschen Strafgesetzbuche ist zwar ein Rechtsmittel gegen den Angeklagten nicht eingeführt, aber dagegen die nothwendige Revision weit ausgedehnt, so daß alle Erkenntnisse in wichtigen Sachen dem höheren Richter vorgelegt werden müssen, und von ihm sowohl geschärft als gemildert werden können. In Würtemberg waren früher die Erkenntnisse gleichfalls der Revision unterworfen; die Regierung hat diese im Jahre 1817. aufgehoben und sich dagegen den Staatsrekurs vorbehalten *). In der bayerischen und in der oldenburgschen Strafprozeß=Ordnung ist dem Vorsitzenden des Gerichts die Befugniß ertheilt, gegen den Angeschuldigten das Rechtsmittel der Revision einzulegen. In Baden und Hannover ist diese Funktion einem Staats=Anwalt zugetheilt. In andern Staaten ist wenigstens bei gewissen Verbrechen dem Staate ein Rechtsmittel gestattet.

Entschiedener ist die Gleichstellung des Staats und des Angeschuldigten anerkannt, wo man sich der Form des Anklageprozesses wieder genähert hat.

---

*) Bei der Berathung der neuen Würtembergschen Strafprozeß=Ordnung, in deren Entwurf der Staats=Rekurs aufgenommen war, hat sich die Kammer der Abgeordneten gegen das Rechtsmittel erklärt. Man kann indeß die eigentliche Meinung der Majorität nicht ersehen, weil sich aus den Abstimmungen ergiebt, daß mehrere von den Abgeordneten, welche die über die Einführung des Staats=Rekurses vorgelegte Frage verneint haben, nicht dieses Rechtsmittel unbedingt für unangemessen halten, sondern nur durch die Art der Fragestellung zu dem verneinenden Votum, als einem vorläufigen, veranlaßt worden sind.

Verhandlungen der Kammer der Abgeordneten, Sitzung 58. S. 3. ff. 73. ff.

Die französische Strafprozeß-Ordnung giebt dem öffentlichen Ministerium dieselben Rechtsmittel, wie dem Angeklagten: in Zuchtpolizeisachen die Appellation, und in Kriminalsachen die Kassation. Ebenso die holländische Strafprozeß-Ordnung. Nicht minder haben die neuern Prozeß-Ordnungen in der Schweiz (Basel, St. Gallen) dem Staatsanwalt ein Rechtsmittel gestattet.

In Preußen ist die Entwicklung des Strafprozesses im Wesentlichen der Entwicklung des gemeinen Rechts gefolgt. 2. In Beziehung auf Preußen.

In dem ostpreußischen Landrecht von 1620., sowie in einzelnen Verordnungen und Entwürfen für die andern brandenburgischen Staaten herrschte der Anklageprozeß mit seinen gewöhnlichen Rechtsmitteln vor *). Die Kriminal-Ordnung für die Kur- und Neumark von 1717., an welche sich demnächst das verbesserte Preußische Landrecht von 1721. anschloß, beruhte dagegen im Wesentlichen auf der Carpzowschen Theorie. Sie bestätigte den Inquisitionsprozeß, und es wurde durch eine Verordnung von 1724. **) der akkusatorische Prozeß ausdrücklich überall aufgehoben. Nach Kapitel 10. §. 5. der Kriminal-Ordnung wurde, „weil die Inquisitionssachen an sich summarisch seien,“ keine Appellation gestattet; dagegen dem Inquisiten die Ausführung weiterer Defension nachgelassen. Ein Rechtsmittel eines öffentlichen Anklägers kömmt nicht vor. Dagegen wurde im §. 9. a. a. O. vorgeschrieben, daß alle Kriminal-Erkenntnisse zur Allerhöchsten Bestätigung eingereicht werden sollten, sowie daß in Hochverraths- und Landesverrathssachen von den Gerichten nicht zu erkennen, sondern die Sachen zur Allerhöchsten unmittelbaren Kognition vorzulegen seien. Diese Vorschriften wurden durch ein besonderes Edikt vom 2ten März 1717. ***) auf alle Landestheile ausgedehnt. Sie sind durch spätere Verordnungen wiederholt modifizirt worden; die Einsendung wurde namentlich auf gewisse Arten von Verbrechen und auf gewisse Arten oder auf ein gewisses Maaß der Strafen beschränkt; sie ist aber bei allen irgend erheblichen Sachen bis zur Kriminal-Ordnung von 1805. bestehen geblieben. Der Zweck der vorgeschriebenen Einsendung mochte hauptsächlich der sein, den Angeschuldigten vor ungerechter Bedrückung zu schützen; es war jedoch nicht der einzige; die Erkenntnisse wurden durchaus einer neuen Prüfung unterworfen, und eben sowohl geschärft als gemildert, so daß durch diese oberstrichterliche Aufsicht das Interesse des Staats gegen unrichtige Erkenntnisse vollkommen geschützt und zugleich die Gleichförmigkeit der Straf-Erkenntnisse gesichert war. Für das Verfahren bei dieser Bestätigung bestanden übrigens keine bestimmte gesetzliche Normen. Nach der spätern Praxis gingen die Erkenntnisse zunächst an das Kriminal-Departement, welches nach Bewandniß der Umstände ein Gutachten vom Kriminal-Senat des Kammergerichts forderte und die Sache im Staatsrath zum Vortrag

---

*) Vergl. Abegg, Versuch einer Geschichte der Strafgesetzgebung ꝛc. in den Brandenburg-Preußischen Landen. S. 31. u. ff. S. 114. ff.

**) Mylius, C. C. M., Th. I. Abth. 3. No. 28.

***) Mylius, a. a. O., No. 33.

brachte. Die Entscheidung des letztern wurde bei einem gewissen Maaß der erkannten Strafe zur Allerhöchsten Bestätigung dem Könige vorgelegt, welcher übrigens, wie bekannt, die Erkenntnisse mitunter aus eigener Entschließung schärfend oder mildernd abänderte *).

Neben dieser landesherrlichen Bestätigung war für die Untergerichte die Aufsicht der Obergerichte wirksam. Schon früh waren die Gerichte angewiesen, die Erkenntnisse in Strafsachen vom Schöppenstuhl zu Brandenburg, der Universität zu Frankfurt oder andern Fakultäten einzuholen. Nach der Kriminal-Ordnung von 1717. sollten die Gerichts-Obrigkeiten in allen wichtigen Sachen, in welchen förmliche Inquisitionen stattgefunden, die Akten an ein unpartheiisches Gericht zum Spruch versenden. Die Versendung an auswärtige Fakultäten wurde später aufgehoben, und die Sache bildete sich mit provinziellen Verschiedenheiten dahin, daß entweder die Erkenntnisse von den Obergerichten abgefaßt oder denselben die Erkenntnisse der Untergerichte zur Prüfung, Bestätigung oder Abänderung vorgelegt wurden **).

Der Inquisitionsprozeß, auf welchen sich die vorstehenden Vorschriften bezogen, blieb indeß nur für die wichtigen Sachen als Regel bestehen. Schon der §. 14. Kap. 8. der Kriminal-Ordnung von 1717. deutet es an, daß bei kleinen Vergehen ein förmlicher Inquisitionsprozeß nicht zu führen sei. Nach einem Rescript vom 18ten Januar 1736.

Mylius, C. C. M. Th. II. Abthl. 3. No. 77.

sollten die Vorschriften wegen Aufhebung des akkusatorischen Prozesses auf delicta leviora nicht Anwendung finden und nach dem Codex Frideric. Th. IV. Tit. 5. §. 12., sowie nach einem Rescript vom 28sten November 1752. sollten sie civiliter auf Klage des Fiskals behandelt werden, und eben darum wurde nunmehr in diesen Sachen beiden Theilen die Appellation verstattet, wonach also in fiskalisch akkusatorischen Prozessen ein Rechtsmittel des Staats zugelassen war ***).

Diese Verfassung des Strafverfahrens ist bei Abfassung der allgemeinen Gesetzbücher im Wesentlichen beibehalten.

Nach der Allg. Gerichts-Ordnung Th. I. Tit. 35. §. 34. ff. findet für alle geringere Vergehen, sowie für gewisse Arten der Vergehen auch fernerhin der fiskalische Prozeß statt, und darin steht dem Fiskus nach §. 98. a. a. O. zwar nicht eine förmliche Appellation, wohl aber eine weitere Ausführung Behufs Aggravation des ersten Erkenntnisses zu.

In Beziehung auf die fiskalischen Untersuchungen wegen Vergehen gegen die Abgaben-Gesetze ist dieses durch die Verordnung vom 11ten Juni 1838. (Gesetzsamml. S. 377.) in soweit geändert, daß in diesen Sachen dem Fiskus

---

*) von Hymmen, Beiträge Bd. 4. S. 227.

**) Vergl. Rescript an das Tribunal in Preußen vom 31sten Oktober 1765. (Mylius, N. C. C. de 1765. No. 97.).

***) Erster Anhang zum Codex Frideric. ad Part. IV. Tit. 5. §. 12.

wie dem Denunziaten die Rechtsmittel der Appellation, Revision und Nichtigkeitsbeschwerde nach den Vorschriften des Civil=Prozesses gestattet sind.

In Ansehung der eigentlichen Kriminal=Untersuchungen kennt die Allg. Kriminal=Ordnung von 1805. in gleicher Art, wie die Kriminal=Ordnung von 1717. kein anderes Rechtsmittel, als die weitere Vertheidigung des Angeschuldigten. Dagegen sind aber zur Sicherung und Erhaltung einer angemessenen Rechtspflege mehrere Anordnungen getroffen.

In dieser Hinsicht ist zuvörderst in den §§. 19. und 513. der Kriminal=Ordnung bestimmt, daß die Untergerichte zur Abfassung des Erkenntnisses nicht kompetent sind, wenn die Strafe höher als auf vierwöchentliches Gefängniß, 50 Thaler Geldbuße oder leichte körperliche Züchtigung zu stehen kommt. Die Abfassung des Erkenntnisses gebührt in solchen Fällen dem vorgesetzten Obergerichte. Indessen haben diese Vorschriften in neuerer Zeit dadurch eine Modifikation erlitten, daß die Kompetenz vieler kollegialischer Untergerichte nach Maaßgabe der Allerhöchsten Kabinetsordre vom 31sten Januar 1833. (Gesetzs. S. 14.) in Strafsachen sehr erweitert worden ist.

Ferner ist durch die §§. 508. und 529. angeordnet, daß durch das Justizministerium die Prüfung und Bestätigung eines Erkenntnisses vor der Publikation, ohne Unterschied, ob der Angeschuldigte verurtheilt oder freigesprochen ist, erfolgen soll, wenn die Untersuchung Landesverrätherei, beleidigte Majestät, falsches Münzen, Anschuldigung eines Todtschlages, Durchhelfung eines Deserteurs, thätliche Beleidigung eines Offiziers, einen Tumult, Widersetzlichkeit oder ein anderes Vergehen gegen das erkennende Gericht zum Gegenstande hat, oder der Angeschuldigte ein öffentliches Amt bekleidet. Diese Bestimmung ist durch die Allerhöchsten Kabinets=Ordres vom 4ten Dezember 1824. (Gesetzs. S. 221.) und vom 5ten September 1841. (Gesetzs. S. 289.) in der Art abgeändert, daß die Ministerialbestätigung nur noch bei den Verbrechen des Hochverraths und Landesverraths eintreten soll.

Endlich ist nach §. 512. der Kriminal=Ordnung die Ministerialbestätigung bei gewissen Strafen erforderlich, nämlich wenn wider einen bisherigen Unterthan auf Landesverweisung oder auf eine härtere Strafe, als auf körperliche Züchtigung und dreijährige Einsperrung erkannt worden ist. Diese Bestimmung ist durch die Allerh. Kabinetsordre vom 4ten Dezember 1824. (Gesetzs. S. 221.) auf die Urtheile, welche auf Todesstrafe oder lebenslängliche Freiheitsstrafe lauten, beschränkt worden. In beiden Fällen bedarf es nach §. 530. der Kriminal=Ordnung zur Vollstreckung der Strafe der Allerhöchsten Bestätigung.

In den Untersuchungen gegen Beamte ist, abweichend von den Grundsätzen der Kriminal=Ordnung, im §. 509. der vorgesetzten Behörde ein Aggravationsgesuch, wie es bisher nur in fiskalischen Untersuchungen stattfand, durch die Allerhöchste Kabinetsordre vom 25sten März 1834. (Gesetzsamml. S. 63.) gestattet.

II. Bestehendes Recht.

Nach der bestehenden Gesetzgebung liegt hiernach die Sache so:

1. in allen fiskalischen Untersuchungen steht dem Fiskus ein Aggravations-Rechtsmittel zu;
2. in fiskalischen Untersuchungen wegen Vergehen gegen die Abgabengesetze hat der Fiskus wie der Denunziat die civilrechtlichen Rechtsmittel;
3. in Kriminal-Untersuchungen gegen Beamte ist der vorgesetzten Behörde ein Aggravations-Rechtsmittel eingeräumt;
4. in Kriminal-Untersuchungen wegen Hochverrath und Landesverrätherei, sowie wegen Verbrechen, auf welche Todesstrafe oder lebenswierige Freiheitsstrafe steht und wirklich ausgesprochen ist, unterliegen die Erkenntnisse der Prüfung und Abänderung des Justizministers;
5. in allen andern Kriminalsachen findet dagegen zur Zeit ein Rechtsmittel oder eine sonstige Einwirkung der oberstrichterlichen Gewalt, wodurch ungerechte Erkenntnisse im Interesse des Staats und des Gesetzes beseitigt werden könnten, nicht statt;
6. nur werden noch von denjenigen Untergerichten, welchen nicht die erweiterte Kompetenz beigelegt ist, die auf eine höhere Strafe als 4 Wochen Gefängniß, 50 Thaler Geldbuße oder leichte körperliche Züchtigung lautenden Erkenntnisse nach §. 513. der Kriminal-Ordnung den Obergerichten zur Bestätigung eingereicht, oder wenn die Untergerichte der Inquisitoriats-Einrichtung beigetreten sind, nach §. 19. ibid. die Erkenntnisse in solchen Sachen von vorne herein von den Obergerichten abgefaßt.

Zu bemerken ist hiebei, daß so eben ein Gesetz-Entwurf, wonach die ministerielle Bestätigung ganz aufgehoben werden soll, dem Staatsrath zur Berathung vorliegt. Die Gründe dieses Vorschlags liegen in der Unangemessenheit eines solchen Eingriffs des Justizministers in die Rechtsprechung. Es ist bei dem Vorschlage bemerkt worden, daß bei der Revision der Kriminal-Ordnung zu erwägen sein werde, ob statt der bisherigen Bestätigung in allen oder gewissen Untersuchungen ein Aggravations-Rechtsmittel einzuführen sei.

III. Nähere Bestimmung der Frage.

Aus dem Vorstehenden ergiebt sich von selbst, in welcher Beziehung das in Rede stehende fiskalische Rechtsmittel zu der bisherigen Handhabung der Oberaufsicht steht. Die Allerhöchste Bestätigung, welche zur Vollstreckung gewisser Strafen erfordert wird, und nicht eine Schärfung, sondern höchstens eine Milderung des rechtskräftigen Erkenntnisses aus Allerhöchster Gnade zur Folge haben kann, wird durch das fiskalische Rechtsmittel nicht berührt. Dagegen würde es die Bestätigung des Ministers und der Obergerichte ersetzen. Diese Bestätigung hatte indeß bisher sowohl das Interesse des Angeschuldigten, als das Interesse des Staats zum Zwecke; sie sollte sowohl zu harte als zu gelinde Erkenntnisse abwenden. Um die Bestätigung völlig zu ersetzen, würde demnach das fiskalische Rechtsmittel nicht blos gegen den Angeschuldigten, sondern auch für ihn, gegen zu harte Erkenntnisse zu gestatten sein, und in der That ist dies theils empfohlen, theils anderwärts wirklich eingeführt. Es genügt hier jedoch, dieses als einen Vortheil, welcher durch Einführung des fiskalischen Rechtsmittels zugleich erreicht werden kann, bezeichnet zu haben. Da dem Angeschuldigten selbst ein Rechtsmittel zusteht, so ist jene Rücksicht auf den Angeschuldigten nur ein Nebenpunkt, welcher die Einführung eines neuen Rechtsmittels nicht würde motiviren können. Die Hauptbedeutung der Frage bezieht sich auf den Schutz des Staats gegen zu gelinde Erkenntnisse. So wie alles Speziellere über die Gestaltung des fiskalischen Rechtsmittels, so kann demnach auch die Frage, ob der Staats-Anwalt das Rechtsmittel auch für den Angeschuldigten soll ergreifen können, künftigen Erwägungen vorbehalten bleiben, und die vorliegende Frage dahin gefaßt werden:

ob dem Staate ein Rechtsmittel gegen den Angeschuldigten, also ein Aggravations-Rechtsmittel eingeräumt werden soll?

IV. Vorschläge der früheren Revision.

Der Gegenstand ist schon bei der früheren Revision der Kriminal-Ordnung zur Sprache gebracht. In Uebereinstimmung mit früheren Vorschlägen von Klein und den Gutachten mehrerer der oberen Behörden und Beamten erklärte sich der Revisor für die Einführung des Rechtsmittels, und wollte dagegen die höhere Bestätigung bei gewissen Arten der Strafen erst nach der Rechtskraft des Erkenntnisses, ohne Schärfungs-Befugniß, eintreten lassen (Motive S. 95. 185. ff.). Ein Theil der Kommission trat ihm bei; ein anderer Theil bestritt den Vorschlag. Der Justizminister Graf von Danckelman erkannte anfänglich bei einer Reihe von bestimmten Verbrechen einen Schutz des Staats für nothwendig, und beschloß deshalb, daß bei diesen Verbrechen die freisprechenden Erkenntnisse erster Instanz unbedingt und ohne daß es der Einlegung eines Rechtsmittels von Seiten des Staats bedürfe, an den Appellationsrichter zur Bestätigung gehen sollten. Bei wiederholter Erwägung nahm er jedoch diesen Vorschlag zurück. Es wurde demnach zum Schutze des Staats überhaupt keine Kontrole angeordnet, und nur zu Gunsten des Angeschuldigten der Vorschlag des Revisors in Betreff der Bestätigung angenommen. (Konferenz-Protokolle Fascl. 3. Bl. 5. und 15.)

Der Justizminister v. Kamptz hat in dem von ihm vorgelegten Entwurf das gegenwärtig bestehende Recht beibehalten; es ist also dem Staate in Untersuchungssachen gegen Beamte ein Aggravationsgesuch eingeräumt, und die ministerielle Bestätigung bei Hochverrath und Landesverrätherei beibehalten.

Die Gründe, aus welchen man sich früher gegen das fiskalische Rechtsmittel erklärt hat, liegen zum großen Theil darin, daß man weder ein öffentlich-mündliches Verfahren, noch das öffentliche Ministerium und die Form des Anklageprozesses annehmen wollte. Außerdem sind noch mehrere spezielle Bedenken geltend gemacht worden, die weiter unten ihre Erwähnung finden sollen.

V. Gegenwärtiger Vorschlag und Rechtfertigung desselben.

Gegenwärtig geht der Vorschlag dahin, dem öffentlichen Ministerium ebenso, wie dem Angeschuldigten das Rechtsmittel der Appellation zu gestatten.

1. Allgemeine Gründe.

So lebhaft auch von einigen Seiten, namentlich in der Würtembergischen Kammer der Abgeordneten, ein solcher Vorschlag angegriffen worden ist, so bedarf doch seine Rechtfertigung im Grunde nur weniger Worte; sie liegt fast schon in der obigen Darstellung der geschichtlichen Entwickelung der Ober-Aufsicht und des bisherigen Rechts.

Der Staat hat eben sowohl ein Interesse dabei, daß der Schuldige mit der gesetzlichen Strafe belegt wird, als der Angeschuldigte, daß er freigesprochen und nicht zu hart bestraft wird. So lange daher gegen ein Erkenntniß überhaupt ein Rechtsmittel stattfindet, ist es dem Prinzip der Rechtsgleichheit gemäß, daß das Rechtsmittel sowohl dem Staat wie dem Angeschuldigten verstattet werde.

Man hat zwar bemerkt, daß der Richter nur Namens des Staats das Urtheil spreche, mit ihm ein und dieselbe Person bilde und darum auch der Staat jedes Urtheil eines Strafrichters unbedingt anerkennen müsse. Allein die Unrichtigkeit dieser Ansicht ist bereits in der Erörterung über das öffentliche Ministerium und das Anklage-Verfahren nachgewiesen. Die Zwecke des Staats können und müssen gar verschiedene sein; insbesondere hat derselbe das Interesse und den Beruf, auf eine richtige und gleichmäßige Anwendung der Strafen hinzuwirken, während der erkennende Richter, unbekümmert um die Folgen, lediglich nach seiner Ueberzeugung Recht sprechen soll. Man kann dem erkennenden Richter die gleichzeitige Wahrnehmung der Staats-Interessen nicht übertragen, ohne seine Stellung zu gefährden. Der erkennende Richter gelangt erst dann auf den ihm gebührenden, völlig unbefangenen Standpunkt, wenn er zwischen den Staat und Angeschuldigten tritt.

Wird dem Richter nun aber im Interesse des Angeschuldigten eine solche durchaus unabhängige Stellung zu Theil, so folgt daraus, daß nunmehr auch dem Staate, wie einer Parthei, gegen die Entscheidungen dieses unabhängigen Richters die an sich zulässigen Rechtsmittel gebühren. Man ist denn auch heut zu Tage fast allgemein darüber einverstanden, daß sich der Theorie nach gegen das fiskalische Rechtsmittel nichts erinnern lasse.

Eben so wenig ist das praktische Bedürfniß der Einführung dieses Rechtsmittels zu bestreiten. In den meisten Fällen wird sich allerdings der Staat dabei beruhigen können, den Angeschuldigten überhaupt vor Gericht gestellt zu haben; es würde unangemessen sein, gegen jedes irgend wie zweifelhafte Erkenntniß erster Instanz einschreiten zu wollen. Allein es ist nicht zu leugnen, daß der Staat in vielen Fällen ein erhebliches Interesse dabei hat, dem Rechte gegen Versehen, Irrthum oder anscheinende Partheilichkeit des Gerichts volle Geltung zu verschaffen, und daß in andern ein Einschreiten nothwendig ist, um einer ungesetzlichen Praxis eines Gerichts entgegen zu treten. Man hat behauptet, der Staat könne und müsse in diesen Beziehungen durch gute Besetzung der Gerichte vorsorgen. Damit fordert man indeß Unmögliches. Die sorgfältigste Auswahl kann keine Gewähr geben, daß ein Richter in allen Fällen, und daß er seine ganze Dienstzeit hindurch den Erwartungen vollständig entsprechen werde. Die Rücksicht auf die Unabhängigkeit der Richter verbietet es aber, einen einmal angestellten Richter wegen jedes Zweifels sofort wieder aus dem Amte zu entfernen. Gerade in der Unabhängigkeit, welche man dem Richter-Amt vindizirt, liegt der eigentliche Grund, warum andererseits dem Staate gegen Willkühr und Irrthum der Richter Schutz gegeben werden muß. Die Unentbehrlichkeit eines solchen Schutzes wird überhaupt keines weitern Nachweises bedürfen, nachdem oben dargestellt worden ist, wie man von jeher in Preußen und in andern deutschen und auswärtigen Staaten die Rechtsprechung unter Aufsicht genommen und, wo man nicht ein eigentliches Rechtsmittel gestattete, durch andere Einrichtungen vorzukehren gesucht hat.

Wenn nun aber hienach die Nothwendigkeit des Schutzes anzuerkennen ist, dann kann es sich nur fragen, auf welchem Wege man ihn zu suchen habe. Der geeignetste Weg ist unbedenklich ein förmliches Rechtsmittel; dadurch allein wird die Stellung des Richters in ihrer Reinheit erhalten und zugleich dem Angeschuldigten der ihm gebührende Schutz gewährt. Darum haben auch, wie oben erwähnt wurde, die neuern Gesetzgebungen sich immer mehr für die Einführung des Rechtsmittels entschieden. Insbesondere aber ist man heut zu Tage darüber einverstanden, daß eine ministerielle Bestätigung, wie sie bisher in Preußen üblich war, verwerflich sei; sie hebt nicht nur die Unabhängigkeit der Gerichte, sondern gewißermaaßen das Richteramt selbst auf, indem sie die Bestrafung zu einem Attribut der Verwaltung macht. In diesem Sinne hat sich auch bereits der Staatsrath bei der Berathung der Verordnung vom 12ten September 1841. (Gesetzsammlung S. 289.) ausgesprochen.

Diesen allgemeinen Gründen treten für Preußen, theils mit Rücksicht auf bestehende Verhältnisse, theils mit Rücksicht auf die übrigen gegenwärtigen Vorschläge für die Revision der Strafprozeß-Ordnung folgende hinzu. 2. Besondere Gründe für Preußen.

1. Zunächst bleibt man mit bisher verfolgten Grundsätzen durchaus im Einklange, wenn für den Fall der Annahme der übrigen gegenwärtigen Vorschläge auch das Aggravationsgesuch in allen Strafsachen eingeführt wird. Wie es sich nämlich aus der obigen geschichtlichen Darstellung ergiebt, lag der Grund, warum auch in Preußen ein Rechtsmittel eines öffentlichen Anklägers iu Kriminalsachen nicht zugelassen wurde, in der Form des Inquisitions-Prozesses. Sobald man die geringern Vergehen wiederum vermittelst einer Anklage, wenn auch von Amtswegen durch einen fiskalischen Bedienten zur Bestrafung bringen ließ, hat man auch dem letztern ein Rechtsmittel eingeräumt. Wenn nun nach einem frühern Vorschlage (C.) das ganze Strafverfahren wiederum auf die Form des Anklageverfahrens zurückgeführt wird, und darin ein Staats-Anwalt als öffentlicher Ankläger das Interesse des Staats wahrnimmt, dann entspricht es ganz der geschichtlichen Ausbildung des Strafprozesses, daß nunmehr der Staats-Anwalt auch wiederum überall zur Appellation zugelassen wird.

2. Daß dieses geschehe empfiehlt sich demnächst auch schon um der Konsequenz willen, um Uebereinstimmung in die verschiedenen Arten der Untersuchungen zu bringen. Das Rechtsmittel besteht gegenwärtig in fiskalischen Untersuchungen und in Untersuchungen gegen Beamte; warum nicht in allen? Man hat bemerkt, daß der Staat in jenen Untersuchungssachen spezielle Interessen habe, Geld und Dienst. Allein abgesehen davon, daß es sich in fiskalischen Untersuchungen keineswegs immer um Geld handelt, so können ohne Zweifel in allen Arten von Kriminal-Untersuchungen nach Umständen noch viel erheblichere Interessen obwalten.

der Erhaltung der Einheit in der Rechtsprechung, und der Sicherung des Gemeinwesens bei gewissen gefährlichen Verbrechen nicht zu gedenken, braucht nur daran erinnert zu werden, daß von dem Ausfall des Erkenntnisses sehr oft gewisse Ehrenrechte, so wie die Rechte der Theilnahme an Kommunal- und Staatsverhandlungen abhangen. Daß dergleichen Rechte einem verworfenen Subjekte, welches der erste Richter ohne Grund für straflos erklärt und nicht mit der gebührenden Strafe belegt hat, erhalten bleiben, kann der Staat eben so wenig gleichgültig ansehen, als daß ihm eine Geldstrafe entgehe oder ein Beamter nicht die gebührende Strafe erleide. Darum hat auch schon bei den früheren Berathungen über die Revision der Kriminal-Ordnung der Justizminister Graf von Danckelman mit der Kommission sich dahin ausgesprochen, daß das Rechtsmittel entweder in allen oder in gar keinen Sachen stattfinden müsse *). Dasselbe aber in allen den Sachen, in welchen es jetzt gestattet ist, aufzugeben, dazu wird man sich schwerlich entschließen wollen und können.

3. Wie früher nachgewiesen, hat man ja auch in Preußen bisher immer in wichtigen Sachen, in welchen kein Rechtsmittel statt fand, das Interesse des Staats durch Oberaufsicht und Bestätigung zu schützen gesucht. Bei den frühern Berathungen über die Kriminal-Ordnung ist zwar gegen die Einführung des Rechtsmittels bemerkt worden, daß durch die Kabinetsordre vom 4ten Dezember 1824., welche die ministerielle Bestätigung beschränkte, jene Oberaufsicht als eine unnöthige anerkannt sei **); die Bemerkung hat jedoch keine Bedeutung. Die erwähnte Kabinetsordre hat das Aggravationsgesuch in fiskalischen Sachen nicht aufgehoben, und wenigstens in einigen Kriminalsachen die ministerielle Bestätigung beibehalten. Hiernächst hat man sich bald nach Erlaß derselben genöthigt gesehen, in andern Sachen, nämlich in Untersuchungssachen gegen Beamte, statt der Bestätigung ein Aggravationsgesuch einzuführen. Ueberdies ist seitdem erfahrungsmäßig wiederum in andern Sachen eine Hülfe gegen gesetzwidrige Erkenntnisse erster Instanz sehr vermißt worden. Endlich beruht auch jene Kabinetsordre auf einer Voraussetzung, welche bei der Annahme des öffentlichen mündlichen Verfahrens vielleicht nicht eintreten wird, nämlich der Voraussetzung, daß in den wichtigen Sachen schon die Erkenntnisse erster Instanz von den Kriminal-Senaten der Obergerichte abgefaßt oder wenigstens bestätigt werden.

4. Wenn aber hiernach überhaupt ein Schutz des Staats für erforderlich zu erachten ist, dann hat man nach der Einführung des mündlichen Verfahrens nicht mehr die Wahl, ob man ein Rechtsmittel oder wie bisher eine höhere Bestätigung als Schutzmittel vorschreiben wolle. Es würde mit der Tendenz des öffentlichen mündlichen Verfahrens unvereinbar sein, wenn man die Erkenntnisse des Gerichts, vor welchem die Sache mündlich verhandelt ist, durch eine andere Behörde lediglich auf Grund der Akten wollte prüfen und nach Befinden der

*) Konferenz-Protokolle Fasc. 3. Bl. 212.

**) Konferenz-Protokolle Fasc. 3. Bl. 2v.

Umstände schärfen lassen. Bei diesem Verfahren ist das Aggravationsgesuch nicht nur das geeignetste, sondern in der That das einzig zulässige Mittel, um das Interesse des Staats zu wahren.

5. Der Vorzug der Gründlichkeit, welcher bisher dadurch erzielt wurde, daß die Erkenntnisse erster Instanz von den Obergerichten abgefaßt oder bestätigt wurden, wird zwar bei dem mündlichen Verfahren durch gute Besetzung der Kriminalgerichte ausgeglichen werden können und schon durch die Vorzüge des Verfahrens selbst aufgewogen werden. Allein jene Einrichtung gewährte auch den andern Vortheil, daß dadurch, wenigstens im Bezirk jedes Obergerichts, Gleichförmigkeit der Strafrechtspflege sicherer erreicht wurde. Wenn dagegen bei dem öffentlichen mündlichen Verfahren mehrere Kriminalgerichte einzurichten sind, dann ist zu besorgen, daß sich die Praxis zu verschiedenartig ausbildet und auch diesem wird durch das fiskalische Rechtsmittel zweckmäßig vorgebeugt werden. Diese Rücksicht ist um so erheblicher in einem Zeitpunkt, in welchem ein neues Strafrecht und ein neuer Strafprozeß eingeführt werden sollen; denn es ist nicht zu vermeiden, daß verschiedenartige Auslegungen hervortreten. Wenn die französische Strafrechtspflege sich dadurch auszeichnet, daß sie alsbald feste Konsistenz gewonnen hat, dann hat sie das zum großen Theil dem öffentlichen Ministerium und der zweckmäßigen Einrichtung der Rechtsmittel zu danken. Nicht fortwährende Belehrungen der Aufsichtsbehörde oder beständige Nachhülfe der Gesetzgebung, sondern die Judikatur in Verbindung mit der Wissenschaft ist es, wodurch das Recht sich befestigen und weiter bilden muß.

6. Eines der Hauptbedenken, welche gegen die Appellation des Staats erhoben worden sind, betrifft die Frage: wer das Rechtsmittel einlegen und ausführen solle? Dem Anscheine nach würde man sowohl bei der früheren Berathung über die Kriminal-Ordnung, als in der würtembergischen Ständeversammlung gegen das Rechtsmittel nichts zu erinnern gehabt haben, wenn man sich nicht an diese Frage gestoßen hätte. Zweckmäßig kann nur ein Staats-Anwalt den Staat vertreten. Diesen aber wollte man nicht, und verwarf darum das Rechtsmittel. Nun hat aber hier die Einführung des öffentlichen Ministeriums schon aus andern Gründen vorgeschlagen werden müssen; damit erledigt sich dieses Bedenken; die Appellation des Staats-Anwalts läßt sich ohne weitere Schwierigkeit in das Strafverfahren einführen.

VI. Widerlegung der gegen das Rechtsmittel der Aggravation erhobenen speziellen Bedenken.

Der Vorschlag wird hiedurch genügend gerechtfertigt sein; es mag nur noch einiger dagegen erhobener Erinnerungen Erwähnung geschehen.

1. In den Motiven zu dem von dem Justizminister von Kamptz vorgelegten Entwurf (Seite 134.) wird bemerkt:

„Der Grundsatz, daß in Kriminalsachen nicht in pejus reformirt werden dürfe, sei so alt und in der deutschen Verfassung, selbst in dem deutschen Volkscharakter so tief gegründet, daß er bisher von allen deutschen Gesetzgebungen geachtet worden sei.“

Diese Bemerkung ist jedoch faktisch nicht ganz richtig. Es besteht noch heute eine Kontroverse darüber, ob nicht nach gemeinem Recht bei einem Rechtsmittel des Angeschuldigten das Erkenntniß auch zum Nachtheil desselben geändert werden könne; partikularrechtlich ist diese reformatio in pejus in mehreren Ländern als zulässig anerkannt. Sodann hat ja in Preußen, wie anderwärts, im akkusatorischen (fiskalischen) Prozesse die Appellation bisher schon stattgefunden und in Kriminalsachen ist die Schärfung durch den bestätigenden Justizminister erfolgt. Daß man bei dieser Bestätigung dem Erkenntnisse des Gerichts den Namen eines Gutachtens beilegt, ändert in der Sache nichts.

2. Der Justizminister Graf von Danckelman befürchtete, daß der Staats-Anwalt, welcher bei der Appellation nicht zu verlieren, wohl aber zu gewinnen habe, in den meisten Fällen das Rechtsmittel einlegen und solchergestalt eine Menge nutzloser Appellationen veranlassen werde *). Dem läßt sich jedoch ganz füglich durch die dem Staats-Anwalt, als einem verwaltenden Beamten zu ertheilenden Instruktionen vorbeugen. Gewinnen kann er bei der Appellation ohnehin nichts, da man ihm Gehalt und nicht Deserviten gewähren wird.

3. Man hat es ferner als unzulässig bezeichnet, daß auf Veranlassung eines Einzelnen der Ausspruch eines ganzen Kollegiums noch einmal solle zur Diskussion gebracht werden können, zumal man keine Bürgschaft habe, daß das Urtheil des zweiten Richters richtiger sein werde **). Der Grund wird jedoch kaum der Gegenbemerkung bedürfen; er beweist zu viel; danach würde überhaupt kein Rechtsmittel weder in Civilsachen noch in Kriminalsachen, und eigentlich eben so wenig für den Angeschuldigten wie für den Fiskus zulässig sein. Darf einmal die Richtigkeit des Erkenntnisses erster Instanz in Frage gestellt werden, dann ist nicht abzusehen, warum das nicht eben sowohl im Interrsse des Staats als des Angeschuldigten sollte geschehen können.

4. Ein anderer Einwand ist aus dem Aufheben der Beweistheorie entnommen; man hat nämlich behauptet, daß konsequenter Weise überhaupt keine Appellation gestattet werden könne, wenn der Richter ohne gesetzliche Beweisregel nach seiner Ueberzeugung erkennen solle ***).

Die Ansicht ist unrichtig, wie sich aus der Erörterung der Frage über die Aufhebung der Beweistheorie (E.) ergiebt; allein sie bedarf hier auch aus andern Gründen keiner weiteren Prüfung. Denn einerseits betrifft sie nicht blos die Appellation des Staats, sondern die Appellation überhaupt, also auch die des Angeschuldigten, andererseits würde sie jedenfalls nur die Appellation beider Theile über die Thatfrage und nicht auch die Appellation über die Rechtsfrage

*) Conf. Prot. Fasc. 3. Bl. 6.v.

**) Conf. Prot. Fasc. 3. Bl. 2.

***) Motive zum ersten Entwurf der Strafprozeß-Ordnung, S. 182.

ausschließen. Die Bedingungen und die Beschränknngen, welchen die Appellation überhaupt für beide Theile zu unterwerfen sei, sind hier nicht zu untersuchen.

5. Man meint, wenn dem Staat die Appellation gegen das erste Erkenntniß eingeräumt werde, dann dürfe auch dem Angeschuldigten gegen das verschärfte Erkenntniß der zweiten Instanz ein ferneres Rechtsmittel nicht versagt werden, und fürchtet davon eine zu große Verwickelung und Weitläuftigkeit des Strafprozesses *).

Richtig ist es, daß für den Fall der Annahme des Aggravations-Rechtsmittels die Zulassung des Rechtsmittels der Kassation unabweislich ist. Allein ein solches Rechtsmittel gewährt, wie dies in der folgenden Erörterung näher gezeigt werden wird, für die Strafrechtspflege überhaupt sehr bedeutende Vortheile. Eine zu große Weitläuftigkeit und Verwicklung des Strafprozesses ist davon nicht zu befürchten.

6. Das Bedenken, welches in der würtembergischen Kammer hauptsächlich vorgewaltet hat, besteht in der Besorgniß, daß bei der Zulassung des Rechtsmittels das Justizministerium einen gefährdenden Einfluß auf die Unbefangenheit der Richter üben werde.

Indessen kann man jene Besorgniß nicht theilen. Für uns liegt ohne Zweifel ein bedeutender Fortschritt schon darin, daß künftig nicht mehr der Justizminister in Untersuchungen gegen Beamte den Gerichten unmittelbar seine Ansicht eröffnet, oder gar in Bestätigungsfällen die Erkenntnisse selbst ändert, sondern ein förmliches Rechtsmittel von besondern, mit der Wahrung des öffentlichen Interesses beauftragten Beamten eingelegt wird, die zwar auch höhere Weisungen zu beachten haben, aber sich auch wiederum selbstständig in ihrer Sphäre bewegen. Die Befürchtungen, daß das öffentliche Ministerium von den höhern Behörden zu einem ungesetzlichen Einflusse auf die Richter werde mißbraucht werden, treffen nicht blos die zweite, sondern eben so die erste Instanz, und überhaupt das ganze Institut der Staatsanwaltschaft. Es wird jedoch nach den frühern Erörterungen (C.) nicht erforderlich sein, über dieses Mißtrauen gegen die Staatsbehörden und gegen die Festigkeit der Richter irgend etwas weiter zu bemerken. Nachdem nachgewiesen worden, daß eine Oberaufsicht im Interesse des Staats nicht zu entbehren sei, kann es sich ja auch nur fragen, wie dieselbe gehandhabt werden solle. Daß aber von allen Einrichtungen das Rechtsmittel des Staatsanwalts diejenige ist, welche gleichzeitig die Unabhängigkeit der Rechtssprechung am besten sichert und dem Angegriffenen die vollständigste Vertheidigung gewährt, kann nicht geleugnet werden. Ueberhaupt werden alle solche Bedenken durch die Erfahrung in der Rheinprovinz widerlegt.

*) Conf. Prot. Fasc. 3. Bl. 12v. 15.

II. Rechtsmittel der Nichtigkeitsbeschwerde.

I. Allgemeine Bemerkungen. In den bestehenden Kriminal- und Civilprozeß-Verordnungen giebt es zweierlei wesentlich verschiedene Arten von Rechtsmitteln. Man kann sie so bezeichnen, daß bei der einen Art das verletzte Recht, und bei der anderen das verletzte Gesetz den Gegenstand und die Bedingung des Rechtsmittels bildet. Jene, wie unsere Appellation und Revision, beziehen sich unmittelbar auf die Entscheidung des in Streit befangenen Rechts; sie beruhen lediglich auf der Voraussetzung, daß dasjenige, was das angefochtene Erkenntniß über das streitige Recht festsetzt, nicht dem wirklichen Rechte entspreche; sie bezwecken deshalb, unmittelbar und allein, eine nochmalige Entscheidung von Seiten des höheren Richters, welcher zu dem Ende den ganzen Rechtsfall in thatsächlichen und rechtlichen Beziehungen aufzufassen und selbstständig zu beurtheilen hat.

Bei der anderen Art der Rechtsmittel handelt es sich dagegen zunächst nicht um das in Streit befangene Recht selbst, sondern um die Gesetzlichkeit eines Urtheils, um die gesetzlichen Voraussetzungen seines rechtlichen Bestehens.

Die Bedingung des Rechtsmittels ist der Nachweis, daß bei der angefochtenen Entscheidung oder der ihr zum Grunde liegenden Verhandlung gegen ein bestimmtes Gesetz verstoßen sei, und der Zweck ist, das gesetzwidrig Entstandene zu beseitigen. Wird die Aufhebung eines Urtheils erwirkt, so kann allerdings eine neue und möglicherweise eine andere Entscheidung über die Hauptsache erfolgen; das Rechtsmittel erscheint in sofern gewissermaaßen als Vorbereitung oder Bedingung eines Rechtsmittels der ersten Art, und die Parthei pflegt es lediglich in diesem Sinne zu benutzen. Das ist jedoch nur der entferntere Erfolg; der nächste Zweck ist die Aufrechthaltung des Gesetzes, und diesen Zweck kann der Gesetzgeber bei der Zulassung und Gestattung dieser Rechtsmittel nicht nur im Interesse der Interessenten des einzelnen Prozesses, sondern auch im Interesse des allgemeinen Rechtszustandes ins Auge fassen, so nämlich, daß er dadurch die Gesetzlichkeit der richterlichen Thätigkeit überhaupt die Einheit in Auslegung und Anwendung der Gesetze zu erhalten und zu befördern sucht.

In diesem letzten Sinne am vollständigsten ausgebildet ist der Kassations-Rekurs des französischen Kriminal- und Civilprozesses. Das einzige Rechtsmittel, welches die Entscheidung der Sache selbst an den höheren Richter bringt, ist die Appellation. Wo diese nicht stattfindet, oder nachdem sie erledigt ist, steht nur noch der Kassations=Rekurs offen. Er setzt Verletzungen des Gesetzes oder unrichtige Anwendung desselben auf ein als thatsächlich feststehend angenommenes Verhältniß voraus. Die Beschwerden darüber gehen von allen Gerichten der Monarchie an einen Centralgerichtshof. Der Kassationshof spricht nicht Recht in der Sache selbst, er vernichtet blos das Ungesetzliche. Nach Umständen kann demnächst eine neue Verhandlung der Sache eintreten. Dieses ist jedoch keine nothwendige Folge des Rekurses. Auch Entscheidungen, welche für den gegebenen Fall unumstößlich geworden sind, weil die Betheiligten des Rechtes, sie durch den Rekurs anzugreifen, verlustig geworden sind, können noch zur Aufrechthaltung des Gesetzes für nichtiger Weise erlassen erklärt (in dem Interesse des Gesetzes kassirt) werden. Während solchergestalt der Kassationshof in den meisten Fällen mittelbar das Recht in dem einzelnen Falle schützt, erscheint er zugleich in anderen Fällen als bloßer Wächter des Gesetzes, welcher die Verirrungen der Praxis abschneidet, die Einheit des Rechts bewahrt und dem Ueberschreiten der Grenze der richterlichen Befugniß, welche durch das Gesetz gezogen wird, entgegentritt. Die Kassations=Instanz ist daher eine Anstalt der obersten Staatsgewalt (une émanation du pouvoir exécutif), welche die gestörte Ordnung der untergeordneten Staatsgewalten auf ihr grundsätzliches Verhältniß zurückführt.

Dem gemeinen Rechte mit seinem Systeme der tres conformes und der üblichen Aktenversendung, war eine solche Einrichtung fremd. Aber es gab doch den Partheien in der Nichtigkeitsbeschwerde ein Mittel, Gesetzwidrigkeiten aufheben zu lassen. Der preußische Civil= und Kriminalprozeß kannte auch diese Nichtigkeitsbeschwerde nicht. Nur in Form einer neuen Klage (Nullitätsklage) kam in Civilsachen Aehnliches vor. Bis zur Verordnung vom 14ten Dezember 1833. gab es gar kein eigentliches Rechtsmittel gegen Verletzung des Gesetzes in der oben angegebenen Bedeutung. Die gewöhnlichen Rechtsmittel in Civil= und Kriminalsachen brachten lediglich die materielle Entscheidung der Hauptsache vor den höheren Richter. Von einer Einwirkung des Geheimen Ober=Tribunals auf die Praxis der Gerichte konnte keine Rede sein, weil in Civilsachen die Revision nur ausnahmsweise, und in Kriminalsachen die weiteren Vertheidigungen niemals an diesen höchsten Gerichtshof gelangten. Erst die erwähnte Verordnung vom 14ten Dezember 1833. hat für Civilsachen ein Rechtsmittel eingeführt, welches dem Kassations=Rekurse verwandt ist. Indem sie die Revision und die Nichtigkeitsklage beschränkte, gestattete sie gegen die Verletzung von wesentlichen Prozeßvorschriften und von Rechtsgrundsätzen die Nichtigkeitsbeschwerde, und übertrug zugleich die Entscheidung hierüber, sowie über alle Revisionen dem Geheimen Ober=Tribunal, welchem eben dadurch eine ähnliche, wenn gleich grundsätzlich nicht aus dem nämlichen Gesichtspunkte hergeleitete und dem Umfange nach zum Theil verschiedene Einwirkung auf die Gesetzlichkeit und Einheit der Praxis gegeben ist, wie sie dem französischen Kassationshofe beiwohnt.

Es wird vorgeschlagen, die Nichtigkeitsbeschwerde in ähnlicher Weise, und zwar mit weiterer Annäherung an die Vorschriften des französischen Strafprozesses, auch im Strafprozeß zuzulassen.

II. Gründe für die Einführung des Rechtsmittels der Nichtigkeitsbeschwerde.

1. In Beziehung auf die einzelnen Untersuchungen.

Die Gründe für diesen Vorschlag liegen, wie beim Kassations-Rekurse, theils in der Rücksicht auf die einzelnen Untersuchungen und das Interesse der dabei Betheiligten, theils in der Rücksicht auf die Entwickelung des Strafrechts überhaupt.

Es ist eine auffallende Erscheinung, daß unsere Prozeß-Gesetzgebung, und zwar nicht erst seit der Verordnung vom 14ten Dezember 1833., den Civil-Ansprüchen in Beziehung auf die Rechtsmittel einen ungleich größeren Schutz zu Theil werden läßt, wie den Rechten eines Angeklagten und ihm gegenüber den Rechten des Staats im Strafprozesse. In allen Civilsachen, mit alleiniger Ausnahme der Bagatellsacheu findet außer der Appellation noch ein weiteres Rechtsmittel, entweder die Revision oder die Nichtigkeitsbeschwerde statt. Abgesehen von den Steuersachen, in denen nach der Verordnung vom 11ten Juni 1838. die civilrechtlichen Rechtsmittel eintreten, ist in Strafsachen nur ausnahmsweise eine dritte Instanz gestattet, nämlich die Nichtigkeitsbeschwerde in den Untersuchungen wegen Dienstvergehen der Beamten, und die abermalige weitere Vertheidigung in den Fällen, wenn auf ein Aggravationsgesuch das erste Erkenntniß zum Nachtheile des Angeschuldigten abgeändert ist. In der Regel ist das zweite Erkenntniß unabänderlich. Nur eine Prozeßvorschrift ist es, wegen welcher die Kriminal-Ordnung eine Anfechtung der Erkenntnisse zweiter Instanz von Seiten des Angeschuldigten zuläßt. Wegen unvollständiger Besetzung des inquirirenden Gerichts nämlich kann nach §. 533., nicht durch Anrufung des höheren Richters, sondern vermittelst einer neuen Untersuchung Restitution erlangt werden, welche außerdem nur noch bei neuen Beweisen der Unschuld offen steht. Diese Restitution giebt jedoch kaum Ersatz für die Nullitätsklage und die restitutio in integrum, welche in Civilsachen außer der Revision und Nichtigkeitsbeschwerde nachgelassen sind. Der nächste Grund dieses, wenigstens in solcher Ausdehnung nicht gerechtfertigten Unterschiedes, mag wiederum in dem eigenthümlichen Gange liegen, welchen die Ausbildung des Inquisitionsprozesses genommen hat; es mag derselbe sein, aus welchem die Appellation des Fiskus außer Gebrauch gekommen, nämlich die Ansicht, daß der Inquisitionsprozeß ein summarischer sei, in welchem förmliche Rechtsmittel überhaupt nicht statt finden. Hätte dieser Grund wirklich einiges Gewicht, so würde er dasselbe mit der Annahme des Anklage-Prozesses völlig verlieren. Gleichwie sich im gemeinen Rechte auch in Strafsachen die Nichtigkeits-Beschwerde, und wenigstens nach der Ansicht einiger Rechtslehrer (Henke, Handbuch Theil IV. S. 779.) eine dritte Vertheidigung behauptet hat, so wird auch bei uns die Harmonie zwischen Civil- und Strafsachen herzustellen sein, so weit nicht in der Natur der Sache sebst ein Unterschied begründet ist.

Die Verschiedenheit der Rechte, um welche es sich handelt, rechtfertigt den bestehenden Unterschied nicht. In der Untersuchung kommen bedeutendere Rechte wie in Civilsachen, und in der Regel gerade solche Rechte in Frage, wegen welcher der §. 1. der Verordnung vom 14ten Dezember 1833. ausnahmsweise unbedingt die Revision gestattet, nämlich Ehren- und Standesrechte. Dagegen ist anzuerkennen, daß die Verschiedenheit des Materials, welches der Richter bei seiner

Entscheidung zu Grunde zu legen, und die Art und Weise, wie er davon Kenntniß zu nehmen hat, einen Unterschied in Zulassung der Rechtsmittel fordert; es wird aber damit zugleich die Grenze dieses Unterschiedes bestimmt, dahin, daß die Revision überall auszuschließen, die Nichtigkeitsbeschwerde aber zuzulassen sei.

Wie schon oben angedeutet, unterscheidet sich die Behandlung dieser Rechtsmittel wesentlich dadurch, daß der höhere Richter bei der Revision selbstthätig den ganzen Rechtsfall aufzufassen, und darüber aufs Neue zu entscheiden hat, während ihm bei der Nichtigkeitsbeschwerde nur obliegt, die Beobachtung und Anwendung des Gesetzes, in Beziehung auf die gerügten Verletzungen zu prüfen. Dort hat er also auch aufs Neue die Thatfrage in Erwägung zu ziehen. Beim öffentlich-mündlichen Verfahren kann aber darüber nicht einem Richter die Entscheidung überlassen werden, vor welchem die Sache nicht verhandelt worden ist. Sollte mithin die Revision stattfinden, so müßte vor dem Revisionsrichter eine mündliche Verhandlung der Hauptsache eintreten, und wenn es auch eben so wenig, wie bei der Appellation, unbedingt erforderlich sein würde, die ganze Verhandlung mit allen Zeugenvernehmungen ꝛc. zu wiederholen, so würde doch der Angeklagte persönlich zu hören und es würde ihm, wie dem öffentlichen Ministerium, die Befugniß nicht versagt werden können, die nochmalige Abhörung des einen oder anderen Zeugen in Gegenwart des Gerichtshofes zu verlangen. Eine solche Einrichtung erscheint aber, zumal wenn das Geheime Ober-Tribunal der Revisionsrichter sein sollte, unausführbar. Mit der Thatfrage steht sodann die Abmessung der in dem richtig angewendeten Gesetze vorläufig bestimmten Strafe in einer so engen Verbindung, daß, wenn nicht über die ersteren, auch nicht füglich über die letzteren eine weitere Beschwerde zugelassen werden kann.

Hiernach beschränkt sich die Möglichkeit des Rechtsmittels von selbst auf das Gebiet der Nichtigkeitsbeschwerde, nämlich auf die Beschwerde über die unrichtige Anwendung des Strafgesetzes (Verletzungen von Rechtsgrundsätzen) oder auf die Behauptung, daß es dem angefochtenen Erkenntnisse, in Beziehung auf die erkennende Behörde oder auf das von ihr beobachtete Verfahren an den nothwendigen Bedingungen seines rechtlichen Bestehens fehle (Inkompetenz oder Verletzung wesentlicher Prozeßvorschriften). In der hiernach nothwendigen Versagung der Revision liegt auch im Vergleich mit den Civilprozessen, keineswegs eine erhebliche Beschränkung, sie entspricht vielmehr den Erwägungen, welche der Verordnung vom 14ten Dezember 1833. zum Grunde liegen. Schon bei Erlaß dieser Verordnung ist man von der richtigen Ansicht ausgegangen, daß die Entscheidung eines höheren Richters bei denjenigen Punkten geringere Bedeutung habe, bei welchen der vorige Richter nicht nach bestimmten Normen oder Begriffen, sondern mehr nach einem verständigen Ermessen zu entscheiden hatte, weil hierbei eine Unrichtigkeit nie mit Evidenz nachzuweisen ist.

Vergl. Ges. Rev. Pens IV. Bericht über die 46 ersten Titel der Prozeß-Ordnung, Thl. II. Seite 96. f.

Zu den Gegenständen dieser Art gehört vorzugsweise die Würdigung des Thatsächlichen. Die Revision würde in Beziehung auf die Thatfrage nur dann erhebliche Bedeutung haben, wenn das Nachbringen neuer Beweismittel gestattet würde; dazu ist aber kein Bedürfniß vorhanden, und es geschieht auch nicht in Civilsachen. Wenn in den letzteren dessenungeachtet ausnahmsweise in einigen Fällen die Revision gestattet ist, so kommt in Betracht, daß in Civilsachen auch die Beweisfrage mehr juristischer Natur ist, wie in Strafsachen; daß in letzteren der Regel nach alles Thatsächliche in die Beweisfrage fällt, während in Civilsachen die Beurtheilung des Zugestandenen anderen Regeln folgt, daß endlich in verwickelten Civilsachen die Auffassung und Würdigung des thatsächlichen Zusammenhanges in seiner juristischen Verflechtung ungleich schwieriger, Irrthum und Versehen darin leichter möglich sind, als in Kriminalsachen, in welchen es sich immer nur darum handelt, ob eine einzelne, im Anklageakt bestimmt bezeichnete That geschehen sei.

Anders bei der Nichtigkeitsbeschwerde. Wird sie sich auch im Einzelnen anders, wie im Civilprozeß gestalten müssen, so findet doch die Annahme derselben in ihrer wesentlichen Bedeutung, d. h. als eines Rechtsmittels gegen Verletzungen der materiellen Rechtsgesetze und der wesentlichen Prozeßvorschriften, kein Hinderniß. Sie wird nicht nur zur Herstellung grundsätzlicher Uebereinstimmung des Civil- und Kriminalprozesses gefordert, sie würde vielmehr in Strafsachen zuzulassen sein, wenn sie auch in Civilsachen nicht bestände. Die Verletzung von Rechtsgrundsätzen tritt ein, wenn der Richter die erwiesene Handlung nicht unter das richtige Strafgesetz bringt, also entweder die straflose Handlung für strafbar, oder die strafbare für straflos erklärt, oder anders als das betreffende Strafgesetz anwendet und sonach eine andere als die gesetzliche Strafe erkennt. Mag es vorläufig dahin gestellt bleiben, ob der Staat nicht Ursache habe, es bei einem durch einen solchen Irrthum des Appellationsrichters zu gelinde ausgefallenen Erkenntnisse bewenden zu lassen, so läßt es sich doch in keiner Weise rechtfertigen, dem Angeklagten Schutz zu versagen gegen ein Erkenntniß, welches gegen die Vorschrift der Gesetze straft, oder zu hart straft. Man hat zwar hiergegen bemerkt, daß auch der höhere Richter irren könne. Der Grund beweist jedoch zu viel, weil man damit jedes Rechtsmittel verwerfen könnte. Wenn im Civilprozeß wegen jeder Forderung eine Rechtsansicht des Appellationsrichters bei dem höchsten Gericht der Monarchie angefochten werden kann, so ist nicht abzusehen, warum in Kriminalsachen, bei welchen es sich um höhere Interessen handelt, den Meinungen der Appellationsgerichtshöfe unbedingte Autorität zuerkannt werden soll.

Nothwendiger noch ist die Zulassung der Beschwerde wegen Verletzung wesentlicher Prozeßvorschriften. Der Gesetzgeber hat zu bestimmen, welches Gericht untersuchen und erkennen, wie dasselbe zusammengesetzt sein, wie es verfahren soll. Die meisten Vorschriften werden auf das Erkenntniß keinen Bezug oder Einfluß haben, oder doch nur als Anleitungen oder Vorsichtsmaaßregeln zu betrachten sein. Aber es sind unter ihnen zugleich die Bedingungen zu suchen, deren Befolgung der Gesetzgeber bei Uebertragung der Strafgewalt an die Gerichte unbedingt voraussetzen muß, die Garantien, unter welchen allein er den

Gerichten die Rechtsprechung anvertrauen konnte und wollte, die Formen, durch welche er jene nothwendigen Voraussetzungen zu sichern hatte, die Grundregeln endlich, welche, wie das vollständige Gehör, den Charakter des Rechtsverfahrens bedingen. Soll nicht die ganze Prozeß-Ordnung der Willkühr der Behörden preisgegeben sein, so muß es ein Mittel geben, Erkenntnisse, welche mit Verletzung jener Vorschriften formell zu Tage gekommen sind, zu beseitigen. Selbst die Kriminal-Ordnung hat darum eine Vorschrift, die vorschriftsmäßige Besetzung des untersuchenden Gerichts, als eine wesentliche anerkannt. Damit ist aber, wie ersichtlich, nicht geholfen; die Bestimmung kann auch insbesondere wiederum bei Vergleichung mit Civilsachen bei Weitem nicht als genügend anerkannt werden. Daß nicht ein unvollständig zusammengesetztes Gericht entscheide, daß nicht Einer erkenne, wo ein Kollegium erkennen sollte, daß nicht ein Richter am Urtheil Theil nehme, welchen ein Betheiligter mit Grunde Rechtens rekusirt hat, daß nicht der Entscheidung Thatsachen zum Grunde gelegt werden, worüber die Betheiligten nicht gehört sind ꝛc., gegen Alles dies ist gegenwärtig vollständiger Schutz gegeben, wenn es sich um eine unbedeutende Geldforderung handelt, nicht aber, wenn Leben, Freiheit, Ehre auf dem Spiele stehen, nicht in Strafsachen, ungeachtet darin der Angeschuldigte eines größeren Schutzes gegen Versehen, Irrthum und Willkühr der Beamten genießen sollte, weil ein Strafprozeß seine eigene freie Bewegung enger beschränkt und das amtliche Einschreiten weiter ausgedehnt ist, wie im Civilprozeß, und ungeachtet darin der Staat selbst dabei betheiligt ist, sowohl daß nicht ein Unschuldiger, als daß der Schuldige bestraft werde. Das ist ein Mißverhältniß, welches unmöglich länger bestehen darf.

Diesem tritt hinzu, daß es nach Annahme des öffentlich-mündlichen Verfahrens besonderer Vorsicht und besonderer Strenge in Beobachtung der Vorschriften bedarf, welche sich auf die mündliche Verhandlung beziehen. Es ist durch Androhung der Nichtigkeit vorzusorgen, daß nicht durch das Zusammendrängen der Untersuchung in die Hauptverhandlung vor dem erkennenden Gericht das vollständige Vorbringen der Anschuldigungs- und Vertheidigungsbeweise verhindert und daß nicht der förmliche Anklageprozeß noch summarischer werde, wie der summarische Inquisitionsprozeß. Diesen Bemerkungen entsprechend, ist denn auch nicht nur im französischen Strafprozesse und den danach gebildeten Prozeß-Ordnungen, sondern auch in Gemäßheit der Reichsgesetze im gemeinen deutschen Kriminalprozeß und in den meisten neueren deutschen Partikular-Ordnungen, welche nicht auf andere Weise, z. B. durch nothwendige Revisionen vorzusorgen gesucht haben, eine Nichtigkeitsbeschwerde gegen an sich rechtskräftige Erkenntnisse zugelassen, wenngleich mit mancherlei Abweichungen in Ansehung der Personen, welche zur Einlegung berechtigt sind, in Ansehung der Gründe und in Ansehung des Verfahrens.

In der letzteren Beziehung könnte allenfalls die Frage entstehen, ob es angemessen sei, die Nichtigkeitsbeschwerde als ein devolutives Rechtsmittel, als eine Berufung an den höhern Richter, einzuführen. Die Kriminal-Ordnung hat die einzige wesentliche Prozeßvorschrift, wegen welcher sie die Anfechtung eines rechtskräftigen Erkenntnisses zuläßt, zusammengestellt mit den Gründen, aus welchen eine Restitution gegen rechtskräftige Erkenntnisse nachgesucht werden kann, nämlich mit neuen Beweismitteln der Unschuld und mit dem Nachweis einer falsa causa (Bestechung der Zeugen oder Fälschung der Urkunden, auf deren Grund die Verurtheilung erfolgt ist). Es wird in diesen Fällen per decretum festgesetzt, ob das Restitutionsverfahren einzuleiten sei und demnächst auf neue Untersuchung wiederum in erster Instanz erkannt, ähnlich so, wie nach dem Tit. 16. Th. I. der Allgemeinen Gerichts-Ordnung in Civilsachen die Nichtigkeit eines Erkenntnisses durch eine neue Klage beim Richter erster Instanz auszuführen war und rücksichtlich eines Theils der in der Allgemeinen Gerichts-Ordnung anerkannten Nichtigkeitsgründe noch gegenwärtig auszuführen ist. Es könnte sich fragen, ob nicht statt Einführung des neuen Rechtsmittels der Nichtigkeitsbeschwerde das Restitutionsverfahren der Kriminal-Ordnung auf mehrere Fälle auszudehnen sei; das würde jedoch bei manchen Nichtigkeitsgründen unausführbar und bei allen unangemessen sein. Die Fälle, wenn neue Beweise vorgebracht oder die früheren Beweise entkräftet werden, sind durchaus verschieden von dem Falle, wenn eine Nichtigkeit des früheren Erkenntnisses behauptet wird. Dort wird vorausgesetzt, daß das frühere Erkenntniß nach Lage der Verhandlungen, auf deren Grund es ergangen ist, rechtsbeständig sei; erst durch eine neue Verhandlung soll dargethan werden, daß das Erkenntniß auf unrichtigen thatsächlichen Voraussetzungen beruhe; es ist ganz angemessen, daß in diesen Fällen eine neue Untersuchung bei dem Richter erster Instanz veranlaßt wird. Diese Restitutionen, welche mit den Revisionen des französischen Strafprozesses verwandt sind, gehören nicht zu den Gegenständen der gegenwärtigen Erörterung. In den Nichtigkeitsfällen, von denen hier die Rede ist, wird umgekehrt behauptet, daß in dem Erkenntnisse selbst, oder in dem vorhergegangenen Verfahren der Grund liege, warum das erstere nicht zu Recht bestehen könne. Es handelt sich hier also, wie bei jedem ordentlichen Rechtsmittel, um eine Prüfung der Beschwerde nach den bisherigen Verhandlungen. Kann auch nach dem Ausfall derselben eine Zurückweisung in die frühere Instanz und somit eine neue Untersuchung nothwendig werden, so ist dies doch nicht in allen Nichtigkeitsfällen erforderlich; dagegen kommt es immer erst auf die Vorfrage an, ob die Beschwerde gegründet und folglich das Erkenntniß nichtig sei. Warum die Entscheidung darüber, abweichend von dem Verfahren bei anderen Rechtsmitteln, in die erste Instanz verwiesen werden solle, dafür ist kein Grund erfindlich; es ist vielmehr völlig unangemessen, den Richter erster Instanz über die von ihm selbst oder gar über die vom Appellationsrichter begangenen Nichtigkeiten entscheiden zu lassen, zumal wenn es sich von verletzten Rechtsgrundsätzen handelt. Die Verordnung vom 14ten Dezember 1833. hat deshalb auch mit Recht den Fall unter No. 2. §. 2. Tit. 16. Th. I. der Allgemeinen Gerichts-Ordnung von den Gründen der Nullitätsklage ausgeschieden und unter die Fälle der Nichtigkeitsbeschwerde gebracht, und aus denselben Gründen wird die im Strafprozeß einzuführende Nichtigkeitsbeschwerde, eben so wie die im Civilprozeß, als eine Berufung an den höhern Richter zu gestalten sein.

2. In Beziehung auf die Entwickelung des Strafrechts überhaupt.

Das so gestaltete Rechtsmittel kann dann zugleich einen wohlthätigen Einfluß auf die ganze Kriminalrechtspflege auszuüben nicht verfehlen. Die Geschichte unseres Civil= und Kriminalprozesses hat es zur Genüge bewiesen, daß die ausführlichsten Belehrungen und Anweisungen der Gesetzbücher, alle Rügen der Aufsichtsbehörden, alle Visitationsbescheide 2c., einen gesetzmäßigen Betrieb der Prozesse nicht erhalten und die mannigfaltigsten Verstöße nicht verhindern. Das einzige zuverlässige Mittel, die Beobachtung wenigstens der wesentlichen Prozeßvorschriften zu sichern, besteht darin, daß an die Nichtbefolgung die Nichtigkeit des Verfahrens geknüpft wird. In unserem Civilprozeß hat sich dieses seit der Verordnung vom 14ten Dezember 1833. wiederum bewährt; daß das Geheime Ober=Tribunal es ist, welches über die wesentlichen Prozeßvorschriften und die Rechtsgrundsätze den letzten Ausspruch thut, wird nicht nur bei den Appellationsgerichten eine sorgfältigere und gründliche Behandlung der Sachen befördern, sondern auch die Einheit der Praxis erhalten. Die fiskalische Appellation wird zwar in den einzelnen Departements eine Verschiedenheit der Gesetz=Anwendung verhüten. Aber ohne die Einwirkung des Geheimen Ober=Tribunals muß sich unfehlbar bei den einzelnen Obergerichten eine verschiedene Praxis festsetzen und das darf nirgend weniger geduldet werden, wie eben im Kriminalrecht. Die Verschiedenheit der Bildungsstufe, der Sitten, Lebensweise 2c. in den einzelnen Theilen der Monarchie wird sich in der Abmessung der relativ bestimmten Strafen und in der Wahl der Strafart geltend machen; es kann dies als ein Grund angeführt werden, weshalb darüber ein Rechtsmittel gegen die Appellations=Erkenntnisse nicht gestattet wird. Daß aber in den Grundsätzen des Strafgesetzes selbst Einheit herrschen müsse, bedarf nicht erst des Nachweises, da hierauf die bereits beschlossene Erlassung eines allgemeinen Strafgesetzbuchs für die ganze Monarchie beruhet. Insbesondere ist aus dieser Rücksicht die fiskalische Nichtigkeitsbeschwerde kaum zu entbehren, in den Fällen, wenn ein Obergericht irrthümlich eine Handlung für nicht strafbar oder für minder strafbar hält. Im entgegengesetzten Falle können allenfalls die Begnadigungen auf die Praxis des Gerichts einwirken. Aber in jenen Fällen der zu milden Ansicht müßte in Ermangelung der Nichtigkeitsbeschwerde jedesmal die Gesetzgebung eingreifen, oder man wäre zu dem mißlichsten Auswege genöthigt, nämlich zu jenen nicht publizirten, belehrenden Ordres und Verfügungen, welche die Gerichte jedesmal in Verlegenheit setzen müssen, indem sie einerseits den unzweifelhaften Willen des Landesherrn vor sich sehen und andererseits doch lediglich nach den Gesetzen und deren publizirten Deklaration sich richten sollen.

Von der Wissenschaft allein kann zur Zeit die Ausgleichung einer verschiedenartigen Praxis nicht erwartet werden.

Ueberdies werden gerade die motivirten Entscheidungen des Geh. Ober=Tribunals das wissenschaftliche Studium des Kriminalrechts und Kriminalprozesses beleben. Die Erfahrung, welche wir im Civilrecht gemacht haben, liefert dazu Beläge. Aus derartigen Gründen hat auch schon der Justizminister von Arnim in seinem Werke über Verbrechen und Strafen Seite 147. die Anordnung eines Ober=Tribunals für Strafsachen empfohlen.

III. Widerlegung der Bedenken gegen die Einführung des Rechtsmittels der Nichtigkeitsbeschwerde.

Der Grund, warum ungeachtet der Bestimmung der Reichsgesetze die gemeinrechtliche Nichtigkeitsbeschwerde in Preußen nicht Eingang gefunden und weshalb man auch nicht, mit Rücksicht auf die Kriminalrechtspflege überhaupt, die Anordnung eines obersten Centralgerichtshofes für nöthig erachtet hat, liegt nicht unwahrscheinlich darin, weil früher in allen einigermaaßen erheblichen Sachen die Erkenntnisse erster und zweiter Instanz der landesherrlichen oder ministeriellen Prüfung und Bestätigung unterworfen wurden. Dadurch wurden die Zwecke des jetzt vorgeschlagenen Rechtsmittels zum Theil, wenn auch nicht auf die angemessenste Weise, erreicht, und es konnte nicht füglich zugelassen werden, ein solches höchsten Orts geprüftes und bestätigtes Erkenntniß wegen irrthümlicher Auslegung des Strafgesetzes oder wegen einer schon aus den bisherigen Verhandlungen ersichtlichen Verletzung wesentlicher Förmlichkeiten als nichtig anzufechten. Aus früheren Erörterungen über die fiskalische Appellation ergiebt sich aber bereits, daß in dieser höheren Bestätigung eine Abhülfe nicht ferner gesucht werden kann. Eben ihre Beschränkung oder Aufhebung macht einen Ersatz nothwendig, und der angemessenste, welcher gefunden werden kann, ist das Rechtsmittel der Nichtigkeitsbeschwerde.

Darum hat auch schon der erste Revisor der Kriminal-Ordnung ein Nichtigkeitsverfahren in Antrag gebracht.

Konferenz-Protokolle Fascl. 3. Fol. 103. ff.

Der Antrag fand bei der Kommission Unterstützung, aber auch Widerspruch, und der Justizminister Graf von Danckelman entschied sich gegen das Nichtigkeitsverfahren. Es ist jedoch nicht unwahrscheinlich, daß der Beschluß anders ausgefallen sein würde, wenn damals die Nichtigkeitsbeschwerde in Civilsachen schon eingeführt gewesen und demnach ein solches Rechtsmittel nicht als völlige Neuerung aufgefallen wäre. Die Gründe, welche dagegen angeführt wurden, sind im Wesentlichen folgende:

„Zwei Instanzen seien bei uns in allen Strafsachen bisher als genügend erachtet, also kein Grund vorhanden, ein dritte Instanz zu gewähren; traue man dem Appellationsrichter nicht zu, daß er regelmäßig verfahre, also allen möglichen Nichtigkeiten begegnen werde, so müsse man das nämliche Mißtrauen auch gegen den Kassationsrichter hegen, welcher gleichfalls nicht unfehlbar sei; die Erfahrung habe auch nicht gezeigt, daß ein Nullitätsverfahren nothwendig sei, dessen Nothwendigkeit doch auf dem Wege der Beschwerde hätte bekannt werden müssen; möchte einmal in höchst seltenen Fällen vom Appellationsrichter ein Nullitäts-Verseheu begangen werden, so könne und müsse dieses ebenso, als wenn der Kassationsrichter ein solches Versehen begehe, durch den Landesherrn auf dem Wege der Gnade in's Gleiche gebracht werden; für solche höchst seltene Fälle eine eigene Instanz zu bilden, heiße große kostspielige Anlagen zu geringen Zwecken machen, zu Zwecken, welche doch nicht vollständig erreicht werden könnten, weil auch der Kassationsrichter wieder irren könne und dann doch an den Landesherrn rekurrirt werden müsse.“

Wie ersichtlich, erschöpft diese Entgegnung bei Weitem nicht die Gründe, welche für die Einführung der Nichtigkeitsbeschwerde sprechen. Es wird genügen, zur Widerlegung derselben den früheren Bemerkungen nur noch Folgendes hinzu zu setzen:

1. Es ist nicht richtig, daß man bisher zwei Instanzen für vollkommen genügend erachtet habe; denn, wie bemerkt, hat man neben diesen zwei Instanzen die Erkenntnisse in wichtigen Sachen der höheren Prüfung unterworfen. Wenn diese Bestätigungen in neuerer Zeit mehr und mehr eingeschränkt worden sind, so liegt die nächste Veranlassung nicht darin, weil man eine höhere Instanz geradezu für überflüssig gehalten, sondern weil man erkannt hat, daß die Bestätigungen in die Rechtsprechung eingreifen und darum über die eigentliche Bestimmung des Justizministers hinausgehen.

Vergl. die Allerh. Kabinetsordre an den Großkanzler Beyme vom 15ten Juli 1809.

Wenn bemerkt wird, daß bisher nicht Beschwerden gegen Appellations-Erkenntnisse die Nothwendigkeit einer dritten Instanz dargethan haben, so ist zu erwägen, daß bisher nicht füglich eigentliche Beschwerden einkommen konnten, weil jeder wußte, daß nicht damit, sondern nur mit einem Begnadigungsgesuche zu helfen sei. Aus der großen Zahl eingehender Begnadigungsgesuche, in Vergleichung mit den Untersuchungsakten, dürfte unschwer nachzuweisen sein, daß in vielen Fällen die Zulässigkeit einer Nichtigkeitsbeschwerde wünschenswerth gewesen wäre.

2. Jenes Mittel, den möglichen Fehlgriffen des Richters zweiter Instanz abzuhelfen, die Verweisung an die landesherrliche Gnade nämlich, ist hier nicht am rechten Orte. Auch bei der vollkommensten Strafgesetzgebung wird es Fälle geben, in denen ein nach den Gesetzen wohl begründetes Erkenntniß unbillig erscheint, weil Umstände obwalten, welche das Gesetz nicht vorgesehen hat und der Richter daher nicht berücksichtigen durfte. Das ist das Gebiet der Gnade. In den Nichtigkeitsfällen dagegen verstößt das Erkenntniß gegen das Gesetz. Der Verurtheilte, welcher sich darauf beruft, hat nicht eine Bitte an die Milde des Landesherrn, sondern eine Forderung an die Gerechtigkeit zu machen. Der Landesherr, welcher sich darüber die Entscheidung vorbehält, ertheilt oder versagt nicht Gnade; er spricht Recht. Nach unserer Verfassung will das der Landesherr nicht; er hat durch Anerkennung unabhängiger Gerichte die Verantwortlichkeit für die Gesetzlichkeit der Urtelssprüche von sich abgelehnt. Es kann deshalb auch nur für angemessen erachtet werden, daß das Urtheil über die Rechtsbeständigkeit eines Erkenntnisses lediglich den Behörden überlassen wird. Bei einer Entscheidung im Wege der Gnade würde man auch wiederum auf den Uebelstand zurückkommen, welchen man durch die Beschränkung der Bestätigungen hat beseitigen wollen. Da der Landesherr nicht sich selbst mit der Prüfung der Akten belasten könnte, so würde dem Justiz-Ministerium immer wieder eine richtende Funktion zufallen. Nach dem Ausspruch des höchsten Gerichtshofes darf dagegen der Landesherr die Gesetzlichkeit des Erkenntnisses ohne

weitere Prüfung voraussetzen und lediglich erwägen, ob Begnadigungsgründe vorliegen. Der höchste Gerichtshof kann zwar möglicherweise gleichfalls irren; das kann aber noch viel eher der Justiz-Minister, welcher, ohne die Förmlichkeiten eines Rechtsmittels und in einer weniger unbefangenen Stellung, wie es die des obersten Gerichtshofes ist, ein Begnadigungsgesuch begutachtet. Es muß genügen, daß für die gehörige Besetzung der Gerichte, für ein zweckmäßiges Verfahren und einen angemessenen Instanzenzug gesorgt ist. In der Natur der Sache liegt es aber, daß dem Landesherrn nicht die Meinung eines der vielen Appellationsgerichte, sondern nur der Ausspruch des höchsten Gerichtshofes, welchem bei größerer Befähigung eine reichere Erfahrung aus der Praxis aller Gerichtshöfe zu Gebote steht, für die Gesetzlichkeit des Urtheils volle Bürgschaft geben kann, wenn es gleich möglich ist, daß im einzelnen Falle das Geheime Ober-Tribunal und nicht das Appellationsgericht irrt.

Ueberdies kann auf dem Wege der Gnade nur Abhülfe verschafft werden, wenn der Verurtheilte sich zu beschweren hat, nicht aber, wenn der Irrthum oder das Versehen des Appellationsrichters zum Vortheile des Angeschuldigten gereicht.

3. Die Kosten, welche die Einführung der Nichtigkeitsbeschwerde verursachen wird, werden durch den Zweck mehr wie gerechtfertigt. Sie sind nicht bedeutend, und es ist nicht unwahrscheinlich, daß in Folge der durch dieses Rechtsmittel zu erzielenden größeren Regelmäßigkeit der Untersuchungen im Ganzen an Kosten mehr erspart werden wird, als Auslagen dadurch verursacht werden. Es bedarf zunächst nur einer Vermehrung der Mitglieder des Geheimen Ober-Tribunals. Deren Zahl kann nicht groß sein, wenn nur nicht das Rechtsmittel auf die Verletzung von Förmlichkeiten, welche nicht wirklich für wesentlich zu erachten sind, ausgedehnt wird. Zweifelhafte Rechtsfragen und daher Verletzungen der Strafgesetze können nicht häufig vorkommen. Verletzungen wesentlicher Prozeßvorschriften werden nach einigen Jahren zu den Seltenheiten gehören. Der größere Werth der Nichtigkeitsbeschwerde besteht nicht darin, daß den Verletzungen von Prozeßvorschriften hintennach Abhilfe gegeben werden kann, sondern daß sie von vorn herein mit größerer Sorgfalt vermieden werden. Für ganz Frankreich genügt zur Erledigung der Kassations-Rekurse in Strafsachen eine Kammer von 11 Mitgliedern, und beim hiesigen Kassationshofe kommen jährlich im Durchschnitt nur zwischen 100 und 200 solcher Rekurse vor. Die meisten dieser Sachen können so schnell wie gewöhnliche Memorialien erledigt werden, da bekanntlich die Kassations-Kläger in der Regel unzulässigerweise nur die faktische Grundlage des früheren Urtheils angreifen.

IV. Nähere Charakteristik des Rechtsmittels der Nichtigkeits-Beschwerde.

Der Vorschlag, das Rechtsmittel der Nichtigkeitsbeschwerde im Falle der unrichtigen Anwendung des Strafgesetzes und der Verletzung wesentlicher Prozeßvorschriften zuzulassen, wird hiernach im Allgemeinen gerechtfertigt sein. Das Einzelne über die Bedingungen des Rechtsmittels und das Verfahren muß der künftigen näheren Erörterung vorbehalten bleiben. Hier sollen vorläufig nur folgende Punkte angedeutet werden:

1. Wie im Civilprozeß werden die in erster Instanz begangenen Nichtigkeiten zunächst im Wege der Appellation zu rügen sein, so daß also die Nichtigkeitsbeschwerde als besonderes Rechtsmittel nur gegen die Erkenntnisse zweiter Instanz statt findet.

2. Aus der Erörterung über die fiskalische Appellation und aus den bisherigen Bemerkungen über den vorliegenden Gegenstand, ergiebt sich ohne weitere Ausführung, daß die Nichtigkeitsbeschwerde sowohl dem öffentlichen Ministerium, wie dem Angeschuldigten zu gestatten ist; es kommt dabei jedoch Folgendes in Betracht:

a) In Beziehung auf die Verletzung von Prozeßvorschriften macht der französische Strafprozeß einen Unterschied zwischen den verschiedenen Prozeß-Arten.

Wenn in Kriminalsachen der Angeschuldigte von der Jury frei gesprochen worden ist, so kann das öffentliche Ministerium zwar den Kassations-Rekurs einlegen, jedoch nur im Interesse des Gesetzes; es verbleibt unbedingt bei der Freisprechung. In Zuchtpolizei- und Polizeisachen findet dagegen auch bei Freisprechung wegen Mangel des Beweises der Kassations-Rekurs mit voller Wirkung statt; jedoch nicht wegen Verletzung solcher Vorschriften, welche die Vertheidigung des Angeschuldigten bezwecken. Diese letztere Bestimmung rechtfertigt sich von selbst. Die Unterscheidung zwischen Kriminal- und Polizeisachen aber hat ihren Grund in der Ansicht, daß das freisprechende Urtheil der Jury, als der Ausspruch des richtenden Volkes, unabänderlich sein müsse. Da nach den früheren Vorschlägen die Jury nicht eingeführt, sondern in allen Sachen von ständigen Richtern erkannt werden soll, so würde hiernach bei uns der Kassations-Rekurs eben so wie in den Zuchtpolizei- und Polizeisachen des französischen Strafrechts, auch bei der Freisprechung mit voller Wirkung zugelassen werden können, wie es auch gegenwärtig in den Untersuchungen wegen Dienstvergehen der Beamten geschieht. Jene Ansicht über die Autorität der Jury ist jedoch nicht der einzige Grund, welcher für die Unabänderlichkeit der Freisprechung angeführt werden kann. In England geht man von der Ansicht aus, daß Niemandem zugemuthet werden könne, sein Leben zweimal der Gefahr des Ausgangs eines Kriminal-Prozesses auszusetzen. Auch in anderen Staaten, welche das öffentliche mündliche Verfahren des französischen Straf-Prozesses angenommen haben, wird gegen die wegen Mangel des Beweises erfolgte Freisprechung der Kassations-Rekurs nur im Interesse des Gesetzes gestattet, namentlich in Holland nach dem Artikel 381. der dortigen Strafprozeß-Ordnung, ungeachtet dort nicht Geschworne, sondern immer ständige Richter erkennen, und ungeachtet dort nicht einmal die Appellation gegen das erste Erkenntniß statt findet. In der That wird man sich fiskalischerseits, ungeachtet des Verstoßes gegen Prozeßvorschriften, bei der Freisprechung des Appellationsgerichts beruhigen können und müssen. Es läßt sich in einem solchen Falle nie sofort behaupten, daß materiell die Freisprechung zu Unrecht erfolgt sei; Schuld oder Unschuld kann sich erst bei einer neuen mündlichen Verhandlung herausstellen, da aber die Untersuchungen von Amts wegen eingeleitet und geführt werden, auch die Staatsbehörde in der Regel durch Aufmerksamkeit und rechtzeitige Anträge den Gesetzverletzungen vorbeugen kann, so liegt eine Härte darin, daß der Angeschuldigte, welcher sich einmal vertheidigt hat und darauf vom Appellationsgericht für nicht schuldig erklärt worden ist, bloß wegen eines Versehens oder eines Irrthums der Beamten einer neuen Untersuchung über Schuld oder Unschuld unterworfen werden soll. Es kann ohnehin der Fall nur höchst selten vorkommen, daß lediglich in Folge eines Verstoßes gegen die Prozeßgesetze ein wirklich Schuldiger der Strafe entgeht.

Wenn hiernach im Fall der Freisprechung wegen Mangel des Beweises das Erkenntniß nicht wegen Verletzung von Prozeßvorschriften außer Kraft gesetzt werden soll, so könnte man es auch für überflüssig halten, daß bloß im Interesse des Gesetzes die Nichtigkeitsbeschwerde zugelassen werde. Denn gerade die künftige Beobachtung der Vorschrift über das Verfahren läßt sich eher durch Weisungen der Aufsichtsbehörden erlangen *). Allein die Prozeßgesetze, deren Verletzung die Nichtigkeit zur Folge hat, sind nicht bloße Förmlichkeiten oder Vorsichts-Maaßregeln, sondern Theile des Prozeß-Rechts. Dieselbe Vorschrift, welche in einem Falle bei der Freisprechung unbefolgt geblieben ist, kann im anderen Falle bei der Verurtheilung verletzt, und demnach die Frage über die Folge dieser Verletzung Gegenstand des Erkenntnisses werden. Es kann deshalb für die Ausbildung des Strafprozesses nur ersprießlich sein, wenn über die Zweifel, welche sich in Beziehung auf die wesentlichen Prozeßvorschriften ergeben, von der höchsten erkennenden Behörde entschieden wird, gleichwie es sich auch im Civilrecht schon oft als wünschenswerth dargestellt hat, daß über irgend eine Rechtsfrage bereits eine Entscheidung des Geheimen Ober-Tribunals vorliegen möge. Um solche Entscheidungen herbei zu führen, werden aber am zweckmäßigsten die vorkommenden einzelnen Fälle, vermittelst der Nichtigkeitsbeschwerde im Interesse des Gesetzes, benutzt; denn es ist bekannt, daß derartige Entscheidungen in der Regel zutreffender ausfallen, wenn sie mit der Anschauung des individuellen Falles, wie wenn sie auf die Hinstellung abstrakter Fragen erfolgen. Das öffentliche Ministerium wird die Beschwerde nur einlegen, wenn die Entscheidung des Geheimen Ober-Tribunals für die Strafrechtspflege wirklich von Interesse ist.

b) Erfolgt irrthümlich eine Freisprechung aus dem Grunde, weil es nach der Meinung des Appellationsgerichts an einem Strafgesetz fehlt, so ließe sich

---

*) Die Kassation im Interesse des Gesetzes ist dadurch wirksam, daß die Gerichte die Ueberzeugung erhalten, bei rechtzeitiger Einlegung des Rekurses werde eine gleiche Kassirung cum effectu eintreten. Das Eingreifen der Aufsichtsbehörde — einer verwaltenden Staatsbehörde — in die Kriminal-Untersuchung wird eher Tendenzen zugeschrieben werden, als die Entscheidung eines Gerichtshofes. Soll die Aufsichtsbehörde für künftige Fälle Weisungen über das Verfahren geben, welche den Richter binden, so wird das Kriminal-Prozeßrecht in die Hände einer Behörde gelegt, welche keine gesetzgebende Gewalt hat, aber durch ihre Weisungen die Gesetzgebung wesentlich ändern könnte.

gegen das Rechtsmittel erinnern, daß dem Angeschuldigten eine That verziehen werden müsse, welche selbst ein Appellationsgericht für straflos gehalten habe.

Gerade in diesem Falle ist jedoch zur Erhaltung der Einheit in der Strafjustiz die Zulassung des Rechtsmittels unumgänglich nothwendig. Die Beschwerde würde wenigstens im Interesse des Gesetzes zu gestatten sein. Auch eine solche Beschränkung erscheint indeß nicht einmal angemessen; denn es läßt sich keinesweges unbedingt behaupten, daß der Irrthum des Appellationsgerichts, welcher möglicher Weise auf einem offenbaren Versehen beruhen kann, dem Angeschuldigten zur Entschuldigung gereiche. Er ist ein Moment, welches nicht die Aufhebung des ungesetzlichen Erkenntnisses aufhalten, sondern nur nach Umständen die Begnadigung motiviren kann.

3. Welche Prozeßgesetze für wesentliche zu erklären seien, kann erst bei Ausführung der Prozeß-Ordnung im Einzelnen erwogen werden. Im Allgemeinen ist darüber zu bemerken:

a) Es wird zweckmäßig sein, nach dem Vorgange der französischen Straf-Prozeß-Ordnung bei den einzelnen Vorschriften über das Verfahren sofort die Strafe der Nichtigkeit anzudrohen *), wenn dieselbe eine Folge der Verletzung der Vorschrift sein soll.

In dem Titel über das Rechtsmittel bedarf es demnächst nur der Bestimmung, daß die Beschwerde stattfinde, wenn eine unter Strafe der Nichtigkeit vorgeschriebene Förmlichkeit verletzt sei.

b) Es ist schon früher bemerkt, daß die Zahl der wesentlichen Förmlichkeiten nach Möglichkeit zu beschränken sei.

Man wird darin nicht ängstlich zu sein brauchen, wenn man es

c) mit Anschließung an den Art. 408. der französischen Strafprozeß-Ordnung gewissermaaßen in die Hand der Betheiligten legt, eine unwesentliche Förmlichkeit zur wesentlichen zu erheben, indem man die Nichtigkeit eintreten läßt, wenn der Richter gesetzlich zulässige ausdrückliche Anträge der Parteien gänzlich übergeht.

Der Art. 408. a. a. O. erklärt es auch für einen Nichtigkeitsgrund: „wenn es unterlassen oder verweigert worden ist, entweder über ein oder mehrere Gesuche des Angeklagten, oder über einen oder mehrere Anträge des öffentlichen Ministeriums zu erkennen, welche den Gebrauch einer von dem Gesetze eingeräumten Befugniß oder eines Rechts zum Zwecke hatten, wenn auch die Strafe der

---

*) Wenigstens verhält es sich so im Wesentlichen. In der französischen Strafprozeß-Ordnung sind gewisse Formen durch die Androhung der Nichtigkeitsfolge geschützt. Neben diesen speziellen Vorschriften ist allerdings im Uebrigen der Einsicht des Kassationshofes überlassen, zu beurtheilen, welche anderen Prozeßvorschriften als wesentlich anzusehen seien; indessen ist man bei der Annahme der Verletzung einer wesentlichen Vorschrift stets sehr restriktiv zu Werke gegangen.

Nichtigkeit nicht ausdrücklich auf den Mangel der Förmlichkeit gesetzt ist, deren Beobachtung nachgesucht oder in Antrag gebracht worden ist.

Nach den Materialien handelt diese nicht sehr deutliche Bestimmung von dem Falle, wenn die Betheiligten zur bessern Ausführung der Anschuldigung oder Vertheidigung die Vollziehung von Förmlichkeiten oder Handlungen in Antrag bringen, welche vom Gesetze zwar nicht unbedingt bei Strafe der Nichtigkeit geboten, aber zur Vorsicht vorgeschrieben, oder nach den Anträgen der Parteien gestattet sind.

Locré la législation etc. T. 27. p. 78.

de Bosch=Kemper: Wetböck van Strafvordering. Th. 3. S. 364.

Es ist durchaus gerecht, daß dem Richter bei Strafe der Nichtigkeit zur Pflicht gemacht werde, derartigen Anträgen entweder ohne Weiteres Folge zu geben, oder darüber förmlich Beschluß zu fassen und sich auszusprechen, daß und warum der Antrag im vorliegenden Falle unstatthaft oder unerheblich sei. Der Gesetzgeber hat nur dasjenige als unerläßliche Bedingung eines rechtsbeständigen Erkenntnisses auszuheben, was unter allen Umständen als wesentlich betrachtet werden muß. Im einzelnen Falle kann aber auch das minder Wesentliche von entscheidendem Einflusse auf den Ausgang der Sache sein; und wenn es auch das nicht in Wirklichkeit sein sollte, so muß wenigstens die Befugniß der Partei und ihre Meinung, daß die Gewährung der Anträge zur Wahrung ihres Interesses dienlich sei, geachtet werden. Die Zulassung der Nichtigkeitsbeschwerde in diesem Falle kann auch nicht schädlich sein, zumal wenn angenommen und allenfalls gesetzlich ausgesprochen wird, daß die Beschwerde nur wegen der Nichtbeachtung solcher Anträge stattfindet, welche die Parthei in dem Protokoll über die mündliche Verhandlung vermerken oder in einer schriftlichen Eingabe zum Protokoll hat gelangen lassen, wie solches namentlich in Holland angenommen wird.

de Bosch=Kemper, a. a. O. S. 368.

Es ist kaum zu fürchten, daß bei angedroheter Nichtigkeit jemals ein Appellationsgericht einen solchen Antrag übergehen werde.

4. Um frivolen Beschwerden vorzubeugen, hat die französische Strafprozeß=Ordnung mehrere Beschränkungen und Nachtheile festgesetzt: Cautionen, Geldstrafen 2c. Man wird sich derselben auch hierin im Wesentlichen anschließen können. Insbesondere wird die Besorgniß, daß man zu häufig die Beschwerde lediglich zur Verzögerung der Strafvollstreckung anbringen werde, durch die zweckmäßige Bestimmung des Art. 421. der französischen Strafprozeß=Ordnung zu beseitigen sein, daß diejenigen, welche zu Freiheitsstrafe verurtheilt sind, nur dann zur Beschwerde zugelassen werden, wenn sie sich schon in Verhaft befinden, oder gegen Bürgschaft in Freiheit gesetzt sind.

5. Nach der französischen und anderen neuen Strafprozeß=Ordnungen ist der Kassationsrekurs, sowohl des Angeschuldigten als des öffentlichen Ministeriums, an eine kurze Prozeßfrist gebunden; nur die Beschwerde im Interesse des Gesetzes findet jederzeit statt. Im gemeinen Recht wurde der Verurtheilte zu jeder Zeit mit der Nichtigkeitsbeschwerde gehört, und so ist es auch neuerdings in dem

würtembergischen Entwurf einer Strafprozeß-Ordnung, und zwar sowohl für den Staatsanwalt, als für den Verurtheilten vorgeschlagen worden. In Beziehung auf die Beschwerde des öffentlichen Ministeriums verdient ohne allen Zweifel die Bestimmung der französischen Strafprozeß-Ordnung den Vorzug. So wenig Bedenken es hat, im Interesse des Gesetzes die Berichtigung eines Erkenntnisses zu jeder Zeit zuzulassen, so wenig läßt es sich rechtfertigen, daß ein Angeschuldigter, welcher freigesprochen oder zu einer zu gelinden Strafe verurtheilt, vielleicht gar wirklich damit schon belegt ist, für alle Zeiten der Gefahr ausgesetzt werden soll, wegen einer vom Gericht begangenen Nichtigkeit einem neuen Urtheil unterworfen zu werden. Die Staatsbehörde ist im Stande und verpflichtet, die Rechtsbeständigkeit des Appellations-Erkenntnisses sofort zu prüfen und über die Einlegung des Rechtsmittels Beschluß zu fassen. Dagegen läßt es sich eher billigen, daß dem Verurtheilten ohne Beschränkung durch eine Prozeßfrist, und selbst nach gänzlicher oder theilweiser Vollstreckung der Strafe, das Rechtsmittel gestattet werde. Es kommt dagegen indeß in Betracht, daß dem Verurtheilten beim öffentlich-mündlichen Verfahren das Vorhandensein eines Nichtigkeitsgrundes nicht füglich unbekannt bleiben kann, und deshalb von ihm auch sofort innerhalb einer bestimmten Frist die Erklärung verlangt werden darf, ob er von dem Rechtsmittel Gebrauch machen wolle. Die Beschlußnahme über diesen Punkt wird jedoch auszusetzen sein, weil er mit der Frage über die Präklusivkraft der Appellationsfrist in Verbindung steht.

6. Nach der französischen Strafprozeß-Ordnung hat der Kassationsrichter nur über die Rechtsbeständigkeit des angefochtenen Erkenntnisses zu entscheiden, im Falle der Vernichtung aber nicht in der Sache selbst zu sprechen, sondern dieselbe einem andern Gerichtshofe zu überweisen. In der Rheinprovinz wird jedoch nach der Gouvernements-Verfügung vom 20sten Juli 1841. und den Verordnungen vom 21sten Juni 1819. und 8ten Juli 1834. vom Kassationshofe in der Sache selbst erkannt, wenn in den Materialien das Urtheil kassirt wird und die Sache im Uebrigen zum Erkenntniß reif ist. In dieser Weise wird auch in der künftigen Strafprozeß-Ordnung Bestimmung zu treffen sein, so wie auch die holländische Strafprozeß-Ordnnng und die Verordnung vom 14ten Dezember 1833. über die Nichtigkeitsbeschwerde in Civilsachen die Entscheidung der Hauptsache dem Kassationsrichter zuweist. Näheres hierüber läßt sich erst nach Bestimmung der einzelnen Nichtigkeitsgründe festsetzen.

J. Kompetenz der administrativen Polizeibehörden zur Untersuchung und Bestrafung der einfachen Polizeivergehen.

I. Gegenwärtige Verfassung der Polizeigerichtsbarkeit.

Die Polizei-Strafgerichtsbarkeit, gegenüber der Kriminalgerichtsbarkeit, ist seit langer Zeit in Wissenschaft und Gesetzgebung der Gegenstand vielfacher Kontroversen gewesen.

In Preußen stehen sich zwei Systeme gegenüber.

Nach der rheinischen Strafprozeß-Ordnung werden alle Straffälle im gerichtlichen Wege verhandelt, ohne Unterschied, ob sie eigentlich polizeilicher oder kriminalrechtlicher Natur sind. Die rheinische Strafprozeß-Ordnung bestimmt die Kompetenz lediglich nach der Höhe der Strafen; sie verweist alle Vergehen, die mit einer höheren Strafe als fünf Tage Gefängniß oder 15 Fr. Geldbuße bedroht sind, vor die Zuchtpolizeigerichte; alle übrigen, mit geringerer Strafe bedrohten Vergehen werden als Vergehen gegen die einfache Polizei betrachtet und von Polizeigerichten abgeurtheilt.

Polizeirichter sind die Friedensrichter, und in Konkurrenz mit ihnen, jedoch unter gewissen Beschränkungen, die Bürgermeister. Letztere handeln aber nicht als verwaltende Polizeibeamte; sie haben als Richter in gerichtlichen Formen, unter Zuziehung des öffentlichen Ministeriums, zu untersuchen und zu erkennen. Ihre Urtheile haben dieselbe Bedeutung, wie die Urtheile der Friedensrichter. Es findet gegen dieselben die Appellation an die Zuchtpolizeigerichte statt.

In den andern Provinzen ist meistentheils mit der administrativen Polizei zugleich auch die polizeiliche Strafrechtspflege verbunden. Der Zustand ist jedoch in den einzelnen Landestheilen verschieden und im Allgemeinen ein schwankender, unentschiedener, in mancher Hinsicht mehr faktischer als gesetzlicher. Bis zum heutigen Tage bestehen unter den Behörden abweichende Ansichten über das Wesen der Polizeigerichtsbarkeit und die Kompetenz in Ausübung derselben. Nach der freilich oft bestrittenen, aber von dem Justizministerium wiederholt geltend gemachten und in der Verordnung wegen Einführung des Allgemeinen Landrechts in Beziehung auf die Verwaltungs-Angelegenheiten der Landgemeinen in der Provinz Sachsen vom 31sten März 1833. (Gesetzsammlung Seite 61.) ziemlich deutlich anerkannten Auslegung geht das Allgemeine Landrecht eben so, wie die rheinische Strafprozeß-Ordnung davon aus, daß auch über die Polizeivergehen im Wege Rechtens zu erkennen sei. Das Allgemeine Landrecht unterscheidet im Th. II. Tit. 17. §§. 10. und 11. deutlich zwischen dem Amt der Polizei und der Polizeigerichtsbarkeit (vergleiche §. 3. litt. c. und d. der

Verordnung vom 31sten März 1833.); es rechnet die letztere zu der Gerichtsbarkeit überhaupt und bestimmt im §. 61. a. a. O.:

> daß dort, wo keine Polizeigerichte vorhanden sind, dem mit der bürgerlichen Gerichtsbarkeit Beliehenen auch die Untersuchung und Bestrafung der geringeren Polizeivergehungen oder Verbrechen obliegen soll.

Es wird demnach vorausgesetzt, daß die Polizeigerichtsbarkeit von besonderen Polizeirichtern oder vom Civilrichter ausgeübt werde. Diesem entsprechen die besonderen Vorschriften des Allgemeinen Landrechts über die Lokalpolizei in Dorfgemeinen und Städten. In den Dörfern steht dem Schulzen, als solchem keine Strafbefugniß zu; nur die Dorfgerichte, welche in dieser Eigenschaft nur gerichtliche, wenn gleich in der Regel nur mit einem Theil der freiwilligen Gerichtsbarkeit bekleidete Behörden sind, sollen Strafen unter Einem Thaler erkennen können, jedoch nur mit Vorbehalt der Berufung an die Gerichte (Allg. Landrecht Th. II. Tit. 7. §§. 66. 81).

In den Städten giebt das Allg. L. R. dem Magistrate die Polizeiverwaltung, entzieht ihm aber die Kognition in polizeilichen Strafsachen; er soll zwar die unstreitig verwirkten Geldstrafen ohne Weiteres einzuziehen befugt sein, aber alle streitigen, der Kognition bedürfenden Strafsachen sofort an den gehörigen Richter abgeben. A. L. R. Th. II. Tit. 8. §. 128. Der Umstand, daß das A. L. R. die Provinzialgesetze und Statuten bestehen ließ, und der andere Umstand, daß damals Justiz und Verwaltung sowohl bei den Provinzial-, als bei den Lokal-Behörden nicht überall scharf getrennt waren, mögen der Grund sein, warum sich eine jenen Bestimmungen des Allgemeinen Landrechts entsprechende Verfassung nicht vollständig ausgebildet hat. Später hat man sich immer weiter davon entfernt.

Die Verordnung vom 26sten Dezember 1808., welche die Trennung der Justiz und Administration bei den Provinzial-Behörden vollständig durchführte, gab zuerst im §. 45. den Regierungen die Befugniß, nach einer summarischen Untersuchung über Polizei-Kontraventionen zu entscheiden; sie blieb dem Prinzip des Allgemeinen Landrechts in so fern getreu, als sie gegen diese Strafbescheide der Regierungen unbedingt, ohne Rücksicht auf das Maaß der Strafe, die Provokation auf förmliches rechtliches Gehör gestattete. Im Jahre 1809. wurde demnächst zu Königsberg, wo bis dahin ein Syndikus des Polizeidirektoriums, also eine zum Richteramte qualifizirte Justizperson, die Polizeigerichtsbarkeit verwaltet hatte, bei Einführung eines neuen Polizei-Reglements auch der administrirenden Lokal-Polizei, dem Polizei-Präsidium, eine Strafbefugniß beigelegt, und zwar mit der Erweiterung,

> „daß die Provokation auf rechtliches Gehör nur Statt finden solle, wenn die erkannte Strafe mäßige Züchtigung, 14 Tage Gefängniß oder 5 Thlr. Geldbuße übersteige.“

In ähnlicher Weise wurde die Sache durch besondere Polizei-Reglements für einzelne Städte geordnet, und es wurde demnächst in einem Hof-Rescripte vom 28sten August 1810. (vergl. von Kamptz Annalen Bd. 1. Heft 4. S. 130.)

allgemein ausgesprochen, daß in den Städten die Polizei-Direktionen und Magistrate die Polizei-Gerichtsbarkeit in der Art auszuüben hätten, wie dies in dem Reglement für Königsberg bestimmt war. Aus diesen Anordnungen sind die §§. 243. und 247. des Anhanges zur Allgemeinen Gerichts-Ordnung hervorgegangen, von denen der §. 243. den §. 45. des Gesetzes vom 26sten Dezember 1808. wiederholt und der §. 247. nunmehr allgemein festsetzt, daß in Fällen, in welchen wegen Polizei-Kontraventionen die von den Polizeibehörden festgesetzte Strafe eine mäßige körperliche Züchtigung, vierzehntägiges Gefängniß oder Straf-Arbeit gleicher Dauer, oder 5 Thaler Geldbuße nicht übersteigt, keine Provokation auf rechtliches Gehör, sondern nur Beschwerde bei der der Polizeibehörde vorgesetzten Behörde Statt finde. Der §. 247. a. a. O. bestimmt hierbei nicht, welche Polizeibehörde Strafresolute zu erlassen befugt sein solle. Man nahm indeß an, daß dadurch überall der administrirenden Lokal-Polizei auf dem Lande sowohl wie in den Städten eine Strafgewalt zuerkannt sei. Nur der Umfang derselben erregte neue Zweifel. Das Polizei-Ministerium nahm zuerst an, daß den Lokal-Behörden keine Kognition über Verletzungen der Landes-Polizei-Vorschriften zustehe (Rescript vom 18ten November 1817. No. I. Annalen Bd. 1. S. 130.). Später wurde jedoch diese Meinung von dem Polizei-Ministerium wiederum aufgegeben und angenommen, daß die Lokalbehörden wegen aller Polizei-Uebertretungen Strafresolute erlassen können (Rescript vom 1sten August und 11ten Dezember 1822. Annalen Bd. 6. S. 705. 930.).

Bei weiteren Kontestationen darüber einigte man sich dahin, daß diese Strafgewalt der Lokalbehörden in Beziehung auf Vergehen gegen die Landespolizei nur eintrete, wenn das Vergehen zugleich der Lokalpolizei entgegen sei.

Ein anderer Zweifel betraf das Strafmaaß, worauf die Polizeibehörden erkennen können. Das Allgemeine Landrecht bezeichnet als Gegenstände der Polizeigerichtsbarkeit im §. 11. Tit. 17. Th. II. ganz allgemein die Uebertretungen der Polizeigesetze, wenn damit kein vorsätzliches oder schuldbares Verbrechen verbunden sei, fügt aber dem §. 61., wonach in Ermangelung besonderer Polizeigerichte die Bestrafung „der geringeren Polizeivergehungen oder Verbrechen" dem Civilrichter obliegen soll, im §. 62. die Bestimmung hinzu:

> „Geringere Verbrechen dieser Art sind diejenigen, auf welche die Gesetze nur höchstens 14tägiges Gefängniß oder Strafarbeit, oder bis 5 Thaler Geldstrafe verordnen."

Das Justizministerium nahm nun an, daß nach dem §. 247. des Anhangs zur Allgemeinen Gerichts-Ordnung die Lokalpolizei-Behörden überhaupt nur bis auf das im §. 62. a. a. O. bestimmte Strafmaaß erkennen können. Andererseits wurde dagegen zwischen Polizei-Uebertretungen (§. 11. a. a. O.) und zwischen andern geringeren Verbrechen (§. 62.) unterschieden und behauptet, daß den Lokalpolizei-Behörden über die ersteren die Kognition ohne Beschränkung auf irgend ein Strafmaaß zustehe, während die letzteren gar nicht zu ihrer Kompetenz gehören.

Eine dritte Streitfrage betraf die Provokation auf rechtliches Gehör, nämlich die Frage: ob die Provokation durch den Rekurs an die vorgesetzte Behörde ausgeschlossen werde, oder ob sie auch dann noch stattfinde, wenn der Denunziat zuerst den Rekurs an die Regierung gewählt und diese darauf das Resolut der Lokalbehörde bestätigt habe. Das Letztere wurde vom Justizministerium behauptet und diesem stimmte früher das Polizeiministerium bei. Aber obwohl dasselbe in einem Rescript vom 20sten September 1818. (Annalen Bd. 2. S. 756.) bemerkt, daß darüber nie ein Zweifel obgewaltet habe, so wurde doch später vom Ministerium des Innern die entgegengesetzte Ansicht aufgestellt. Nachdem das Staatsministerium diese Zweifel mit anderen zur Allerhöchsten Entscheidung vorgetragen hatte, wurde durch die nicht publizirten Kabinets-Ordres vom 13ten Januar 1828. und 8ten Mai 1830. die definitive Erledigung der Differenzen zu der Gesetzrevision verwiesen, zugleich aber interimistisch bis zu weiterer gesetzlicher Anordnung bestimmt:

1. daß die Lokalpolizei-Behörde überall, auch da, wo keine besonderen Polizei-Gerichte vorhanden seien, nicht allein die lokalpolizeilichen Kontraventionen, sondern auch die Vergehungen wider Landespolizei-Vorschriften zu untersuchen und zu bestrafen haben, sobald die Uebertretung derselben auch der betreffenden Lokalpolizei entgegen und nicht mit einem Verbrechen verbunden ist, welches gesetzlich eine Kriminal- oder fiskalische Untersuchung nach sich ziehe;

2. daß diese Kompetenz der Lokalpolizei in Anwendung trete, ohne alle Beschränkung auf ein gewisses Maaß der gesetzlich angedrohten Strafe;

3. daß gegen das Erkenntniß der Lokalpolizei-Behörde

   a) dem Bestraften freistehe, den Rekurs an die vorgesetzte Regierung einzulegen, wenn auf eine mäßige körperliche Züchtigung, auf Gefängniß oder Strafarbeit von 14 Tagen, auf eine Geldbuße von 5 Thalern und darunter erkannt worden sei;

   b) daß es, wenn die Strafe dieses Maaß übersteige, von der Wahl des Bestraften abhänge, ob er den Rekurs ergreifen, oder auf rechtliches Gehör antragen wolle, worüber er sich binnen der gesetzlichen Frist von zehn Tagen erklären müsse;

   c) daß es, wenn der Bestrafte den Rekurs gewählt habe, bei der Entscheidung der obern Behörde sein Bewenden behalte und die Berufung auf den Rechtsweg nicht weiter stattfinde. *)

---

*) Vergl. das gedruckte Gutachten der vereinigten Abtheilungen des Staatsraths für die Justiz und das Innere, über den Entwurf einer Verordnung, das Verfahren bei Untersuchung der Polizeivergehen betreffend, vom 27sten November 1830. Jahrbücher Bd. 35. S. 283. Annalen Bd. 21. S. 130.

Act. des Justizministeriums, Gen. P. No. 27. Vol. I. Bl. 308. 319.

Auf dieser Anordnung, neben welcher übrigens die besonderen, zum Theil abweichenden Reglements für einzelne Städte bestehen blieben, beruht hauptsächlich die dermalige Handhabung der Lokal-Polizeigerichtsbarkeit.

In Ansehung der Behörden, welche die Gerichtsbarkeit auszuüben haben, ist die Verfassung in den einzelnen Provinzen so verschieden, wie die Kommunalverfassungen überhaupt.

Ein besonderer Gegenstand der Gesetzgebung ist in dieser Beziehung die Polizeigerichtsbarkeit der Gutsherren gewesen.

Die §§. 73. und 74. Tit. 17. Th. II. des Allgemeinen Landrechts bestimmen, daß aus der Belehnung mit der Gerichtsbarkeit noch nicht das Recht zur eigenen Ausübung derselben folge, vielmehr der Beliehene, wenn er sie in eigener Person ausüben wolle, sich dazu auf die zur Erlangung eines richterlichen Amtes überhaupt vorgeschriebene Art geschickt machen und nach bestandener Prüfung zur Führung desselben dem Staate besonders verpflichtet werden müsse. Mit Rücksicht hierauf entstand eine Meinungsverschiedenheit darüber, ob der Gerichtsherr, welcher zur Verwaltung der Civil-Jurisdiktion einen Justitiarius bestellt habe, diesem nunmehr auch die Polizeigerichtsbarkeit nach §§. 61. f. a. a. O. überlassen müsse, oder ob er letztere mit der Administrativ-Polizei in eigener Person ausüben könne, ohne zum Richteramte qualifizirt zu sein. Es waren in dieser Beziehung in den verschiedenen Provinzen verschiedene Grundsätze befolgt worden.

Nach Anhörung des Staatsraths, in welchem sich die Ansichten gleichfalls theilten, wurde durch die Deklaration vom 10ten Februar 1827. (Ges. S. Seite 26.) bestimmt, daß die Vorschriften des §. 74. a. a. O. auf die in den §§. 61. und 62. a. a. O. bezeichneten Straffälle nicht zu beziehen seien, so daß also hiernach die Gerichtsherren die Polizeigerichtsbarkeit immer selbst ausüben konnten. Es wurde jedoch gleichzeitig dem Staatsministerium durch eine besondere Kabinetsordre bemerklich gemacht, daß bei der Revision des Landrechts der Gegenstand von Neuem aufgenommen und einer mehrseitigen Prüfung unterworfen werden müsse, so daß auch diese Bestimmung als eine interimistische sich darstellt *).

Nach dieser Anerkennung der Strafgewalt der Gerichtsherren entstand das Bedenken, ob denselben die Strafgewalt in derselben Ausdehnung, in welcher sie sonst für die Lokal-Polizeibehörden in Anspruch genommen wurde, zugestanden werden könne. In der bereits oben erwähnten nicht publizirten Kabinetsordre vom 13ten Januar 1828. war in dieser Beziehung bestimmt, daß der Gerichtsherr persönlich, ohne Zuziehung des Gerichtshalters auf das geringere Strafmaaß (gegen welches bei anderen Polizeibehörden eine Berufung auf den Rechtsweg nicht zulässig ist) erkennen dürfe, jedoch die Berufung auf den Rechtsweg an die

*) Vergl. das gedruckte Gutachten der Abtheilungen des Staatsraths für die Justiz und das Innere, über den Gesetz-Entwurf, die Befugniß der Patrimonialgerichts-Inhaber auf dem Lande, geringe Polizeistrafen ohne Zuziehung des Gerichtshalters festzusetzen, betreffend.
Acta des Justizministeriums Gen. P. 27. Vol. I. Bl. 177. 200.

dem Patrimonialgericht vorgesetzte Gerichtsbehörde zulässig sei. In Folge einer Berathung im Staatsrath wurde jedoch durch die spätere Kabinetsordre vom 8ten März 1830. diese interimistische Bestimmung wieder aufgehoben und der ganze Gegenstand zur Gesetz-Revision verwiesen. Durch eine Verordnung vom 31sten März 1838. ist demnächst ein anderes Bedenken dahin erledigt, daß die Gerichtsherren die Polizeigerichtsbarkeit auch in den Fällen persönlich ausüben dürfen, wenn mit dem allgemeinen ihr persönliches Interesse zusammentrifft, und zugleich bestimmt worden, daß sie sich in Ausübung der Polizeigerichtsbarkeit auch durch andere geeignete Personen, als den Gerichtshalter, vertreten lassen können. Der Gegenstand ist indeß noch immer in Bewegung. Neuerdings ist zur Sprache gekommen,

a) ob nicht die Vertreter der Gerichtsherren zu verpflichten seien,
b) ob auf die Gerichtsherren und deren Vertreter, rücksichtlich der Ausübung der Polizeigerichtsbarkeit, der §. 252. des Anhangs zur Allgemeinen Gerichts-Ordnung, wonach Beamte wegen Dienstvergehen nie ohne Antrag der vorgesetzten Behörde zur Untersuchung gezogen werden können, anzuwenden sei,
c) ob auf dieselben das Gesetz über die Kompetenz der Dienst- und Gerichtsbehörden zur Untersuchung der von Staatsbeamten verübten Ehrenkränkungen vom 25sten April 1835., an dessen Stelle gegenwärtig der §. 7. des Gesetzes über das gerichtliche und Disziplinar-Verfahren gegen Beamte vom 29sten März 1844. (Ges. S. Seite 77.) getreten ist, Anwendung finde,
d) endlich, ob auf dieselben die Kabinetsordre vom 25sten März 1834. (Ges. Sammlung S. 6.) wegen des Rechtsmittels der Aggravation auszudehnen sei *).

Nach anderen Grundsätzen ist durch die Verordnung vom 31sten März 1833. (Gesetz-Sammlung S. 61.) die gutsherrliche Polizei-Gerichtsbarkeit in den zum Verwaltungsverbande der Provinz Sachsen gehörigen, der westphälischen Zwischenregierung unterworfen gewesenen Landestheilen geregelt worden. Dort sind nämlich Polizeiverwaltung und Polizei-Gerichtsbarkeit nicht als ein Ganzes betrachtet, sondern nach §§. 10. und 11. Tit. 17. Th. II. des Allg. Landrechts getrennt; nur die erstere wird von den Gerichtsherrn persönlich oder durch Stellvertreter, die letztere aber von den Patrimonialgerichten ausgeübt.

Nach diesem vorstehend nur skizzirten Entwickelungsgange, bei welchem im Einzelnen noch manche widersprechende und noch nicht ausgeglichene Ansichten über die Polizei-Gerichtsbarkeit überhaupt und die gutsherrliche insbesondere zu Tage getreten sind, steht gegenwärtig überall, mit Ausnahme der eben gedachten sächsischen Landestheile, den Polizeibehörden die Befugniß zu, die Polizei-Kontraventionen zu untersuchen und zu bestrafen.

Die Grenze ihrer Kompetenz nach der Seite der gerichtlichen hin, ist aber freilich noch sehr ungewiß. Da das Strafmaaß nicht entscheidet, so schwanken

*) Cfr. Act. des Justizministeriums Gen. P. 27. Vol. III. Bl. 53. u. f. 73. u. f.

die Ansichten über die, auch in der Strafrechtswissenschaft vielbestrittene Frage, welche Gesetzesübertretungen nur als Polizei-Kontraventionen, und welche als Kriminal-Verbrechen zu betrachten seien. Hat doch eben noch ein Schriftsteller alle Verbrechen gegen den Staat in das Gebiet des Polizei-Strafrechts verwiesen (Kuhn, das Polizei-Strafrecht S. 21.).

Das Allgemeine Landrecht bezeichnet den Unterschied zwischen Polizei-Vergehen und Verbrechen keinesweges unzweifelhaft, sobald man das im §. 62. Tit. 17. Th. II. bezeichnete Strafmaaß nicht mehr als die Grenzscheide betrachtet *).

Ueber das Verfahren endlich, welches die Polizeibehörden bei der Untersuchung beobachten sollen, giebt es zur Zeit keine gesetzliche Vorschrift, mit Ausnahme der Bestimmung im §. 45. des Gesetzes vom 26sten Dezember 1808. daß die Untersuchung eine summarische sein soll.

Die ganze Verfassung der Polizei-Gerichtsbarkeit stellt sich hiernach als eine noch unausgebildete dar, welche früheren Anordnungen zufolge in wesentlichen Beziehungen von der allgemeinen Gesetzrevision ihre endliche Gestaltung erwarten soll.

Die Strafprozeß-Ordnung ist derjenige Theil der Gesetzgebung, welcher zunächst zu der Regulirung dieser Angelegenheit Veranlassung geben könnte, und in der That ist sie schon bei der Berathung des ersten Entwurfs Gegenstand lebhafter Diskussionen gewesen. Es wird sich jedoch in Folgendem als zweckmäßig erweisen, für jetzt eine nur beschränkte Aenderung der bestehenden Verfassung vorzunehmen.

II. Gegenwärtige Vorschläge.

1. Beibehaltung des administrativen Verfahrens.

Die Hauptfrage, um welche es sich handelt, ist die:

ob der Administrativ-Polizei die Befugniß verbleiben soll, die Polizei-Kontraventionen zu untersuchen und die Strafe auszusprechen, oder ob die Untersuchung und Bestrafung, so wie in der Rheinprovinz, lediglich in gerichtlichem Wege erfolgen soll?

Der Revisor der Kriminal-Ordnung hatte Letzteres beantragt **).

Auf Veranlassung des Justizministers Grafen von Danckelman wurden damals die rheinischen Regierungen zur Aeußerung über den Erfolg der dortigen Verfassung aufgefordert. Da alle ohne Ausnahme die dort bestehende Einrichtung als eine durchaus zweckmäßige und dem Interesse der Polizei völlig entsprechende, anpriesen und dabei bemerkten, daß die Bürgermeister selbst von der ihnen zustehenden Gerichtsbarkeit gar keinen Gebrauch machten, so entschied sich der Justizminister für den Antrag des Revisors. Der Antrag wurde indeß in der Kommission von anderen Seiten lebhaft bekämpft, und es wurde auch später vom Ministerium des Innern nicht minder lebhaft Widerspruch dagegen erhoben.

---

*) Vergl. Motive zum ersten Entwurf der Strafprozeß-Ordnung 1828. S. 58. Motive zum revidirten Entwurf S. 3.

**) Motive zum ersten Entwurf S. 58.

Später ist auf Veranlassung einer Allerhöchsten Kabinetsordre vom 31sten August 1840. die Einrichtung von Polizeigerichten im Königlichen Staatsministerium zur Sprache gekommen. Die Vorbereitung zur Berathung wurde den Ministern der Justiz und des Innern übertragen. Unter ihnen ist damals jedoch keine Einigung zu Stande gekommen. Der damalige Minister des Innern wollte das Institut auf Berlin beschränken, und Mitglieder der administrativen Polizei-Behörden an dem Polizeigerichte Antheil nehmen lassen, welches der Justizminister für die Justizverwaltung ablehnen zu müssen glaubte. Die Ministerien der Justiz und des Innern haben später Seiner Majestät dem Könige anheim gestellt, die Sache auf sich beruhen zu lassen.

Im Allgemeinen betrachtet, hat die Ueberweisung der Polizei-Kontraventionen an die Gerichte, sei es an die gewöhnlichen Gerichte, oder an besonders einzurichtende Polizeigerichte, Vieles für sich; Manches, was man dagegen erinnert hat, ist nicht haltbar, und Anderes, was bei dem gerichtlichen Verfahren als Uebelstand bezeichnet werden könnte, würde sich leicht beseitigen lassen. Es läßt sich nicht leugnen, daß durch die Ueberweisung der Polizeisachen an die Gerichte dieser Theil der Strafrechtspflege eine einfachere und festere Gestaltung gewinnen würde; es würde eine regelmäßige Behandlung der Sachen von ihrem Anfange an gesichert; jeder Schein der Willkühr würde entfernt; das Mißliche einer doppelten Behandlung bei Behörden verschiedener Ressorts würde vermieden, Kompetenz-Konflikte und ähnliche Streitigkeiten zwischen den Justiz- und den Polizeibehörden würden abgeschnitten; allen bisherigen Zweifeln und Streitigkeiten über die Polizeigerichtsbarkeit würde ein Ende gemacht, und Alles erledigt, was dieserhalb der Gesetzrevision vorbehalten ist. Der eximirte Gerichtsstand, worin man ein besonderes Hinderniß gefunden hat, dürfte als solches kaum anzusehen sein. Denn abgesehen davon, daß die Kontraventionen der Eximirten zu den Seltenheiten gehören, würde auch wohl der Gesetzgeber kein Bedenken tragen können, sie in Beziehung auf Polizei-Kontraventionen der Gerichtsbarkeit des Polizeirichters zu unterwerfen, nachdem sie schon der Gerichtsbarkeit der Orts-Polizei-Verwaltung unterworfen sind.

Das Gewicht dieser Gründe ist nicht zu verkennen. Allein es muß dennoch vorgeschlagen werden, das administrative Verfahren mit einer später zu erwähnenden Modifikation beizubehalten, wenigstens gegenwärtig, bei Abfassung der Strafprozeß-Ordnung, von der Aufhebung desselben abzusehen.

Es darf nicht unerwähnt bleiben, daß auch für die Aufrechthaltung des bestehenden Grundsatzes mehrfache Gründe sprechen, unter denen die Aufrechthaltung des Ansehens der Gutsherrschaft von hoher Bedeutung ist. Allein ganz abgesehen hievon, ist die Betrachtung entscheidend, daß das Bestehen auf der Verweisung der Polizei-Kontraventionen zum gerichtlichen Verfahren die so nothwendige Umgestaltung des Verfahrens in Kriminalsachen weit hinausschieben würde, ohne ihrerseits durch ein gleich dringendes Bedürfniß gefordert zu sein. Man darf nämlich als gewiß annehmen, daß die Aenderung der seit langer Zeit bestehenden Verfassung vielfachen Widerspruch und die mannichfaltigsten Hindernisse finden würde, wie denn auch bereits das Ministerium des Innern sich wiederholt dagegen erklärt hat. Zur Ausführung der Maaßregel würde die bestehende Verwaltung großentheils umzugestalten sein; es würden vielfältige örtliche und andere in bestehenden Verhältnissen liegende Schwierigkeiten zu überwinden, und, wie überall bei solchen neuen Einrichtungen, auf allen Seiten Widerspruch zu erwarten sein. Insbesondere kömmt in Betracht, daß in den meisten östlichen Provinzen die Polizei-Gerichtsbarkeit auf dem Lande von den Gutsherren, als Inhabern der Polizei-Verwaltung, in eigener Person ausgeübt wird. Nach früheren Verhandlungen legen dieselben darauf ein großes Gewicht, und werden sich deshalb zum Aufgeben dieser Befugniß nicht geneigt zeigen. Selbst wenn aber auch mit Uebereinstimmung der Gutsherren die Ausübung der Polizei-Gerichtsbarkeit auf die Justitiarien überginge, würde hiermit nicht viel gewonnen sein. Es würde sich dann der Uebelstand geltend machen, daß die Justitiarien in der Regel nicht an dem Gerichtsorte wohnen und nur selten im Jahre Gerichtstage abzuhalten pflegen; es würden also die Polizei-Kontraventionen entweder zu lange unerledigt bleiben, oder zur Belästigung der Polizei-Verwalter und der Denunziaten an den Wohnsitzen der Justitiarien verhandelt werden müssen.

Wollte man unter diesen Umständen demnach bei der Revision der Kriminal-Ordnung auf jener Abänderung bestehen, so würde dieses unausbleiblich dahin führen, daß wegen des minder wichtigen Theils der Strafrechtspflege die so wünschenswerthe Reform des wichtigsten Theils bedeutend erschwert und verzögert, wo nicht gar unmöglich gemacht würde. Das Festhalten an jener Maaßregel würde sich nur rechtfertigen lassen, wenn ohne dieselbe eine Umgestaltung des Verfahrens in Kriminalsachen nicht erfolgen könnte, oder wenn sich bereits so erhebliche, aus den bisherigen Befugnissen der Polizei herzuleitende Mängel der Polizei-Strafpflege zu erkennen gegeben hätten, daß eine alsbaldige Abänderung als ein wirkliches, augenblickliches Bedürfniß angesehen werden müßte. Beides ist jedoch nicht der Fall. Die Umbildung des Kriminal-Verfahrens steht mit der Reorganisation des Polizei-Verfahrens in keiner näheren Verbindung. Letzteres kann ganz füglich in seinem gegenwärtigen Zustande verbleiben, während ersteres den Bedürfnissen entsprechend umgestaltet wird; die Kriminal-Ordnung von 1805. hat gleichfalls nur das Kriminal-Verfahren zum Gegenstande. Eben so wenig kann man sagen, daß das administrative Verfahren bisher zu besonders erheblichen Uebelständen geführt habe. Das Königliche Ministerium des Innern hat in einem an das Justizministerium gerichteten Schreiben vom 15ten September 1841. ausdrücklich versichert, daß Verschleppungen, Verzögerungen oder unförmliche Behandlungen der Strafsachen bei den Polizei-Behörden kein Gegenstand von irgend erheblichen Beschwerden gewesen sei. Auch sonst sind über die Handhabung der Polizei-Gerichtsbarkeit von Seiten der Polizei-Behörden keine besondere Klagen bekannt geworden. Man darf danach annehmen, daß dieselbe im Allgemeinen befriedigt, und wenigstens ein dringendes Bedürfniß zur Aenderung der bestehenden Verfassung nicht obwaltet.

Es würde hiernach im Wesentlichen bei der Strafgewalt der Polizei-Behörden, so weit sie gegenwärtig besteht, zu belassen sein.

Mit diesem Vorschlage muß jedoch der andere verbunden werden,

2. Modifikation des administrativen Verfahrens rücksichtlich der Berufung auf den Rechtsweg.

in allen Untersuchungen wegen Polizei-Kontraventionen gegen die Strafbestimmung der Polizeibehörde eine Berufung an die Gerichte zuzulassen und in so weit den §. 247. des Anh. zur Allg. Ger. Ordnung zu ändern.

Von der Art und Weise dieser Berufung wird später die Rede sein; irgendwie aber wird sie gestattet werden müssen. Nur mit dieser Maaßgabe hat sich auch die Staatsraths-Kommission für die Revision des Strafrechts bei der Berathung des Kompetenzgesetzes für die Beibehaltung des administrativen Verfahrens entschieden und diesem Beschlusse kann man nur beistimmen. Das jetzige Strafverfahren der Polizeibehörden kann eben so, wie das Strafverfahren der Finanz-Behörden nur in dem Sinne aufgefaßt und vertheidigt werden, in welchem nach §. 253. des Anhangs zur Allgemeinen Ger. Ordnung auch bei den Obergerichten ein abgekürztes Verfahren ohne förmlichen Rechtsgang besteht, nämlich in dem Sinne, daß zur Abkürzung dieser unbedeutenderen, in der Regel einfachen und der größten Mehrzahl nach unbestrittenen Sachen dem Angeschuldigten auf eine vorläufige summarische Untersuchung eine Strafe auferlegt wird, durch deren Verbüßung er die Sache abmachen kann, die er aber auch mit Berufung auf ein förmliches Rechtsverfahren ablehnen darf. Ein von der Justiz durchaus unabhängiges Strafrecht der Polizeibehörden, als solcher, ist nicht zu rechtfertigen.

Im Allgemeinen nämlich kann es nicht füglich einem Zweifel unterliegen, daß die Bestrafung der Polizei-Kontraventionen an sich eine Justizsache ist, worüber die Entscheidung im Wege Rechtens, und zwar bei verfassungsmäßiger Trennung der Justiz und Polizei, von den Justizbehörden erfolgen muß. Eine Abhandlung, auf welche bei früheren Berathungen vielfach hingewiesen worden ist (v. Kamptz Jahrb. Bd. 28. Seite 43.), hat zwar auszuführen gesucht, daß der Polizeigewalt als solcher ein eigenes Strafrecht gebühre und unentbehrlich sei, und daß das polizeiliche Straferkenntniß nicht die Ausübung einer Gerichtsbarkeit, sondern eine einfache polizeiliche Verfügung, und als solche eine reine Polizeisache, zum Unterschiede von Justizsachen, sei. Wäre dieses in Anwendung auf die Bestrafung der Polizei-Kontraventionen richtig, so würde allerdings nicht nur der §. 247. a. a. O. beizubehalten, sondern die Berufung auf den Rechtsweg unbedingt auszuschließen sein. Allein das Wahre, was die Ausführung enthält, trifft nicht die Polizei-Kontraventionen. Ein Strafrecht als Exekutionsmittel zur Ausführung einzelner Verwaltungsmaaßregeln, wie es z. B. der §. 48. des Gesetzes vom 26sten Dezember 1808. und der §. 80. der Landgemeinde-Ordnung für Westphalen vom 31sten Oktober 1841. (Gesetz-Samml. S. 297.) erwähnen, kann der Polizei zugestanden und die Ausübung desselben kann als eine reine Polizeisache betrachtet werden, sofern es die zu vollstreckende Verfügung selbst ist. Damit ist aber die Bestrafung der Uebertretungen allgemeiner Landes-, Provinzial- oder Lokal-Polizeigesetze nicht zu verwechseln.

Hier läßt sich wohl die Nothwendigkeit einer Strafe, nicht aber die Nothwendigkeit behaupten, daß die Polizei die Strafe verhänge. Es handelt sich hier gar nicht von der Ausführung polizeilicher Maaßregeln; es handelt sich, gerade so wie bei eigentlichen Verbrechen, einzig von der Frage, ob ein Gesetz übertreten und welches Strafübel dadurch verwirkt sei. Diese Frage aber ist unter allen Umständen eine rein strafrechtliche, und, wenn einmal der Schutz gegen willkührliche oder ungerechte Zufügung eines solchen Uebels in den Formen des gerichtlichen Verfahrens und bei Trennung der Justiz und Verwaltung, in der endlichen Entscheidung durch die Justizbehörden gesucht und verfassungsmäßig verliehen wird, so darf dieser Weg auch bei Anschuldigungen wegen Polizei-Vergehen nicht verschlossen werden. Ob das angeblich übertretene Gesetz in polizeilichen oder in privatrechtlichen oder in staatsrechtlichen Rücksichten seinen letzten Grund hat, ob es unmittelbar vom Landesherrn oder mit dessen Ermächtigung von untergeordneten Staatsbehörden erlassen ist, kann in der Sache keinen Unterschied machen. Das Interesse, welches die Polizeiverwaltung bei der Bestrafung der Kontraventionen hat, macht dieselbe eben so wenig zu einer Polizeisache, als man die Bestrafung der Staatsverbrechen, der gemeingefährlichen Verbrechen oder eigentlich aller Kriminalverbrechen darum an die Verwaltung wird verweisen wollen, weil das Gemeinwohl dabei interessirt ist.

Wenn man nicht etwa das unabhängige Strafrecht der Polizeibehörden mit einem Nothstande rechtfertigen will, dann giebt es nur einen Gesichtspunkt, aus welchem sich dasselbe, der Theorie nach, allenfalls aufrecht erhalten ließe, nämlich den, daß in Beziehung auf diesen Gegenstand Justiz und Polizei nicht getrennt, vielmehr in den Polizeibehörden vereinigt seien, dieselben also als Richter im Rechtswege entscheiden sollen. Diese Ansicht liegt aber unserm Administrativ-Verfahren nicht zum Grunde; denn das Gesetz selbst betrachtet dieses Verfahren, für welches gar keine Norm gegeben ist, nicht als ein Rechtsverfahren, und die Strafbestimmung der Polizei nicht als rechtliches Erkenntniß, weil es sonst gar keinen Sinn hätte, daß, je nach dem Maaße der bestimmten Strafe, erst noch eine Provokation auf „rechtliches Gehör und Erkenntniß" soll angebracht werden können. Wollte man aber jenen Gesichtspunkt aufgreifen, so würde man zuvor, wenn nicht für die erste, doch wenigstens für die höhere Instanz, in Beziehung auf das Verfahren und die Organisation der Behörden, den Anforderungen der Justiz genügen müssen, und auch dann würde einer solchen Einrichtung alles in doppeltem Maaße entgegenstehen, was gegen die Vereinigung der Justiz und Verwaltung zu erinnern ist. Denn es ist gerade am bedenklichsten, gewissen Verwaltungs-Beamten nur einen einzelnen, mit ihrem Verwaltungs-Ressort in unmittelbarer Berührung stehenden Zweig des Richteramts zu übertragen. Beamte, deren Hauptberuf die Polizei-Verwaltung ist, und die nur nebenbei in Polizeisachen Recht sprechen sollen, werden immer in Gefahr sein, auch bei dem besten Willen dem Interesse der Polizei-Verwaltung unvermerkt Einfluß auf die Entscheidungen zu gestatten. Vertrauen wenigstens können die Behörden schwerlich für die Dauer finden, welche mit gänzlicher Ausschließung der gewöhnlichen Justizbehörden die Funktionen des Gesetzgebers, Verfolgers, Anklägers und Strafrichters in sich vereinigen.

Daß nach deutschen Rechtsgewohnheiten oder Verfassungen die Bestrafung der Polizeivergehen regelmäßig den Polizeibehörden, als solchen, zugestanden habe, wie behauptet worden, ist unerweislich. Es kommt zwar in älterer Zeit oft vor, daß Verwaltungs- (Polizei- oder Kameral-) Beamte (Brüchtemeister) vorläufig Strafen festsetzten; aber wenn auch der Fiskalismus einer früheren Zeit, welcher zu Ausdehnung der Brüchten geneigt war, mitunter über die Gebühr in das Gebiet der Justiz übergegriffen haben mag, so werden doch schwerlich viele Fälle nachzuweisen sein, daß nicht gegen solche Festsetzungen der Weg Rechtens gestattet gewesen wäre. Im Uebrigen hat man nur in vielen Territorien die Polizeikontraventionen, gleich allen anderen geringfügigen Vergehen von der förmlichen Kriminalprozedur und damit von der Kompetenz der Kriminalgerichte ausgenommen, und darüber in einem einfacheren Verfahren theils durch besondere Polizeigerichte, theils durch Civilbehörden richten lassen, welche Justiz und Polizei verwalteten. Damit sind sie nicht an die Polizeibehörden, als solche, gefallen. Das Letztere läßt sich schon deshalb nicht behaupten, weil früher in Deutschland fast überall bei unteren und oberen Behörden Polizei und Justiz vereinigt waren. Erst bei der Trennung dieser Ressorts, wie sie in neuerer Zeit vielfach vorgenommen wurde, hat man hie und da den Polizeibehörden eine Strafgerichtsbarkeit gegeben.

Wie dem aber auch sei, in Preußen ist jedenfalls der richtige Grundsatz anerkannt, daß die Bestrafung der Polizeikontraventionen nicht Polizeisache sei, sondern im Streitfalle zur Kognition der Justizbehörden gehöre. Es ergiebt sich dieses zur Genüge aus der einleitenden Uebersicht. Erst der §. 247. des Anhangs zur Allg. Gerichts-Ordnung, welcher dem durch bloße Ministerialverfügung eingeführten Königsberger Reglement sein Entstehen verdankt, hat den Grundsatz beschränkt. Aber er hat eben dadurch, daß er den Rechtsweg nur mit Rücksicht auf ein gewisses Strafmaaß beschränkt hat, den Grundsatz selbst bestätigt.

Der §. 247. a. a. O. erscheint nur als eine Ausnahme, eine Anomalie, deren Grund und Rechtfertigung lediglich in der Geringfügigkeit der Strafen zu suchen ist; es kann sich nur fragen, ob diese Rücksicht genüge. Ohne Zweifel braucht man, wie in der Anordnung des Verfahrens, so auch in der Bestimmung der strafenden Behörden, um so weniger ängstlich zu sein, je kleiner die Strafen und je einfacher deshalb präsumtiv die Sachen sind. Allein abgesehen davon, daß ein vierzehntägiges Gefängniß und selbst eine sehr mäßige körperliche Züchtigung nach Umständen eine harte Strafe sein kann, so muß man es dennoch für wünschenswerth erachten, daß auch in diesen kleineren Sachen das Prinzip aufrecht erhalten werde. Das Strafmaaß kann die rechtliche Natur der Sache nicht ändern, und, da sogar der §. 247. a. a. O. mittelbar selbst anerkennt, daß die Entscheidung der Polizeibehörden nicht die Gewähr eines rechtlichen Erkenntnisses leiste, so bleibt es immer ein Unrecht, wenn dem Angeschuldigten der Weg abgeschnitten wird, vor Gericht seine Unschuld auszuführen.

Die polizeiliche Strafrechtspflege wird ferner, wenn sie auch nur bei kleinen Straffällen den Zutritt zu den verfassungsmäßigen Justizbehörden ganz verschließt, immer wenigstens den Schein der Willkührlichkeit behalten und statt des Vertrauens nur zu leicht den Widerspruchsgeist nähren.

Diesem tritt hinzu, daß eine solche Abscheidung nach dem Strafmaaße einen Polizeibeamten leicht versuchen kann, auf eine geringere Strafe nur darum zu erkennen, damit die Sache nicht zur gerichtlichen Verhandlung gebracht werden könne.

Daß es der öffentlichen Ordnung wegen nothwendig sei, sich den kleineren, von der Polizei verhängten Strafen, selbst bei bezweifelter Gerechtigkeit derselben, ohne Weiteres zu unterwerfen, wird sich nicht behaupten lassen. Es läge darin eine Zurücksetzung der älteren Provinzen gegen die Rheinprovinz, in welcher sich eine solche diskretionaire Zuchtgewalt der Polizei als entbehrlich erwiesen hat.

Mag demnach auch bei der Geschäftsführung unserer Polizeibehörden zur Zeit ein dringendes Bedürfniß zur Abänderung des §. 247. a. a. O. nicht fühlbar geworden sein, so wird doch aus diesen Gründen der Vorschlag, in allen Fällen eine Berufung an die Gerichte zn gestatten, wenigstens dann gerechtfertigt erscheinen, wenn sich dieses ohne erhebliche Schwierigkeiten und ohne Herbeiführung anderer Inkonvenienzen erreichen läßt. Drei Vorschläge sind zu dem Ende zur Sprache gekommen:

1. Als nächstes Auskunftsmittel bietet sich die einfache Aufhebung des §. 247. des Anhangs zur Allg. Ger. Ordnung dar. Es scheint keiner weiteren Aenderung zu bedürfen, als daß die Provokation auf rechtliches Gehör in allen Fällen ohne Rücksicht auf das Strafmaaß, aber übrigens ganz in der bisherigen Weise, gestattet werde. So ist es von der Kommission des Königlichen Staatsraths vorgeschlagen worden. Bei näherer Erwägung stellt sich dieser Vorschlag jedoch nicht als angemessen dar. Nach dem bisherigen Verfahren hat die Berufung auf den Rechtsweg die Folge, daß die Sache bei dem betreffenden Gerichte aufs Neue in erster Instanz verhandelt wird; die Berufung geht von den Regierungen an die Obergerichte und von den Lokal-Polizeibehörden an die Ortsgerichte; bei beiden werden nach der folgenden Betrachtung dergleichen Sachen von Einzelrichtern untersucht und entschieden werden. Es ist wahrscheinlich, daß die unbeschränkte Zulassung einer solchen Berufung eben so großen Widerspruch finden würde, wie die gänzliche Aufhebung des administrativen Verfahrens. In der That liegt auch etwas Unangemessenes darin, daß von dem Gerichtsherrn an den Justitiar, von den Polizei-Direktionen oder Stadt-Magisträten an die städtischen Gerichte, und zwar an Einzelrichter, Berufung genommen werden soll. Letzteres kann zwar nach den bestehenden gesetzlichen Bestimmungen auch gegenwärtig vorkommen, aber ein solcher Fall tritt höchst selten ein, da die meisten Polizeistrafen, zumal die lokalpolizeilichen, das im §. 247. a. a. O. bestimmte Strafmaaß nicht übersteigen. Ueberdies erscheint es als eine zu weit gehende Aengstlichkeit, daß in diesen kleineren Untersuchungssachen dem ganzen, oft umständlichen Verfahren der Polizei gar keine Bedeutung beigelegt und bei

den Gerichten die Sache nochmals durch alle Instanzen verhandelt werden soll. Man hat dazu um so weniger Ursache, da ohnehin nach den Mittheilungen des Königl. Ministeriums des Innern bisher von der Berufung auf den Rechtsweg auch in den Fällen, in welchen sie gestattet war, kein umfassender Gebrauch gemacht worden ist.

2. Um dem so eben erwähnten Bedenken zu begegnen, gleichwohl aber den im ersten Vorschlage liegenden Zweck zu erreichen, ist hiernächst vorgeschlagen worden, die Berufung nicht an den Richter erster Instanz, sondern sofort an den Appellationsrichter zu verweisen und demgemäß die Polizeibehörden als Richter in richterlichen Formen verhandeln und erkennen zu lassen, wonach es sich denn von selbst verstehen würde, daß die weitere Berufung an den höheren Richter ginge. Es würde hiernach die Justiz und Polizei in erster Instanz vereinigt sein. Die Polizeibehörden würden dieselbe Stellung einnehmen, welche die rheinische Strafprozeß=Ordnung den Bürgermeistern in der Eigenschaft als Polizeirichtern zutheilt. Da sich die Behandlung der Strafsachen von Seiten der Polizeibehörden seither im Allgemeinen als befriedigend erwiesen hat, und man ihnen die Fähigkeit zu einer prozeßordnungsmäßigen Untersuchung wohl zutrauen darf, so dürfte gegen diesen Vorschlag in rechtlicher Beziehung nicht viel zu erinnern sein. Ist auch oben die gänzliche Vereinigung der Justiz und Polizei in diesen Sachen als bedenklich dargestellt, so kann man sich doch dabei beruhigen, daß die Sachen in der höheren Instanz an die Justizbehörden gelangen. Allein es ist einerseits doch der bisherigen preußischen Verfassung entgegen, daß Personen richterliche Funktionen ausüben, welche sich nicht speziell zum Richteramte befähigt haben; andererseits würde nach jenem Vorschlage der Rekurs an die vorgesetzte Polizeibehörde wegfallen. Wenn aber einmal die unteren Polizeibehörden Strafen festsetzen, dann liegt auch kein Grund vor, den Bestraften das ihnen bisher zustehende, in der Regel einfachere und doch oft zum Ziele führende Hilfsmittel einer Beschwerde bei der vorgesetzten Behörde abzuschneiden.

3. Am angemessensten dürfte deshalb der dritte Vorschlag erscheinen, welcher dahin geht:

> in dem bisherigen Verfahren der Polizeibehörden nichts zu ändern, jedoch in allen Fällen nach der Wahl des Angeschuldigten den Rekurs an die vorgesetzte Behörde oder die Berufung an die Justiz zuzulassen, bei dieser letzteren Berufung aber dem Strafresolute der Polizeibehörde in sofern die Bedeutung eines Erkenntnisses erster Instanz beizulegen, daß die Sache sofort als Appellation von dem dazu kompetenten Gerichtshofe verhandelt und entschieden wird.

Dieser Vorschlag beseitigt alle bisher erwähnte Bedenken. Daß hier ein Resolut, welches nicht im Wege einer gerichtlichen Untersuchung erlassen ist, dennoch als ein gerichtliches Erkenntniß behandelt wird, dagegen läßt sich nichts Erhebliches erinnern; denn bei dem öffentlich=mündlichen Verfahren hängt es von dem Angeschuldigten ab, die Untersuchung mit allen Beweisen vor dem Appellationsrichter verhandeln zu lassen. Wenn man daher auch dem polizeilichen Verfahren gar

16

keine gerichtliche Bedeutung geben zu können glaubt, so würde immerhin die eigentliche Folge der vorgeschlagenen Einrichtung nur die sein, daß in dem gerichtlichen Prozeß nur eine Instanz, jedoch vor dem vollständig besetzten Appellationsgericht, stattfinde. Das aber kann bei diesen unbedeutenden Untersuchungen um so weniger Bedenken haben, als man bei dem öffentlich-mündlichen Verfahren vielfältig die zweite Instanz, vorbehaltlich der Nichtigkeitsbeschwerde überhaupt für unnöthig hält, auch z. B. in Holland eine solche in Kriminalsachen nicht zugelassen ist. Uebrigens ist auch eine solche Appellation von den Administrativ-Behörden an die Gerichte nicht so neu, wie sie auf den ersten Blick zu sein scheint, da z. B. in gutsherrlich-bäuerlichen Angelegenheiten das Geheime Ober-Tribunal in dritter Instanz erkennt, obgleich in den ersten Instanzen die Entscheidung durch Administrativ-Behörden erfolgt.

Dieser Vorschlag ist es demnach, dessen Annahme empfohlen wird. Er gewährt den gewünschten Rechtsschutz, ist ohne weitere Aenderungen in der bestehenden Polizei-Verwaltung auszuführen und wird weder bei den Gerichten, noch bei den Polizeibehörden Geschäftsüberladung oder sonstige Störungen veranlassen. Denn es ist nach den bisherigen Erfahrungen nicht zu befürchten, daß von dem Rechtsmittel ein zu häufiger oder frivoler Gebrauch werde gemacht werden, wobei zu beachten ist, daß nunmehr auch in denjenigen Sachen, in welchen bisher schon der Rechtsweg statt fand, zur Erleichterung der Behörden die erste gerichtliche Instanz wegfallen wird. Den Polizeibehörden giebt überdies das, auch in Polizeisachen einzuführende Rechtsmittel der Nichtigkeitsbeschwerde hinlängliche Mittel, das Interesse der Polizei gegen vermeintlich irrthümliche Ansichten der Appellationsgerichte zu schützen.

III. Kompetenzfrage.

Wenn die Polizeibehörden mit der vorstehenden Modifikation ihren Antheil an der Polizei-Gerichtsbarkeit behalten, so muß noch die Kompetenz-Frage berührt werden, während die sonstigen, nach der Einleitung der Gesetz-Revision vorbehaltenen Fragen über das administrative Verfahren nicht weiter zu den Berathungen über die Strafprozeß-Ordnung gehören. Die Zweifel über die Kompetenz finden großentheils durch das neue Strafgesetzbuch ihre Erledigung. Der Entwurf von 1843 bestimmt einestheils im §. 130. Art und Maaß der polizeilichen Strafen (Verweis, Geldbuße bis zu 50 Thlr., Gefängniß bis zu 6 Wochen, körperliche Züchtigung, Konfiskation einzelner Gegenstände) *), und er zeichnet anderntheils diejenigen Uebertretungen, welche als Polizei-Vergehen betrachtet werden sollen, besonders aus. Es ergiebt sich daraus, daß von den im Straf-Gesetzbuche vorkommenden Uebertretungen nur die zur Kompetenz der Polizei-Behörden gehören, welche darin als Polizei-Vergehen bezeichnet sind. Bei den Uebertretungen, welche durch Spezialgesetze oder obrigkeitliche Verordnungen unter Strafe gestellt sind, muß der im Strafgesetzbuche angenommene Theilungsgrund-

*) Der revid. Entwurf von 1845. §. 411.: Geldbuße bis zu 50 Rthlr., Gefängniß bis zu 4 Wochen, Konfiskation.

satz gleichfalls entscheiden. Wo nicht ein Anderes besonders bestimmt ist, werden also diejenigen Vergehen vor die Polizeibehörden gehören, deren Strafe in thesi höchstens 6 (oder 4) Wochen Gefängniß oder 50 Thlr. Geldstrafe beträgt.

Nur in Ansehung einzelner Vergehen leidet die vorstehende Regel eine Ausnahme. Schon bei der Abfassung des Entwurfs des Kompetenzgesetzes aus Veranlassung des neuen Strafgesetzbuches hat die Kommission zur Revision des Strafrechts vorgeschlagen, daß mehrere als Polizeivergehen bezeichnete Handlungen, wie z. B. die Entwendung von Eßwaaren, Getränken, Garten- oder Feldfrüchten zum eigenen Genuß auf der Stelle, die Entwendung geringfügiger Gegenstände, die, in Ermangelung einer unredlichen gewinnsüchtigen Absicht, als eigentlicher Diebstahl nicht anzusehen sind ꝛc., von Hause aus mit Ausschließung der Polizeibehörden den Gerichten vorzubehalten seien. Die Kommission ist hiebei durch die Betrachtung geleitet worden, daß in diesen Fällen, welche so nahe an der Grenze eigentlicher Verbrechen stehen, die gerichtliche Untersuchung eintreten müsse, um zu verhüten, daß die Polizeibehörden dem Kriminalrichter vorgreifen und durch irrthümliche Festsetzung einer Polizeistrafe die Kriminalstrafe ausschließen.

Aehnliche Ausnahmen sind in Spezialgesetzen in Betreff von Vergehen gemacht, die, wenn man die Höhe der Strafe allein berücksichtigen wollte, ganz füglich der Kognition der Polizeibehörden überlassen werden könnten, wie z. B. die einfachen Holzdiebstähle, die Entwendung von Waldprodukten u. s. w.

Bei diesen Ausnahmen, die sich erst in der Folge, wenn das neue Strafgesetzbuch, so wie die im Werke begriffenen Verordnungen wegen des Holz- und Wilddiebstahls, der Jagd- und Forstpolizei, der Fischerei ꝛc. erschienen sein werden, genauer bestimmen lassen, wird es auch in der Folge bewenden; es wird in solchen Fällen von Hause aus der Richter erkennen.

K. Eintheilung des Strafverfahrens.

Allgemeine Bemerkungen.

Wenn hier die Eintheilung des Strafverfahrens zur Frage gestellt wird, so bleiben diejenigen außerordentlichen Modifikationen des Verfahrens außer Betracht, welche etwa aus besonderen Gründen in den Untersuchungen wegen bestimmter Vergehen oder gegen gewisse Personen anzunehmen sind. Ob und wo solche außerordentliche Anordnungen, wie sie in der bisherigen Gesetzgebung, z. B. beim Aufruhr, Pferdediebstahl, Holzdiebstahl, Zoll-Vergehen, in den Untersuchungen gegen Standesherren, Beamte, Militairpersonen, vorkommen, nothwendig oder angemessen seien, bleibt anderweitigen Erörterungen vorbehalten. Hier handelt es sich nur von dem Verfahren im Allgemeinen.

Nicht alle strafbaren Handlungen können mit derselben Umständlichkeit und Förmlichkeit untersucht werden. Den unvorsichtigen Ankauf einer gestohlenen Kleinigkeit wird man nicht behandeln wollen, wie der Raubmord behandelt werden muß und, wenn man es wollte, so würde der Versuch an der Unmöglichkeit scheitern. Gewisse Grundregeln müssen allerdings bei jeder Untersuchung beobachtet werden. Aber Vieles, was die Klugheit, Vorsicht und Gewissenhaftigkeit bei schwerern Verbrechen anrathen oder fordern, erscheint in der Anwendung auf geringere Uebertretungen als zwecklos und unausführbar.

Es bedarf dies keines weitern Nachweises. Die Gesetzgebungen der älteren und neueren Zeit haben derartige Unterschiede, wenn auch auf sehr verschiedene Weise, gemacht, theils in Bestimmung der untersuchenden und erkennenden Behörde, theils durch Anordnungen im Verfahren. Ueber die Nothwendigkeit solcher Unterscheidungen im Allgemeinen darf man Einverständniß annehmen.

Dagegen sind allerdings die Rücksichten, nach welchen man das Verfahren abzustufen habe, bestritten. Man hat die unter den Rechtsgelehrten viel besprochene Frage: ob und nach welchen Gründen und Rücksichten die Verbrechen einzutheilen seien? auf den Strafprozeß übertragen. Hier kann jedoch, für uns wenigstens, dieser Punkt nicht Gegenstand eines erheblichen Zweifels sein. Denn wie man auch in den Berathungen über das Strafrecht jene Eintheilungsfrage entscheiden mag, im Strafprozesse ist es das Strafmaaß, wonach sich das Maaß der Sorgfalt im Untersuchungs-Verfahren bestimmen muß. Die Höhe der Strafe bezeichnet den Grad der Gefährlichkeit, welchen der Gesetzgeber dem Verbrechen und dem Thäter beilegt; sie bestimmt das Interesse sowohl des Staats als des Angeschuldigten bei dem Ausgange der Untersuchung: von ihr hängt es mehr oder weniger ab, in welchem Maaße Vorkehrungen der

Angeschuldigten zur Verdunkelung der Wahrheit, falsche Zeugen-Aussagen ꝛc. befürchtet werden können; je geringer die Strafe ist, desto weniger bedarf es einer sorgfältigen Ermittelung aller konkurrirenden, für die Abmessung der Strafe erheblichen Umstände; je weniger die Strafe dauernde Folgen für den Verurtheilten hat, desto weniger braucht man bedenklich zu sein, dem Geständnisse zu trauen, Kontumazial-Verfahren oder sonstige Präjudizien eintreten zu lassen ꝛc. Zu der Höhe der Strafe steht regelmäßig die Schwierigkeit der Untersuchung und Entscheidung im Verhältnisse, auch abgesehen davon, daß man nothwendig mit um so größerer Aengstlichkeit zu Werke gehen muß, je größer das Strafübel ist, welches den Angeschuldigten treffen kann.

Diesen Gesichtspunkt hat auch unsere bisherige Gesetzgebung befolgt. Nach §. 34. Tit. 35. Th. I. der Allg. Ger. Ordnung ist es die Gattung und Höhe der Strafe, welche darüber entscheidet, ob eine fiskalische oder eine Kriminal-Untersuchung eintreten soll. Von dem Strafmaaße macht es die Allgemeine Kriminal-Ordnung abhängig, ob den Untergerichten, ungeachtet ihres Beitritts zur Inquisitoriats-Einrichtung, die Untersuchung und Entscheidung verbleibt (§. 19.), und ob die nicht beigetretenen Untergerichte selbstständig zu erkennen oder ihre Erkenntnisse den Obergerichten zur Bestätigung einzusenden haben (§. 513.), ferner ob nur die s. g. General-Untersuchung oder auch die Spezial-Untersuchung nothwendig eintreten müsse (§§. 301. 302.), ob und wie ein artikulirtes Verhör abzuhalten (§§. 119. ff.), ob eine schriftliche Vertheidigung zulässig oder nothwendig sei (§§. 436. ff.) u. s. w. Durch ein gewisses Strafmaaß ist sodann sowohl die erweiterte Kompetenz der kollegialischen Untergerichte in Gemäßheit der Allerhöchsten Kabinetsordre vom 31sten Januar 1833. (Gesetz-Sammlung Seite 14.) als die Zulässigkeit des auf den Grund der Allerhöchsten Kabinetsordres vom 31sten August 1840. und 31sten März 1841. neuerdings eingeführten summarischen Verfahrens in geringeren Straffällen,

Justiz-Ministerial-Blatt 1840. S. 307., 1841. S. 146.,

begränzt worden.

Im Wesentlichen stimmen damit selbst diejenigen neuern Gesetzgebungen überein, welche nicht unmittelbar das Strafmaaß entscheiden lassen, sondern für eine Reihe benannter Verbrechen ein einfacheres Verfahren feststellen. Man pflegt dabei doch wieder die mit geringern Strafen bedrohten Uebertretungen, und nebenbei das im konkreten Falle angemessene Maaß der Strafe zu berücksichtigen, wie solches namentlich z. B. in dem sächsischen und badischen Entwurfe bei der Verweisung zur unter- oder einzel-gerichtlichen Entscheidung geschehen ist. Ob es möglich ist, lediglich das in thesi gesetzlich zulässige Strafmaaß als Grenzscheide aufzustellen, hängt zum Theil von dem Strafsysteme des geltenden Strafgesetzbuchs ab.

Die hierdurch gerechtfertigte Berücksichtigung des Strafmaaßes bei der Anordnung des Verfahrens führt indessen noch nicht zu der Nothwendigkeit, für verschiedene Grade wesentlich verschiedene Formen des Verfahrens vorzuschreiben und dieselben als besondere Prozeßarten unter besondern Namen abzuhandeln.

Die neueren Gesetzgebungen haben in dieser Beziehung verschiedene Wege eingeschlagen. Einige haben von einer Eintheiluug der strafbaren Handlungen und des Strafverfahrens Abstand genommen und nur in dem Einen angeordneten Verfahren nach Art unserer Kriminal-Ordnung bei den einzelnen Bestimmungen die erforderlichen Modifikationen für schwerere und geringere Gesetz-Uebertretungen angebracht. Andere dagegen haben die Gesetz-Uebertretungen eingetheilt und für jede Kategorie ein besonderes Verfahren angeordnet. Gewöhnlich liegt die bekannte und viel besprochene Eintheilung in Verbrechen, Vergehen und Polizeikontraventionen zum Grunde. Darauf beruht namentlich das rheinische Strafverfahren. Das französische Strafgesetzbuch unterscheidet nach dem Strafmaaße crimes, delits und contraventions de police, und die Strafprozeß-Ordnung bestimmt dafür das Kriminal-, das korrektionelle und das polizeigerichtliche Verfahren. Eine solche nach dem Strafmaaße sich abstufende dreigliederige Eintheilung ist nun auch bei den bisherigen Berathungen über die künftige Strafprozeß-Ordnung in Vorschlag gebracht und sowohl im ersten, wie im revidirten Entwurfe unter den Namen des „Kriminal-", des „Fiskal-" und des „Frevel-" oder — wie es der revidirte Entwurf benennt — des „Rüge-" Verfahrens angenommen worden. Dieser Vorschlag findet allerdings schon in der bestehenden Gesetzgebung seine Unterstützung. Denn neben den einzelnen Modifikationen, welche die allgemeine Kriminal-Ordnung je nach der Höhe der Strafe eintreten läßt, unterscheiden wir schon jetzt drei Hauptarten des Verfahrens, wenn auch nicht in scharf gezogener Begränzung, nämlich das eigentliche Kriminalverfahren, das fiskalische Verfahren nach den Vorschriften des Tit. 35. Th. I. der Allgemeinen Gerichts-Ordnung, und das polizeiliche Verfahren (Allgemeines Landrecht Th. II. Tit. 20. §§. 1122. ff., Anhang zur Allgemeinen Gerichts-Ordnung §§. 243. ff.), welchem letzteren gegenwärtig das neuere summarische Verfahren an die Seite gesetzt werden kann. Auch der Generalplan wegen Einführung einer besseren Kriminalgerichts-Verfassung vom 16ten September 1804. unterscheidet das dreifache Verfahren, indem er als Regel aufstellt, daß die Inquisitoriate nur eigentliche Kriminal-Untersuchungen führen, Polizeivergehungen und fiskalische Untersuchungen aber den bisherigen Behörden verbleiben. Die bisherige fiskalische Prozeßform wird indeß auf jeden Fall wegfallen müssen. Diese Mischung des Civil- und Kriminalverfahrens hat so vielfachen, gerechten Tadel gefunden und so viele Klagen hervorgerufen, daß dessen Aufgebung nicht zweifelhaft sein kann. Darüber ist man auch bei den bisherigen Berathungen einverstanden gewesen; was darin unter dem Namen der Fiskal-Untersuchung vorgeschlagen worden, ist ein reines Strafverfahren, nur einfacher, wie das eigentliche Kriminalverfahren. Das Ausscheiden dieser eigenthümlichen Prozeßform hindert nun freilich nicht, an deren Stelle in vorgeschlagener Art ein anderes angemessenes Verfahren einzuschieben und solchergestalt dennoch eine dreigliedrige Eintheilung beizubehalten. Dieser würde sich allerdings auch der Entwurf zum Strafgesetzbuche (sowohl der von 1843 als der revidirte von 1845) sehr wohl anschließen. Denn wenn gleich darin nur zwischen Verbrechen und Polizei-Vergehen unterschieden ist und nicht die erstern wiederum in Verbrechen und Vergehen eingetheilt sind, so ist doch durch Beobachtung einer gewissen Gleichförmigkeit bei Bestimmung der Strafen eine Gliederung in schwere und minder schwere Verbrechen eingeführt. Nach dem Entwurfe zerfallen die Gesetz-Uebertretungen überhaupt:

1. in geringfügige Vergehen, bei welchen das Maximum der Strafe in Geldbuße bis zu 50 Rthlrn. oder Gefängniß bis zu sechs (oder vier) Wochen besteht (das polizeiliche Strafmaaß),
2. in Verbrechen, bei welchen das Maximum der Freiheitsstrafe eine fünfjährige Freiheitsstrafe ist,
3. in schwere Verbrechen, bei denen die gesetzlich bestimmte Strafe jenes Maaß übersteigt.

Danach ließe sich allerdings das Verfahren dreifach abstufen, und darauf zielen die Vorschläge der bisherigen Entwürfe.

Allein bei der Annahme des öffentlich-mündlichen Verfahrens erscheint es dennoch nicht angemessen, drei besondere Verfahrungsarten unter besondern Namen aufzustellen. Ein solcher Schematismus ist nur in soweit zweckmäßig, als sich die Prozeßformen in wesentlicher Verschiedenheit scharf von einander sondern. Nun wird aber der Unterschied, welcher im französischen Strafprozesse zwischen dem Korrektionell- und dem Kriminalverfahren besteht, und welcher darin liegt, daß dort ständige Richter und hier Geschworne erkennen, bei uns wegfallen. Es werden immer ständige Richter erkennen. Die Form des Verfahrens wird deshalb, dem Korrektionellverfahren des französischen Strafprozesses sich nähernd, überall im Wesentlichen dieselbe sein, sobald Kollegien in der Form des Anklageprozesses auf mündliche Verhandlung zu entscheiden haben. Zu einer kollegialischen Verhandlung wird man aber, in Uebereinstimmung mit der bisherigen Gesetzgebung und den frühern Entwürfen, alle Straffälle verweisen müssen, bei welchen die Strafe das Maaß der polizeilichen Strafe (oben unter No. 1.) überschreitet, wonach dann die beiden andern Kategorien (oben No. 2. und 3.) unter eine und dieselbe Prozeßform, das Kriminalverfahren, fallen. Diese Verschmelzung wird nicht hindern, in dieser Prozeßform je nach der Höhe der Strafe einzelne Modifikationen eintreten zu lassen, so wie mit Rücksicht auf das Strafmaaß die Kompetenz der erkennenden Behörden zu regeln, und dazu wird allerdings die im Strafgesetzbuche angenommene Abstufung der Strafen benutzt werden können. Dergleichen Verschiedenheiten kommen nach den Vorschriften der allgemeinen Kriminal-Ordnung und nach der Allerhöchsten Kabinetsordre vom 31sten Januar 1833. auch gegenwärtig im eigentlichen Kriminalverfahren vor, und sie finden sich selbst im französischen Verfahren. Es scheint aber weder nothwendig, noch zweckmäßig, ihretwegen im Gesetze das Verfahren nach besondern technischen Bezeichnungen mit scharfer Begrenzung einzutheilen und solchergestalt mehrere Arten des Verfahrens als besondere Prozeßformen neben einander zu stellen. Während man damit vielleicht hie und da den Vortheil größerer Kürze erlangt, wird andererseits durch diesen Schematismus leicht die freie Bewegung und Fortbildung des Strafprozesses gefährdet.

Dagegen wird sich das Verfahren wegen der geringfügigen Vergehungen (oben No. 1.) von dem Kriminalverfahren wesentlich unterscheiden müssen, weil man sie wiederum, in Uebereinstimmung mit der bestehenden Gesetzgebung, Einzelnrichtern überweisen kann, und weil dort das Eintreten der Staatsanwaltschaft wegfallen oder sich erheblich modifiziren muß. Für diese geringeren Straffälle wird deshalb ein besonderes Verfahren anzuordnen sein. Als Bezeichnung desselben empfiehlt sich statt der vorgeschlagenen Benennung des Frevel- oder Rügeverfahrens die des „polizeigerichtlichen Verfahrens." Sie entspricht dem bisher schon üblichen Sprachgebrauch (Allg. Landr. Th. II. Tit. 17. §. 61. Tit. 20. §. 1122.) und in sofern auch dem Entwurfe zum Strafgesetzbuche, als darin die hier zur Sprache kommenden Vergehungen als Polizeivergehen bezeichnet worden sind und das Strafmaaß, welches die Grenze für dieses Verfahren bestimmt, zugleich das Maaß der polizeilichen Strafe einschließt.

Dem Strafgesetzbuche sich völlig anschließend, wird demnach die Straf-Prozeß-Ordnung nur zwei Hauptarten des Verfahrens, „das Kriminal-Verfahren" und „das polizeigerichtliche Verfahren" anordnen. Das Verhältniß beider zu einander wird übrigens nicht in der Entgegensetzung, sondern in der Abstufung liegen, so daß eine kriminelle Sache nicht im polizeigerichtlichen Wege, wohl aber umgekehrt eine polizeiliche Sache im Kriminal-Verfahren entschieden werden kann und demnach auch das Kriminalgericht eine vor ihm verhandelte Sache abzuurtheilen hat, ungeachtet sich bei der Entscheidung ergiebt, daß die Vergehung zur Kompetenz des Polizeirichters gehört. Ob übrigens thunlich und zweckmäßig sei, die zu dem einen und anderen Verfahren gehörenden Sachen bloß nach dem Maximum der gesetzlichen Strafe zu sondern, oder ob bei gewissen Verbrechen das in concreto angemessene Strafmaaß zu berücksichtigen sei, darauf wird die Betrachtung später zurückkommen.

Es ist hier eigentlich noch nicht des Orts, das Verfahren im Einzelnen darzustellen. Für die Beschlußnahme über die Gegenstände dieser allgemeinen Erörterungen, und namentlich für die folgende Betrachtung über die Organisation der Behörden wird es jedoch nicht undienlich sein, schon hier das Kriminalverfahren, wie es sich in Anwendung der in den bisherigen Betrachtungen entwickelten Grundsätze ungefähr gestalten würde, mit Vorbehalt späterer näheren Erwägung und Rechtfertigung in seinen Umrissen zu zeichnen und demnächst zu erörtern, in wie weit jene Grundsätze auch bei dem polizeigerichtlichen Verfahren durchzuführen seien.

I. Kriminal-Verfahren.

1. Erste Instanz.

Das Kriminal-Verfahren wird an Kollegien überwiesen, bei welchen ein Staats-Anwalt mit den etwa erforderlichen Gehilfen angestellt ist.

Die dem Verfahren vor dem erkennenden Kollegium vorhergehenden gerichtlichen Verhandlungen werden von einzelnen Mitgliedern (Untersuchungs-Richtern) geführt, welche jedoch nicht, wie nach der französischen Verfassung, dem Staats-Anwalte, sondern lediglich dem Kollegium unterzuordnen sein werden.

a) Einleitung der Untersuchung.

Die Initiative bei der Verfolgung eines Verbrechens hat in der Regel der Staats-Anwalt. An ihn gehen zunächst die Privat- und amtlichen Anzeigen, die Mittheilungen der Polizeibehörden und die vorläufigen Verhandlungen anderer Gerichte; er prüft und vervollständigt die Ermittelungen der Polizeibehörden, veranlaßt erforderlichen Falls die gerichtliche Aufnahme des Thatbestandes, läßt nach Bewandniß der Umstände die Sache unverfolgt, oder bringt beim Gericht die Einleitung der Untersuchung gegen ein bestimmtes Individuum in Antrag, wenn er dazu genügenden Grund findet.

Ist der Untersuchungs-Richter, an welchen die Sache gelangt, mit dem Staats-Anwalte über die Einleitung der Untersuchung einverstanden, so kann er damit ohne weitere Rückfrage beim Kollegium vorschreiten. Entgegengesetzten Falls aber hat er dem Kollegium oder einer aus wenigstens drei Mitgliedern desselben bestehenden Abtheilung (Rathskammer) Vortrag zu halten und deren Beschluß zu veranlassen. Der Staats-Anwalt kann gegen den Beschluß, welcher seinen Antrag zurückweist, an den höheren Richter Berufung nehmen. Ob das Kriminalgericht, und unter welchen Voraussetzungen etwa, auch ohne oder gegen den Antrag des Staats-Anwalts die Untersuchung gegen bestimmte Personen soll einleiten können, bleibt künftig zu erwägen. Auf das weitere Verfahren hat dieser Punkt keinen Einfluß.

b) Voruntersuchung.

Nach beschlossener Einleitung der Untersuchung sammelt der Untersuchungs-Richter selbstständig, gleich dem Inquirenten der Kriminal-Ordnung, die Beweise gegen und für die Verdächtigen. Kontrolirt wird er einerseits durch den Staats-Anwalt, welcher zu jeder Zeit von den schwebenden Untersuchungen Kenntniß nehmen und in jeder Lage der Sache die ihm dienlich scheinenden Anträge machen darf, und andererseits durch das Gericht, welches auf den eigenen Antrieb des Untersuchungsrichters oder auf Beschwerden sofort Entscheidung geben kann.

c) Beschluß des Gerichts.

Am Schlusse dieser Voruntersuchung lassen sich die Anschuldigungen und Beweise erst mit einiger Sicherheit übersehen. Der Staats-Anwalt bleibt nunmehr entweder bei seinem, im Anfange der Untersuchung genommenen Antrage stehen, indem er ihn näher und bestimmter motivirt, oder er trägt, nach Lage der Sache, auf die Freilassung des von dem ersten Verdachte gereinigten Beschuldigten an. Der Untersuchungsrichter erstattet demnächst einen Vortrag und das Gericht beschließt, ob noch neue Ermittelungen stattfinden sollen, ob der Angeschuldigte außer Verfolgung zu setzen, oder ob derselbe vor das erkennende Gericht zu verweisen ist. Dieser Schlußbericht des Untersuchungsrichters und der darauf erfolgende Beschluß des Gerichts gewährt den Vortheil, daß das Verfahren des Untersuchungsrichters einer genau prüfenden Kontrole unterworfen wird, daß die Fälle, in welchen sich keine genügende Beweise herausgestellt haben, sogleich ausscheiden und keinen weiteren Kosten- und Zeitaufwand veranlassen, daß die Lücken in der Untersuchung jetzt noch leichter und rascher ergänzt werden können, und daß die Beschuldigung fixirt und der Augenmerk sowohl für den erkennenden Richter, wie für die Vertheidigung festgestellt wird. Gegen den Beschluß des Gerichts steht dem Staats-Anwalte ein Rechtsmittel zu. Dem Angeschuldigten kann ein Rechtsmittel darüber, daß genügende Verdachtsgründe zur Versetzung in den Anklagestand angenommen worden sind, nicht gestattet werden. Dagegen ist es zulässig und vielleicht rathsam, ihm ein Rechtsmittel wegen solcher Beschwerden zu bewilligen, die, wenn sie gegründet wären, die Beweisverhandlung vor dem erkennenden Gerichte überflüssig machen würden, z. B. weil das Gericht inkompetent sei, weil die zur Last gelegte Handlung nicht unter ein Strafgesetz falle ꝛc.

d) Vorbereitung der mündlichen Verhandlung.

Nach dem Verweisungs-Beschlusse ist die mündliche Verhandlung vorzubereiten.

Zunächst ist dem Angeschuldigten die Wahl eines Vertheidigers zu gestatten; nothwendig wird die Wahl oder Zuordnung eines solchen nur bei schweren Verbrechen sein, und demnach auch auf diese Fälle die Zwangspflicht der Advokaten zur Uebernahme der Vertheidigung beschränkt werden können.

Sodann kommt es darauf an, den Angeschuldigten und dessen Vertheidiger zur Vorbereitung gehöriger Vertheidigung in den Stand zu setzen, ferner für die Vollständigkeit der mündlichen Verhandlung zu sorgen, also die Beweise zu bestimmen welche im Interesse der Anschuldigung und Vertheidigung dem erkennenden Gerichte vorgeführt werden sollen, und überdies dasjenige ausarbeiten zu lassen, was nach Lage der Sache etwa als Einleitung und Grundlage der mündlichen Verhandlung erforderlich ist. Diese Vorbereitungen haben an sich keine Schwierigkeit; sie lassen sich aber auf verschiedene Weise bewirken und man hat verschiedene Wege eingeschlagen. Es wird sich vielleicht als zweckmäßig darstellen, mit Rücksicht auf die Schwere des Verbrechens und die Weitläuftigkeit der Sache ein verschiedenes Verfahren anzuordnen oder zu erlauben. Ob man sich in gewissen Fällen damit begnügen kann, daß der Staatsanwalt die Anschuldigungsbeweise und demnächst der Angeschuldigte die Vertheidigungs-Beweise aufstellt, oder ob zunächst das Gericht bei dem Verweisungs-Beschlusse die dem erkennenden Gericht vorzuführenden Beweise ausheben und die Betheiligten darüber vernehmen solle, ob ferner in allen oder in verwickelten Fällen der Untersuchungsrichter am Schlusse der Voruntersuchung eine Zusammenstellung anfertigen oder das Gericht bei dem Verweisungs-Beschlusse eine species facti ausarbeiten oder der Staats-Anwalt einen Anklage-Akt entwerfen, oder ein Referent einen Vortrag schriftlich abfassen solle ꝛc., kann später erwogen werden. Es ist nur unter allen Umständen erforderlich, einerseits, daß dem Angeschuldigten oder dessen Vertheidiger, sei es durch abschriftliche Mittheilung der Verhandlungen oder verstattete Akten-Einsicht vollständige Kenntnißnahme von der Lage der Sache bewilligt und andererseits, daß ihm und dem Staatsanwalte Gelegenheit gegeben werde, sich über die Beweise, welche in der mündlichen Verhandlung aufgeführt werden sollen, auszusprechen. Insbesondere muß dem Angeschuldigten gestattet werden, Schutzzeugen in beliebiger Zahl aufzustellen. Um einen Mißbrauch zu verhüten, werden jedoch diese nur dann von Gerichtswegen vorzuladen sein, wenn das Gericht dasjenige, was sie bekunden sollen oder in der Voruntersuchung bekundet haben, für erheblich hält.

e) Verhandlung vor dem erkennenden Richter.

Die mündliche Verhandlung selbst geht vor dem erkennenden Kollegium vor sich, welches die Thatsachen, die Beschuldigung und die Vertheidigung nicht mehr aus dem einseitigen, aus den Akten geschöpften Vortrage eines Referenten hören soll, sondern aus dem Munde der Staatsbehörde, des Angeschuldigten und der Zeugen selbst.

Zur Besetzung des Gerichts gehört ein Beamter der Staatsbehörde, ein Protokollführer und die gesetzliche Anzahl der Richter, welche bei geringern Verbrechen auf drei, bei schwereren auf fünf zu bestimmen sein dürfte, und bei welchen der Untersuchungsrichter auszuschließen ist.

Den Anfang der Verhandlung macht die Aufstellung der Beschuldigung mit den Anträgen des öffentlichen Ministeriums, sei es mündlich, oder durch Verlesung eines nach den frühern Bemerkungen auszuarbeitenden Schriftstücks. Darauf folgt die Vernehmung des Angeklagten und demnächst die Aufnahme der Beweise, namentlich die Abhörung der Zeugen. Letztere bleiben bis zum Schlusse der Verhandlung, da ihre nachträgliche Befragung über einzelne Punkte oft nöthig wird. In der Regel müssen die Zeugen persönlich erscheinen und gehört werden. Damit jedoch nicht eine ganze Prozedur an der Hartnäckigkeit eines Zeugen, an der Unmöglichkeit, ihn herbeizuschaffen oder an den bedeutenden Kosten scheitere, müssen Ausnahmen gestattet werden, wo die Lesung einer gehörig aufgenommenen Zeugen-Aussage die Stelle der mündlichen Abhörung vertritt. Beim ungehorsamen Ausbleiben eines Zeugen darf eine solche Ausnahme jedoch nur eintreten, wenn die Staatsbehörde und der Angeschuldigte auf die mündliche Vernehmung verzichten; entgegengesetzten Falls muß eine neue Vorladung des Zeugen mit den ihn gesetzlich betreffenden Nachtheilen (Kriminal-Ordnung §§. 312. 314.; französische Prozeß-Ordnung Art. 355. 356.) erfolgen.

Ueber Zwischenpunkte und Zwischenfragen, welche den Gang des Verfahrens, die Regelmäßigkeit desselben rc. betreffen, wird jederzeit die Debatte zwischen der Staatsbehörde und dem Angeschuldigten oder dessen Vertheidiger gestattet und von dem Gerichte über die aufgeworfene Streitfrage sofort Entscheidung gegeben.

Der Vorsitzende hat, wie im summarischen Civilprozesse, die Leitung der Verhandlungen. Nur durch ihn können einzelne Mitglieder des Gerichts, der Staatsanwalt, der Angeschuldigte oder dessen Vertheidiger Fragen an einen zu Vernehmenden richten. Ihm wird überdies das s. g. pouvoir discretionaire der Assisen-Präsidenten, nämlich die Befugniß zu bewilligen sein, auf der Stelle die Herbeischaffung eines Zeugen oder anderer Beweismittel zu verordnen, wodurch oft wichtige Aufklärungen erreicht werden. Der Vorsitzende führt ferner die Polizei in der Verhandlung. Er kann über Beleidigungen und ähnliche in der Sitzung vorkommende Vergehen sofort erkennen lassen und gegen falsche Zeugen einschreiten.

Den Schluß der Verhandlung bilden die Debatten zwischen dem Staats-Anwalt und dem Angeklagten oder dessen Vertheidiger, wobei immer der Angeklagte das letzte Wort behalten muß.

Die Verhandlung muß übrigens, wenn sie auch mehrere Tage erfordern sollte, in Einem Zuge fortgehen, ohne Unterbrechung durch andere gerichtliche Verhandlungen.

Auf den Schluß der Verhandlung folgt das Urtheil. Die Richter müssen immer definitiv und in der Regel sofort erkennen. Nur in dem Falle, wenn es auf eine zweifelhafte Rechtsfrage ankommt, kann es ihnen gestattet werden, nach vorheriger Einigung über alle übrigen Punkte die Verkündigung des Urtheils auf einige, höchstens acht Tage, auszusetzen.

f) Kontumazial-Verfahren.

Wenn der Angeschuldigte, der gehörigen Vorladung ungeachtet, zu der mündlichen Verhandlung nicht erscheint, wird bei geringeren Verbrechen in contumaciam mit Aufnahme des Beweises und Abfassung des Erkenntnisses zu verfahren sein. Schon die Allg. Gerichts-Ordnung (Th. I. Tit. 35. §§. 48. ff.) läßt ein solches Verfahren in fiskalischen Untersuchungen zu, obgleich es den desfallsigen Bestimmungen allerdings an der erforderlichen Präcision gebricht. Das Kontumazialverfahren dient wesentlich zur Beschleunigung der Sachen und wird durch das mündliche Verfahren gewissermaaßen gefordert. Es wäre ein großer Uebelstand, wenn die geladenen Zeugen erschienen und die mündliche Verhandlung vorbereitet wäre, dann aber die Erledigung der Sachen ohne Rücksicht auf die Bewandniß derselben, wegen muthwilligen Nichterscheinens des Angeschuldigten prorogirt werden müßte. Der Angeschuldigte, welcher sich schuldig weiß, kann sich hierbei das Erscheinen vor Gericht ersparen; ein erheblicher Nachtheil aber ist für ihn nicht zu fürchten, da ihm unter allen Umständen die Appellation offen bleibt. Darum wird auch, abweichend vom französischen Rechte, eine nochmalige Verhandlung in erster Instanz nur bei gehöriger Begründung eines Restitutionsgesuchs zu gestatten sein. Es versteht sich übrigens von selbst, daß, wenn bei der Verhandlung die persönliche Vernehmung des Angeschuldigten als nothwendig erscheint, das Gericht die Sache aussetzen, die Verhaftung des Angeschuldigten verfügen und die Fortsetzung der Untersuchung in einer anderen Sitzung vornehmen kann. — Bei schwereren Verbrechen ist das Kontumazial-Verfahren bedenklich; es kann dabei auch nicht leicht vorkommen, da in diesen Fällen, wenigstens nach den Verweisungs-Beschlüssen, regelmäßig Verhaftung eintreten muß.

g) Protokoll über die mündliche Verhandlung.

Ueber die mündliche Verhandlung wird ein Protokoll aufgenommen. Fortwährendes Diktiren und ein Vorlesen wird dabei zu vermeiden sein. Die Autorität und die Pflichttreue des Gerichts muß für die Richtigkeit des Protokolls Bürgschaft leisten. Als Gegenstände, welche das Sitzungsprotokoll enthalten muß, dürften zu bestimmen sein:

a) Tag und Ort der Verhandlung,
b) die Namen der anwesenden Gerichtspersonen,
c) die Namen der Angeschuldigten und ihrer Vertheidiger, die Antworten der Angeschuldigten über die ihnen vorgelegten Generalfragen und der wesentliche Inhalt ihrer Erklärung auf die Anschuldigung,
d) die Namen der Zeugen, die Antworten derselben auf die Generalfragen, der Vereidigungsvermerk und der wesentliche Inhalt ihrer Aussagen, letzterer jedoch nur, wenn sie die früheren Aussagen verändern, oder ausnahmsweise in der Sitzung zum erstenmal vernommen werden,

e) die Reihenfolge der Verhandlungen und die Bezeichnung der gelesenen Schriftstücke,
f) die Anträge der Staatsbehörde und des Angeschuldigten oder seines Vertheidigers, sowohl über Zwischenpunkte, als auch am Schlusse der Verhandlungen,
g) die Entscheidungen des Gerichts, sowohl über Zwischenfragen, als über die Sache selbst (Endurtheil).

Das Endurtheil muß in der Urtheilsformel die angeschuldigte Handlung angeben und die verhängte Strafe oder Freisprechung ausdrücken. Es sind dazu Entscheidungsgründe auszuarbeiten, welche eine kurze Darstellung der Thatsachen, die Angabe der Ueberzeugungsgründe und die Anwendung des Gesetzes enthalten.

h) Abgekürztes Verfahren.

Das vorstehend angegebene Verfahren ist das ordentliche. Bei geringeren Verbrechen wird jedoch nach Bewandniß der Umstände ein abgekürztes summarisches Verfahren gestattet werden können, wie solches bei korrektionellen Vergehen einfacher und unzweifelhafter Art in der Rheinprovinz vorkommt.

(Art. 128. der Franz. Prozeß-Ordnung.)

Dasselbe besteht darin, daß unmittelbar auf die polizeilichen Ermittelungen die mündliche Verhandlung folgt. Der Staatsanwalt stellt die Beschuldigung und die Beweismittel gleich aus der ersten Anzeige auf, Zeugen und Angeschuldigte werden geladen, und die Sache wird sogleich mündlich verhandelt und entschieden. Es fällt also bei diesem Verfahren die ganze Voruntersuchung durch den Untersuchungsrichter und der darauf gegründete Beschluß über die weitere Verfolgung weg. In sehr vielen Sachen, namentlich wenn nur wenige Zeugen vorhanden sind, wird diese Art des Verfahrens, welche rasch und mit geringeren Kosten, wie das Untersuchungsverfahren der Allgemeinen Kriminal-Ordnung vor sich geht, genügen. In der Rheinprovinz werden vielleicht $\frac{3}{4}$ aller korrektionellen Sachen auf diese Weise gleich zur mündlichen Verhandlung gebracht. Der Grund, warum man dort so sehr gewünscht hat, daß bei geringen Vergehen wider die öffentliche Ordnung, wie z. B. bei Widersetzlichkeiten oder Beleidigungen gegen Beamte rc., mit Aufhebung der Allerh. Kabinetsordres vom 6ten März 1821. und 2ten August 1834. das Rheinische Verfahren wieder eintreten möge, wie dieses später in Folge der Allerhöchsten Kabinetsordre vom 18ten Februar 1842. (Ges. Samml. S. 86.) wirklich geschehen ist, beruht gerade darin, daß bei diesen geringfügigen und in der Regel sehr einfachen Sachen das abgekürzte summarische Verfahren in hohem Grade sich bewährt hat.

Nothwendig ist dabei nur, daß dem Angeschuldigten rechtzeitig der Gegenstand der Beschuldigung klar und deutlich bekannt gemacht wird, damit er seine Vertheidigung gehörig vorbereiten kann.

Bei schwereren Verbrechen kann aber dieses abgekürzte Verfahren nicht zugelassen werden.

2. Appellations-Instanz.

Gegen die Entscheidungen der ersten Instanz ist dem Staatsanwalt sowohl, wie dem Angeschuldigten das Rechtsmittel der Appellation zu gestatten.

In neuerer Zeit hat man nicht selten bei dem öffentlich-mündlichen Verfahren die Appellation, wenigstens in Beziehung auf die Thatfrage, rücksichtlich welcher das Rechtsmittel allerdings mit einiger Schwierigkeit verbunden ist, für unnöthig gehalten; es ist in Vorschlag gekommen, nur ein Rechtsmittel in Beziehung auf die Anwendung des Gesetzes zu gestatten, und allenfalls bei dem Vorbringen neuer Beweise eine nochmalige Verhandlung und Entscheidung bei dem Gerichte erster Instanz eintreten zu lassen. Allein wenn gleich sich Manches für diesen Vorschlag anführen läßt und derselbe auch zum Theil in der holländischen Strafprozeß-Ordnung Vorgang findet, so enthält er doch eine zu tief gehende Aenderung der bestehenden Verfassung, als daß man ihm beitreten könnte. Die vermeintlichen Schwierigkeiten werden sich überwinden lassen, wobei in Betracht kommt, daß bei dem öffentlich-mündlichen Verfahren der Erfahrung nach die Appellationen überhaupt nicht häufig vorkommen und die Appellationen, bei welchen eine wiederholte oder eine neue Zeugen-Vernehmung beantragt wird, zu den Seltenheiten gehören.

Es kann demnach die Appellation nicht auf die Anwendung des Gesetzes beschränkt, sondern es muß auch die Beschwerde in Beziehung auf die Thatfrage gestattet werden. Zur Begründung derselben können sich die Betheiligten entweder lediglich auf die bisher vorgekommenen Beweise berufen, oder auch neue Beweismittel vorbringen. Ob die Aufnahme der letzteren unbedingt zur mündlichen Verhandlung zu verweisen oder zur besseren Vorbereitung derselben nach Bewandniß der Umstände eine nachträgliche Instruktion durch den Untersuchungsrichter zu gestatten sei, bleibt künftig zu erwägen.

Die Sache wird demnächst mündlich vor dem Appellationsgerichte verhandelt. Es gelten dafür im Allgemeinen dieselben Regeln, wie für die erste Instanz, etwa mit folgenden Modifikationen:

a) die Zahl der Richter wird bei geringeren Verbrechen auf 5, bei schwereren auf 7 bestimmt;

b) es wird jedesmal ein Referent ernannt, welcher über das Thatsächliche des Falles, den bisherigen Gang der Untersuchung und das Ergebniß der Beweisaufnahme einen schriftlichen Vortrag ausarbeitet. Die Verlesung desselben eröffnet die Sitzung. Die Ausdehnung des Vortrags bestimmt sich nach dem Gegenstande der Beschwerde. So weit es nach Lage der Sache erforderlich ist, werden im Verlaufe des Vortrags oder nach demselben einzelne Theile der Akten, die Zeugen-Aussagen, das Protokoll über die frühere mündliche Verhandlung ꝛc. in entsprechender Ordnung verlesen;

c) demnächst werden die Parteien gehört. Sie haben Gelegenheit, den Vortrag des Referenten zu ergänzen und zu berichtigen. Um ihnen dieses in verwickelten Sachen zu erleichtern, empfiehlt sich vielleicht die Anordnung, daß ihnen der Vortrag einige Tage vor der Sitzung zur Einsicht offen gelegt wird;

d) der Regel nach werden nur neue, erst in der Appellations-Instanz vorgebrachte Zeugen in der Sitzung abgehört. Eine nochmalige Abhörung früher vernommener Zeugen findet nur auf ausdrücklichen Antrag des Staats-Anwalts oder des Angeschuldigten statt.

3. Nichtigkeitsbeschwerde.

Gegen die Erkenntnisse zweiter Instanz haben beide Theile die Nichtigkeits-Beschwerde, wie solche in dem Abschnitt H. vorgeschlagen ist. Für die Behandlung derselben wird im Wesentlichen das Verfahren beizubehalten sein, wie es bei dem hiesigen Kassationshofe besteht.

II. Polizeigerichtliches Verfahren.

1. Erste Instanz.

Die Untersuchung und Bestrafung der geringfügigen, den Gerichten, mit Ausschluß der administrativen Polizeibehörden vorbehaltenen Vergehen, bei denen das Maximum der Strafe das im Entwurfe zum Strafgesetzbuche angenommene polizeiliche Strafmaaß *) nicht überschreitet, wird in erster Instanz ohne Bedenken Einzelnrichtern überlassen werden können. Das Verfahren vor Kollegien ist an sich für die geringfügigen und in der Regel einfachen Sachen zu umständlich. Wollte man dennoch auf der kollegialischen Behandlung bestehen, so würde man den vielen kleineren Königlichen und Privatgerichten auch die Jurisdiktion über diese Sachen entziehen, und letztere entweder an entferntere kollegialische Untergerichte verweisen oder für größere Bezirke besondere kollegialische Polizeigerichte einrichten müssen. Abgesehen von den Beschwernissen, welche für Denunziaten und Zeugen aus den längeren Reisen entstehen, würde aber durch diese Einrichtung die rasche Entscheidung, welche gerade hier besonders wünschenswerth ist, noch mehr gehindert werden, als es ohnehin schon durch das kollegialische Verfahren geschieht. Darum ist auch nicht nur in Preußen, sondern von fast allen Gesetzgebungen der älteren und neueren Zeit, bei mündlichem, wie bei schriftlichem Verfahren, die Untersuchung und Entscheidung der geringeren Sachen Einzelrichtern überlassen. In der Rheinprovinz gilt dasselbe. Nur ist dort die Kompetenz der Einzelrichter (Friedensrichter) viel beschränkter, indem sie nur bis zu 5 Tagen Gefängniß oder 5 Francs zu erkennen haben (Art. 137.). Allein über dieses Maaß sind schon andere Gesetzgebungen weit hinausgegangen, und in den älteren Preußischen Provinzen entspricht die vorgeschlagene Kompetenz-Bestimmung der bestehenden Verfassung. Nach der allgemeinen Kriminal-Ordnung §§. 19. und 513. kann jeder einzeln stehende Richter bis auf geringe körperliche Züchtigung, 50 Rthlr. Geld- und vier Wochen Gefängniß erkennen, und dieses Strafmaaß ist auch in den besonderen, die Kompetenz der Einzelrichter betref-

*) Um den Gang der Darstellung nicht zu verwickeln, ist hier vorläufig nur von der Bestrafung der Vergehen die Rede, die in thesi höchstens mit 50 Rthlr. Geldbuße oder 6 (4) Wochen Gefängniß bestraft werden. Am Schlusse dieser Betrachtung wird die Frage erörtert werden, ob unter Umständen Einzelnrichter auch zur Untersuchung und Bestrafung von Verbrechen kompetent sein sollen, bei denen zwar das gesetzliche Straf-Maximum über jenes Maaß hinausgeht, jedoch in concreto ihres Erachtens höchstens nur auf 6 (4) Wochen Gefängniß zu erkennen ist, wie z. B. bei sehr unbedeutenden Diebereien, Injurien unter gemeinen Leuten, kleinen Betrügereien u. s. w. Wird dieser Vorschlag angenommen, so versteht es sich von selbst, daß die Fälle der letzteren Art gleichfalls das hier in seinen Bestandtheilen entwickelte polizeigerichtliche Verfahren Platz greifen wird.

fenden Anordnungen zum Grunde gelegt worden; so in der Allerhöchsten Kabinets-Ordre vom 17ten November 1835., welche den Justizminister ermächtigt, den Gerichts-Kommissionen eine Strafjurisdiktion beizulegen; sodann in der Verordnung über das Strafverfahren für Neu-Vorpommern vom 18ten Mai 1839. §. 14. (Gesetzsammlung S. 207.); ferner in den Anordnungen über das summarische Verfahren (Just. Minist. Bl. 1840. S. 307.; 1841. S. 146.). Die Aenderung besteht (wenn der Entwurf von 1843 hierin angenommen werden sollte) nur darin, daß in Ansehung der Gefängnißstrafe das Strafmaaß von 4 Wochen auf 6 Wochen erhöht wird. Das kann aber um so weniger Bedenken haben, da die auch in diesen Sachen zuzulassenden Rechtsmittel der Appellation und Nichtigkeitsbeschwerde dem Angeschuldigten einen höheren Schutz gewähren, als er bisher hatte. Am allerwenigsten aber wird man gegen diese Kompetenz der Einzelrichter in erster Instanz etwas erinnern können, wenn nach dem Vorschlage in der vorigen Betrachtung sogar dem Resolute der Polizei-Behörden die Bedeutung der Erkenntnisse erster Instanz beigelegt werden soll.

Hiernach wird es im Allgemeinen unbedenklich bei der bisherigen Kompetenz der Einzelnrichter, mit der eben angedeuteten Erweiterung in Ansehung der Gefängnißstrafe bewenden müssen. Es kann sich nur fragen, ob etwa in den Städten, in welchen wegen ihres großen Umfanges drei Polizeirichter nöthig sind, solche in ein Kollegium zu formiren wären, oder ob an Orten, wo Kriminalgerichte bestehen, einer kollegialisch formirten Abtheilung der letzteren die Erledigung jener geringfügigen Sachen übertragen werden soll?

Auf diese Frage führt nämlich der Inhalt der Allerhöchsten Kabinets-Ordre, welche unterm 31sten August 1840. in Betreff der für das hiesige Kriminalgericht erlassenen Dienst-Instruktion vom 20sten Oktober 1839. ergangen ist (Just. Min. Bl. von 1840. S. 307.). In derselben haben des Königs Majestät zu bestimmen geruhet, daß die im §. 2. jener Instruktion bezeichneten minder bedeutenden Strafsachen zwar, wie daselbst angeordnet worden, einzelnen, ein für allemal bestimmten Kommissarien überwiesen werden sollen, jedoch mit der Maaßgabe, daß diese Kommissarien das Erkenntniß erster Instanz zuvor auf mündlichen Vortrag der Sache in einer, wenigstens aus drei Mitgliedern bestehenden Abtheilung des Kriminalgerichts nach dem Beschlusse der Majorität abzufassen haben. Diese von dem Königlichen Staats-Ministerium in Antrag gebrachte Bestimmung beruhet, nach Ausweis des Staats-Ministerial-Protokolls vom 19ten Mai 1840., auf der Betrachtung, daß es bedenklich sei, die Strafgerichtsbarkeit einem Einzelnen anzuvertrauen, daß die kollegialische Berathung bei Abfassung der Erkenntnisse in Strafsachen gerade recht an ihrer Stelle sei, da der Inquirent nur zu leicht ein einseitiger oder partheiischer Richter sei, und daß, wenn man dies Prinzip der Kollegialität bei den vielen nicht formirten Gerichten verlassen müsse, hieraus nicht folge, daß man auch da, wo Kollegien vorhanden sind, diese in einzeln stehende Richter auflöse, und in ihre Hand die Entscheidung einer sehr großen Anzahl von Sachen lege.

Es fragt sich also, ob jene Allerhöchste Bestimmung auch gegenwärtig noch maaßgebend sein soll?

Die Frage dürfte jedoch zu verneinen sein. Jene Anordnung weicht von sonstigen Vorschriften über die kommissarische Behandlung der Sachen ab. So hat z. B. die Instruktion für die Untergerichte in Sachsen vom 4ten Mai 1820. (Gesetz=Sammlung S. 65.) den Gerichtsämtern, als Kommissionen der Landgerichte, die Entscheidung in den kleineren Untersuchungssachen auch dann überlassen, wenn sie sich am Sitze des Landgerichts befinden. Das Gesetz vom 7ten Juni 1821. (Gesetz=Sammlung Seite 89.) hat in Holzdiebstahls=Sachen, und die Verordnung für Neu=Vorpommern vom 18ten Mai 1839. (Gesetz=Sammlung S. 207.) in allen summarischen Sachen den Kommissarien der Kollegien mit der Untersuchung auch die Entscheidung übertragen. Eben so wird seit dem Gesetze vom 1sten Juni 1833. in Injuriensachen wie in Civilsachen bis 50 Rthlr., von den Kommissarien der kollegialischen Gerichte selbstständig erkannt. In Uebereinstimmung damit wird man überall bei den polizeilichen Untersuchungssachen von einer Theilnahme der Kollegien abstrahiren dürfen. Ob diese Theilnahme in der Art, wie sie die Allerhöchste Kabinetsordre vom 31sten August 1840. anordnet, überhaupt für die Rechtsprechung in diesen kleinen Sachen Gewinn gewähre, kann bezweifelt werden. Für erheblich erachtet ihn die Gesetzgebung selbst nicht; denn sonst hätte sie nicht den vielen einzelnen Königlichen Richtern und den Patrimonialrichtern die Entscheidung überlassen können. Nachdem dieses geschehen, hat man am wenigsten Ursache, bei den Richtern in größern Städten und den Kommissarien der Kollegien die Verhandlung und Entscheidung durch kollegialische Berathungen zu erschweren und aufzuhalten. Denn diese Richter stehen ohnehin unter genauerer Kontrole, und man darf sich bei ihnen wegen des lebendigeren geistigen Verkehrs, wozu ihnen ihre Stellung Gelegenheit giebt, einer regelmäßigen Behandlung der Geschäfte noch mehr versichert halten, wie bei den allein stehenden Richtern.

Wenn demnach die hier in Rede stehenden Untersuchungen immer von Einzelnrichtern geführt werden, so kann das Prinzip der Mündlichkeit keine erhebliche Veränderung des bestehenden Verfahrens veranlassen. Denn schon nach dem gegenwärtigen Verfahren sieht und hört der Einzelnrichter den Angeschuldigten und die Zeugen; er empfängt unmittelbar, und nicht blos aus geschriebenen Akten, die Eindrücke, welche sein Urtheil bei der Entscheidung bestimmen sollen. Daß er in einer Hauptverhandlung Angeschuldigte und Zeugen gleichzeitig vor sich versammele, ist hiebei nicht wesentlich. Auch ist er daran schon jetzt nicht gehindert. Beim hiesigen Kriminalgericht wird bei den summarischen Untersuchungen in der Regel so verfahren, daß man Angeschuldigte und Zeugen zugleich vorfordert, sie verhört, konfrontirt, und nach dem Resultate die erheblichen Aussagen protokollirt.

Auf die Durchführung des Anklageprozesses aber, und überhaupt auf das Eintreten des öffentlichen Ministeriums wird man bei diesen Sachen verzichten müssen. Es ist zwar nicht zu leugen, daß dadurch auch die Behandlung dieser Untersuchungen gewinnen würde, und daß schon um der Uebereinstimmung willen auch hier die Form des Anklageverfahrens wünschenswerth wäre.

Allein es ist vorauszusehen, daß man bei den kleinern Gerichten, insbesondere bei den Patrimonial=Gerichten selten Individuen finden wird, denen man die Vertretung des öffentlichen Ministeriums anvertrauen könnte. Eine theilweise Einführung ist aber nicht zu empfehlen. Wollte man jene Maaßregeln allgemein durchführen, so würden besondere Organisationen nöthig, vielleicht würde vielen Privatgerichten die Kognition auch in diesen geringfügigen Sachen zu entziehen, und dieselbe besonders einzurichtenden Polizeigerichten zu überweisen sein. Dafür ist aber der Zweck nicht erheblich genug. So lange das administrative Verfahren bei Polizei=Kontraventionen beibehalten wird, ist die Kompetenz der Polizeirichter zu beschränkt; die Sachen sind in der Regel zu einfach, und es handelt sich immer nur von leichten Vergehungen, bei denen der Ausgang der Untersuchungen kein erhebliches allgemeineres Interesse hat. Erst wenn die Bestrafung der Polizei=Kontraventionen, mit Aufhebung des administrativen Verfahrens ganz an die Gerichte überginge, könnte sich die Einführung des öffentlichen Ministeriums bei den Polizeigerichten als nothwendig darstellen; dann würde aber auch die Maaßregel mit weniger Schwierigkeit ins Werk gesetzt werden können.

Hienach wird also das bisherige Verfahren der Einzelrichter keine wesentliche Aenderung leiden; das neuere in der Ausübung schon bewährt gefundene summarische Verfahren wird im Ganzen beizubehalten sein, mit der Modifikation, daß auch bei Kollegien der Inquirent allein erkennt, und daß eine gewisse Oeffentlichkeit zuzulassen ist. — Nur wird noch in diesen Polizeisachen eben so, wie nach den frühern Bemerkungen bei geringern Verbrechen im Kriminalprozeß, ein Kontumazialverfahren zu gestatten sein. Dasselbe entspricht besonders in diesen Sachen dem eigenen Interesse der Angeschuldigten, weil sie dadurch der Nothwendigkeit überhoben werden, wegen jeder verwirkten unbedeutenden Strafe an der Gerichtsstelle zu erscheinen. —

2. Zweite Instanz.

Dem **Denunziaten** wird gegen das Erkenntniß erster Instanz ein Rechtsmittel zu geben sein, jedoch mit einer Beschränkung, auf welche schon die bestehende Gesetzgebung hinleitet. Nach §. 218. des Anh. zur Allg. Ger. Ord. (Th. I. Tit. 34. §. 11.), findet in Injuriensachen keinerlei Rechtsmittel statt, wenn auf eine Geldstrafe von nicht mehr als 5 Thlr. erkannt ist, und dasselbe gilt nach §. 22. des Gesetzes vom 7ten Juni 1821. in den Untersuchungssachen wegen Holzdiebstahls, wenn die Strafe keine 5 Thlr. beträgt. Gleichergestalt ist nach der französischen Strafprozeß=Ordnung (Art. 172.) die Appellation gegen polizeigerichtliche Erkenntnisse nur zulässig, wenn auf Gefängniß oder auf eine Geldbuße über 5 Fr. erkannt worden ist. In Beibehaltung und Ausdehnung dieser Grundsätze dürfte den Denunziaten nur gegen diejenigen Erkenntnisse ein Rechtsmittel zu gestatten sein, durch welche er zu einer Geldbuße von wenigstens 5 Thlr. oder zu einer Freiheits= oder Leibesstrafe verurtheilt worden ist. — Was das Rechtsmittel selbst angeht, so wird nicht, wie nach §. 15. Tit. 34. und §. 87. Tit. 35. Th. I. der Allgem. Ger. Ord., ein bloßes Niederschlagungs= oder Milderungsgesuch, sondern die **Appellation** zuzulassen sein. Wie die obige Darstellung des Kriminalverfahrens ergiebt, ist das Verfahren vor dem Appellationsgerichte ohnehin summarischer Natur, und es fehlt an Veranlassung, in polizeigerichtlichen Untersuchungen das Rechtsmittel, wenn man es überhaupt zuläßt, in der einen oder andern Art noch mehr zu beschränken. Dieses würde auch bei Annahme der in der vorigen Betrachtung gemachten Vorschläge zu der Nöthigung führen, für polizeiliche Sachen ein zweifaches Rechtsmittel anzuordnen, je nachdem nämlich das angefochtene Erkenntniß von einem Polizeirichter oder von einer administrativen Polizeibehörde erlassen wäre. Denn wenn bei den letztern die Berufung auf den Rechtsweg sofort an den Appellations-Richter gehen soll, dann muß jedenfalls eine vollständige Verhandlung wenigstens möglich gemacht und deshalb die Appellation gestattet werden.

Von einer Appellation des öffentlichen Ministeriums wird dagegen in diesen geringfügigen Sachen aus denselben Gründen abzusehen sein, aus welchen nach frühern Bemerkungen die Mitwirkung des öffentlichen Ministeriums bei der Verhandlung erster Instanz unterbleiben wird. Wollte man etwa dem Staats-Anwalte des Bezirks, zur Beschlußnahme über die Einlegung des Rechtsmittels, von jedem Urtheile und der zum Grunde liegenden Verhandlung vollständige Mittheilung machen lassen, so würde dadurch eine Weitläufigkeit herbeigeführt werden, welche mit dem Zwecke nicht im Verhältniß steht. — Nur für Einen Fall dürfte dem Staatsanwalt ein Rechtsmittel zustehen müssen: für den Fall nämlich, wenn der Einzelrichter eine Sache entschieden hat, die nicht zu seiner Kompetenz gehört: es dürfte hier dem Staatsanwalte zu gestatten sein, im Wege der Appellation darauf anzutragen, daß ein solches Erkenntniß aufgehoben und die Sache zum Kriminalverfahren verwiesen werde. Wegen dieser sehr selten eintretenden und, wenn sie eintreten, dennoch in der Regel unerheblichen Fälle, ist es nöthig, dem Staatsanwalte jedes Urtheil mitzutheilen. Es genügt, daß ihm im Allgemeinen, ohne Beschränkung durch die gewöhnliche Appellationsfrist, das Rechtsmittel wegen Inkompetenz gestellt wird. Er legt es ein, wenn er von der Ueberschreitung der Kompetenz Kenntniß erhält. Wie er sich von der Geschäftsführung der Polizeirichter unterrichten soll, ob durch regelmäßige Revisionen, oder durch periodische, etwa vierteljährliche Einsendung von Tabellen 2c., gehört zu den Bestimmungen über den Geschäftsgang. Nur damit der einmal gerichtete Angeschuldigte nicht nach zu langer Zeit wieder in Anspruch genommen werde, wird eine Zeit festzusetzen sein, nach deren Ablauf das Rechtsmittel nicht mehr Statt findet; sie dürfte auf 3 oder 6 Monate zu bestimmen sein. Der jüngst veröffentlichte, gleichfalls auf Mündlichkeit, Oeffentlichkeit und Anklageprozeß beruhende badensche Entwurf zur Strafprozeß-Ordnung hat die Appellation des Staatsanwalts in amtsgerichtlichen Sachen nach ähnlichen Grundsätzen geregelt, das Rechtsmittel jedoch, neben der sechsmonatlichen Frist, noch an ein Fatale von „acht Tagen nach erlangter Kenntniß" gebunden. Letzteres scheint nicht nothwendig, und hat in Ermangelung regelmäßiger Insinuation aller Urtheile in sofern etwas Unangemessenes, als der Tag der erlangten Kenntniß nicht aktenmäßig feststeht und deshalb Erörterungen veranlassen könnte. Die Sache ließe sich jedoch allenfalls in der Art einrichten, daß der Staatsanwalt jedesmal bei

Einlegung des Rechtsmittels den Tag der erlangten Kenntniß amtlich angeben müßte.

Das Verfahren bei dem Appellationsgerichte wird im Wesentlichen dasselbe sein, wie im Kriminal-Verfahren. Das öffentliche Ministerium tritt dabei wieder ein, vertreten durch den bei dem Gerichtshofe fungirenden Staats-Anwalt oder dessen Gehülfen. Dies ist von besonderm Interesse bei den Appellationen von Erkenntnissen der administrativen Polizeibehörden, welche in zweiter Instanz mit den polizeigerichtlichen Sachen auf gleiche Weise zu behandeln sind.

3. Nichtigkeitsbeschwerde.

Die Nichtigkeitsbeschwerde wird in gleicher Art, wie nach der französischen Strafprozeß-Ordnung (Art. 177.), auch in polizeigerichtlichen Sachen zuzulassen sein. Außer den allgemeinen Gründen spricht dafür die Erwägung, daß den Polizeibehörden ein Mittel zu geben ist, bei Abänderung ihrer Resolute durch die Appellationsgerichte die von ihnen für unrichtig erachteten Ansichten der letztern zur Entscheidung des höchsten Gerichtshofes zu bringen. Wenn die schon in der siebenten Betrachtung angedeuteten Beschränkungen der Beschwerde angenommen werden, so ist am wenigsten in diesen Sachen ein frivoler oder überhaupt ein zu häufiger Gebrauch des Rechtsmittels und somit eine Ueberbürdung des Geheimen Ober-Tribunals zu fürchten.

III. Nachträgliche Bemerkungen über die Ausdehnung der Kompetenz der Einzelrichter.

Nach dieser Entwickelung des kriminellen und des polizeigerichtlichen Verfahrens muß nunmehr noch Folgendes über die Sachen, welche zu dem einen oder andern Verfahren zu verweisen seien, bemerkt werden.

Die Gränzscheide bildet nach den obigen Bemerkungen das Strafmaaß und zwar im Allgemeinern das Maximum der in thesi gesetzlich zulässigen Strafe, so daß die den administrativen Polizeibehörden nicht vorbehaltenen Vergehen, deren höchste gesetzliche Strafe 6 (oder 4) Wochen Gefängniß oder 50 Rthlr. Geld- oder die sonstigen polizeilichen Strafen nicht übersteigt, zum polizeigerichtlichen, alle andere zum kriminellen Verfahren gehören. Es wäre zu wünschen, daß dieser Grundsatz ohne alle Modifikation, in völliger Reinheit, durchgeführt werden könne. Nach dem Strafsystem des Allgemeinen Landrechts würde dies keine große Schwierigkeit haben. Dasselbe hat nämlich nicht nur die Strafen für Arten von Verbrechen bestimmt, sondern auch diese Strafen wiederum nach den Umständen abgestuft, z. B. besondere Strafen für kleine Diebstähle, Hausdiebstähle 2c. festgesetzt. Bei diesem Systeme würden nach der angegebenen Kompetenz-Grenze in der Wirklichkeit regelmäßig die geringfügigen Sachen in das polizeiliche Verfahren und damit in die Kompetenz der Einzelrichter fallen. Die beiden jetzt vorliegenden Entwürfe zum neuen Strafgesetzbuche sind aber von diesem Systeme abgegangen; sie bestimmen der Regel nach bei den einzelnen Verbrechen nur das Minimum und Maximum der Strafe, und überlassen, bei Hervorhebung der zu berücksichtigenden Umstände, die Abmessung der Strafe innerhalb jener Grenzen ganz dem Ermessen des Richters, so daß z. B. die geringste Injurie oder Betrügerei im gesetzlichen Strafmaximum mit einer sehr hohen Strafe bedroht ist. Die Folge davon ist, daß bei strenger Durchführung des obigen Grundsatzes eine Menge der allerunbedeutendsten, bisher summarisch behandelten Vergehungen kriminell zu behandeln sein würden. Hierin liegt unleugbar etwas Unangemessenes und gewissermaaßen ein Widerspruch. Wird es einmal für zulässig und dem Interesse der Justiz, wie der Angeschuldigten, entsprechend gefunden, daß die nur mit einer geringen Strafe zu belegenden Vergehen im einfachen Verfahren von Einzelrichtern abgeurtheilt werden, dann sollte auch eigentlich die Regel so gestellt werden, daß regelmäßig alle solche geringfügige Vergehen darunter fallen. Der Umstand, daß eine an sich unbedeutende und offenbar nur leicht zu bestrafende Handlung nach Rechtsbegriffen zu einer Klasse von Verbrechen gerechnet wird, bei welchen nach Umständen eine hohe Strafe eintritt, kann eigentlich keinen Grund abgeben, auch jene Handlung zu dem weitläufigern und kostspieligern Kriminalverfahren zu verweisen. Um des Vortheils einer festen Kompetenz-Begränzung willen würde man indeß füglich hierüber hinwegsehen können, wenn es sich nur um wenige Fälle handelte. Aber der Gegenstand ist für die Rechtspflege zu bedeutend. Nach dem letzten General-Bericht des Justizministers Mühler sind z. B. in Einem Jahre bei den Untergerichten, also unter Nicht-Eximirten, mehr als 80,000 Injurienprozesse anhängig gewesen; diese würden zur allerseitigen Belästigung vor die Kriminalgerichte gehören, ungeachtet es sich in den bei weitem meisten Fällen nur um eine ganz geringe Strafe handelt. Eben so bei kleinen Betrügereien und einer Reihe anderer Vergehen. Bei kleinen Diebstählen, welche gegenwärtig den Hauptgegenstand der summarischen Prozedur bilden, steht die Sache in sofern anders, als der Entwurf zum Strafgesetzbuche von 1843 schon das Minimum der Strafe des Diebstahls auf sechs Wochen Gefängniß bestimmt. Wird dieses beibehalten, dann versteht es sich von selbst, daß alle Diebstähle kriminell behandelt werden müssen. Das Minimum dürfte jedoch zu hoch sein, und wenn es herabgesetzt wird, dann würde die große Zahl der kleinern Diebstähle gleichfalls zu den geringfügigen Vergehen gehören, die der Strafe nach den Einzelnrichtern überlassen werden könnten, aber dennoch wegen des Maximums vor die Kriminalgerichte verwiesen werden müßten. Darum ist schon bei den Berathungen über das von der Kommission des Königlichen Staatsraths vorgelegte Kompetenzgesetz die Nothwendigkeit zur Sprache gekommen, die Kompetenz der Einzelrichter durch Modifikationen der oben aufgestellten, im Allgemeinen festzuhaltenden, Regel mehr auszudehnen. Es ist hier noch nicht an der Zeit, über diesen Gegenstand bestimmte Vorschläge zu machen, und einen Beschluß zu beantragen. Denn es kommt hierbei einestheils darauf an, welche Veränderungen etwa der Entwurf zum Strafgesetzbuche bei der letzten Revision erleiden wird *), und es hängt anderntheils der Grad und Umfang des Bedürfnisses jener Kompetenz-Erweiterung wesentlich von der Organisation der Kriminal-

*) Der revidirte Entwurf von 1845. hat ein geringeres Minimum angenommen, und diesem Vorschlag ist die Immediatkommission, obwohl in veränderter Form, beigetreten.

Gerichte ab. Werden alle Kriminalsachen an die Obergerichte gewiesen, dann stellt sich die Sache anders und das Bedürfniß einer bedeutenden Ausdehnung der einzelrichterlichen Kompetenz wird weit dringender sein, als wenn man die Kriminal-Jurisdiktion gegen Nicht-Eximirte den kollegialischen Untergerichten überträgt. Erst nach der Vollendung des Strafgesetzbuchs und nach der Beschlußnahme über die Organisation der Kriminalbehörden und die Formen ihres Verfahrens wird demnach, vielleicht durch ein besonderes Gesetz, die Kompetenz definitiv zu regeln sein. Zur Würdigung des neuen Strafverfahrens in seinem ganzen Zusammenhange wird es aber nicht undienlich sein, über die Art und Weise, wie man etwa, in Ermangelnng abhelfender neuer Bestimmungen des Strafgesetzbuchs, die Kompetenz der Einzelrichter weiter ausdehnen könne, folgende vorläufige Andeutungen anzuknüpfen.

Kann man nicht unbedingt das Maximum der in thesi zulässigen Strafe entscheiden lassen, so wird nichts übrig bleiben, als unter gewissen Voraussetzungen das im konkreten Falle angemessene Strafmaaß zu berücksichtigen. Einige neuere Gesetzgebungen haben gewisse, im Maximum mit hoher Strafe bedrohte, Verbrechen zur Untersuchung und Bestrafung den niedern Gerichten mit der Maaßgabe überwiesen, daß sie die Sachen an die höheren Gerichte abgeben müssen, wenn sie der Ansicht sind, daß das in Rede stehende Verbrechen unter den obwaltenden Umständen bei vorausgesetzter Ueberführung mit einer ihre Kompetenz überschreitenden Strafe zu belegen sein werde. Die Kompetenz des niedern Gerichts hängt also in gewisser Beziehung von seinem eigenen Ermessen ab. Ob Aehnliches in der Preußischen Kriminal-Verfassung bereits bestehe, ist mit Rücksicht auf die §§. 19. und 513. der Kriminal-Ordnung, so wie §. 69. Tit. 17. Th. II. Allgemeinen Landrechts sehr bestritten. Die eine Meinung, welche der Kriminal-Senat des Kammergerichts bisher festgehalten hat, geht dahin, daß es überall nur auf die gesetzliche Strafe ankomme. Dieser Meinung hat sich in neuerer Zeit auch das Justizministerium geneigt gezeigt.

Jahrbücher Bd. 49. S. 280.

Nach der andern Meinung soll es auf die in concreto anwendbare Strafe ankommen. Für diese Auslegung hat sich früher das Justizministerium wiederholt erklärt.

Rescript vom 26sten Juni 1806.
Mathis Monatsschrift Bd. 4. S. 189.
Rescript vom 30sten Januar 1808.
Mathis Monatschrift Bd. 6. S. 108.
Rescript vom 25sten September 1818.
v. Kamptz Jahrbücher Bd. 12. S. 299.
Rescript vom 1sten August 1825.
Jahrbücher Bd. 26. S. 223.

Der Widerstreit mag zum Theil seinen Grund darin haben, daß man in der Regel die §§. 19. und 513. zusammengestellt hat, während sie ganz verschiedene Verhältnisse reguliren.

Das Richtige dürfte sein, daß es beim §. 19., welcher sich auf die der Inquisitoriats-Einrichtung beigetretenen Untergerichte bezieht, nur auf die gesetzliche, beim §. 513. aber, welcher die der Inquisitoriats-Einrichtung nicht beigetretenen Untergerichte vor Augen hat, lediglich auf die in concreto von dem Gerichte für angemessen erachtete, wirklich erkannte Strafe ankommt.

In der Verordnung über das Untersuchungs-Verfahren in Neu-Vorpommern vom 18ten Mai 1839. §§. 14. und 19. ist statt der Strafe in thesi geradezu und allein die im konkreten Falle angemessene Strafe als maaßgebend bezeichnet worden. Dagegen ist in der Allerhöchsten Kabinetsordre vom 17ten November 1835. (Ges. Samml. S. 236.), worin der Justizminister authorisirt wird, den Gerichts-Kommissionen die Befugniß zur Abfassung des Erkenntnisses beizulegen, ausdrücklich bestimmt, daß dies nur in Ansehung derjenigen Sachen geschehen solle, in welchen die höchste gesetzliche Strafe vierwöchentliches Gefängniß rc. nicht übersteigt.

Es läßt sich nicht leugnen, daß die Anordnung, nach welcher die Strafe in concreto über die Kompetenz entscheiden soll, Manches gegen sich hat. Es ist nicht recht angemessen, daß das eigene Arbitrium des Richters in Betreff des zu verhängenden Strafmaaßes die Kompetenz desselben bestimmen soll. Allein andererseits sind die praktischen Nachtheile, welche aus der Befolgung des entgegengesetzten Prinzips entstehen, so überwiegend, daß es so nothwendig sein wird, sich für die Annahme der Maaßregel zu entscheiden.

In dieser Beziehung würde aber von folgenden Grundsätzen auszugehen sein:

1. Die in Rede stehende Modifikation der allgemeinen Kompetenz-Regel (Strafmaaß in thesi) kann selbstredend nur bei den Verbrechen Statt haben, deren gesetzliche Strafe ein Minimum unter das höchste Maaß der polizeilichen Strafe hinabgeht. Es ist aber nicht nothwendig, sie bei allen diesen Verbrechen eintreten zu lassen. Da es sich nur um ein praktisches Bedürfniß handelt, so kann es nicht darauf ankommen, ob einmal in einem einzelnen Falle eine geringfügige Sache vor dem Kriminalgerichte verhandelt wird. Die Modifikation würde auf die häufiger vorkommenden, also namentlich zu benennenden Verbrechen, insbesondere Injurien, Diebstähle und Betrügereien rc. zu beschränken sein.

2. Auch bei diesen Verbrechen ist indeß die Sache nicht lediglich in das Ermessen des Polizeirichters zu stellen. Es sind vielmehr wenigstens im Allgemeinen die Umstände zu bestimmen, bei deren Vorhandensein allein der Polizeirichter die Untersuchung einleiten kann. Die Bedingungen müssen so gestellt werden, daß dabei in der Regel nur eine Strafe bis zu 6 (oder 4) Wochen Gefängniß oder 50 Thaler gerechtfertigt sein wird; z. B. unbedeutende Diebstähle ohne erschwerende Umstände, leichte Injurien zwischen Leuten gemeinen Standes. Der Polizeirichter leitet in diesen Fällen die Untersuchung ein, giebt sie aber ohne Erkenntniß ab, sobald er zu der Ansicht gelangt, daß dennoch im Falle der Ueberführung eine höhere Strafe angemessen sein werde. Andernfalls erkennt er selbst.

3. Um hiebei die möglich größte Sicherheit zu erlangen, kann man zweierlei Wege einschlagen. Zuvörderst nämlich könnte man sich dafür entscheiden, die Umstände, durch deren Vorwalten die Befugniß des Polizeirichters zum Untersuchen und Erkennen äußerlich bedingt wird, nicht bloß im Allgemeinen, wie oben angedeutet wurde, sondern so speziell zu bestimmen, daß man überzeugt sein kann, er werde nie oder doch nur in höchst seltenen Fällen auf eine höhere Strafe erkennen, und man beruhigt sich dann ohne weiteres bei dem Ermessen des Richters. Auf diesem Wege kömmt man indeß indirekt zu der Kasuistik und ihren Uebelständen zurück, die man bei der Abfassung des Entwurfs des Strafgesetzbuchs zu vermeiden gesucht hat. Es dürfte also nur der zweite Weg übrig bleiben, welcher darin besteht, daß man das Ermessen des Richters durch das öffentliche Ministerium beschränkt. Letzteres würde am zweckmäßigsten in der Art geschehen, daß die Polizeirichter die Untersuchungen der in Rede stehenden Art vor dem beabsichtigten Erkenntnisse erst dem Staatsanwalte des Bezirks vorlegen und nur dann selbst erkennen, wenn auch der Staatsanwalt nicht eine Kriminalstrafe für angemessen hält, und ein Kriminalverfahren beantragen zu müssen glaubt. Bei dem Einverständniß des Richters und Staatsanwalts über die Angemessenheit einer polizeilichen Strafe wird man sich völlig beruhigen können.

4. Die von dem Polizeirichter geführten und demnächst an das Kriminalgericht abgegebenen Untersuchungen werden bei diesem als Voruntersuchung benutzt.

L. Organisation der Kriminalgerichte.

Die Gerichtsverfassung ist einer der Gegenstände, mit welchen sich früher die allgemeine Gesetzrevision vorzugsweise beschäftigt hat. Nach sehr umfassenden Vorarbeiten wurde schon im Jahre 1835. ein Plan der künftigen Justiz-Einrichtung, welcher unter der Bezeichnnng: „Grundzüge der Justiz-Einrichtung" abgedruckt ist, zur Berathung des Königlichen Staatsministeriums gebracht. Man ging damals davon aus, daß man vor der Revision der Gesetze über das gerichtliche Verfahren die Organe der Rechtspflege bestimmen müsse. Das Staatsministerium prüfte die Vorschläge und beschloß, einen Entwurf der künftigen Justiz-Einrichtung Seiner Majestät zur Genehmigung vorzulegen und demnächst mit der neuen Einrichtung allmählig nach Provinzen oder Bezirken vorzuschreiten. Dem Beschlusse ist jedoch keine Folge gegeben. Es entspann sich hinterher zwischen den Ministern der Justiz, der Finanzen und des Innern eine weitere Debatte, theils über die Zweckmäßigkeit einzelner wesentlicher Punkte der früheren Beschlüsse, namentlich über die allgemeine Einführung kollegialischer Gerichte, theils über das Bedürfniß einer allgemeinen Aenderung der bestehenden Einrichtung. Man einigte sich dahin, daß Veränderungen der bestehenden Verfassung nur dort vorzunehmen seien, wo sie sich als wünschenswerth oder nothwendig darstellen. Dabei wurde zwar einerseits eine Einigung über die bei solchen theilweisen Veränderungen zu befolgende Richtung empfohlen und es wurde vom Justizminister von Kamptz die vorgängige definitive Feststellung der Organisations-Grundsätze für präjudiziell in Ansehung der Civil- und Kriminalprozeß-Ordnung erklärt. Der Justizminister Mühler theilte jedoch diese Ansicht nicht und hielt es insbesondere nicht für angemessen, im Voraus allgemeine leitende Grundsätze für eine anderweitige Organisation der Untergerichte an die Spitze zu stellen, weil sich nach provinziellen und örtlichen Verhältnissen weder überall Einzelrichter, noch überall kollegialische Gerichte einführen lassen würden. Seit dem Votum vom 10ten Januar 1839., welches diese Ansicht entwickelt, ist die Sache beruhen geblieben *). I. Einleitung.

Abgesehen von dem Inhalte der frühern Vorschläge, darf man sich in der That Glück wünschen, daß nicht die künftige Justiz-Einrichtung festgesetzt oder gar ausgeführt worden ist, bevor man sich über die Grundzüge des Civil- und

*) Conf. acta der Gesetz-Revision Pensum VI.

Kriminalprozesses geeinigt hatte. Wenn man zugeben muß, daß jede Prozeßform durch die Möglichkeit einer entsprechenden Gerichtsverfassung bedingt ist, so ist doch nicht minder wahr, daß die Gerichtsverfassung wiederum von der Prozeßform abhängig ist, und sich, soweit es nöthig und ohne Herbeiführung größerer Uebel möglich ist, denjenigen Forderungen unterordnen muß, welche man im Interesse einer schnellen gründlichen und unparteiischen Rechtspflege an die Form des gerichtlichen Verfahrens zu machen hat. Es kann deshalb nicht angemessen sein, über die Gerichtsverfassung, unabhängig von der Revision der Prozeß-Ordnungen, Beschlüsse zu fassen. Eben so wenig kann aber bei der letztern die Organisationsfrage unberücksichtigt bleiben. Die Strafprozeß-Ordnung, wenn sie auf die bisher entwickelten Grundsätze gebaut werden soll, fordert neue Bestimmungen über die Kompetenz der Gerichte und mehr oder weniger Aenderungen in der Verfassung derselben.

Wenn dieser Gegenstand hier in Erwägung zu nehmen ist, so kann es nicht die Absicht sein, die früher abgebrochenen Berathungen über die Organisation wieder einzuleiten und eine Beschlußnahme über die gesammte Justiz-Einrichtung zu veranlassen. Denn wenn man auch auf den Plan, das Justizwesen in der ganzen Monarchie auf Einen Fuß einzurichten, zurückkommen wollte, so würde doch ein Beschluß darüber nicht von dem einzigen Gesichtspunkte des Strafprozesses aus erfolgen könne; es würde die ganze richterliche Thätigkeit in Betracht zu ziehen sein. Die gegenwärtige Betrachtung hat sich aber nur mit dem Strafprozeß zu befassen; sie muß deshalb im Allgemeinen den Fortbestand der jetzigen Justizverfassung voraussetzen und sich auf die Frage beschränken, in welcher Weise uuter den bestehenden Verhältnissen das mündliche Strafverfahren durchzuführen und welche Veränderungen etwa, lediglich zu diesem Zwecke, nothwendig seien.

Es kömmt hierbei vor allem auf die Bestimmung der Kompetenz, insbesondere darauf an, ob die Kriminal-Jurisdiktion ganz den Obergerichten, oder theilweise den Untergerichten, anvertraut werden soll. Die Gesetzgebung ist in dieser Beziehung seit länger als einem Jahrhundert in einer fortwährenden schwankenden Bewegung gewesen und dadurch hat sich die Kriminalverfassung in den einzelnen Provinzen sehr verschieden gestaltet. Es wird deshalb nothwendig sein, zuvor auf die geschichtliche Entwickelung der Kompetenz-Verhältnisse einen Rückblick zu werfen und sich sodann von dem jetzigen Zustande der Dinge, nicht nur in Beziehung auf die Kriminalverfassung, sondern auch in Beziehung auf die sonstigen, bei unserer Frage in Betracht kommenden Verhältnisse der Gerichte, eine Uebersicht zu verschaffen, wobei es jedoch weder auf die Rheinprovinz, noch vorerst auf die eigenthümlichen Einrichtungen in Neu-Vorpommern, ankommt.

II. Geschichtliche Uebersicht der Entwickelung der Kompetenz-Verhältnisse in Strafsachen.

Bekanntlich wurde in Deutschland die peinliche Gerichtsbarkeit, als die hohe, unterschieden von der bürgerlichen Gerichtsbarkeit, als der niedern; die erstere folgte nicht aus der Verleihung der letzteren; sie setzte eine besondere Erwerbung voraus. In den brandenburgischen Staaten haben indeß schon seit geraumer Zeit die meisten Ortsgerichte, die Domainen-Aemter, die Stadtgerichte, die Patrimonialgerichte, Kriminalgerichtsbarkeit gehabt. Zur Zeit, wie sich die Ober- und Untergerichte, im heutigen Sinne ausbildeten, waren wohl die Nicht-Eximirten auch in Strafsachen durchgängig der Gerichtsbarkeit von Untergerichten unterworfen, wenngleich viele der damaligen mannichfaltigen Jurisdiktionen, welche konkurrirend sich durchkreuzten, nicht mit Strafgerichtsbarkeit versehen gewesen sein mögen. In Beziehung auf die Abfassung der Erkenntnisse waren die mit Kriminalgerichtsbarkeit versehenen Gerichte jedoch eingeschränkt einerseits durch die übliche und vorgeschriebene Versendung der Akten an Schöppenstühle und Universitäten, andrerseits durch die vorbehaltene landesherrliche Bestätigung der Erkenntnisse. Die Kurmärkische Kriminal-Ordnung vom 8ten Juli 1717., welche später auch in andere Provinzen eingeführt wurde, entzog Kap. VIII. §. 14. den Gerichts-Obrigkeiten die Befugniß, in Sachen, worin inquisitorie verfahren, selbst zu sprechen, und machte ihnen zur Pflicht, die Akten an einen unpartheiischen Richter zum Spruch zu versenden, während sie zugleich die landesherrliche Bestätigung näher normirte. Diese Beschränkung der Gerichte hat den theilweisen Uebergang der Kriminalgerichtsbarkeit an die Obergerichte vorbereitet. Die landesherrliche Bestätigung gab nämlich im Anfange des vorigen Jahrhunderts zur Entstehung eines Kriminal-Kollegiums Anlaß, von welchem sich der Staatsrath über die zur Bestätigung eingehenden Kriminalsachen Gutachten erstatten ließ. Obwohl das Kollegium, welches später in das Kammergericht übergegangen ist, nur zur Ertheilung der Gutachten für den Staatsrath bestimmt war, so fing man doch allmälig an, demselben, gleichwie den Schöppenstühlen, die Akten zur Entscheidung zuzuschicken. Durch ein Gesetz vom 12ten Juli 1732.

Mylius, C. C. M. P. II. Abthl. III. S. 159,

wurden ähnliche Kriminal-Kollegien bei den Regierungen der übrigen Provinzen angeordnet und vorgeschrieben, daß die Untergerichte, insonderheit die Aemter und Fiskäle die geschlossenen Untersuchungs-Akten nicht mehr an die entfernten Universitäten, oder Schöppenstühle, sondern der Regel nach unmittelbar an die Regierungen einsenden sollten, welche letztere auf den Vortrag ihrer Kriminal-Kollegien die Urtheile abzufassen hatten, in besonders zweifelhaften Fällen jedoch den Spruch einer Universität oder eines Schöppenstuhls einholen konnten. Das deklarirende Rescript vom 4ten September 1732.

Mylius, a. a. O., S. 167.

fügte dieser Bestimmung indeß hinzu,

> daß darunter nicht verstanden werde, wenn judices inquirentes durch ihren examinirten und zur Justiz geschwornen, dazu tüchtigen und verläßigen Justitiarius oder durch eine einländische Universität oder Schöppenstuhl die Urtel selbst sprechen lassen wollen, maaßen ihnen dieses nach wie vor unbenommen bleibe.

Weiter, wie diese Deklaration, trat von der frühern Strenge der Codex Fridericianus zurück, welcher die Beschleunigung der Strafprozesse vorzugsweise ins Auge faßte. Während er das Erforderniß der landesherrlichen Bestätigung auf wenige

Fälle beschränkte, hob er die Versendung der Akten an Universitäten gänzlich auf und stellte es den „Aemtern und andern Untergerichten," wenn der inquirirende Richter die Rechte verstehe, oder einen rechtsverständigen beeidigten Justitiarius bestellt habe, in die freie Wahl, selbst zu sprechen oder die Akten an das Kammergericht einzuschicken *).

Abgesehen von den Bestätigungen, rücksichtlich welcher man alsbald zur frühern Strenge zurückkehrte oder weiter ging, ist es, soviel bekannt, in der Kurmark bis zur Emanation des Allg. Landrechts bei der Vorschrift des Codex Fridericianus zwar geblieben. Aber nach einem Berichte des Kammergerichts vom 9ten Januar 1792. hat nur das hiesige Stadtgericht von der Befugniß, selbst zu sprechen, umfassenden Gebrauch gemacht; die andern Untergerichte haben alle wichtigen Kriminalsachen an das Kammergericht geschickt **).

In anderen Provinzen sind ungeachtet der Einführung des Codex Fridericianus die Untergerichte gesetzlich beschränkt worden. Für Cleve-Mark, mit Ausnahme von Soest, wurden besondere Untersuchungs-Aemter eingerichtet, welche die Akten an die Regierung abgaben, so daß die Untergerichte ausgeschlossen blieben.

Acta des Justiz. Minist. Criminalia 5. Vol. I. Bl. 38.

In Ostfriesland wurden durch eine Anordnung vom 4ten November 1756. die Kriminaluntersuchungen durchgängig an die Regierung gewiesen.

Acta alleg. Vol. I. Bl. 16.

In Ostpreußen wurde durch die Verordnung vom 31sten Oktober 1765. und Instruktion vom 30sten Juli 1774. sect. III. §. 14.

Mylius N. C. C. M. Jahrg. 1765. S. 1074.,
Jahrg. 1774. S. 342.,

allen mit Kriminalgerichtsbarkeit versehenen Untergerichten, auch den dort gebildeten Amts-Justizkollegien, denen ein Theil der Eximirten unterworfen war, so wie dem Kriminal-Kollegium oder Hof-Halsgericht in Königsberg, welches dort ein besonderes judicium criminale bildete,

Instruktion vom 30sten Juli 1774. Sect. VII.

zur Pflicht gemacht, alle in Kriminalsachen konkludirten Erkenntnisse vor der Publikation mit den Akten dem Hofgerichte vorzulegen; das letztere hatte in den Fällen, in welchen landesherrliche Bestätigung nöthig war, die Erkenntnisse nach Hofe einzusenden, sonst aber dieselben zu prüfen und nach Befinden zu bestätigen oder zu ändern. Bei der Organisation von Westpreußen wurde durch die Ver-

---

*) Th. IV. Tit. 5. §. 8.

**) Vergl. über das Vorstehende insbesondere Hymmen, Beiträge zur juristischen Literatur in den preußischen Staaten; Th. I. S. 176. II. S. 246. (Geschichte des Kammergerichts) und Th. IV. S. 148. (von Kriminalsachen).

Bericht des Kammergerichts vom 9ten Januar 1792. in Klein's Annalen, Bd. 9. S. 148.

ordnungen vom 10ten, 13ten, 17ten und 21sten September 1773 *) den Stadtgerichten und den Patrimonialgerichten die Kriminalgerichtsbarkeit, sofern sie dieselbe bisher gehabt hatten, belassen; den Domainen-Aemtern wurde sie aber ganz entzogen. Dagegen wurden ähnliche Kollegien, wie die Amts-Justizkollegien in Ostpreußen unter dem Namen „Landvoigtei-Gerichte" eingerichtet und ihnen mit der Gerichtsbarkeit über einen Theil der Eximirten die Kriminal-Jurisdiktion über alle nicht unter Stadt- oder Patrimonialgerichten stehende Nicht-Eximirten übertragen. Alle diese Gerichte sollten jedoch die Erkenntnisse zuvor der Regierung zu Marienwerder vorlegen, und zwar,

a) in gewissen Sachen (Crimen laesae majestatis et perduellionis, falsae monetae, homicidii, und Durchhelfung eines Deserteurs) unbedingt,
b) in andern Sachen, wenn auf eine härtere Strafe, als Geldbuße, Gefängniß oder ein opus dominicum erkannt sei.

Das Reglement wegen Einrichtung des Justizwesens bei den Ober- und Untergerichten in Ost- und Westpreußen und Litthauen vom 3ten Dezember 1781.

Mylius N. C. C. M. Tom. VII. S. 671. auch
Raabe Samml., I. Band, Abth. 6. S. 542.,

hob die Amts-Justizkollegien und die Landvoigteigerichte auf, gab aber die Kriminaljurisdiktion nicht den Domainen-Aemtern zurück, sondern bestimmte, daß die, als Organe der neu organisirten Obergerichte damals eingeführten Kreis-Justizräthe als inquisitores publici die Untersuchungen führen sollten. Rücksichtlich der Stadt- und Patrimonialgerichte verblieb es bei der bisherigen Verfassung, es wurde ihnen aber gestattet, die Untersuchungen an die Kreisjustizräthe abzugeben.

In Schlesien waren schon durch das Reglement vom 13ten August 1750. die Instruktionen vom 1sten August und 25sten September 1750. §. 81. No. 3.

Suarez Samml. Th. II. S. 327. 469. 534.
Acta des Justiz. Minist. Crim. 5. Vol. I.

inquisitores publici angeordnet, an welche sämmtliche Gerichts-Obrigkeiten die Deliquenten abliefern sollten. Nur, wenn sie einen ordentlichen Justitiarius und gute Gefängnisse hatten, war es ihnen gestattet, die Untersuchungen selbst zu führen, sofern dieselben nicht ihrem Gegenstande nach schon zur ausschließlichen Kompetenz der Obergerichte gehörten.

Im Sinne dieser bisherigen Beschränkungen der Untergerichte und insbesondere der neuesten Anordnungen, nämlich denen für Preußen sich anschließend, bestimmte das Allgem. Landrecht Thl. II. Tit. 17. §. 67—69.:

daß jedes Urtel, in welchem auf eine Kriminalstrafe, d. h. auf eine das Maaß der Polizeistrafen (§. 62. ibid.) übersteigende Strafe erkannt worden,

---

*) Rabe, Sammlung I. Bd. 5. Abth. S. 25. 108. 346. 421. 547. 601. 606. 660. 673. 695. ff. und Mylius N. C. C. Tom. V. Jahrgang 1773. S. 777. 1265. 1547. 1745. 2125.

vor der Publikation und Vollstreckung an das Obergericht der Provinz eingesendet werden müsse, und

daß diese Einsendung auch dann erfolgen solle, wenn nur das Gesetz auf die That selbst, welche den Gegenstand der Untersuchung bilde, Zuchthaus-, Festung- oder eine noch härtere Kriminalstrafe verordne, sollte auch gegen den Angeschuldigten eine geringere oder gar keine Strafe erkannt sein.

Hiervon ging jedoch das Circulare vom 20sten Januar 1800.,

Stengel's Beiträge Bd. 10. S. 328.,

zum Theil wieder ab. Nach demselben sollten die Untergerichte wiederum, wie früher, nur bei bestimmten Verbrechen (Hochverrath, Mord 2c.) unbedingt des Erkenntnisses sich enthalten oder die beschlossenen Erkenntnisse zur Bestätigung einsenden. Rücksichtlich der andern Fälle wurde ein Unterschied zwischen den Untergerichten erster und zweiter Klasse (kollegialische und nicht kollegialische) gemacht; die ersteren sollten bis zu drei Jahren Zuchthaus, die letztern bis zu 4 Wochen Gefängniß, 10 Rthlr. Geldbuße und mäßige Züchtigung ohne Bestätigung erkennen können, und nur, wenn sie höher erkennen wollten, die Urtheile vorher der Prüfung der Obergerichte unterwerfen. Das Reskript ist jedoch dort nicht zur Anwendung gekommen, wo die Provinzialverfassungen ein anderes bestimmten, wie in Ostpreußen, Schlesien, Ostfriesland, Kleve-Mark 2c.

General-Akten des Justiz-Minist. Crim. 5. Vol. I. Bl. 16. 22. 29. 33. 41.

Diese vielfachen legislativen Versuche führten endlich zu dem Plane,

die Kriminalsachen, so viel möglich, ganz an die Obergerichte zu bringen.

Nach dem Generalplane vom 16ten September 1804. *) sollte die Kriminal-Justiz in jeder Provinz durch einen Ausschuß der Obergerichte, Kriminaldeputation, später Kriminal-Senat genannt, verwaltet werden. Inquisitoriate als ständige Deputationen dieser Kriminal-Senate, sollten alle Kriminaluntersuchungen, mit Ausnahme derer wegen geringer Vergehen, führen, die Erkenntnisse sollten in erster Instanz von den Kriminal-Senaten abgefaßt werden. Alle Königlichen und städtischen Gerichte sollten zu dem Ende die Kriminalverwaltung an die Inquisitoriate abgeben. Den Patrimonialgerichten sollte der Beitritt zu dieser Einrichtung zwar nicht befohlen, jedoch gestattet sein. Die nicht Beigetretenen sollten indeß unter die Aufsicht der Inquisitoriate gestellt und letztere sollten befugt sein, eine Untersuchung vor sich zu ziehen, wenn sie Irregularitäten bemerken oder solches zum allgemeinen Besten für nöthig finden.

Auf diesem Plane beruht die Allgemeine Kriminal-Ordnung von 1805.

Nach §. 19. derselben dürfen die Untergerichte, welche der Inquisitoriats-Einrichtung beigetreten sind, nur in solchen Sachen untersuchen und erkennen, in welchen eine Geldstrafe bis 50 Rthlr., oder vierwöchentliches Gefängniß, oder leichte körperliche Züchtigung stattfindet; in allen übrigen Fällen wird die Unter-

*) Mathis, Monatsschrift Bd. 1. S. 155.

suchung von den Inquisitoriaten geführt und das Erkenntniß vom Obergerichte abgefaßt.

Die mit Kriminalgerichtsbarkeit versehenen, der Inquisitoriatseinrichtung nicht beigetretenen Untergerichte sollen zwar nach §. 15. nach wie vor selbst die Untersuchung führen und das Erkenntniß abfassen können. Allein in Ansehung der Untersuchung ist es ihnen nicht nur im §. 18. gestattet, die Sache dem Inquisitoriate zu überlassen, sondern es sind auch durch den §. 94. die Obergerichte und Inquisitoriate für befugt erklärt, nach ihrem Ermessen jede Untersuchung dem Untergerichte abzunehmen. Haben die Untergerichte selbst die Untersuchung geführt, so können sie nach §. 17. wiederum die Abfassung des Erkenntnisses dem Obergerichte überlassen, sofern es auf eine härtere Strafe als 50 Thaler Geld, 4 Wochen Gefängniß oder leichte Züchtigung ankommt. Wollen sie aber selbst erkennen, so müssen sie nach §. 513.

> jedes Urtheil, worin auf eine höhere, als die eben gedachte Strafe erkannt worden ist, mit den Akten dem Obergerichte einsenden, welchem es freisteht, das Urtel zu bestätigen oder, sofern dasselbe bei der ersten Uebersicht als unangemessen erscheint, die Akten anderweitig bei sich zum Spruch vorzulegen.

Dem Generalplane gemäß wurden die Kriminal-Senate schon durch das Publikandum des Großkanzlers vom 14ten Januar 1805.

> (Rabe, Sammlung Bd. 8. S. 236.)

eingerichtet. Die Inquisitoriats-Einrichtung aber ist in den Provinzen, in welchen der Krieg von 1806. keine Regierungs-Veränderung herbeiführte, nur theilweise zur Ausführung gekommen; für die meisten Untergerichte dieser Provinzen waren demnach die eben erwähnten §§. 15—18. und 513. der Kriminal-Ordnung maaßgebend.

Dagegen wurde seit 1815. in den wiedereroberten und neu erworbenen Provinzen das Kriminalwesen mit wenigen örtlichen Modifikationen vollständig nach dem Generalplan und der Kriminal-Ordnung organisirt. In den Patenten vom 9ten September 1814. §§. 20. und 30. (Gesetz-Samml. S. 89.), vom 9ten November 1816. §. 33. (Gesetz-Samml. S. 217.), vom 15ten November ej. a. §. 23. (Gesetz-Samml. S. 233.), vom 21sten Juni 1825. §. 32. (Gesetz-Samml. S. 153.), wurde sämmtlichen Untergerichten, insbesondere auch den Patrimonialgerichten, wo sie bestanden oder wieder eingeführt wurden, nur Civilgerichtsbarkeit eingeräumt; die Kriminalgerichtsbarkeit wurde ganz ausschließlich den einzurichtenden Inquisitoriaten und den Obergerichten überwiesen. Die Verordnung vom 11ten März 1818. (Gesetz-Samml. S. 19.) änderte dies nur in sofern, daß dem oben erwähnten §. 19. der Kriminal-Ordnung auf die Königlichen Untergerichte und auf diejenigen Patrimonialgerichte, welche zu einem Kollegium eingerichtet worden, Anwendung gegeben, und sonach diesen Untergerichten die Befugniß ertheilt wurde, in den Sachen, in welchen nur 50 Thaler Geldbuße, 4 Wochen Gefängniß oder leichte Züchtigung stattfinden, die Untersuchung zu führen und zu erkennen; an die Stelle der nicht kollegialischen Patrimonialgerichte sollten in dieser Beziehung die zunächst gelegenen eingerichteten Untergerichte treten. Mit Ausnahme dieser geringen Sachen war also die Kriminalgerichtsbarkeit in diesen Provinzen völlig an die Obergerichte und deren Deputationen, die Inquisitoriate, übergegangen.

Das Ziel der bisherigen legislativen Bestrebungen war aber in soweit nicht sobald erreicht, als man sich wiederum zu einem Abgehen von dem betretenen Wege veranlaßt fand.

Einzelne Ausnahmen von den Beschränkungen, welchen die der Inquisitoriats-Einrichtung beigetretenen und nicht beigetretenen Untergerichte nach dem Generalplane und der Kriminal-Ordnung unterworfen sein sollten, waren gleich Anfangs zugelassen. Die Kriminaldeputation des Berliner Stadtgerichts nämlich, welche in neuester Zeit gänzlich vom Stadtgerichte getrennt und zu einem selbstständigen Kriminalgerichte erhoben worden ist, hat auch nach dem Erscheinen der Kriminal-Ordnung fortgefahren, die Kriminal-Jurisdiktion ohne Beschränkung auszuüben; dem Stadtgerichte zu Königsberg, dem Magistrate zu Bromberg und dem fürstbischöflichen Landvoigteigerichte zu Heilsberg wurde durch die Ministerial-Verfügungen vom 11ten März und 11ten April 1808. die im §. 513. der Kriminal-Ordnung vorgeschriebene Einsendung der Erkenntnisse an das Obergericht erlassen.

Acta gen. des Justizminist. Crim. 5. Vol. II. Bl. 34. 35.

Dasselbe geschah bei dem Stadtgerichte zu Breslau durch Verfügung vom 13ten Februar 1813.

Acta des Justizminist. Breslau Unterger. 10. Vol. I. Bl. 54.

Dem Stagtgerichte zu Danzig war durch das Reglement vom 29sten März 1814. die Befugniß eingeräumt, bis zu 10 Jahren Freiheitsstrafe selbstständig zu erkennen.

Seit dem Jahre 1824. aber sind die Ausnahmen in den meisten Provinzen zur Regel geworden.

Durch Allerhöchste Ordre vom 3ten Februar 1824.

(Acta alleg. Vol. I. Bl. 261.)

wurde das Land- und Stadtgericht zu Memel ermächtigt, die Erkenntnisse, in welchen nicht auf eine höhere Strafe als körperliche Züchtigung oder dreijährige Einsperrung erkannt worden, ohne Bestätigung zu publiziren, sondern auch der Justizminister autorisirt: „bei andern größern Untergerichten die im §. 513. der Kriminal-Ordnung bestimmte Befugniß derselben zur selbstständigen Abfassung der Erkenntnisse nach den Umständen zu erweitern.“

Das Motiv hierzu lag nach dem beantragenden Berichte des Justizministers darin, daß einerseits durch die vorgeschriebene Einsendung der Erkenntnisse die Sachen zu sehr aufgehalten würden, und andrerseits bei zahlreich und gut besetzten Untergerichten die Erweiterung der Kompetenz kein Bedenken habe.

Auf den Grund dieser Autorisation wurden alsbald mehrere größere Untergerichte, namentlich die zu Potsdam, Brandenburg, Memel, Danzig, Elbing,

Stettin, Frankfurt, Landsberg, Crossen, die Justizkammer zu Schwedt, das Fürstenthumsgericht zu Neisse, welches letztere schon bis zu 3 Jahre Freiheitsstrafe erkennen konnte, von der Beschränkung des §. 513. a. a. O. in der Art entbunden, daß sie nur bei gewissen Verbrechen — (Hochverrath, Landesverrätherei, beleidigte Majestät, Münzverbrechen, Raub, Mord und Todschlag, vorsätzliche Brandstiftung, Vergehen gegen die Abgabengesetze und bei einigen, verheimlichte Schwangerschaft und Niederkunft) — der Abfassung des Erkenntnisses sich enthalten oder die konkludirten Erkenntnisse zur Bestätigung einschicken, bei allen andern Verbrechen aber ohne Rücksicht auf das Maaß der Strafe selbstständig erkennen sollten.

Diese Maaßregel bezog sich zunächst auf Gerichte, welche unter dem §. 513. der Kriminal-Ordnung standen. In ausgedehnterem Maaße noch, nämlich sowohl hinsichtlich der Führung der Untersuchung, als hinsichtlich der Abfassung der Erkenntnisse, machte sich das Bedürfniß einer erweiterten Kompetenz der Untergerichte bei der Inquisitoriats-Einrichtung, besonders in den wieder eroberten und neu erworbenen Provinzen, geltend. Die Inquisitoriate konnten die Masse der kleinen Sachen nicht bewältigen. Die Entfernung der meisten Gerichte führte ferner den erheblichen Uebelstand herbei, daß entweder Angeschuldigte und Zeugen weite Reisen machen oder die betreffenden Untergerichte um die Vernehmung requirirt werden mußten. Letzteres war gewöhnlich. In den minder bedeutenden Sachen, in welchen keine Verhaftung erfolgte, hatten in der Regel die Untergerichte die ganze Untersuchung zu führen, so daß die Inquisitoriate oft nur eine hemmende Zwischenstation zwischen dem Untergerichte und dem erkennenden Obergerichte bildeten.

Nachdem bei einigen Gerichten, z. B. Stendal, Lübben, Görlitz und den Landgerichten im Departement Naumburg, vorläufig Anordnungen getroffen waren, entwickelte der Justizminister jene Uebelstände in einem Immediatberichte und stellte vor, daß denselben ohne Vermehrung der Inquisitoriate werde abgeholfen werden können, wenn es gestattet würde, in Uebereinstimmung mit der Verfassung der ältern Provinzen die Untergerichte zur Führung der Untersuchung zu ermächtigen und ihre Kompetenz im Erkennen zu erweitern, auch allenfalls einigen Inquisitoriaten die Abfassung der Erkenntnisse, innerhalb gewisser Gränzen zu überlassen. Es wurde dabei bemerkt, daß es nicht nothwendig oder zweckmäßig sei, den Untergerichten in den betreffenden Landestheilen ganz allgemein die volle Kriminaljurisdiktion wieder zu geben, und daß es auch nicht angemessen erscheine, allgemein für alle diese Gerichte bestimmte Gattungen von Verbrechen oder ein bestimmtes Strafmaaß zur Begränzung ihrer Kompetenz festzustellen, da die Verfassung jedes einzelnen Gerichts und die Qualifikation seiner Mitglieder hierbei in Erwägung komme *).

---

*) Acta des Justizminist. Krim. 5. Vol. 2. Bl. 211.

Auf diesen Bericht wurde der Justizminister durch die Allerhöchste Kabinetsordre vom 31sten Januar 1833. (Gesetzsamml. S. 14.) im Allgemeinen autorisirt, die Befugniß:

a) „aller Untergerichte zur Führung der Untersuchungen,"

b) „der kollegialisch eingerichteten Untergerichte, imgleichen der Inquisitoriate zur Abfassung der Erkenntnisse in erster Instanz,"

„sowohl in Kriminal= wie in fiskalischen Untersuchungssachen nach Bewandniß der Umstände zu erweitern und das Maaß und den Umfang dieser Wirksamkeit der Untergerichte in der Kriminalrechtspflege, wie es das Bedürfniß erheische, festzusetzen."

Diese Autorisation ist durch Allerhöchste Ordre vom 17ten November 1835. (Ges. Samml. S. 236.), dahin ausgedehnt worden,

daß auch den Gerichts=Kommissionen formirter Untergerichte die Befugniß zur Abfassung der Erkenntnisse in Sachen, in welchen die höchste zulässige Strafe das im §. 19. der Kriminal=Ordnung angegebene Maaß nicht übersteigt, beigelegt werden kann.

Im Sinne dieser Erlasse wurde bei der neuen Justiz=Einrichtung im Großherzogthum Posen durch das Gesetz vom 16ten Juni 1834. (Ges. Samml. S. 75.) den sämmtlichen dortigen Untergerichten die Kompetenz zur Führung der Untersuchung und Abfassung des Erkenntnisses wegen aller Verbrechen beigelegt, bei denen die höchste gesetzliche Strafe eine dreijährige Freiheitsstrafe nicht übersteigt. Hinsichtlich der Führung der Untersuchung ist dort später bei der Aufhebung einiger Inquisitoriate die Kompetenz mehrerer Gerichte noch erweitert worden.

In den übrigen Provinzen hat der Justizminister auf den Grund der erwähnten Autorisation vielfältige Veränderungen vorgenommen. Am ausgedehntesten sind die Veränderungen in den westlichen wieder eroberten und neu erworbenen Landestheilen (Sachsen und Westphalen) gewesen. Dort können jetzt der Regel nach alle Königlichen Untergerichte Untersuchungen führen; die Inquisitoriate sind theils auf gewisse Bezirke, theils anf gewisse Sachen und auf die Fälle beschränkt, in welchen die Untergerichte an dieselben die Untersuchnngen abgeben, weil eine Verhaftung eintreten muß, und es ihnen an guten Gefängnissen gebricht. Im Erkennen ist die Kompetenz aller kollegialischen Gerichte über das in den §§. 19. und 513. der Kriminal=Ordnung bestimmte Maaß erweitert und einigen Inquisitoriaten die Rechtssprechung überlassen. Weniger ausgedehnt waren die Aenderungen in den anderen Provinzen. Aber auch hier ist durchgängig den bedeutendern kollegialischen Untergerichten eine erweiterte Kompetenz in der Abfassung der Erkenntnisse beigelegt, und wo Inquisitoriate bestehen, die Befugniß der Untergerichte zur Führung der Untersuchungen ausgedehnt worden.

Die Gränzen der erweiterten Kompetenz sind indeß verschieden. Bei einigen Gerichten sind, wie oben schon bemerkt, nur gewisse Verbrechen der Entscheidung der Obergerichte vorbehalten. Bei den Veränderungen, welche seit der Allerhöchsten

Ordre vom 31sten Januar 1833. vorgenommen worden, ist aber die Kompetenz der formirten Gerichte nicht nur durch die Ausnahme gewisser Verbrechen, sondern auch durch ein gesetzliches Strafmaaß begränzt worden; das Strafmaaß ist nicht überall gleich bestimmt; in der Regel ist es, wie in Posen, eine dreijährige Freiheitsstrafe.

Im Allgemeimen steht gegenwärtig die Sache so, daß in Untersuchungssachen gegen Nicht-Eximirte, der Regel nach,

a) alle Untergerichte, die nicht wie die Patrimonialgerichte in den wiedervereinigten und neuen Provinzen durchaus auf die Civilgerichtsbarkeit beschränkt sind, Untersuchungen führen können, selbst wenn in dem Departement Inquisitoriate bestehen, daß

b) die nicht kollegialischen, und in einigen Provinzen die kleinern kollegialischen Gerichte im Erkennen durch die §§. 19. und 513. der Kriminal-Ordnung beschränkt sind, dagegen

c) die kollegialischen Gerichte (iu einigen Provinzen alle, in andern die bedeutenderen) eine erweiterte Kompetenz zum Erkennen haben, die theils durch die Ausnahme gewisser Verbrechen, theils durch ein Maximum der gesetzlichen Strafe, in der Regel eine dreijährige Freiheitsstrafe, begränzt ist.

Die Untersuchungen aus den Bezirken der Untergerichte, welche nicht erkennen können, entweder weil sie gar keine Kriminal-Jurisdiktion haben oder weil die Sache ihre Kompetenz überschreitet, gehen in den meisten Provinzen an die Obergerichte, in andern aber, namentlich in Sachsen, an benachbarte kollegialische Untergerichte.

Eben hieraus, in Verbindung mit der Verfassung der Patrimonialgerichte hat sich denn wiederum eine große Verschiedenheit in dem Umfange der Kriminal-Jurisdiktion der Obergerichte entwickelt. Das Kammergericht z. B. hat über Nicht-Eximirte noch eine sehr ausgedehnte Kompetenz, weil alle kleinern Königlichen Untergerichte und die Patrimonialgerichte die Akten dem Kammergerichte znm Spruch oder zur Bestätigung überreichen, sobald die Strafe das im §. 513. a. a. O. angegebene geringe Strafmaaß übersteigt. In Sachsen dagegen geben diese Gerichte die Sachen an die formirten Untergerichte ab; die Obergerichte erkennen nur in den Sachen, welche auch der erweiterten Kompetenz der größeren Untergerichte entzogen sind.

Ueberhaupt ist eben durch die neuern Veränderungen, wobei zwar im Ganzen dieselbe Richtung festgehalten, jedoch überall auf die besondern Verhältnisse der einzelnen Landestheile und auf das augenblickliche, provinzielle oder örtliche Bedürfniß Rücksicht genommen worden ist, eine große Verschiedenheit in die Kompetenz-Verhältnisse gekommen.

Eine Uebersicht derselben giebt die Anlage, in Verbindung mit einer kurzen statistischen Darstellung der sonstigen Verhältnisse unserer mannichfaltigen Gerichtsverfassungen, soweit sie für die folgende Erörterung von besonderem Interesse sind.

III. Vorschläge.

A. Vorläufige Bemerkungen.

Nach dieser Darstellung ist über die Gesichtspunkte, von welchen man bei den neuen Einrichtungen wird ausgehen müssen, Folgendes zu bemerken:

1. Der dargestellte Entwickelungsgang und die Zustände, wie sie sich daraus entwickelt haben, sind den Reformen, welche die Einführung des öffentlich mündlichen Anklageverfahrens etwa erfordern mag, nicht ungünstig. Während einerseits die Mannichfaltigkeit der Kriminalverfassung in den verschiedenen Landestheilen den Wunsch einer Herstellung größerer Uebereinstimmung hervorrufen muß, läßt sich andererseits nach der bisherigen unablässigen Bewegung in der Ausbildung des Kriminalwesens manche Aenderung treffen, ohne daß man der Gefahr ausgesetzt ist, alt hergebrachte, festbegründete Einrichtungen umzustoßen. Das Letztere trifft indeß eben nur die strafgerichtliche Thätigkeit der Gerichte und deren Kompetenz, nicht die sonstige Gerichtsverfassung, welche nur in wenigen Landestheilen neuerdings erhebliche Aenderungen erlitten hat. Früher aber ist schon angedeutet worden, daß hier nicht die Rede davon sein könne, die ganze jetzige Justiz-Einrichtung umzugestalten und eine ganz neue, gleichförmige Ordnung der Dinge einzuführen. Die neuen Anordnungen müssen sich möglichst an das Bestehende anschließen. Demnach kann hier nicht nur nicht der Fortbestand des verfassungsmäßigen Unterschieds zwischen Ober- und Untergerichten, des eximirten Gerichtsstandes und der Patrimonialgerichte in Frage gestellt werden, sondern es wird überhaupt der Grundsatz festzuhalten sein, daß man in die bestehende Gerichtsverfassung nicht weiter eingreife, als es der Zweck des neuen Strafverfahrens erfordert.

2. Die Vorschläge, welche zu dem Ende gleich angegeben werden sollen, können nicht als definitiv betrachtet werden. Es kommt hier zunächst nur darauf an, einerseits, sich davon zu überzeugen, daß das öffentlich mündliche Verfahren, dessen Ausführbarkeit im Allgemeinen schon durch die Erfahrung in der Rheinprovinz und in auswärtigen Staaten erwiesen ist, auch in unseren anderen Provinzen, und zwar ohne vorgängige gänzliche Umgestaltung der bestehenden Justiz-Einrichtung ganz füglich ausführbar ist, andererseits die Entscheidung über diejenige Richtung vorzubereiten, welche man nach Maaßgabe der verschiedenen Vorschläge bei der Organisation der Kriminalgerichte einschlagen soll. Bevor diese Vorschläge im Einzelnen vollständig und definitiv ausgebildet, und mit Rücksicht auf die Verhältnisse und Bedürfnisse der einzelnen Provinzen gehörig gewürdigt werden können, wird insbesondere noch mit den Provinzialbehörden Rücksprache zu nehmen sein. Dazu ist es aber erst an der Zeit, wenn man sich für die Einführung des neuen Verfahrens entschieden, und über die bei der Organisation der Gerichte zu verfolgende Richtung im Wesentlichen geeinigt hat. Es bleiben mithin die angemessenen Modifikationen der folgenden Vorschläge späteren Berathungen vorbehalten.

3. Diese Modifikationen können nach Verschiedenheit der Verhältnisse in den einzelnen Landestheilen verschieden ausfallen. Man wird zwar im Wesentlichen überall eine und dieselbe Richtung festhalten müssen, aber man darf es sich vorbehalten, durch besondere Anordnungen die Schwierigkeiten zu umgehen, welche

sich aus örtlichen Verhältnissen einer durchaus gleichförmigen Ausführung des einen oder andern Vorschlages entgegensetzen sollten. Mag auch die Uebereinstimmung wünschenswerth sein, so sind doch die Zustände der einzelnen Landestheile zu verschieden, als daß es nicht völlig gerechtfertigt sein sollte, auch fernerhin provinzielle oder örtliche Besonderheiten zuzulassen, wenn sie sich sonst als angemessen erweisen. Man würde der gewünschten Uebereinstimmung ein zu großes Opfer bringen, wenn man bloß um ihretwegen die verschiedenen Bedürfnisse der verschiedenen Landestheile unberücksichtigt lassen, oder der einen Provinz eine an sich wünschenswerthe Einrichtung bloß darum versagen wollte, weil sie nicht auch in einer anderen durchzuführen ist. Einige Modifikationen werden schon von selbst durch die Privat-Jurisdiktionen herbeigeführt werden. Andere wird vielleicht der große Unterschied in der Dichtigkeit der Bevölkerung fordern; darauf kommt es gerade bei der Organisation der Gerichte, vor welchen mündlich verhandelt werden soll, wesentlich an; es machen sich andere Bedürfnisse geltend, wo 7000, als da wo 1500 Einwohner auf der Quadratmeile leben. Mit Rücksicht auf die gegenwärtige, so vielfach modifizirte Kriminalverfassung muß es schon für Gewinn erachtet werden, wenn nur in der Hauptsache Uebereinstimmung erzielt wird.

4. Bei der Wahl der einen oder anderen Einrichtung kann natürlich der Kostenpunkt nicht unberücksichtigt bleiben. Es wird ihm aber nur eine untergeordnete Bedeutung zugestanden werden können, weil die Interessen der Strafrechtspflege zu erheblich sind. Ein irgend erheblicher Aufwand wird auch wohl nur durch die ersten Einrichtungen entstehen. Wenn das öffentlich mündliche Verfahren mehrere Arbeitskräfte in Anspruch nehmen und dadurch nachhaltig einen Mehrbedarf verursachen sollte, so ist daran zu erinnern, daß sich dieses vielleicht wieder ausgleichen wird. Denn die fortschreitende Gesetz-Revision wird wahrscheinlich in anderen Geschäftszweigen, in welchen die Gerichte jetzt zu viel zu thun scheinen (Instruktionen der Civilprozesse, Vormundschaftswesen, Depositalwesen 2c.), die richterliche Thätigkeit auf ein bedeutend geringes Maaß zurückführen.

B. Kompetenz für die polizeigerichtlichen Untersuchungen.

Bei der Organisation der Strafgerichte, auf welche nach diesen Vorbemerkungen nunmehr näher einzugehen ist, bietet zuvörderst das polizeigerichtliche Verfahren keinerlei Schwierigkeit dar. Nach der vorigen Betrachtung kann es in Ansehung der zu diesem Verfahren zu verweisenden Sachen für die erste Instanz überall bei der bisherigen Verfassung in der Art verbleiben, daß alle diejenigen Königlichen und Privatgerichte kompetent sind, welche bisher nach Maaßgabe der §§. 19. und 513. der Kriminal-Ordnung bis zu 50 Thaler Geldstrafe oder vier Wochen Gefängniß selbstständig erkennen konnten. Bei formirten Gerichten treten Kommissarien ein. Die Appellationen gehen an die Obergerichte.

Neben der schon in der vorigen Betrachtung angedeuteten Frage:

> ob außer den Polizeivergehen auch einige, im Maximum mit einer höheren Strafe bedrohte Verbrechen unter gewissen Beschränkungen zum polizeigerichtlichen Verfahren zu verweisen seien?

werden sich vielleicht später noch einige andere Modifikationen zur Erwägung aufdrängen, z. B.

ob man etwa auch denjenigen Untergerichten, welche bisher gar keine Strafgerichtsbarkeit hatten, wie den Patrimonialgerichten links der Elbe, die Kompetenz in polizeigerichtlichen Sachen widerruflich einräumen solle?

ob und wie weit es zu gestatten sei, daß in Untersuchungssachen wider Eximirte auch die Entscheidung den Kreis-Justizräthen, oder, wo diese nicht vorhanden, anderen Beamten per modum delegationis übertragen werde?

ob vielleicht die Appellation von den Erkenntnissen der Einzelrichter an Untergerichts-Kollegien zu verweisen seien?

u. s. w.

Diese und ähnliche Fragen sind jedoch hier zu übergehen. Ihre Bedeutung und ihre Entscheidung hängt zunächst von der Organisation derjenigen Behörden ab, welche in Kriminalsachen untersuchen und erkennen sollen.

C. Kompetenz für die Kriminal-Untersuchungen.

Was demnächst die Organisation der Kriminalgerichte, den eigentlichen Vorwurf der gegenwärtigen Betrachtung, angeht, so ist vorweg die künftige Stellung der mit Kriminal-Jurisdiktion versehenen Patrimonialgerichte zu bezeichnen.

1. Stellung der Patrimonialgerichte.

Am Schlusse der vorigen Betrachtung ist bereits ausgeführt woeden, daß den Einzelrichtern nicht bloß die Untersuchung und Bestrafung der eigentlichen polizeigerichtlichen Vergehen, sondern auch solcher Verbrechen zu übertragen sein dürfte, die in den Gesetzen zwar wie Injurien, Diebstahl, Betrug rc. in thesi mit einem höheren Strafmaximum, als 50 Rthlr. Geldbuße oder 6 (nach dem rev. Entw. 4) Wochen Gefängniß bedrohet sind, jedoch in concreto keine höhere, als die erwähnte Strafe nach sich ziehen. In allen diesen Sachen wird gleich anderen Einzelrichtern, so auch den Patrimonialrichtern die Abfassung des Erkenntnisses zustehen. Dagegen wird denselben in Ansehung schwererer Verbrechen zwar nach wie vor die Führung der Voruntersuchung verbleiben, dagegen aber die Abfassung des Erkenntnisses nicht zustehen, so wie denn auch denselben schon gegenwärtig bei solchen schwereren Verbrechen nur die Abfassung eines Gutachtens zusteht, welches der Bestätigung des Obergerichts bedarf. Die Entscheidung über alle nicht ganz unbedeutende Kriminalsachen kann nur Kollegien anvertraut werden. Den Patrimonialgerichten kann deshalb die Abfassung der Erkenntnisse nicht verbleiben, wenn nicht etwa die Gerichtsherren sich vereinigen und gemeinschaftlich kollegialische, den Anforderungen einer prompten und gründlichen Rechtspflege entsprechende Kriminalgerichte einrichten wollten, eine Voraussetzung, auf welche hier nicht weiter zu rücksichtigen ist. Es ist zwar mit besonderer Rücksicht auf die Patrimonialgerichte zur Sprache gekommen, ob nicht den Einzelrichtern die Entscheidung der Kriminalsachen in der Art überlassen werden könne, daß von Zeit zu Zeit die Richter gewisser Bezirke zur Aburtelung jener Sachen nach vorgängiger mündlicher

Verhandlung in ein Kollegium zusammen treten. Der Vorschlag hat zwar Manches für sich; er scheint geeignet, manche Schwierigkeit zu beseitigen; allein näher betrachtet, muß er dennoch, und zwar besonders in Beziehung anf Patrimonialrichter, für unausführbar erachtet werden. Abgesehen von demjenigen, was, wie bemerkt werden wird, gegen die Entscheidung der Kriminalsache durch Untergerichte überhaupt zu erinnern ist, so hat man gerade bei den Patrimonialrichtern am wenigsten die Gewähr, daß sie diejenige Intelligenz und Ausbildung besitzen, welche die Entscheidung jener Sachen besonders auf mündliches Verfahren und nach Entbindung von positiven Beweisregeln erfordert. Unter ihnen befinden sich nur zu viele, denen eben wegen unzureichender Tüchtigkeit die Beförderung im unmitlelbaren Staatsdienste hat versagt werden müssen. Sodann wird es kaum möglich sein, einem solchen, nur von Zeit zu Zeit zusammentretenden, aus fremden, im Uebrigen in gar keiner Verbindung stehenden Mitgliedern gebildeten Kriminalgericht eine feste, den regelmäßigen Geschäftsbetrieb sichernde Organisation zu geben. Wenn irgendwo, dann ist in Kriminalsachen Ordnung und Regelmäßigkeit erforderlich. Ohne sie ist eine schnelle und dennoch gründliche Rechtspflege nicht möglich. Wie wird aber nur daran zu denken sein, fünf, sechs und mehrere Patrimonialrichter, von welchen jeder im Uebrigen seinen abgesonderten Geschäftskreis hat, zu einer bestimmten Zeit und so oft es das Bedürfniß der Kriminalrechtspflege nothwendig macht, zu vereinigen? Es kommt dabei insbesondere in Erwägung, daß die Mehrzahl der Patrimonialrichter die Verwaltung der Patrimonialgerichte als Nebenamt betrachten und behandeln. Die Kriminal-Untersuchungen würden daher nicht nur mit den übrigen Geschäften des Patrimonialrichters als solchen, sondern auch mit denjenigen Geschäften in Konflikt gerathen, welche dem Patrimonialrichter bei seinem eigentlichen amtlichen Hauptberuf obliegen und die er gar nicht einmal nach freier Willkühr ordnen kann. Störungen der Geschäfts-Ordnung sind bei solchen Umständen unvermeidlich und es ist überdies sehr zu besorgen, daß die Patrimonialrichter die Theilnahme an der Aburtelung der Kriminalsachen als eine Last betrachten und denselben nicht diejenige Aufmerksamkeit widmen werden, welche sie doch vorzugsweise in Anspruch nehmen. Außerdem würde bei solchen Kriminalgerichten die Organisation des öffentlichen Ministeriums schwierig sein und zu allem diesen kommt noch, daß die Reisen der Richter und sonstigen Beamten zu den Sitzungen des Kriminalgerichtshofes sehr bedeutende Kosten verursachen würden.

Es wird also nichts übrig bleiben, als den Patrimonialgerichten die Abfassung der Erkenntnisse und somit selbstredend auch die Abhaltung der mündlichen Schlußverhandlung zu entziehen und dieselbe an kollegialische Gerichte zu verweisen; ob an die Obergerichte oder an andere Untergerichte, wird sich später ergeben.

Dagegen kann die Führung der Voruntersuchung den Patrimonialgerichten unter den bisherigen Beschränkungen belassen werden. Es hat zwar die Einrichtung ihre Vorzüge, nach welcher auch die Untersuchung bei einem kollegialischen Gerichte und zwar unmittelbar bei demjenigen geführt wird, bei welchem ein Staats-Anwalt angestellt ist. Allein dieses ist keineswegs eine nothwendige

Voraussetzung des mündlichen Anklage-Verfahrens. Wenn man daher auch Ursache hat, die gänzliche Abgabe der Gerichtsbarkeit in Kriminalsachen von Seiten der Gerichtsherren zu befördern, so braucht doch hiervon die Einführung des neuen Verfahrens nicht abhängig gemacht zu werden. Um den Widerspruch zu beseitigen, welchen die Gerichtsherren, wegen einer zu erheblichen Beschränkung ihrer Gerichtsbarkeit, gegen das neue Verfahren erheben könnten, wird es vielmehr zweckmäßig sein, den Patrimonialgerichten die Führung der Untersuchung nach wie vor zu gestatten. Das Strafverfahren wird dennoch auch bei diesen Gerichten durch die sonstigen Aenderungen wesentlich gewinnen.

Die Stellung der Patrimonialgerichte würde hienach etwa folgende sein:

es steht dem Patrimonialgericht frei, jede Kriminal-Untersuchung sofort an das erkennende Kollegium abzugeben (§. 18. der Krim. Ord.); eben so ist das Obergericht befugt, auf den Antrag des Staats-Anwalts nach Maaßgabe des §. 94. der Kriminal-Ordnung eine Untersuchung dem Patrimonialgerichte abzunehmen und vor sich zu ziehen, resp. dem erkennenden Untergerichts-Kollegium zu überweisen;

außer diesen Fällen führt das Patrimonialgericht die Voruntersuchung;

das Patrimonialgericht hat von allen Verbrechen und Untersuchungen dem bei dem erkennenden Gerichte angestellten Staats-Anwalt Mittheilung zu machen (§. 261. der Krim. Ord.), ihm jederzeit Kenntnißnahme von dem Verlauf der Sache zu gestatten und seine Anträge, wie jeder andere Untersuchungsrichter zu berücksichtigen;

glaubt das Patrimonialgericht bei der Frage über die Einleitung der Untersuchung, oder bei der Führung derselben einem Antrage des Staats-Anwalts nicht Folge geben zu müssen, so wird auf Verlangen des letzteren die Sache dem erkennenden Gerichte zur Beschlußnahme vorgelegt;

nach geschlossener Voruntersuchung gehen die Akten an das erkennende Gericht, welches zunächst die Vollständigkeit der Untersuchung prüft und über die weitere Verfolgung beschließt, eventuell die mündliche Verhandlung einleitet und darauf das Erkenntniß abfaßt.

Bei dieser Einrichtung haben die Gerichtsherren nicht Ursache, sich über eine Beschränkung zu beklagen. Bei dem mündlichen Verfahren ist eine *Bestätigung* der Erkenntnisse, wie sie jetzt stattfindet, nicht thunlich. Wollte man demnach den Patrimonialgerichten die Abfassung der Erkenntnisse überlassen, so würde man ihnen die selbstständige Entscheidung, und damit eine Befugniß einräumen müssen, welche über ihren jetzigen Wirkungskreis weit hinausgeht. Dagegen liegt darin, daß sie sich fortan der Abfassung der Erkenntnisse in Kriminalsachen ganz enthalten haben, eine so unbedeutende Beschränkung, daß sie wohl schon durch die Erweiterung der Kompetenz in polizeigerichtlichen Sachen (nämlich von 4 Wochen auf 6 Wochen Gefängniß) aufgewogen wird. Denn so weit die Patrimonalgerichte gegenwärtig die Erkenntnisse zur Bestätigung einreichen müssen, steht ihnen in der Wirklichkeit eine *eigene* Entscheidung nicht zu; ihre Erkenntnisse sind nur Gutachten; ihre Abfassung mehr eine Last, als eine Befugniß. Die mündliche Verhandlung vor dem erkennenden Gerichte enthält keinen Eingriff in die privatgerichtlichen Gerechtsame; sie ist aber eine neue Einrichtung, die nur die bisherigen schriftlichen Vertheidigungen und den Vortrag im Kollegium vertritt.

Nun wird es sich von selbst verstehen, daß die Auslagen an Transportkosten, an Zeugengebühren ꝛc., welche durch die mündliche Verhandlung verursacht werden, nicht den Jurisdiktionarien zur Last gelegt werden können, zumal dieselben seit der Allerh. Kabinets-Ordre vom 15ten April 1842. nicht mehr die Erkenntnißkosten zu tragen haben.

Das Vorstehende bezieht sich zunächst nur auf die nicht formirten Patrimonialgerichte. Die Zahl der kollegialischen Patrimonial- oder standesherrlichen Gerichte ist so klein, daß sie bei den gegenwärtigen allgemeinen Erörterungen über die künftige Einrichtung nicht in Betracht kommen können. Ihre Verhältnisse werden sich später ohne Schwierigkeit bestimmen lassen. Hinsichtlich der Führung der Untersuchungen werden sie unter allen Umständen wenigstens dieselben Befugnisse behalten, welche den kleineren Gerichten verbleiben. Ob ihnen auch die Entscheidung einzuräumen sei, hängt theils von dem Umfange und der Verfassung der einzelnen Gerichte, theils von den Beschlüssen ab, welche nach den folgenden Bemerkungen über die Kompetenz der Untergerichte überhaupt werden gefaßt werden.

2. Allgemeine Bemerkungen über die zur Einrichtung der Kriminalgerichte erforderlichen Veränderungen.

Die allgemeine Kriminal-Verfassung angehend, so werden zunächst die noch bestehenden Königlichen Inquisitoriate wegfallen und ihr Wirkungskreis an die sonst dazu bestimmten Gerichte, in der Regel an die erkennenden Gerichte, übergehen.

Sodann wird die Kompetenz zur Untersuchung und Entscheidung in Sachen gegen die Eximirten, nach wie vor, den Obergerichten verbleiben, vorbehaltlich der etwa zu gestattenden Delegation. Die wenigen Untergerichte, denen jetzt, vermöge besonderer Verfassung, eine gewisse Kompetenz über Eximirte zusteht, können hier außer Betracht gelassen werden; ihre Kompetenz läßt sich später regeln.

Hinsichtlich der Untersuchungen gegen Nicht-Eximirte haben wir gegenwärtig nach der Anlage:

Einzelrichter (worunter hier auch die mit zwei Mitgliedern besetzten Gerichte verstanden werden mögen), welche gar keine Kompetenz in eigentlichen Kriminalsachen haben;

Einzelrichter, welche die Untersuchungen führen, aber nicht zu erkennen haben;

Einzelrichter, welche auch erkennen können, aber das abgefaßte Erkenntniß nach §. 513. der Kriminal-Ordnung dem Obergerichte zur Prüfung einreichen müssen;

kollegialische Gerichte, welche eben so, wie diese Einzelrichter, beschränkt sind;

kollegialische Gerichte, deren Kompetenz zum selbstständigen Erkennen in verschiedenen Graden, meist bis zu dreijähriger Freiheitsstrafe, erweitert ist;

kollegialische Untergerichte in geringerer Zahl, welche gleich den Obergerichten ohne Beschränkung erkennen.

In dem einen Departement ist diese, im anderen jene Einrichtung vorherrschend.

Die Sachen, in denen das betreffende Untergericht nicht kompetent ist, gehen in erster, und alle Sachen in zweiter Instanz an die Obergerichte.

Es leuchtet ein, daß diese verschiedenartigen Einrichtungen zum Zwecke des mündlichen Verfahrens Modifikationen erleiden müssen. Beim Rückblick auf die oben dargestellte Entwickelung des Kriminalwesens und bei der Vergleichung mit der rheinischen Verfassung wird man in dieser Beziehung sofort zu der Frage hingeführt,

ob man die Idee des Generalplans vom 16ten September 1814., welcher die Kriminalsachen durchgängig an die Obergerichte bringen wollte, oder ob die in neuerer Zeit eingeschlagene Richtung, welche sich zu den kollegialischen Untergerichten neigte, verfolgen solle?

Welchen Weg man aber auch wählen mag, so sind einige Reformen in der Verfassung der Gerichte nicht zu vermeiden. Will man die Untersuchungen der Verbrechen der Nicht-Eximirten, sei es wegen aller, oder wegen der geringeren, welche mit höchstens fünfjähriger Freiheitsstrafe bedroht sind, an die Untergerichte verweisen, so muß in den Landestheilen, in welchen das System der Einzelnrichter vorherrscht, für eine hinreichende Zahl kollegialischer, und zwar für das mündliche Verfahren geeigneter Untergerichte gesorgt werden. Dieses wird zum Theil selbst dort nöthig sein, wo gegenwärtig schon kollegialische Gerichte die Kriminalgerichtsbarkeit in erweiterter Kompetenz ausüben. Diese Kollegien sind zum großen Theil zu schwach besetzt. In der Provinz Westphalen z. B. sind mit wenigen Ausnahmen alle Gerichte kollegialisch formirt und in neuerer Zeit mit erweiterter Kriminalgerichtsbarkeit versehen; aber die meisten bestehen nur aus 3 bis 4 Mitgliedern. Abgesehen davon, daß die Organisation des öffentlichen Ministeriums, so wie das Gefängnißwesen einen zu großen Kostenaufwand erfordern würden, wenn man bei allen diesen kleinen Gerichten Staats-Anwälte anstellen und die erforderlichen Gefängnißanstalten einrichten wollte, so läßt sich auch bei ihnen das mündliche Verfahren, wenigstens nicht in wünschenswerther Vollkommenheit ausführen. Daß ihnen die schweren Verbrechen nicht überlassen werden können, bedarf kaum der Erwähnung. Bei geringeren Verbrechen wird zwar wohl die Zahl der erkennenden Richter auf drei beschränkt werden dürfen. Allein es kommt in Betracht, daß das untersuchende Mitglied an der Entscheidung keinen Theil zu nehmen hat, daß man nicht der Gefahr ausgesetzt sein darf, wegen jeder Verhinderung eines Mitgliedes eine angeordnete mündliche Verhandlung zurücksetzen zu müssen, daß die Rekusation einzelner Mitglieder in Strafsachen nicht gar zu sehr erschwert werden darf. Es ist ferner zu erwägen, daß das mündliche Verfahren nicht nur überhaupt eine Vertrauen erweckende Zusammensetzung wünschen läßt, sondern auch darum eine gute Besetzung fordert, weil in Kriminalsachen das Erkenntniß erster Instanz rücksichtlich der Thatfrage eine ungleich größere Bedeutung hat, wie in Civilsachen, und daß darauf Bedacht genommen werde, durch das Gewicht und den Eindruck der ersten Entscheidung die Appellationen über die Thatfrage möglichst zu vermindern. Man darf hier nicht, wie in Civilsachen, zu dem Auskunftsmittel greifen, daß man im Nothfalle einen Referendar oder einen zum Richteramt qualifizirten Aktuar zuzieht; vielmehr ist es zu wünschen, daß selbst unter den Mitgliedern in gewissem Maaße eine Auswahl möglich bleibe. Es giebt bei den kleinen Gerichten oft ein schwaches Mitglied, welches seine Stelle im Ganzen noch nothdürftig ausfüllt, oder gar durch Uebernahme einer großen Masse der den Gerichten obliegenden vielartigen, unbedeutenden oder mechanischen Geschäfte dem Gerichte gute Dienste leistet, aber dennoch zur Theilnahme an den Entscheidungen der Kriminalsachen auf mündliche Verhandlung nicht recht geeignet ist. Selbst bei der Beschränkung auf die geringeren, nur mit fünfjähriger Freiheitsstrafe bedrohten Vergehen würde man demnach Untergerichte mit wenigstens sechs Mitgliedern einrichten müssen.

Das umgekehrte Verhältniß findet bei den Obergerichten statt; die Sprengel der meisten Obergerichte sind zu ausgedehnt; sie müssen verkleinert werden; das wird wenigstens bei einigen Obergerichten selbst dann kaum zu umgehen sein, wenn sie auch nur die Sachen der Eximirten oder neben diesen die Untersuchungssachen wegen der schweren Verbrechen der Nicht-Eximirten behalten. So lange auf geschlossene Akten erkannt wird, hat die Urtelsfindung von Seiten der jetzigen Obergerichte keine Schwierigkeit; es kommt wenig darauf an, ob das Gericht, an welches die Akten zum Spruch versandt werden, dem Orte des Verbrechens nahe oder fern ist. Anders ist es aber bei dem mündlichen Verfahren; darin sollen Angeschuldigte, Zeugen, Sachverständige und überhaupt alle Personen, die zu sehen und zu hören nothwendig ist, der Regel nach in Person dem erkennenden Gerichte gegenüber treten. Die Entfernung aller dieser Personen von dem Gerichtsorte muß eine Grenze haben, und zwar eine solche, daß nicht die Transportkosten der Angeklagten, die Reisekosten der nicht verhafteten Angeschuldigten, der Zeugen, Sachverständigen u. s. w. zu einer unerträglichen Last werden. Daß diesem die jetzigen Sprengel unserer meisten Obergerichte nicht entsprechen, zeigt der erste Blick auf die Karte. Unumgänglich nothwendig ist eine erhebliche Verkleinerung der meisten Bezirke, wenn die Obergerichte auch über die kleineren Verbrechen richten sollen; in diesen Sachen würden in der Regel die Kosten und Mühen der mündlichen Verhandlung außer allem Verhältnisse zu dem Gegenstande der Untersuchung stehen. In geringerem Grade und in geringerem Maaße würde das Bedürfniß der Verkleinerung hervortreten, wenn die Obergerichte nur die Untersuchungen gegen Eximirte oder auch die wegen schwerer Verbrechen der Nicht-Eximirten führen sollen, weil theils die Zahl dieser Untersuchungen verhältnißmäßig klein ist, und theils in der Regel erheblichere Interessen auf dem Spiele stehen. Freilich kommt dabei andererseits auch wiederum in Betracht, daß der weite Transport gefährlicher Verbrecher schon um der Sicherheit willen möglichst vermieden werden sollte. Nach der Allgemeinen Kriminal-Ordnung §. 90. ꝛc. soll aus diesem Grunde die Auslieferung eines verhafteten Verbrechers an das Gericht des Wohnorts oder des begangenen Verbrechens in der Regel nicht erfolgen, wenn die Entfernung über sechs Meilen beträgt. Bei unseren jetzigen Obergerichts-Bezirken würden Transporte von 20 und mehr Meilen vorkommen.

Mit Rücksicht auf diese erforderlichen Aenderungen sind nunmehr die beiden oben angedeuteten Systeme zu betrachten, und zwar zuerst das System der Obergerichte, wie es der Generalplan von 1804. beabsichtigte.

3. Insbesondere System der Obergerichte mit ausschließlicher Kompetenz in Kriminalsachen.

Dieses System in dem Sinne, daß, mit den später zu erwähnenden, besonders zu motivirenden Ausnahmen alle Kriminalsachen ohne Unterschied, geringe wie schwere, der Nicht-Eximirten wie der Eximirten, von Obergerichten verhandelt und entschieden werden, dürfte sich am meisten empfehlen und etwa in folgender Art auszuführen sein.

Die Bezirke unserer jetzigen Obergerichte sind sehr verschieden. Von denjenigen Landes-Justizkollegien, in deren Departements die Allgemeine Kriminal-Ordnung gilt, haben in runden Zahlen:

in der Provinz Preußen,

1.	Königsberg	412	□M. mit	795,000	Einwohnern.
2.	Insterburg	294	= =	586,000	=
3.	Marienwerder	472	= =	904,000	=

in der Provinz Posen,

4.	Posen	321	□M. mit	816,000	Einwohnern.
5.	Bromberg	214	= =	407,000	=

in der Provinz Pommern,

6.	Stettin	236	□M. mit	479,000	Einwohnern.
7.	Cöslin	258	= =	388,000	=

in der Provinz Schlesien,

8.	Breslau	284	□M. mit	1,258,000	Einwohnern.
9.	Ratibor	231	= =	855,000	=
10.	Glogau	210	= =	688,000	=

in der Provinz Brandenburg,

11.	das Kammergericht	383	□M. mit	1,000,000	Einwohnern.
12.	Frankfurt	364	= =	784,000	=

in der Provinz Sachsen,

13.	Magdeburg	148	□M. mit	476,000	Einwohnern.
14.	Halberstadt	61	= =	300,000	=
15.	Naumburg	215	= =	800,000	=

in der Provinz Westphalen,

16. Münster 132 □ M. mit 400,000 Einwohnern.
17. Paderborn 95 = = 430,000 =
18. Arnsberg 86 = = 228,000 =
19. Hamm (einschließlich der zur Rheinprovinz gehörigen Kreise Rees und Duisburg) 74 □ M. mit 438,000 Einwohnern.

in der Rheinprovinz,

20. der Justiz=Senat zu Ehrenbreitstein 32 □ M. mit 142,000 Einw., wovon jedoch fast die Hälfte unter den Mediat=Obergerichten zu Neuwied und Braunfels stehen.

Das Maaß nun, auf welches der Umfang der einzelnen Obergerichtsbezirke zurückgeführt werden muß, wird zunächst nicht durch die Einwohnerzahl, sondern durch die Meilenzahl des Areals bestimmt. Denn die zu großen Entfernungen sind es, welche hauptsächlich eine Verkleinerung nothwendig machen. Die Einwohnerzahl kommt aber dennoch in sofern in Betracht, als davon das Arbeitsmaaß, und sonach die erforderlichen Arbeitskräfte, die Größe des Kollegiums, abhängen. Bei einer Theilung der jetzigen Departements nach den Anforderungen des mündlichen Verfahrens wird man nicht so leicht zu befürchten haben, daß das Arbeitsmaaß der einzelnen Kollegien zu groß sein werde. Aber wenn man ohne Rücksicht auf die sehr verschiedene Dichtigkeit der Bevölkerung blos nach der Meilenzahl den Umfang der Departements festsetzen wollte, so würde man sehr ungleiche Kollegien schaffen und in Gefahr sein, daß einzelne Kollegien, bei sehr dünner Bevölkerung, zu wenig Arbeit fänden und daher nicht so besetzt werden könnten, wie es für ein Obergericht zu wünschen ist. Je dichter die Bevölkerung also ist, desto kleiner können die Bezirke sein, wenn sie es auch nicht gerade müßten; je dünner dagegen die Bevölkerung ist, desto mehr müssen die Bezirke ausgedehnt werden. In ähnlicher Art werden andere Verhältnisse, welche nach Lage der einzelnen Provinzen auf den Geschäftsumfang Einfluß haben, zu berücksichtigen sein. Es ist überhaupt der Gesichtspunkt festzuhalten, daß von der einen Seite das Areal der Bezirke nicht zu groß, von der andern Seite der Geschäftsumfang groß genug sein muß, um die Bildung eines ansehnlichen Gerichtshofes zuzulassen. Das Letztere erlangt noch eine besondere Bedeutung, wenn man es nach spätern Bemerkungen für wünschenswerth erachten sollte, daß auch die Appellationen in Strafsachen bei demselben Obergerichte verbleiben.

In Beziehung auf den zulässigen Umfang der Bezirke, ihrem Flächeninhalte nach, läßt sich die Erfahrung in der Rheinprovinz benutzen. Denn auch dort werden alle Strafsachen, mit Ausnahme der polizeilichen, am Sitze der Landgerichte auf mündliche Verhandlung entschieden. Die auch dort sehr verschiedenen Landgerichtsbezirke können allerdings nicht durchgängig für die Bildung unserer Obergerichte maaßgebend sein. Theils die außerordentlich dichte Bevölkerung in einigen Theilen der Provinz, theils das Bedürfniß des eigenthümlichen

Verkehrs in Verbindung mit dem Umstande, daß die Landgerichte auch die erste Instanz in den erheblichern Civilsachen bilden, hat die Bildung einiger sehr kleiner Bezirke veranlaßt. So hat nach Starke's Beiträgen, Th. II. Abth. 3., Elberfeld nur 13 Quadratmeilen mit 190,000 Einwohnern, Saarbrücken 31 M. mit 139,000 E., Cleve 35 M. mit 183,000 E., Düsseldorf 28 M. mit 256,000 E. Die andern dagegen sind bedeutend größer, übertreffen sogar an Umfang einige Ober-Landesgerichtsbezirke, und geben jedenfalls für unsere Frage einen guten Anhalt. Es haben nämlich;

Cöln	72 □M.	mit	418,000 Einwohnern,
Aachen	75	"	370,000 "
Coblenz	77	"	313,000 "
Trier	100	"	297,000 "

Durch das Beispiel von Trier, welches in Beziehung auf Bevölkerung der östlichen Provinzen näher steht und sogar dünner bevölkert ist, wie der größte Theil von Schlesien, Sachsen, Westphalen, darf man als erwiesen annehmen, daß das mündliche Verfahren bei einem Umfange von 100 Quadratmeilen sehr wohl ausführbar ist. Man darf das um so mehr annehmen, da einestheils der Bezirk Trier gebirgig, daher die Kommunikation schwieriger ist, und anderntheils nach dortiger Verfassung ungleich mehr kleinere Sachen an die Landgerichte kommen, wie es bei dem neuen Verfahren der Fall sein wird; denn die Kompetenz der Friedensrichter ist dort weit beschränkter, als sie nach der vorigen Betrachtung den Einzelrichtern eingeräumt werden soll. Während hienach ein Umfang von 100 Quadratmeilen in der Regel für zulässig erachtet werden kann, so wird man dagegen aber auch über dieses Maaß nicht weit hinausgehen dürfen, und, wo es wegen zu dünner Bevölkerung oder aus andern Gründen nothwendig sein sollte, den dadurch entstehenden Beschwerden durch besondere Anordnungen nach Möglichkeit Abhülfe zu verschaffen suchen müssen, dergleichen hie und da vielleicht auch bei kleinern Bezirken durch örtliche Verhältnisse nothwendig werden.

Andrerseits versteht es sich aber von selbst, daß jener Umfang nicht als das Minimum eines Obergerichtsbezirks festzusetzen ist. Wir haben schon jetzt mehrere Landes-Justizkollegien, deren Bezirke kleiner sind, wie der des Landgerichts zu Trier (Halberstadt, Paderborn, Hamm, Arnsberg, Ehrenbreitstein), und selbst diese werden zum Theil noch zu verkleinern sein. Abgesehen davon, daß die geographische Gestalt eines Departements in Betracht kommt, so leuchtet es ein, daß das mündliche Verfahren vor Obergerichten um so weniger Schwierigkeiten hat, je kleiner die Bezirke bestimmt werden können, daß man daher auch, eben so wie in der Rheinprovinz, unter jenes Maaß hinabgehen muß, wo dieses nach den sonstigen Verhältnissen als zulässig erscheint. Dieses aber hängt, wie schon angedeutet, hauptsächlich von der Bevölkerung ab.

Um hiernach das zweite Moment für die Bestimmnng der Bezirke, nämlich die ungefähre Einwohnerzahl, zu finden, kommt es zunächst auf den amtlichen Wirkungskreis, die Kompetenz der Obergerichte, an. Es ist vorauszusetzen, daß sie, abgesehen von Kriminalsachen, ihre bisherige Stellung und Kompetenz, namentlich die Appellationen in Civilsachen der Untergerichte, so weit sie jetzt darin erkennen, ungeschmälert behalten. Daß dieses im Allgemeinen keine Schwierigkeit hat, bedarf nach den Erfahrungen bei den jetzigen kleinern Kollegien keiner Ausführung. Vielleicht würde es nur nach einer Verkleinerung der Bezirke nicht überall thunlich sein, daß die Appellationen von den Erkenntnissen, welche das Obergericht in Civilsachen der Eximirten in erster Instanz abgefaßt hat, durch eine andere Abtheilung desselben Kollegiums erledigt werden, wie es jetzt bei den meisten Obergerichten geschieht. In diesem Falle würde die bei einigen Obergerichten (Cöslin, Arnsberg, Hamm) schon bestehende Einrichtung, daß eins von mehreren Obergerichten, welches zahlreicher besetzt wird, zugleich die Appellations-Instanz in den von den benachbarten kleinern Obergerichten in erster Instanz abgeurtheilten Civilsachen der Eximirten bildet, Abhülfe gewähren. In wiefern das nöthig sein wird, das hängt jedoch zum Theil von der Kompetenz in Kriminalsachen ab.

In Strafsachen nur würden vor jedes einzelne Obergericht alle in seinem Departement vorkommenden Kriminal-Untersuchungen in erster Instanz (und zwar, wo nicht Privat-Jurisdiktionen konkurriren, sowohl die Voruntersuchung, als die Schlußverhandlung und die Abfassung der Erkenntnisse), und ferner die Appellationen in polizeigerichtlichen Sachen seines Bezirks gehören. Es fragt sich aber, wie es mit den Appellationen in Kriminalsachen zu halten sei, ob sie an einen andern Senat desselben Obergerichts, welches in erster Instanz erkannt hat, oder an andere Kollegien gehen sollen. Das letztere würde auf das Arbeitsmaaß der Kollegien keinen Einfluß haben, wenn man etwa, wie in Frankreich, einen wechselseitigen Instanzenzug von dem einen Gerichte an das andere eintreten ließe, dergestalt, daß jedes Obergericht in Kriminalsachen die erste Instanz für seinen eigenen Bezirk und zugleich die Appellations-Instanz für den Bezirk eines andern Obergerichts bildete. Allein ein solches gegenseitiges Verhältniß der Obergerichte hat erfahrungsmäßig manches gegen sich. Man würde deshalb jedenfalls davon abstrahiren und, soweit man nicht die Appellationen bei demselben Kollegium belassen will, bei einem von mehreren Obergerichten einen gemeinschaftlichen Appellationssenat einrichten müssen. Die Unbequemlichkeiten, welche der solchergestalt entstehende größere Umfang der Appellationsgerichte herbeiführte, würden nun allerdings nicht im Entferntesten in Vergleich zu setzen sein mit denjenigen Schwierigkeiten, welche das mündliche Verfahren in erster Instanz bei den großen Bezirken findet. Der Appellationen sind weniger, es bedarf darin nur ausnahmsweise der persönlichen Gegenwart von Zeugen, Sachverständigen ꝛc. und in vielen, vielleicht den meisten Fällen, ist selbst die Anwesenheit des Angeschuldigten unnöthig, er kann durch den Vertheidiger vertreten werden. Aber es würde dennoch auf diese Weise, wenigstens in geringeren Sachen, das Rechtsmittel zu sehr unverhältnißmäßig erschwert sein. In diesen Sachen, d. h. in den Untersuchungen wegen Verbrechen, deren höchste Strafe eine fünfjährige Freiheitsstrafe nicht übersteigt, wird man deshalb auf jeden Fall die Appellationen bei den in erster Instanz erkennenden Obergerichten belassen müssen. So geschieht es auch bei den rheinischen Landgerichten in Zuchtpolizeisachen und die Herstellung einer gleichen Einrichtung wird auch in den übrigen Provinzen keine erhebliche Schwierigkeit finden. Denn wenn man wiederum in Uebereinstimmung mit der rheinischen Prozeß-Ordnung, in jenen Sachen für die erste Instanz drei, und für die zweite Instanz fünf Richter fordert, so bedarf eszu jenem Zwecke nur Kollegien von neun bis zehn richterlichen Mitgliedern, so wie auch in der Rheinprovinz mehrere Landgerichte (Cleve, Elberfeld, Saarbrücken) nur neun Mitglieder und dennoch den Appellations-Senat für Zuchtpolizeisachen haben. Kleinere Kollegien wird man aber ohnehin nicht herstellen wollen und es kann wohl, auch in den dünner bevölkerten Provinzen keine Schwierigkeit haben, überall die Sprengel so zu bestimmen, daß nach dem Zuwachs an Arbeit, welche die Ueberweisung aller Kriminal-Untersuchungen herbeiführt, zehn Mitglieder Beschäftigung finden und darnach das oben bemerkte Maaß der Meilenzahl nicht erheblich überschritten wird. Denn zur Beschäftigung jener Mitglieder würde es wohl nicht einmal einer Einwohnerzahl von 200,000 bedürfen.

Nicht eben so nothwendig ist es, daß in den Untersuchungen wegen schwerer Verbrechen, die ohnehin nicht häufig vorkommen und bei denen es sich immer um sehr erhebliche Interessen handelt, die Appellationen bei dem Obergerichte der ersten Instanz verbleiben. Für wünschenswerth muß indeß allerdings auch dieses erachtet werden. Dazu werden aber größere Kollegien erfordert. Nimmt man in diesen Sachen für die erste Instanz fünf und für die zweite sieben Richter, so würden wenigstens 14 bis 15 Mitglieder nothwendig, und für die Fälle der Vertretung noch einige mehr zu wünschen sein. Zu diesem Ende würde man den Obergerichten wenigstens 250,000 Eingesessene, und, wo die Voruntersuchungen größtentheils durch Privatgerichte geführt werden, oder die sonstigen Geschäfte der Obergerichte, nach den bisherigen Erfahrungen, von geringerer Bedeutung sind, noch eine größere Zahl von Gerichts-Eingesessenen beilegen müssen. Das wird sich in einem sehr großen Theile der Monarchie unbedenklich ausführen lassen, ohne daß man den Umfang der Sprengel gar zu sehr auszudehnen genöthigt wäre. In der Provinz Westphalen z. B., mit 1,500,000 Einwohnern auf 387 □ Meilen, sind gegenwärtig bei 4 Obergerichten 61 etatsmäßige und in der Regel mehrere Hülfsrichter beschäftigt. Dazu kommt das Personal von 4 Inquisitoriaten und ein Theil der Mitglieder der Stadtgerichte zu Arnsberg und Siegen, welche zugleich als Inquisitoriate für andere Gerichtsbezirke fungiren. Außerdem würden aber den Obergerichten noch alle die Untersuchungen zufallen, welche gegenwärtig von den Untergerichten, nach geschehener Erweiterung ihrer Kompetenz, theils nur geführt, theils zugleich entschieden werden, wogegen die Untergerichte eben soviel Arbeitskräfte entbehren könnten. Dort würde man hienach auf 387 □ Meilen füglich 6 Obergerichte einrichten und so besetzen können, daß sie in allen Sachen zugleich in der Appellations-Instanz zu erkennen im Stande wären. Nicht viel größer würde man die Sprengel in Sachsen (etwa 6 Obergerichte) und in Schlesien (etwa 8 dergleichen) zu bestimmen brauchen, wenn gleich in der letztern Provinz die Arbeiter der Obergerichte durch die vielen Privatgerichte vermindert werden. — Dagegen wird die Bildung solcher größern

Kollegien in einigen andern Theilen der Monarchie schwerlich durchzuführen sein. So ist z. B. in Cöslin für einen Umfang von 258 □ Meilen mit nur 388,000 Einwohnern nur Ein Obergericht von 13 Mitgliedern gegenwärtig beschäftigt. Wollte man unter solchen Verhältnissen Kollegien bilden, welche künftig 15 Mitgliedern angemessene Beschäftigung gäben, so würde man ungeachtet des Zuwachses an Arbeit durch die Untersuchungen das früher angegebene Maaß der Meilenzahl fast bis zum Doppelten überschreiten müssen. Das Departement Cöslin ist allerdings in Beziehung auf Bevölkerung von allen am ungünstigsten gestellt, und die besondern Verhältnisse dieses einen Departements können selbstredend über die Kriminalverfassung im Allgemeinen nicht entscheiden. Allein ähnliche Schwierigkeiten, wenn gleich nicht in gleichem Grade, werden sich auch noch in andern Landestheilen ergeben. Darum dürfte es am angemessensten sein, die eine oder andere Einrichtung je nach den Bedürfnissen der einzelnen Provinzen zu wählen, so daß in den dünner bevölkerten Theilen der Monarchie nur eins von zweien oder dreien Obergerichten so besetzt würde, daß es zugleich die Appellations-Instanz in den Untersuchungen wegen schwerer Verbrechen für alle beide oder alle drei Obergerichte bilden könnte.

Hiernach wäre also bei der Bildung der Obergerichte von folgenden Rücksichten auszugehen:

1. es ist soviel thunlich zu vermeiden, daß die Sprengel einen größern Umfang als 100 Quadratmeilen haben, vielmehr auf eine noch engere Begränzung Bedacht zu nehmen;
2. wo es diese Rücksicht erlaubt, werden die Sprengel so gebildet, daß die Kollegien mit wenigstens 15 bis 18 Richtern, einschließlich der Präsidenten, besetzt werden können; sie erhalten demnach etwa 250,000 Eingesessene; es kann jedoch nach Umständen auch über diese Zahl hinausgegangen werden, und dieses wird insbesondere dann geschehen, wenn sich am Sitze des Obergerichts selbst eine bedeutende Einwohnerzahl befindet, wie z. B. Breslau; denn die Mündlichkeit des Verfahrens hindert nicht, daß diesen Obergerichten ein angemessener Bezirk, ohne Rücksicht auf die Eingesessenen des Orts, beigelegt werde;
3. wo aber den Sprengeln ein gar zu großer Umfang gegeben werden müßte, wenn man alle Obergerichte so zahlreich besetzen wollte, da wird nur das zweite oder dritte zu einem solchen größern Kollegium gebildet; die andern werden mehr verkleinert, jedoch nicht weiter, als es das Bedürfniß des betreffenden Landestheils fordert, und unter allen Umständen nur so weit, daß diese Obergerichte wenigstens 9 bis 10 Mitglieder erhalten.

Die solchergestalt gebildeten Obergerichte, bei welchen dann noch der Staats-Anwalt mit den erforderlichen Gehülfen anzustellen wäre, würden dann im Allgemeinen ihren bisherigen Wirkungskreis behalten; sie würden in Strafsachen die Appellations-Instanz für die polizeigerichtlichen Vergehen der Nicht-Eximirten und die erste Instanz für alle Kriminal-Untersuchungen, so wie für die polizeigerichtlichen Untersuchungen gegen Eximirte bilden; bei den größern (No. 2.) würden durch die Appellations-Senate alle Appellationen in allen Kriminal-Untersuchungen, wie in allen Civilsachen abgeurtheilt; die kleinern aber (No. 3.) würden nur die Appellationen in Kriminal-Untersuchungen wegen der geringern Verbrechen, so wie in untergerichtlichen Civilsachen behalten, wogegen die Appellationen in Untersuchungen wegen schwerer Verbrechen, so wie in Civilprozessen der Eximirten an das benachbarte größere Obergericht gehen würden.

Sollten sich bei dieser Einrichtung hie und da in Folge örtlicher Verhältnisse noch erhebliche Unbequemlichkeiten herausstellen, so werden sich diese durch besondere Anordnungen beseitigen lassen. Als solche mögen hier vorläufig folgende bezeichnet werden:

1. Der Generalplan vom 16ten September 1804. ist alsbald nach dem Beginn seiner Ausführung in dem Sinne aufgefaßt worden, daß es nicht bedenklich sei, ausnahmsweise solchen Untergerichten die unbeschränkte Kriminal-Jurisdiktion gegen Nicht-Eximirte zu belassen, welche an Zahl und Qualifikation der Mitglieder einem Obergerichte nahe stehen. In diesem Sinne äußert sich namentlich das Reskript vom 11ten März 1808., welches dem Stadtgerichte zu Königsberg die Kriminal-Jurisdiktion einräumte. Davon kann man auch künftig ausgehen und darum zunächst denjenigen dieser großen Untergerichte die Kriminal-Jurisdiktion in erster Instanz belassen, welche sich am Sitze des Obergerichts befinden. Das hat gar keine Schwierigkeit, weil zu diesem Zwecke weder ein besonderes Gefängnißwesen, noch ein besonderes öffentliches Ministerium eingerichtet zu werden braucht. Es kann aber dadurch, neben dem Vortheil einiger Geldersparniß dem Uebelstande abgeholfen werden, daß die Obergerichte in besonders volkreichen Städten gar zu sehr mit Kriminalsachen belastet werden. So wird man z. B. das Kriminalgericht für Berlin zweckmäßig bestehen lassen, und man kann es eben so anderwärts mit den am Sitze des Obergerichts befindlichen Untergerichten halten, wenn sie sich dazu eignen und sonst die Umstände diese Einrichtung wünschen lassen.

2. Durch die Zulassung solcher Ausnahmen zu Gunsten großer Untergerichte kann dann auch den Beschwerden abgeholfen werden, wenn sich etwa der Sprengel des einen oder andern Obergerichts nicht so beschränken oder abrunden läßt, daß nicht einzelne Theile in einer zu großen Entfernung von dem Sitze des Obergerichts bleiben. Man kann dann ein Untergericht in dem entlegenen Theile so einrichten, daß ihm die Jurisdiktion in Kriminalsachen, sei es in allen oder nur in den geringern, übertragen werden darf. Ein Gehülfe des Staats-Anwalts würde dort den Wohnsitz zu nehmen haben. Man kann allenfalls in ähnlicher Weise, wie es später bei dem System der Untergerichte vorgeschlagen werden wird, solche Gerichte unter dem Vorsitze periodisch abzusendender Kommissarien der Obergerichte erkennen lassen und dann auch die Untersuchungen gegen Eximirte dahin verweisen.

3. Wo man diese Einrichtung nicht nöthig oder thunlich findet, da lassen sich in größern Obergerichtsbezirken wenigstens die Voruntersuchungen da-

durch erleichtern, daß man dazu in entferntern Distrikten ständige Kommissionen der Obergerichte, bestehend aus einem Mitgliede des Obergerichts und einem Gehülfen des Staats-Anwalts, mit den erforderlichen Subalternen, einrichtet. Solcher Kommissionen, welche die zu häufigen Requisitionen der Untergerichte vermeiden, bestehen auch in der Rheinprovinz.

4. Es dürfte nicht unzulässig sein, nach Umständen und Bedürfniß eine gewisse Kombination des Obergerichts mit dem am Orte befindlichen Untergerichte eintreten zu lassen, in der Art nämlich, daß gewisse Mitglieder des letztern zugleich zu Ergänzungsrichtern bei dem Obergericht bestimmt würden, die jedoch, zur Vermeidung größerer Störung in untergerichtlichen Geschäften, lediglich auf die Theilnahme an mündlichen Schlußverhandlungen beschränkt sein müßten. In Beziehung auf die Qualifikation der Untergerichtsmitglieder, auf welche übrigens bei der Auswahl Rücksicht zu nehmen wäre, kann hiegegen kein Bedenken obwalten. Es würde aber der Vortheil gewonnen, daß bei schwächer besetzten Obergerichten die Verhinderung einzelner Mitglieder keine Verlegenheit erzeugte. Vielleicht ließe es sich sogar durch eine solche Kombination erreichen, daß auch die Appellationen in schwerern Sachen selbst einem solchen Obergerichte belassen werden könnten, welches nicht die volle, sonst dazu erforderliche Zahl der Mitglieder hat.

Mit diesen und ähnlichen Erleichterungen wird sich überall eine völlig befriedigende Einrichtung herstellen lassen.

Zu erwähnen ist nur, daß die Einrichtung vielleicht in der Provinz Posen bedeutendere Modifikationen würde erleiden müssen, weil dort die Obergerichte eine andere Stellung und einen andern Wirkungskreis haben, wie in den übrigen Landestheilen. Die Provinz hat indeß überhaupt eine eigenthümliche Gerichtsverfassung und in Civilsachen ein eigenthümliches Verfahren. Es kann deshalb auch nicht bedenklich sein, dort die Kriminalverfassung in Uebereinstimmung mit den bestehenden Verhältnissen einzurichten. Das Wie? kann künftiger Erwägung vorbehalten bleiben. Vielleicht wird sich dort das später zu entwickelnde System der Untergerichte empfehlen. Denn die Untergerichte der Provinz bilden sämmtlich formirte, und zwar ziemlich ansehnliche Kollegien; die meisten sind eben so stark oder doch fast so stark besetzt, wie das eine der beiden Ober-Landesgerichte, nämlich das zu Bromberg, welches für 214 Quadrat-Meilen mit 407,600 Einwohnern nur 8 Mitglieder beschäftigt. Ueberdies kommt dort die Sprache in Betracht.

Auch die Provinz Preußen hat das Eigenthümliche, daß dort die Ober-Landesgerichte nicht die Appellations-Instanz für die Civilsachen der Untergerichte bilden, vielmehr in dem Tribunal zu Königsberg ein gemeinschaftliches Appellationsgericht besteht. Sollte sich bei dieser Einrichtung die Bildung angemessener Obergerichtsbezirke als unausführbar erweisen, so würde es sich später fragen, ob nicht auch dort das System der Untergerichte anzunehmen sei.

Wieviel Obergerichte nach den gegebenen Andeutungen nöthig sein würden, läßt sich nicht sofort genau bestimmen. Vorausgesetzt, daß die Einrichtung auch in Pommern und Preußen durchgeführt wird, so kann man, abgesehen von Neu-

Vorpommern und dem Ost=Rhein, die Zahl der Obergerichte, welche statt der jetzigen 19 Ober=Landesgerichte einzurichten wären, zu ungefähr 44 annehmen.

Diese Kriminal=Verfassung nun dürfte aus mehrfachen Gründen zur Annahme zu empfehlen sein.

Sie entspricht zunächst am meisten dem bisherigen Entwickelungsgange, welcher sich bis in die neuere Zeit stätig zur Ausbildung der obergerichtlichen Kriminaljurisdiktion hinneigt. Die Gründe dafür vermehren sich noch bei dem mündlichen Verfahren. Der größere Glanz und das größere Ansehen, welche den Obergerichten beiwohnen, haben bei diesem Verfahren höhere Bedeutung, und wenn sich auch nicht behaupten läßt, daß das mündliche Verfahren größere Kenntnisse und Fähigkeiten in dem Maaße erfordere, daß man unsern kollegialischen Untergerichten die Qualifikation dazu absprechen müßte, so hat man doch unbedenklich bei den Obergerichten größere Garantie, und darauf ist theils wegen der Neuheit des Verfahrens, theils aus dem Grunde immerhin Gewicht zu legen, weil es bei den mündlichen Verfahren ganz besonders auf eine genaue Befolgung der gesetzlichen Vorschriften ankommt und überdies darauf Bedacht genommen werden muß, durch ein durchaus gesetzliches, gründliches und Vertrauen erweckendes Verfahren in erster Instanz die Appellationen zu vermindern.

Sodann bietet diese Einrichtung den Vortheil, daß sie die Aufgabe auf die einfachste Weise löst. Mögen auch hiebei einzelne provinzielle Verschiedenheiten bleiben, so werden doch viel mehr Aenderungen nöthig sein, und es wird sich eine viel komplizirtere Kriminal=Verfassung bilden, wenn man die Kriminal=Jurisdiktion, ganz oder in Beziehung auf die geringeren Verbrechen, überall den Untergerichten beilegen will.

Auch in finanzieller Hinsicht wird das aufgestellte System der Obergerichte, in Vergleich mit dem der Untergerichte, für die Dauer wenigstens nicht im Nachtheil stehen, da bei dem letztern, insbesondere das öffentliche Ministerium, und das Gefängnißwesen einen erheblichen Mehraufwand erfordern würde.

Abgesehen von dem öffentlichen Ministerium, welches allerdings als eine neue Institution auch neuen Aufwand verursacht, werden auch überhaupt die Kosten der Justizverwaltung durch die vorgeschlagene Einrichtung nicht erheblich vermehrt werden. Der Bedarf der Obergerichte wird allerdings größer sein; aber dieser wird sich durch die Ersparniß an den Inquisitoriaten und Untergerichten ziemlich ausgleichen. Es ist hiebei zu berücksichtigen, daß man den gegenwärtigen Bedarf nicht lediglich nach den Etats beurtheilen darf. Nach dem letzten Jahresberichte des Justizministers Mühler, S. 114., waren im Jahre 1841. bei den Obergerichten, außer der Rheinprovinz, neben den etatsmäßigen Arbeitern 47 Obergerichts=Assessoren gegen Diäten und 180 ohne Remuneration beschäftigt. Die erstern hat man dem gegenwärtigen Bedarf zuzusetzen und, wenn den Obergerichten die Hülfe der letztern entginge, so würde wahrscheinlich abermals eine nicht unansehnliche Vermehrung des etatsmäßigen Justizpersonals nothwendig werden. In wiefern auf dieselben bei der neuen Einrichtung zu rechnen sein wird, muß der ferneren Erwägung vorbehalten bleiben. Ihre Mitwirkung würde bei Besetzung der verkleinerten Obergerichte dieselbe, wie bei den gegenwärtig bestehenden, sein können.

Gegen die Verkleinerung der Obergerichtsbezirke an sich wird sich nichts Erhebliches erinnern lassen; sie ist vielmehr bei denen Ober-Landesgerichten, welche von der Maaßregel in erheblichem Maaße getroffen werden, auch in anderer Beziehung wünschenswerth.

Nach dem Vorschlage wird ein Theil der jetzigen Obergerichte von dem bisherigen Sprengel wenig oder nichts verlieren. Alle aber werden auch nach der Verkleinerung eben so ansehnliche Kollegien bilden und größtentheils noch zahlreicher besetzt sein, als dies gegenwärtig nicht etwa nur die Obergerichte in Neu-Vorpommern und am Ostrhein, sondern auch viele der übrigen Ober-Landesgerichte sind (Insterburg, Bromberg, Cöslin, Halberstadt, Arnsberg, Hamm). Es wird aber die jetzige, durch nichts gerechtfertigte gar zu große Verschiedenheit in der Zusammensetzung der Obergerichte aufhören, die übergroßen Kollegien werden auf ein angemessenes Maaß zurückgeführt werden und alle Sprengel einen bequemen Umfang erhalten. Letzteres aber ist in allem Betracht in hohem Grade wünschenswerth. Bei den Berathungen über die in Vorschlag gekommene Einrichtung von Provinzial-Appellationsgerichten ist schon mit vollem Rechte darauf hingewiesen worden, daß durch die großen Sprengel der Appellationsgerichte der Rechtsgang zu sehr erschwert werde, besonders mit Rücksicht auf das summarische Verfahren; es ist dieses einer der Gründe, aus welchen der Plan vorerst aufgegeben ist. Er wird noch ein ungleich größeres Gewicht gewinnen, wenn nach dem fast allgemeinen Wunsche und nach dem bereits gemachten Vorschlage, im Civilprozesse dem Prinzip des mündlichen Verfahrens weitere Ausdehnung gegeben und in allen Civilprozessen ein mündliches Verfahren zugelassen werden sollte, so daß die Parteien entweder selbst vor dem Gerichte erscheinen oder einen Mandatar bestellen und informiren müssen. Nun haben aber gegenwärtig einige Obergerichts-Departements theils einen eben so großen, theils einen größern Umfang, wie andre ganze Provinzen, wie sich aus der Vergleichung der oben angegebenen Sprengel ergiebt. Hat man Bedenken getragen, in den Provinzen Westphalen und Sachsen Appellationsgerichte einzurichten, so muß man auch eine angemessenere Begränzung wenigstens mehrerer der größern jetzigen Obergerichts-Departements für wünschenswerth erachten. — Aehnliches läßt sich von den Kollegien selbst sagen. So große Obergerichts-Kollegien, wie namentlich das Kammergericht und das Ober-Landesgericht zu Breslau, sind im Interesse einer gründlichen und schnellen Rechtspflege keinesweges zu begünstigen. Durch die Theilnahme zu vieler Mitglieder wird die Gründlichkeit der Berathung nicht gefördert; es werden nur nutzlos Kräfte verwendet. Um das zu vermeiden, muß man allerlei Eintheilungen machen, die ein komplizirtes Kompetenzverhältniß herbeiführen, den Geschäftsgang ohne Noth erschweren und oft genug das trennen, was man zur Vermeidung der Einseitigkeit besser vereinigt ließe. Die jetzigen kleinern Obergerichte haben in Beziehung auf die Resultate ihrer Geschäftsführung einen Vergleich mit den großen zuverlässig nicht zu scheuen. Es ist überdies darauf aufmerksam zu machen, daß das Institut des öffentlichen Ministeriums Gelegenheit geben wird, die Mitglieder größtentheils von denjenigen störenden mechanischen Arbeiten zu befreien, welche man bisher als das Hinderniß einer gründlichen, wissenschaftlichen Behandlung der eigentlichen Rechtsgeschäfte ansehen durfte; dadurch wird zugleich am sichersten der Hauptzweck erreicht werden, welchen man bei der beabsichtigten Einrichtung besonderer Appellationsgerichte im Auge hatte. Die vorgeschlagene Einrichtung trifft auch nicht etwa der Vorwurf, daß sie in den bestehenden Staats-Organismus störend eingreifen. Man kann wohl das Bestehen unserer Obergerichte überhaupt, aber man kann nicht das Bestehen derselben in ihrem bisherigen Umfange als ein bedeutendes Moment unserer Verfassung ansehen. Wie hätte auch sonst bisher die so auffallende Verschiedenheit der Sprengel geduldet werden können! Worauf beruht es, daß das eine Obergericht 1,200,000, das andere 230,000 Eingesessene hat, daß sogar in derselben Provinz dem einen (Naumburg) ein Sprengel von 800,000 Einwohnern, und dem andern (Halberstadt) ein Sprengel von 300,000 Eingesessenen beigelegt ist? Die Stellung und Bedeutung der Obergerichte im Allgemeinen aber wird durch die vorgeschlagene Einrichtung nicht beeinträchtigt werden. Sie werden durch ihre Vermehrung nichts von ihrem Ansehen und Gewicht einbüßen, wenn ihre Organisation nach den gegebenen Andeutungen erfolgt. — Es versteht sich übrigens auch von selbst, daß die Verfassung der Obergerichte, wie jede andere Staats-Einrichtung, geändert werden muß, wenn sie ihrem eigentlichen und nächsten Zwecke, dem der Rechtspflege, nicht entspricht.

4. System der Untergerichte.

Findet man die Verkleinerung der Obergerichtsbezirke bedenklich, so muß auf die Untergerichte zurückgegangen werden. Abgesehen von der verminderten Garantie, wird dabei das mündliche Verfahren in der bei weitem größten Mehrzahl der Untersuchungen wegen der kleinern Bezirke noch leichter durchzuführen sein, wogegen sich aber in den seltenern Fällen und überhaupt in der höhern Instanz allerdings größere Unbequemlichkeiten ergeben werden.

a) Kompetenzbestimmung.

Wenn nämlich vorläufig von den Untersuchungen gegen Eximirte abgesehen wird, so muß zwischen geringern und schwerern Verbrechen unterschieden werden; die erstern werden in erster Instanz an die Untergerichte zu verweisen, die letztern den Obergerichten vorzubehalten sein. Es wird zwar bei diesem Systeme noch weniger Bedenken haben, ausnahmsweise einzelnen großen Untergerichten die volle Kriminaljurisdiktion in erster Instanz zu belassen. Aber die bisher befolgten Grundsätze so weit zu verlassen, daß man im Allgemeinen die erste Instanz in allen Strafsachen an die Untergerichte verweise, diese gewagte Neuerung kann auf keinen Fall vorgeschlagen werden, und am wenigsten sofort bei der Einführung eines neuen Strafrechts und eines ganz neuen Strafverfahrens. Die Kompetenz der Ober- und Untergerichte würde also nach dem Strafmaaß abzuscheiden sein.

Nach den Bemerkungen in der vorigen Betrachtung erscheint es angemessen, *eine* fünfjährige **Freiheitsstrafe** zum Maaß zu nehmen, so daß die Verbrechen, deren höchste **Strafe** jenes Maaß *nicht* übersteigt, vor die Untergerichte, die schwereren dagegen vor die Obergerichte gehören. Dieses hat auch bereits die Kommission des Königlichen Staatsraths bei der Berathung des Kompetenzgesetzes angenommen und es stimmt so ziemlich mit den Grundsätzen überein, nach welchen in neuerer Zeit die Kompetenz der meisten kollegialischen Untergerichte erweitert worden ist. Die gedachte Kommission hat dabei ferner angenommen, daß die Kompetenz der Untergerichte bei jenen geringern Verbrechen auch dann begründet bleibe,

a) wenn neben der Freiheitsstrafe von höchstens fünf Jahren auf Strafen der im §. 8. No. 5. bis 16. des Entwurfs zum Strafgesetzbuche bezeichneten Art, also auf körperliche Züchtigung, Geldbuße, Kassation, Amtsentsetzung, Degradation, Ehrenstrafen u. s. w. erkannt werden müssen,
b) wenn der Angeschuldigte mehrere der geringeren Verbrechen begangen habe,
c) wenn er sich im Rückfalle befinde, jedoch mit Ausnahme des dritten Rückfalls beim Diebstahl und gleichartiger Verbrechen (§. 123. des Entwurfs zum Strafgesetzbuche), bei welchem eine Freiheitsstrafe von 15 Jahren und mehr eintritt.

Bei diesen Beschlüssen wird man stehen bleiben können.

Zu a. kann es in Frage kommen, ob man etwa in den Landestheilen, welche keinen eximirten Gerichtsstand kennen (Posen), die Verbrechen aller oder der höhern Beamten, wenn dabei Kassation, Amtsentsetzung oder Degradation in Frage kommt, den Obergerichten vorbehalten solle. Die Staatsraths-Kommission hat die Frage verneint, weil eine theilweise Einführung des eximirten Gerichtsstandes der Beamten bedenklich erscheine und die allgemeine Verweisung derselben vor die Obergerichte in den betreffenden Landestheilen die Anomalie herbeiführen würde, daß die Abfassung der Straferkenntnisse gegen die bedeutendsten Rittergutsbesitzer den Untergerichten verbliebe, während die Beamten der untersten Dienststellen nur von den Obergerichten bestraft werden könnten. Die Frage kann indeß späterer Erwägung um so mehr vorbehalten werden, als über den eximirten Gerichtsstand der untern Beamten besondere Berathungen vorbereitet werden.

In den Fällen zu b. und c. ist zwar in abstracto eine höhere als fünfjährige Freiheitsstrafe zulässig. Es kömmt aber in Betracht, daß hier in concreto höchst selten oder niemals eine höhere Strafe eintreten wird; regelmäßig kommt es auf viel geringere Strafe an.

Es bedarf übrigens hier noch keiner definitiven Beschlußnahme über diese speziellen Bestimmungen; es genügt, sie vorläufig angedeutet zu haben.

b. die geringeren Verbrechen der Nicht-Eximirten.

a. a. Erste Instanz.

Was nun zuvörderst die geringeren Verbrechen und zwar zunächst die erste Instanz betrifft, so ergiebt sich aus früheren Bemerkungen, daß hiezu kollegialische Untergerichte nothwendig sind, die wenigstens aus etwa 6 Mitgliedern bestehen. Es kommt darauf an, wie diese herzustellen seien. Zu dem Ende ist es keineswegs nothwendig, die bestehenden Untergerichts-Einrichtungen über den Haufen zu werfen und überall die kleinern Gerichte zu größeren zusammen zu ziehen. Es genügt, daß in gewissen Bezirken jedesmal Ein solches Gericht hergestellt und diesem dann, neben der Civiljurisdiktion in seinem eigenen Sprengel, die Kriminal-Jurisdiktion nicht nur über seine eignen, sondern auch über die Gerichts-Eingesessenen aller anderen, in dem Bezirke befindlichen Königlichen und Privatgerichte übertragen wird. Eine solche Erstreckung der Kriminal-Jurisdiktion des einen Gerichts über die Eingesessenen des anderen hat nichts Unangemessenes und ist eigentlich nicht eine Neuerung; denn dieses Verhältniß besteht bereits nicht nur bei den Patrimonialgerichten in den wiedereroberten und neu erworbenen Provinzen, sondern auch bei vielen Königlichen Gerichten, namentlich in Sachsen. Bei der Bildung der Bezirke für solche Kriminalgerichte würde man sich möglichst an die Kreis-Eintheilungen zu halten haben, ohne jedoch von vorne herein eine gewisse Zahl von Kreisen festzusetzen; denn auch die Kreise sind an Umfang zu verschieden, man kann je nach den Umständen einen oder mehrere nehmen. Die Bezirke sind nicht zu klein zu bestimmen; einestheils ist es um so besser, je stärker diese Gerichte besetzt werden können, anderntheils kömmt in Betracht, daß bei jedem Kriminalgerichte ein Staats-Anwalt angestellt und für die erforderlichen Gefängnisse gesorgt werden muß.

Die Ausführung einer solchen Einrichtung kann keine erhebliche Schwierigkeit haben. In einem Theile der Monarchie, namentlich in Posen, haben schon jetzt alle Untergerichte ausgedehnte Sprengel und bilden, mit sehr wenigen Ausnahmen, alle so große Kollegien, daß dort nach Einführung des öffentlichen Ministeriums sofort das mündliche Verfahren eintreten kann. Es würde dort nur noch zu erwägen bleiben, ob man alle diese Gerichte oder etwa zur Ersparung an Kosten nur das eine von zweien mit der Kriminal-Jurisdiktion bekleiden wolle. Eben so leicht würde die Einrichtung in Sachsen zu treffen sein. Neben einigen kleinen Gerichten, Gerichts-Kommissionen und Privatgerichten besitzt die Provinz schon jetzt die ungefähr erforderliche Anzahl größerer Untergerichte und es besteht dort bereits die Einrichtung, daß die größern Gerichte in den Bezirken der kleinern die Strafgerichtsbarkeit ausüben. In Westphalen befinden sich zwar nicht gleich viele größere Kollegien; aber die Provinz hat dennoch fast nur kollegialische Untergerichte und nur sehr wenige Privatgerichte. Auch dort wird es weiter keiner Aenderung bedürfen, als daß das Personal einiger Gerichte um 1 oder 2 Mitglieder vermehrt wird, wozu die Ersparnisse bei den Inquisitoriaten und bei denjenigen Gerichten, welche von den Untersuchungssachen befreit werden, Fond liefern. Aehnlich ist es im Departement Insterburg. In den übrigen Departements ist der jetzige Zustand der Dinge der vorgeschlagenen Einrichtung nicht überall eben so günstig. Aber in allen Landestheilen befinden sich schon zerstreut eine ziemliche Anzahl größerer und kleinerer kollegialischen Gerichte. Es kann nicht schwer sein, ohne unverhältnißmäßigen Kostenaufwand überall die erforderliche Anzahl der Kriminalgerichte einzurichten. Zu diesem Zwecke werden nur wenige der kleinern Gerichte Behufs Bildung eines größeren Sprengels aufzulösen sein. Die auf diese Weise gebildeten größeren Untergerichte würden demnach in den Untersuchungen wegen der geringeren Verbrechen der Nicht-Eximirten zur Führung der Untersuchung und zur Abfassung des Erkenntnisses in Erster Instanz ausschließlich kompetent sein, so jedoch, daß die mit Kriminal-Jurisdiktion versehenen Patrimonialgerichte des Bezirks in oben angegebener Art die Voruntersuchung führen könnten.

Zur Vertretung des öffentlichen Ministeriums werden bei allen mit dieser Kriminal-Jurisdiktion versehenen Untergerichten Staats-Anwälte angestellt, die in dem Staats-Anwalte des Obergerichts ihren gemeinschaftlichen Vorgesetzten und Mittelpunkt haben.

bb) Appellations-Instanz

Nicht so einfach läßt sich bei dieser Einrichtung das Verfahren in der Appellations-Instanz regeln. Die Appellationen von den Erkenntnissen derjenigen Gerichte, welche von dem Sitze des Obergerichts nicht zu weit entfernt sind, können unbedenklich unmittelbar vor dem Obergericht verhandelt und abgeurtheilt werden. Aber man würde den Rechtsschutz zu sehr erschweren, wenn man bei den jetzigen Obergerichtsbezirken ein Gleiches für alle Appellationen aus den entferntesten Theilen der Departements anordnen wollte. Es wird für diese Sachen nichts übrig bleiben, als die Appellationsgerichte aus den Untergerichten selbst zu bilden. Materiell genommen, würde wenig dabei zu erinnern sein, wenn man die Appellationen nach dem Beispiele der französischen Prozeß-Ordnung ohne weiteres von dem einen Gerichte erster Instanz an das andere gehen, oder, wie bei Obergerichten, in zweiter Instanz durch eine andere Abtheilung desselben Untergerichts erkennen ließe, sofern dasselbe dazu die erforderliche Anzahl Mitglieder hat. Allein um die Gerichtshöfe mit größerem Ansehen zu umkleiden und den Obergerichten einen unmittelbaren Einfluß auf die Rechtsprechung zu geben, dürfte es angemessener sein, periodisch, etwa alle drei oder vier Monate, Kommissarien der Obergerichte in die entfernteren Bezirke des Departements abzuordnen, unter deren Vorsitze dann diese Appellationen zu verhandeln wären, wie solches auch für die Schlußverhandlungen in den Untersuchungen wegen schwerer Verbrechen und gegen Eximirte vorgeschlagen werden wird. Man hat dann bei dieser Einrichtung ferner die Wahl und kann darüber nach Umständen beschließen, ob die Verhandlung der Appellation bei demselben Gerichte oder bei einem benachbarten Gerichte erfolgen, oder ob etwa eine Abtheilung eines einzelnen, vollständiger besetzten Gerichts die Appellations-Instanz für die umliegenden Gerichte bilden solle.

Bedenken gegen diese Einrichtung würden allenfalls durch die Bestimmung gehoben werden, daß es dem Angeschuldigten gestattet sein solle, auf Verhandlung vor dem Obergericht selbst anzutragen. Es ist überdies zu berücksichtigen, daß die Appellationen nicht häufig sein werden. Nach den beiden letzten General-Berichten des Justizministers Mühler sind in der Rheinprovinz nur etwa ein Achtel der Zuchtpolizeisachen in die Appellations-Instanz gekommen.

b) Die schweren Verbrechen der Nicht-Eximirten.

Mit den zur Kompetenz der Obergerichte gehörigen Untersuchungen wegen schwerer Verbrechen der Nicht-Eximirten wird es in erster Instanz in ähnlicher Weise zu halten sein, wie mit den Appellationen in den untergerichtlichen Untersuchungen, so daß die Schlußverhandlung und Abfassung des Erkenntnisses in der Regel bei dem Obergerichte selbst, in den entfernteren Bezirken aber bei den Kriminalgerichten unter Leitung obergerichtlicher Kommissarien erfolgt. Da die Fälle selten sind, in der Regel auch ein bedeutendes Interesse sich an den Ausgang der Sache knüpft und gewöhnlich ohnehin Verhaftung erfolgt, so würden sich zwar in diesen Sachen die Mühen und Kosten, welche die Verhandlung der Untersuchungen aus entfernteren Gegenden vor dem Obergericht verursacht, eher rechtfertigen lassen. Allein es ist zu berücksichtigen, daß in diesen wichtigen Sachen in der Regel eine größere, oft eine sehr große Anzahl von Zeugen und Sachverständigen zu vernehmen ist. Man würde, abgesehen von den bedeutenden Kosten, zu oft in dem Falle sein, sich zum Nachtheil der Sache mit protokollarischen Aussagen begnügen zu müssen.

Den Obergerichten kann übrigens vorbehalten bleiben, nach Bewandniß der Umstände, jede Sache vor sich selbst zu ziehen.

Die Einleitung der Untersuchungen und die Voruntersuchung könnte in gleicher Weise theils an die Obergerichte selbst, theils an die entfernteren Kriminalgerichte per modum delegationis verwiesen werden. Es dürfte jedoch bei dem Systeme der Untergerichte zweckmäßiger sein, die Obergerichte von der Führung der Untersuchungen gegen Nicht-Eximirte ganz zu entbinden und dieselbe den Untergerichten zu überlassen, so daß die Sachen erst nach geschlossener Voruntersuchung zur Veranlassung des Weiteren an das Obergericht abgegeben würden, gleichwie auch jetzt erst die geschlossenen Akten zur Abfassung der Erkenntnisse an die Obergerichte zu gelangen pflegen. Die Untergerichte würden demnach, unter verfassungsmäßiger Mitwirkung des öffentlichen Ministeriums, alle Untersuchungen gegen Nicht-Eximirte selbstständig einleiten, die ganze Voruntersuchung unter ihrer alleinigen Leitung behalten, nach der Vorlegung zur Fassung des Beschlusses über die weitere Verfolgung die Kompetenzfrage erörtern und, wenn sie die Kompetenz des Obergerichts begründet finden, nunmehr die Akten mit einem motivirten Beschlusse an das letztere abgeben, welches dann das Weitere Behufs der mündlichen Schlußverhandlung zu veranstalten hätte. Da das Obergericht seine Ansicht dem Untergerichte nicht aufdrängen kann, so würde es die einmal abgegebenen Sachen selbst dann zu übernehmen und zu entscheiden haben, wenn es über den Kompetenzpunkt anderer Meinung sein sollte. Auf diese Weise wird das Untersuchungswesen mehr vereinfacht, der Kompetenzpunkt in jeder Sache einfach regulirt und die Kriminal-Polizei mehr konzentrirt, und man erlangt den Vortheil, daß bei den Obergerichten Instruktionsrichter erspart und dagegen die mit der Kriminal-Jurisdiktion versehenen Untergerichte desto zahlreicher besetzt werden können. Rücksichtlich des Beschlusses, den das Untergericht nach geschlossener Voruntersuchung zu fassen hat, läßt sich übrigens das Verfahren auf zweierlei Weise einrichten, entweder so,

daß daß Gericht, wenn es die Kompetenz des Obergerichts annimmt, seinen Beschluß auf den Kompetenzpunkt beschränkt und der Rathskammer des Obergerichts die weitere Prüfung überläßt, ob der Angeschuldigte außer Verfolgung oder in Anklagestand zu versetzen sei

oder so,

daß das Untergericht auch über den letztern Punkt Beschluß faßt und nur im Falle der Versetzung in Anklagestand die Sache an das Obergericht abgiebt und letzteres dann sofort zur Vorbereitung der mündlichen Verhandlung übergeht.

Beide Einrichtungen haben ihr Gutes; indessen dürfte die letztere den Vorzug verdienen. Der Punkt ist jedoch von untergeordneter Bedeutung und hängt mit anderen Bestimmungen über das Verfahren zusammen; er bedarf deshalb hier noch nicht der weiteren Erörterung.

Die Appellationen in diesen obergerichtlichen Untersuchungssachen müssen dagegen unbedingt vor den Obergerichten selbst verhandelt und entschieden werden. Dabei wird man sich aus denselben Gründen beruhigen können, aus welchen es oben als zulässig dargestellt worden ist, daß bei dem System der Obergerichte in wichtigeren Sachen die Appellationen von einem Obergericht an das andere gehen.

c) die Untersuchungen gegen Eximirte.

Was endlich die Untersuchungen gegen Eximirte betrifft, so muß darin auch die Leitung der Voruntersuchungen den Obergerichten verbleiben. Sie werden theils durch Mitglieder derselben, theils durch die Kreis-Justizräthe, theils durch andere auswärtige Kommissarien geführt werden; auch können allenfalls einzelne Mitglieder der Untergerichte zu beständigen Kommissarien bestellt werden.

Mit der Schlußverhandlung und Entscheidung in erster und zweiter Instanz wird es dagegen eben so zu halten sein, wie in den obergerichtlichen Untersuchungssachen gegen Nicht-Eximirte. Daß hierauf in erster Instanz mitunter ein Untergericht erkennen wird, kann keinen Anstoß erregen, da diese Gerichtshöfe unter dem Vorsitze eines obern gerichtlichen Kommissarius als Kommissionen der Obergerichte fungiren. Die Gestattung einer Rekusation dieser Untergerichte würde jedenfalls allen Beschwerden begegnen.

Es ist allerdings nicht zu verkennen, daß die Untersuchungen gegen Eximirte in geringeren Sachen dennoch mitunter eine unverhältnißmäßige Beschwerlichkeit herbeiführen werden. Dem läßt sich nur dadurch abhelfen, daß eine Delegation der Untergerichte, in deren Bezirk der Angeschuldigte wohnt, gestattet wird, was kein Bedenken haben möchte. Es ist aber überdies zu berücksichtigen, daß die Untersuchungen gegen Eximirte überhaupt selten sind und sich künftig aller Wahrscheinlichkeit nach noch sehr vermindern werden. Ein großer, vielleicht der größte Theil der Untersuchungen gegen Eximirte betrifft die Vergehungen der untern Beamten. Diese werden aber, wie zu erwarten steht, aus der Kompetenz der Obergerichte ausscheiden. Denn auf Veranlassung eines Antrags der sächsichen Provinzialstände wird vom Justizminister Mühler ein Gesetz-Entwurf vorbereitet, wodurch der eximirte Gerichtsstand der Beamten beschränkt werden soll.

Nach der vorstehenden Darstellung würde bei dem Systeme der Untergerichte eine andere Begränzung der jetzigen Ober-Gerichtsbezirke im Allgemeinen nicht nothwendig, aber dennoch die Verkleinerung einiger gar zu ausgedehnter Departements, wie Berlin, Frankfurt, Marienwerder, Königsberg, wenigstens sehr wünschenswerth sein.

Den Schluß dieser Entwickelung bilde die Bemerkung, daß das neue Verfahren nicht gleichzeitig in allen Landestheilen eingeführt zu werden braucht. Die Einführung fordert außer der Anstellung der Staats-Anwälte bei vielen Gerichten gar keine, und selbst in ganzen Provinzen nur wenige Aenderungen in der Gerichtsverfassung, während in andern Landestheilen größere Schwierigkeiten zu überwinden sind. Es erscheint ganz zweckmäßig, zunächst damit dort vorzugehen, wo dem Verfahren die bestehenden Verhältnisse am günstigsten sind. Die Erfahrungen, welche man dadurch erlangte, würden zur weiteren Ausbildung des Verfahrens vor dessen weiterer Verbreitung sehr wohl benutzt werden können; sie würden namentlich verhindern, daß man nicht Veränderungen in der Gerichtsverfassung vornehme, die sich in der Erfahrung als unnöthig oder zweckwidrig darstellen. Es könnte sich sogar fragen, ob man nicht vorerst blos bei den Gerichten, welche in Berlin ihren Sitz haben, ein mündliches Verfahren eintreten lassen solle. Der Widerspruch der Meinungen über die Ausführbarkeit und den Werth der neuen Prozeßform würde dann durch den Augenschein gelöst werden, sei es in dem einen oder dem anderen Sinne.

M.

Uebersicht

der gegenwärtig bestehenden

Jurisdiktions-Verhältnisse.

I. In den Provinzen, wo die Allgemeine Kriminal-Ordnung und die Allgemeine Gerichts-Ordnung Gesetzeskraft hat.

Vorbemerkung.

Die nachfolgende Zusammenstellung giebt von den einzelnen Obergerichts-Departements I. Umfang und Einwohnerzahl, II. Gerichtsbehörden, III. die Kompetenz-Verhältnisse in Kriminalsachen. — Der Zweck der Darstellung ging nur dahin, für die Berathungen über die künftige Kriminal-Verfassung eine allgemeine Uebersicht des jetzigen Zustandes zu erlangen. Zu diesem Zwecke war es nicht erforderlich, alle Einzelnheiten zu ermitteln und darzulegen und alle Veränderungen bis in die neueste Zeit zu verfolgen, wozu ohnehindie Mittel nicht gegeben waren. Im Allgemeinen ist der Zustand des Jahres 1841., für welches zuletzt die Präsidien in ihren Generalberichten die Jurisdiktions-Verhältnisse vollständiger dargestellt haben, angenommen. Erhebliche Veränderungen der Jurisdiktions-Verhältnisse sind seitdem auch nicht vorgekommen; was bekannt geworden, ist angedeutet oder berücksichtigt.

Zu I. Das Areal ist nach Starke's Beiträgen, die Einwohnerzahl nach dem General-Berichte des Justiz-Ministers Mühler (pro 1841.) angegeben.

Zu II. Die Angabe der Gerichte beruht zunächst auf den Generalberichten der Präsidien pro 1841. Es ist dabei zu bemerken:

1. Unter größere Privatgerichte haben Einige alle diejenigen zusammengefaßt, welche mehr als eine gewisse Einwohnerzahl (1500) haben; Andere haben im Gegensatze der gewöhnlichen Patrimonialgerichte diejenigen Privatgerichte unterschieden, welche mehr als Einen Richter, oder doch nicht blos gewöhnliche Justitiarien, sondern eine festere Verfassung mit einem besondern Richter- und Subaltern-Personal und mit einem festen Gerichtssitze haben. Wo diese Unterscheidung gemacht war, ist sie angedeutet.

2. Die Zusammenstellung hat nur die ordentlichen oder gewöhnlichen Gerichte berücksichtigt. Außer ihnen giebt es in den meisten Departements noch besondere Gerichte — Berg-, Fabriken-, Kommerz- und Admiralitäts-, geistliche rc. Gerichte. — Wenngleich ein Theil derselben auch eine beschränkte Strafgerichtsbarkeit ausübt, so war doch nach dem Zwecke dieser Uebersicht eine Darstellung dieser Besonderheiten nicht erforderlich. Zu erwähnen ist nur, daß für die Untersuchungen wegen der Vergehen gegen die Gesetze über indirekte Steuern in allen Provinzen besondere Steuer-Untersuchungsrichter angestellt sind.

Zu III. Die Angabe der Kompetenz-Verhältnisse folgt zunächst wiederum der Darstellung in Starke's Beiträgen und resp. den dort angegebenen Quellen. Seit der Herausgabe der erstern sind indeß wieder vielfache Veränderungen eingetreten; die Angabe weicht deshalb bei mehreren Departements wesentlich von Starke's Beiträgen ab. In dieser Beziehung beruhen die Angaben auf den Generalberichten der Präsidien und — wo sich diese über die Kompetenz nicht verbreiten — auf den General-Akten des Königl. Justizministeriums Crim. 5. Letztere enthalten indeß nicht durchaus alle einzelne betreffende Verfügungen; es kann deshalb hier und da eine einzelne neuerliche Aenderung übersehen sein, worauf es jedoch hier nicht ankommen kann.

Aus der Zusammenstellung ergiebt sich, daß die erweiterte Kompetenz der Untergerichte in der Regel nicht nur durch ein Strafmaaß, sondern auch durch die Ausnahme gewisser Verbrechen beschränkt ist. In letzterer Beziehung hat sich die Zusammenstellung damit begnügen müssen, die Kompetenz-Erweiterungen möglichst mit den Worten der vorliegenden Quellen anzugeben, ohne eine vollständige Aufzählung der einzelnen Verbrechen, welche in den einzelnen Departements oder bei einzelnen Gerichten ohne Rücksicht auf das Strafmaaß den Ober-Landesgerichten vorbehalten geblieben sind, zu versuchen. Einestheils kann es für den Zweck der gegenwärtigen Darstellung nicht darauf ankommen, was etwa wegen einzelner Verbrechen ausnahmsweise angeordnet ist, anderntheils war hierüber nicht vollständige Auskunft zu erlangen, und überdies sind die Ausnahmen zum Theil ohne praktische Bedeutung. — Die Kompetenz-Erweiterungen sind nicht durch allgemeine oder gleichzeitige, sondern vor und nach durch besondere Verfügungen theils für ganze Departements, theils für einzelne Gerichte angeordnet worden. In den ersten dieser seit **1824.** erlassenen Verfügungen wurden die betreffenden Gerichte nicht auf ein Strafmaaß beschränkt, aber es wurden bestimmte, schwere Verbrechen von ihrer Kompetenz ausgenommen. Diese Ausnahmen sind dann später auch in einen Theil der Verfügungen übergegangen, welche die erweiterte Kompetenz zugleich durch ein Maximum der gesetzlichen Strafe (meist dreijährige Freiheitsstrafe) begränzten. In andern solchen Verfügungen sind aber jene Ausnahmen weggelassen, wahrscheinlich in der Erwägung, daß jene Verbrechen ohnehin schon durch das Strafmaaß ausgeschlossen seien. Das ist wenigstens, vielleicht mit Ausnahme einiger weniger besonderen Fälle, in der That der Fall, so daß es praktisch ziemlich gleichgültig ist, ob die Ausnahmen gemacht sind oder nicht. — Nicht ebenso ist es mit denjenigen Verbrechen, die bisher schon nach besondern gesetzlichen Bestimmungen unbedingt an die Obergerichte gewiesen waren, namentlich die Real-Injurie und Widersetzlichkeit gegen Militair-Personen (§. 16. der Kriminal-Ordnung), die Vergehen gegen Hoheitsrechte und Landespolizei-Ordnungen und die Dienstvergehen der nicht eximirten Beamten (§. 248. des Anhangs zur Allg. Gerichts-Ordnung). Diese sind in einigen Verfügungen ausdrücklich ausgenommen, in anderen aber mit Stillschweigen übergangen. Letzternfalls hat man gezweifelt, ob sie nunmehr zur Kompetenz der Untergerichte gehören. Für einige Departements ist dieses auf Anfrage besonders angeordnet worden;

Vergl. Just. Min. Akten Crim. 5. Vol. 4. Bl. 26. 155.

anderwärts scheint man sie aber nach wie vor an die Obergerichte zu ziehen. — Auch über einzelne andere Vergehen scheinen in Ansehung der Kompetenzfrage verschiedene Ansichten zu bestehen; z. B. darüber, ob Holzdiebstähle vor den Civilrichter gehören, wenn er auch sonst keine Kriminaljurisdiktion hat u. s. w. — Es genügt hier, auf diese Verschiedenheiten aufmerksam gemacht zu haben.

In allen Verfügungen sind noch die Vergehen gegen die Abgabengesetze ausgenommen worden. Diese Ausnahme ist in der Zusammenstellung darum nicht erwähnt worden, weil über die Kompetenz der Untergerichte in diesen Sachen neuerdings ein allgemeines Gesetz ergangen ist.

Im Uebrigen beziehen sich die Kompetenz-Bestimmungen der Regel nach sowohl auf fiskalische, als auf eigentliche Kriminal-Untersuchungen. Es haben von jeher verschiedene Ansichten darüber bestanden, in wieweit die Kompetenz-Vorschriften der Kriminal-Ordnung auf fiskalische Untersuchungen anzuwenden seien. Die Kabinets-Ordre vom 31sten Januar 1833., welche den Justizminister zur Erweiterung der Kompetenz ermächtigt, redet aber ausdrücklich von beiden Arten der Untersuchungen, und demzufolge sind auch in allen darauf ergangenen Verfügungen die fiskalischen neben den Kriminal-Untersuchungen genannt.

Außer den verschiedenartigen Bestimmungen der untergerichtlichen Kompetenz giebt es noch einzelne, durch besondere örtliche Verhältnisse veranlaßte, Abweichungen in den bestehenden Einrichtungen, welche gleichfalls nur zum Theil angedeutet werden konnten, aber auch hier nicht interessiren. Dahin gehören namentlich die Verhältnisse der Untergerichte zu den am Sitze derselben befindlichen Inquisitoriaten. In der Regel sind die erstern von der Führung der Untersuchung entbunden; dabei bestehen aber manche Verschiedenheiten. An einigen Orten führen die Inquisitoriate alle Untersuchungen aus dem Bezirke der am Orte befindlichen Gerichte; an andern haben diese die fiskalischen oder die summarischen, oder beide Arten der Untersuchungen behalten. Einige Inquisitoriate erkennen in den von ihnen geführten Untersuchungen, insbesondere in den summarischen selbst; andere geben sie zur Entscheidung an das Gericht zurück; bei einigen besteht die Einrichtung, daß in summarischen Sachen der Inquirent des Inquisitoriats die Sache in einer Deputation des Gerichts vorträgt rc. rc.

Als Resultate, welche sich aus einer Vergleichung der Jurisdiktions-Verhältnisse der einzelnen Departements ergeben, verdienen hier folgende angemerkt zu werden.

A. Die Eximirten stehen in der Regel überall unter der Kriminaljurisdiktion der Landes-Justizkollegien. Ausnahmen sind:

1. in den Departements Posen und Bromberg giebt es keinen eximirten Gerichtsstand;
2. im Ermlande, Departement Königsberg, stehen die meisten Eximirten nicht unter dem Ober-Landesgerichte, sondern unter dem Landvoigteigerichte zu Heilsberg;
3. das Königliche Fürstenthumsgericht zu Neisse und einige standesherrliche Gerichte haben Jurisdiktion über die in ihrem Bezirke wohnenden Eximirten mit gewissen Ausnahmen.

B. Privatgerichte giebt es in den Departements Münster, Posen, Bromberg gar keine, und in Paderborn, Hamm, Arnsberg, Halberstadt nur sehr wenige. Zahlreicher sind sie in den anderen Departements. In Breslau, Glogau, Ratibor und Cöslin stehen mehr Einwohner unter Privat-, als unter Königlicher Gerichtsbarkeit.

Die bestehenden Patrimonialgerichte haben in den älteren, seit 1807. nicht getrennt gewesenen Provinzen der Regel nach Kriminal-Jurisdiktion. Dagegen steht ihnen diese in den wieder eroberten und neu erworbenen Landestheilen (nach den Patenten vom 9ten September 1814., 15ten November 1816., 25sten Mai 1818., 25sten Juni 1825.) im Allgemeinen nicht zu, so daß in den Departements Münster, Paderborn, Hamm, Arnsberg, Halberstadt, Naumburg, Posen, Bromberg, dem größten Theile von Magdeburg, und in kleineren Theilen von Berlin, Frankfurt, Glogau der Regel nach alle Einwohner unter Königlicher Kriminal-Jurisdiktion stehen. Hiervon kommen nur wenige unbedeutende Ausnahmen vor.

Die Bezirke der nicht mit Kriminal-Jurisdiktion versehenen Privatgerichte sind regelmäßig Königlichen Untergerichten in der Art zugetheilt, daß sich deren Kompetenz in Kriminalsachen auch auf die der Civilgerichtsbarkeit der Privatgerichtsherren unterworfenen Eingesessenen der ihnen zugetheilten Privatgerichtsbezirke erstreckt.

C. Bei den Königlichen Gerichten herrscht in den Departements Posen, Bromberg, Münster, Paderborn, Hamm, Arnsberg, Halberstadt, Naumburg, Magdeburg, Insterburg die Kollegialität vor. Abgesehen von den ständigen Kommissionen kollegialischer Untergerichte giebt es in den Departements Posen, Bromberg,

Münster und Naumburg gar keine, und in den anderen genannten Departements nur sehr wenige, nicht kollegialisch formirte Untergerichte.

In den übrigen Landestheilen kommen die Kollegialgerichte mehr nur sporadisch vor; mehrere Departements haben indeß schon eine ziemliche Anzahl.

Mit wenigen Ausnahmen haben nun alle diese kollegialischen Gerichte eine Erweiterung ihrer Kompetenz in Kriminalsachen erhalten. Durchgängig ist dieses geschehen in den Landestheilen, in welchen die kollegialischen Gerichte vorherrschen. In denjenigen derselben, wo neben den Kollegialgerichten auch einige nicht kollegialische bestehen, ist zugleich fast überall die Einrichtung getroffen, daß die letztern die ihre geringere Kompetenz (§. 19. der Kriminal-Ordnung und Kabinets-Ordre vom 11ten März 1818.) überschreitenden Sachen an benachbarte Kollegialgerichte abgeben, so daß sich die Kompetenz der letztern in ähnlicher Weise, wie unter B. bei den Privatgerichten bemerkt worden, auch auf die Sprengel anderer Königlicher Gerichte ausdehnt. Diese Einrichtung besteht namentlich in Hamm, Arnsberg, Halberstadt, Magdeburg, Insterburg und in 15 Kreisen von Breslau, so daß in diesen Landestheilen ebenso, wie in denen, in welchen es keine nicht kollegialische Gerichte giebt, die Kriminal-Jurisdiktion über Nichterimirte in dem Umfange der erweiterten Kompetenz regelmäßig in den Händen kollegialischer Untergerichte liegt.

D. Die Kompetenz der kollegialischen Untergerichte ist nicht gleichmäßig geregelt:

1. einzelne Untergerichte (das hiesige Kriminalgericht, das Stadtgericht zu Breslau, das Landvoigteigericht zu Heilsberg) sind im Erkennen nicht anders beschränkt, wie die Obergerichte, d. h. nur durch die in gewissen Fällen erforderliche ministerielle oder landesherrliche Bestätigung;
2. einige andere Gerichte sind nur durch Ausschließung gewisser schwerer Verbrechen, Hoch- und Landesverrath &c., nicht aber durch ein Strafmaaß beschränkt;
3. Regel ist aber die gleichzeitige Begränzung der Kompetenz durch ein gewisses Maaß der höchsten gesetzlichen Strafe. Dieses Maaß ist Geldstrafe oder dreijährige Freiheitsstrafe, wobei es auf miteintretende Züchtigung oder Ehrenstrafe nicht ankommt. Modifikationen dieser Regel sind:
   a) einige Gerichte — die mit mehr als 4 Mitgliedern besetzten im Departement Insterburg — können bis zu 10 Jahren erkennen;
   b) rücksichtlich der Geldstrafe sind die meisten auf einen Betrag von 1000 Thalern, andere nicht auf einen gewissen Betrag beschränkt;
   c) die Kompetenz vieler Gerichte ist auf gewisse Verbrechen, nämlich auf gewisse Diebstähle, bei denen eine höhere als die angegebene Strafe eintreten kann, ausgedehnt;
   d) die Gerichte im Großherzogthum Posen sind nur rücksichtlich der Kriminalsachen, nicht in fiskalischen Untersuchungen, auf ein Maaß beschränkt.

Die Kompetenz-Erweiterung bezieht sich übrigens regelmäßig sowohl auf die Führung der Untersuchung, als auf die Abfassung des Erkenntnisses, ohne aber in beiden Beziehungen immer gleichmäßig zu sein.

Die Kompetenz zur Untersuchung ist oft in weiterem Maaße gestattet, wie die zum Erkennen. Insbesondere ist vielfach denjenigen, nicht kollegialischen Gerichten, welche bisher nur wegen geringer Vergehen (§. 19. der Kriminal-Ordnung) untersuchen konnten, eine ausgedehntere Untersuchungs-Kompetenz gegeben.

Provinz Westphalen,

mit den zur Rheinprovinz gehörigen Kreisen Rees und Duisburg.

Umfang: 387 Quadratmeilen.
Einwohnerzahl: 1,486,000.

A. Departement Münster.

Umfang.

132 Quadratmeilen mit 408,000 Einwohnern, in 10 Landkreisen und dem Stadtkreise Münster.

Gerichtsbehörden.

1. Das Oberlandesgericht mit zwei Präsidenten und 15 etatsmäßigen Mitgliedern.
2. Ein Inquisitoriat zu Münster mit 2 Mitgliedern.
3. 19 Untergerichte, sämmtlich Königlich, ohne Ausnahme kollegialisch formirt, darunter 1 mit sechs, 3 mit fünf, 3 mit vier, die übrigen mit drei Richtern besetzt. Eine Gerichts-Kommission.

Kompetenz-Verhältnisse in Kriminalsachen. Erste Instanz.

Die Untersuchungen werden vom Inquisitoriat geführt und vom Kriminalsenat abgeurtheilt, in Sachen gegen Eximirte unbedingt, in Sachen gegen Nichteximirte, in sofern nicht nach den folgenden Bemerkungen die Kompetenz der Untergerichte eintritt. Mit Ausnahme des Stadtgerichts zu Münster sind nämlich alle Untergerichte befugt, die Untersuchung zu führen und zu erkennen:

a) wegen des ersten, zweiten, dritten großen gemeinen, wenn auch unter erschwerenden Umständen verübten, so wie wegen des ersten gewaltsamen Diebstahls;
b) wegen aller Verbrechen, bei denen das höchste Maaß der gesetzlichen Strafe, abgesehen von körperlicher Züchtigung und Ehrenstrafe, eine dreijährige Freiheitsstrafe oder eine Geldstrafe von 1000 Thalern nicht übersteigt.

Unbedingt ausgeschlossen sind: Hoch- und Landesverrath, beleidigte Majestät, Münzverbrechen, Mord und Todschlag, Raub, vorsätzliche Brandstiftung, verheimlichte Schwangerschaft und Niederkunft. Auch in den zu ihrer Kompetenz gehörigen Sachen haben sie die Untersuchungen an das Inquisitoriat abzugeben und folgeweise dem Kriminalsenate das Erkenntniß zu überlassen, wenn die Angeschuldigten zu verhaften und wegen Mangels an Gefängnissen nicht sicher oder zweckmäßig unterzubringen.

Das Stadtgericht zu Münster untersucht nicht, aber es erkennt innerhalb der oben angegebenen Gränzen auf die vom Inquisitoriate geführten Untersuchungen.

Rescr. vom 21sten September 1839. und 17ten Juni 1842.
Just. Min. Akten Crim. 5. Vol. IV. S. 133. Vol. V. S. 185.

Die zweite Instanz bildet in allen Kriminal-, wie in Civilsachen, der zweite Senat des Ober-Landesgerichts (an welchen auch die in erster Instanz von den Ober-Landesgerichten zu Hamm und Arnsberg entschiedenen Sachen gehen).

B. Departement Paderborn.

95 Quadratmeilen mit 412,000 Einwohnern, in zehn landräthlichen Kreisen; — von den Einwohnern stehen 34,000 unter Privatjurisdiktion. Umfang.

1. Das Ober-Landesgericht mit zwei Präsidenten und 15 etatsmäßigen Mitgliedern. Gerichtsbehörden.
2. Zwei Inquisitoriate zu Herford und Paderborn, jedes mit zwei Mitgliedern.
3. 18 Königliche Untergerichte und darunter 15 kollegialisch formirte, von denen 1 acht Mitglieder, 1 sieben, 1 sechs, 4 fünf, 4 vier und 4 drei Mitglieder haben; — drei Gerichts-Kommissionen.
4. vier Privatgerichte, 2 mit zwei Mitgliedern und 2 aus Einem Richter bestehend.

Die Privatgerichte haben nur Civiljurisdiktion und daher ein Strafrecht nur innerhalb der in den §§. 61. ff. Tit. 17. Thl. II. des Allg. Landrechts bestimmten Grenzen; im Uebrigen sind die Eingesessenen derselben der Kriminal-Jurisdiktion benachbarter Königlicher Gerichte und resp. des Inquisitoriats- und des Ober-Landesgerichts unterworfen. *) Kompetenz in Kriminalsachen.

Von den Königlichen Gerichten sind in Sachen der Eximirten die Inquisitoriate und das Ober-Landesgericht ausschließlich, in Sachen der Nichteximirten aber nur unter folgender Konkurrenz der Untergerichte kompetent.

Die Untersuchung selbstständig zu führen, sind alle Königliche Untergerichte kompetent,

wenn die Untersuchung nicht Hoch- oder Landesverrath, beleidigte Majestät, Münzverbrechen, Mord und Todschlag, Raub, vorsätzliche Brandstiftung, verheimlichte Schwangerschaft und Niederkunft zum Gegenstande hat — und — die gesetzlich angedrohte Strafe des Verbrechens, abgesehen von körperlicher Züchtigung und Ehrenstrafe, eine dreijährige Freiheitsstrafe oder eine Geldstrafe von 1000 Thalern nicht übersteigt.

Die kollegialischen Gerichte können ferner, ohne Rücksicht auf die Strafe, alle Untersuchungen wegen kleinen gemeinen Diebstahls führen, sofern es sich nur nicht um die Strafe des vierten gemeinen Diebstahls handelt.

Einige kollegialische Gerichte haben die Befugniß, wegen aller Diebstähle, mit Ausnahme des zweiten gewaltsamen, vierten gemeinen und des Diebstahls in Banden, zu untersuchen.

---

*) Nur Eins der Privatgerichte (zu Rheda) wird als ein standesherrliches nach §§. 39. und 43. der Instruktion vom 30sten Mai 1820. bis zu 4 Wochen oder 50 Thalern erkennen können.

Sämmtliche Gerichte können jedoch diese Untersuchungen an die Inquisitoriate abgeben, wenn die Angeschuldigten zu verhaften und wegen Mangels an Gefängnissen nicht sicher oder zweckmäßig unterzubringen sind.

Was die Abfassung des Erkenntnisses angeht, so geben die nicht kollegialischen Gerichte die geschlossenen Akten an den Kriminalsenat des Ober-Landesgerichts ab; nur in summarischen Sachen erkennen sie selbst, aber auch in diesen dann nicht, wenn es sich um eine willkührliche Strafe handelt.

Die kollegialischen Gerichte sind zur Abfassung des Erkenntnisses in allen Sachen kompetent, in denen sie die Untersuchung zu führen haben. Wenn sie die Untersuchungen wegen der Verhaftung an das Inquisitoriat abgegeben haben, dann werden die geschlossenen Akten zum Erkenntniß vom Inquisitoriat zu Paderborn dem Kriminalsenat des Ober-Landesgerichts, vom Inquisitoriate zu Herford aber dem abgebenden Untergerichte vorgelegt.

Diese Einrichtung leidet jedoch in den Bezirken der Land- und Stadtgerichte zu Herfort und Paderborn die Modifikation, daß dort die Inquisitoriate alle Untersuchungen führen, in den summarischen Sachen selbst erkennen, in den übrigen Sachen aber die Akten zur Abfassung des Erkenntnisses dem Ortsgerichte oder dem Kriminalsenate vorlegen, je nachdem die Sachen unter die oben angegebene Kompetenz der kollegialischen Gerichte fallen oder nicht.

Die Gerichtskommissionen untersuchen und erkennen nur in summarischen Sachen, wenn nicht eine willkührliche Strafe in Frage steht.

In zweiter Instanz gehen alle Kriminal- wie die Civilsachen an des Ober-Landesgerichts zweiten Senat.

(Vergl. Generalberichte von Paderborn Vol. 10. Bl. 203.)

C. Departement Hamm.

Umfang. 75 Quadratmeilen mit 438,000 Einwohnern in neun landräthlichen Kreisen, worunter Rees und Duisburg. 32,000 Einwohner stehen unter Privatgerichtsbarkeit.

Gerichtsbehörden.
1. Das Ober-Landesgericht mit Einem Präsidenten und zwölf Mitgliedern.
2. Ein Inquisitoriat, zu Hamm, von 2 Mitgliedern.
3. 18 Untergerichte, und zwar:
   a) 16 Königliche und darunter 14 kollegialisch formirte, von denen 1 sieben, 4 sechs, 5 fünf, 3 vier und 1 drei Mitglieder haben; — nebst fünf Gerichts-Kommissionen.
   b) 1 Parimonialgericht von 4 Mitgliedern.
   c) 1 standesherrliches Gericht von 2 Mitgliedern.

Kompetenz. In Untersuchungen gegen Eximirte sind das Inquisitoriat und das Ober-Landesgericht ausschließlich kompetent, in Sachen der Nichteximirten konkurriren die Untergerichte folgendermaaßen:

Die Untersuchung führen können alle Gerichte wegen der Verbrechen, deren gesetzliche Strafe dreijährige Freiheitsstrafe oder 1000 Thaler Geldstrafe, abgesehen von körperlicher Züchtigung und Ehrenstrafen, nicht übersteigt, so wie wegen ersten gewaltsamen Diebstahls. Unbedingt ausgeschlossen sind die auch bei Münster und Paderborn speziell genannten Verbrechen; auch sind, wie dort, die Untersuchungen an das Inquisitoriat abzugeben, wenn die zu verhaftenden Angeschuldigten nicht angemessen untergebracht werden können.

Die kollegialischen Gerichte (einschließlich des formirten Patrimonialgerichts, dem jedoch diese erweiterte Kompetenz nur widerruflich beigelegt ist) erkennen auch in diesen Sachen, wenn sie die Untersuchung selbst geführt haben.

Die nicht kollegialischen Gerichte erkennen nur in summarischen Sachen innerhalb der durch §. 19. der Kriminal-Ordnung und der Verordnung vom 11ten März 1838. bestimmten Grenzen; in anderen Sachen geben sie die von ihnen geführten Untersuchungen zur Abfassung der Erkenntnisse an benachbarte Kollegialgerichte ab.

Hat das Inquisitoriat die Untersuchung geführt, so erkennt das Ober-Landesgericht.

Nur dem Land- und Stadtgerichte zu Hamm ist jene Kompetenz-Erweiterung nicht zu Theil geworden.

In zweiter Instanz erkennt das Ober-Landesgericht zu Hamm oder der zweite Senat des Ober-Landesgerichts zu Münster, je nachdem in erster Instanz ein Untergericht oder das Ober-Landesgericht zu Hamm erkannt hat.

Starke, Beiträge, Bd. 2. Abth. 2. S. 418. ff.

D. Departement Arnsberg.

85 Quadratmeilen mit 228,000 Einwohnern in sieben landräthlichen Kreisen und einem Theile von zweien, nach Hamm gehörigen Kreisen. Umfang.

Nur 2500 Einwohner stehen unter Privatjurisdiktion.

1. Das Ober-Landesgericht mit Einem Präsidenten und 13 etatsmäßigen Mitgliedern. Gerichte.
2. 18 Königliche Land- und Stadtgerichte nebst 2 Gerichts-Kommissionen; unter den Gerichten sind
   a) 12 formirte, von denen 1 sieben, 1 fünf, 1 vier, die übrigen drei Mitglieder haben.
   b) 5 mit zwei Richtern besetzt.
   c) Eins — das Königl. Preußische und Fürstl. Lippesche Sammtgericht zu Lippstadt — mit Einem Richter besetzt.
3. 9 gewöhnliche Patrimonialgerichte, von denen zur Zeit drei von Königlichen Gerichten verwaltet werden.

Die Patrimonialgerichte haben keine Kriminal-Jusrisdiktion. Kompetenz.

Von den Königlichen Gerichten vertreten die zu Arnsberg und Siegen zugleich die Stelle der Inquisitoriate.

Die Sachen der Eximirten gehören ausschließlich vor das Obergericht, in dessen Auftrage die Untersuchungen von den Untergerichten, namentlich denen zu Arnsberg und Siegen, geführt werden.

In gleicher Weise wird von diesen beiden Gerichten untersucht und vom Ober-Landesgerichte erkannt in denjenigen Sachen der Nichteximirten, welche nach dem Folgenden von der Kompetenz der Untergerichte ausgeschlossen sind.

Es haben nämlich alle Königl. Untergerichte die Befugniß, selbstständig die Untersuchung zu führen wegen aller Verbrechen, deren gesetzlich angedrohte Strafe, abgesehen von körperlicher Züchtigung und Ehrenstrafen, eine dreijährige Freiheitsstrafe oder eine Geldstrafe von 1000 Thalern nicht übersteigt, mit unbedingtem Ausschluß des Verbrechens der beleidigten Majestät, der Münzverbrechen und der verheimlichten Schwangerschaft und Niederkunft.

Sie können aber auch diese Untersuchungen an die Gerichte zu Arnsberg und Siegen abgeben, wenn ein längerer Untersuchungs-Arrest zu erwarten ist und es dem betreffenden Untergerichte an Gefängniß-Lokalien mangelt.

Innerhalb derselben Grenzen sind die kollegialischen Gerichte auch zur Abfassung des Erkenntnisses kompetent; die nicht kollegialischen aber erkennen nur nach Maaßgabe des §. 19. der Kriminal-Ordnung und geben in anderen Fällen die geschlossenen Untersuchungs-Akten an bestimmte Kollegialgerichte ab.

Wenn die an sich zur Kompetenz der Untergerichte gehörigen Untersuchungen den Gerichten zu Arnsberg und Siegen überlassen sind, so fassen diese darin auch das Erkenntniß ab.

Die Eingesessenen der Patrimonialgerichte sind in Kriminalsachen bestimmten Königl. Gerichten unterworfen.

In zweiter Instanz wird vom Ober-Landesgerichte zu Arnsberg oder vom zweiten Senate des Ober-Landesgerichts zu Münster erkannt, je nachdem in erster Instanz ein Untergericht oder das Ober-Landesgericht erkannt hat.

Rescr. vom 31sten Mai und 18ten Juli 1840. (Just. Minist. Akten Crim. 5. Vol. 5. Fol. 2. 17. ff. Generalberichte von Arnsberg Vol. 10. Bl. 150 vo.).

Provinz Sachsen.

Umfang: 454 Quadratmeilen.
Einwohnerzahl: 1,593,000.

A. Departement Halberstadt.

Umfang. 61 Quadratmeilen mit 308,000 Einwohnern in acht vollständigen und in kleinen Theilen zweier anderen Kreise.

26,000 Einwohner unter Privatjurisdiktion.

Gerichte. 1. Das Ober-Landesgericht mit Einem Präsidenten und 12 Mitgliedern (vier Kreis-Justizräthe).

2. Zwei Inquisitoriate, zu Halberstadt und Heiligenstadt, jedes von zwei Mitgliedern.
3. 10 Königliche Untergerichte, und zwar
   1 nicht formirtes, mit Einem Richter besetzt,
   9 kollegialisch formirte, mit sechs Gerichts-Kommissionen; von den Kollegien haben: 1 zehn Mitglieder, einschließlich der vier Gerichtskommissarien, 1 acht, 2 sieben, 2 fünf, 1 vier, 2 drei Mitglieder.
4. 5 Kreis- und andere größere, jedoch nicht kollegialisch formirte Privatgerichte und 13 kleinere Patrimonialgerichte, größtentheils von Königlichen Gerichten verwaltet.

Die sämmtlichen Privatgerichte sind auf Civilgerichtsbarkeit beschränkt; die Eingesessenen derselben sind in Kriminalsachen der Jurisdiktion bestimmter Königl. Untergerichte zugetheilt. Nur die Polizeigerichtsbarkeit und die Bestrafung der Holzdiebstähle und anderer Waldprodukten-Entwendungen steht den Privatgerichten zu. Kompetenz.

Die Kompetenz der Königlichen Gerichte bestimmt sich zunächst nach der Allg. Kriminal-Ordnung, so daß die Sachen sowohl der Nichteximirten als der Eximirten von den Inquisitoriaten zu untersuchen und von dem Ober-Landesgericht zu entscheiden sind, soweit nicht durch besondere Bestimmungen den Untergerichten eine Kompetenz beigelegt ist. Letzteres ist in folgender Art geschehen:

a) Die kollegialischen Gerichte können die Untersuchung führen und erkennen „wegen derjenigen Verbrechen, deren gesetzliche Strafe, neben den Ehrenstrafen, Geldbuße, körperliche Züchtigung und dreijährige Freiheitsstrafe nicht übersteigt und wegen ersten gewaltsamen, ersten, zweiten und dritten gemeinen und unter erschwerenden Umständen verübten Diebstahls."

   Im Falle der Verhaftung können sie, wenn ihre Gefängnisse nicht zureichen, die Untersuchungen an die Inquisitoriate abgeben. Alsdann erkennt der Kriminalsenat des Ober-Landesgerichts.

   Die Land- und Stadtgerichte zu Halberstadt und Heiligenstadt führen nicht die Untersuchungen, erkennen aber innerhalb jener Grenzen auf die von den dortigen Inquisitoriaten geführten Untersuchungen.

b) Das einzige nicht formirte Gericht (zu Treffurt), so wie die Gerichtskommissarien untersuchen und erkennen nur wegen der geringen Vergehen, welche §. 19. der Kriminal-Ordnung bezeichnet, so wie wegen der Holzdiebstähle und Waldprodukten-Entwendungen. — Die schwereren, jedoch unter die Kompetenz der kollegialischen Untergerichte fallenden Verbrechen aus dem Bezirk des Gerichts Treffurt sind dem Land- und Stadtgerichte zu Mühlhausen zur Untersuchung und Entscheidung überwiesen.

Die zweite Instanz bilden die betreffenden Senate des Ober-Landesgerichts.

Vergl. Just. Min. Bl. pro 1840. Seite 227. und
Rescr. vom 1sten September 1840. in den Just. Min. Akten Crim. 5. Vol. 5. Fol. 34.

Die zum Departement Halberstadt gehörige Gräflich Stolbergsche Regierung zu Wernigerode mit ihren Untergerichten hat eigene Kompetenz-Verhältnisse mit Kriminal-Jurisdiktion über Eximirte und Nichteximirte.

Vergl. Starke, Thl. II. Abth. 2. S. 234. ff.

B. Departement Naumburg.

Umfang. 215 Quadratmeilen mit 809,000 Einwohnern, in 22 Kreisen und kleineren Absplissen anderer Kreise.

273,000 Einwohner stehen unter Privatgerichtsbarkeit.

Gerichte. 1. Das Ober-Landesgericht mit 2 Präsidenten und 20 etatsmäßigen Mitgliedern und mit 17 Kreis-Justizräthen.

2. 6 Inquisitoriate, von denen 3 mit zwei und 3 mit Einem Inquirenten besetzt sind.

3. Untergerichte,

a) 19 Königliche Land- und Stadtgerichte, sämmtlich kollegialisch formirt, mit 37 Gerichtskommissionen; von den Land- und Stadtgerichten haben 2 neun, 1 sieben, 2 fünf, 5 vier, 9 drei Mitglieder; die bei den Gerichtskommissionen stehenden Mitglieder sind hiebei nicht mitgezählt.

b) 2 Gräflich Stolbergische, kollegialisch formirte Gerichte.

(Das Landgericht zu Roßla und die Justizkanzlei zu Stolberg mit dem Amte Heringen, zusammen mit circa 35,000 Eingesessenen.)

c) 8 Patrimonial-Landgerichte; das Patrimonial-Stadtgericht zu Ortrand und 461 gewöhnliche Patrimonialgerichte.

Kompetenz. 1. Die Gräflich Stolbergschen Gerichte haben unbeschränkte Kriminal-Jurisdiktion, auch gegen Eximirte.

2. Die anderen Privatgerichte haben nur Civil-Jurisdiktion, damit aber die Polizeigerichtsbarkeit und die Bestrafung der Forstdiebstähle; bei anderen kleinen Diebstählen können sie die Untersuchung führen; im Uebrigen stehen die Eingesessenen unter der Kriminal-Jurisdiktion der Königl. Gerichte.

3. Die Kompetenz der Königl. Gerichte richtet sich, mit Rücksicht auf die bestehende Inquisitoriats-Einrichtung, zunächst nach den allgemeinen Gesetzen, insbesondere der Kriminal-Ordnung; in Sachen der Nichteximirten ist jedoch die Kompetenz der Untergerichte in folgender Art erweitert:

a) Alle Land- und Stadtgerichte können die Untersuchung führen und erkennen wegen der Verbrechen, deren höchste gesetzliche Strafe eine Geldstrafe oder, abgesehen von Züchtigung und Ehrenstrafen, eine dreijährige Freiheitsstrafe nicht übersteigt, sowie wegen des ersten gewaltsamen, und wegen des zweiten und dritten gemeinen, wenn auch unter erschwerenden Umständen, verübten Diebstahls.

Die Land- und Stadtgerichte, an deren Sitze sich ein Inquisitoriat befindet, erkennen jedoch nur in diesen Sachen; die Untersuchungen, auch die summarischen, werden von den Inquisitoriaten geführt; die Gerichte instruiren nur die fiskalischen Untersuchungen.

b) Die Gerichte zu Halle, Torgau, Wittenberg und Schleusingen erkennen ohne Beschränkung auf ein Strafmaaß, jedoch mit Ausnahme gewisser schwerer Verbrechen (Hoch= und Landesverrath, beleidigte Majestät rc., wie oben bei Münster, Paderborn rc. angegeben). — Das Gericht zu Schleusingen fungirt zugleich für den dortigen Kreis als Inquisitoriat in Sachen der Eximirten wie der Nichteximirten.

c) Die Gerichte haben die zu ihrer Kompetenz gehörigen Untersuchungen an die Inquisitoriate abzugeben, wenn die zu verhaftenden Angeschuldigten wegen Mangels an Gefängnissen gar nicht oder nicht so, wie es ihre Individualität erfordert, untergebracht werden können.

d) Die Gerichtskommissionen können für die betreffenden Land= und Stadtgerichte die Untersuchungen führen; zu erkennen sind sie aber nur nach Maaßgabe des §. 19. der Kriminal=Ordnung kompetent. Die zu Ziegenrück fungirt als Inquisitoriat.

4. In zweiter Instanz gehen alle Sachen an die betreffenden Senate des Ober=Landesgerichts.

Vergl. die gedruckte Darstellung des Präsidenten Mahlmannn vom 13ten Januar 1843.

Just. Min. Akten Crim. 5. Vol. 6. Bl. 2.

C. Departement Magdeburg.

178 Quadratmeilen mit 476,000 Einwohnern, in 11 landräthlichen Kreisen und kleinen Absplissen anderer Kreise. Umfang.

115,000 Einwohner stehen unter Privatgerichtsbarkeit.

1. Das Ober=Landesgericht mit 2 Präsidenten und 18 etatsmäßigen Mitgliedern. Gerichte.
2. Zwei Inquisitoriate, zu Magdeburg und Stendal, von denen jedoch das letztere jetzt mit dem Land= und Stadtgerichte daselbst als eine Deputation verbunden ist; das zu Magdeburg hat 3 Mitglieder.
3. 16 Königliche Untergerichte und zwar

11 kollegialisch formirte, von denen 1 dreizehn, 1 acht, 2 sieben, 1 sechs, 3 fünf, 2 vier und 1 drei Mitglieder haben; sieben Mitglieder der größeren Gerichte fungiren indeß als beständige Gerichtskommissarien.

5 nicht formirte, von denen 2 mit zwei und 3 mit Einem Richter besetzt sind.

4. Nicht Königliche Gerichte:

a) 15 Kreis= und andere größere Patrimonialgerichte, nicht kollegialisch formirt.

b) 101 kleinere, gewöhnliche Patrimonialgerichte, ungerechnet 47 Patrimonialgerichte, welche von Königlichen Gerichten unwiderruflich verwaltet werden.

Kompetenz. Die Kompetenz-Verhältnisse in Kriminalsachen sind verschieden:

A. in dem Theile des Departements, welcher immer bei der Preußischen Monarchie geblieben ist;

B. in demjenigen Theile des Departements (dem größern), welcher eine Zeit lang zu dem Königreiche Westphalen gehört hat, mit dem kleinen, bei dem Frieden erst neuerdings erworbenen Enklaven.

In dem erstern, kleineren Theile, welcher außer den darin gelegenen Patrimonialgerichten nur das formirte Gericht Burg und vier von den nicht formirten Gerichten umfaßt, besteht nicht die Inquisitoriats-Einrichtung; sie besteht nur in dem andern Theile.

In Sachen gegen Eximirte ist nur das Ober-Landesgericht kompetent; die Untersuchungen werden in dem Theile ad A. von dem Ober-Landesgerichte, resp. dessen Kommissarien, in dem Theile ad B. von den Inquisitoriaten, sofern nicht das Ober-Landesgericht ein Anderes anordnet, eingeleitet und geführt.

Was dagegen die Untersuchungen gegen Nichteximirte angeht, so haben

zu A. in dem ersten Theile des Departements alle Königlichen und Patrimonialgerichte die Kriminal-Jurisdiktion unter denjenigen Beschränkungen, welche die Kriminal-Ordnung §§. 14 — 19. 94. 513. für die der Inquisitoriats-Einrichtung nicht beigetretenen, mit Kriminal-Jurisdiktion versehenen Untergerichte vorschreibt. — Die Beschränkung des §. 513. a. a. O. ist jedoch für das Gericht zu Burgin soweit aufgehoben, daß dasselbe selbstständig, ohne Bestätigung, erkennen kann „wegen der Verbrechen, deren höchste gesetzliche Strafe eine Geldstrafe ist, oder, außer körperlicher Züchtigung und Ehrenstrafen, eine dreijährige Freiheitsstrafe nicht übersteigt, sowie — ohne Rücksicht auf die Strafe — wegen des ersten gewaltsamen, und wegen des zweiten und dritten gemeinen, oder unter erschwerenden Umständen verübten Diebstahls."

Zu B. In dem andern Theile des Departements sind

1. die sämmtlichen Patrimonialgerichte auf Civil-Jurisdiktion und das, was gesetzlich damit zusammenhängt, beschränkt; wegen kleiner Diebereien führen sie die Untersuchung, ohne zu erkennen; ihre Bezirke sind in Beziehung auf Kriminal-Jurisdiktion den Königlichen Kollegialgerichten zugetheilt, und zwar in der Art, daß die Gerichte im Bezirk des Inquisitoriats zu Magdeburg diese Kriminal-Jurisdiktion in demselben Umfange ausüben, in welchem sie ihnen nach dem Folgenden über die eigenen Gerichts-Eingesessenen zusteht, die Kompetenz der Gerichte im Bezirke des Inquisitoriats zu Stendal aber nach Maaßgabe der Verordnung vom 11ten März 1818. auf die Untersuchung und das Erkenntniß wegen der kleinern, im §. 19. der Kriminal-Ordnung bezeichneten Vergehen, und auf die Abfassung der Erkenntnisse wegen der von den Patrimonialgerichten untersuchten kleinern Diebereien beschränkt ist; in anderen Fällen gehen die Sachen an die Inquisitoriate und resp. das Ober-Landesgericht.

2. Die Land- und Stadtgerichte zu Magdeburg und Stendal haben in den Untersuchungssachen gegen ihre Gerichts-Eingesessenen auf die von den dortigen Inquisitoriaten geführten Untersuchungen in erster Instanz das Erkenntniß abzufassen, ohne der Bestätigung zu bedürfen; diese Kompetenz ist nicht durch ein Strafmaaß beschränkt; ausgeschlossen sind aber Hochverrath, Brandstiftung, Raub, Todschlag, Mord, verheimlichte Schwangerschaft, Niederkunft.

3. Den übrigen kollegialischen Land- und Stadtgerichten ist die Kompetenz zur Führung der Untersuchung und Abfassung des Erkenntnisses in demselben Umfange beigelegt, in welchem das Gericht zu Burg (oben ad A.) ohne Bestätigung erkennen kann. Wenn jedoch die zu verhaftenden Angeschuldigten gar nicht oder nicht mit der Sicherheit, welche deren Individualität erfordert, untergebracht werden können, so sind die Gerichte befugt, die Untersuchungen an die Inquisitoriate abzugeben, in welchem Falle das Ober-Landesgericht erkennt.

4. Das einzige, nicht kollegialische Land- und Stadtgericht (zu Gommern) hat innerhalb der oben ad 3. gedachten Grenzen die Untersuchung zu führen, aber nur nach Maaßgabe des §. 19. der Kriminal-Ordnung und der Verordnung von 11ten März 1818. zu erkennen; bei schwereren Verbrechen erkennt das Gericht zu Burg.

5. Die Gerichtskommissionen haben, neben den Holzdiebstahlssachen rc., über die kleinen Vergehen (§. 19. der Kriminal-Ordnung) zu untersuchen und zu erkennen; die zu Tangermünde hat in Betreff der Untersuchungsführung dieselbe Kompetenz, wie das Gericht zu Gommern (ad 4.), aber außer den Holzdiebstahlssachen keine Entscheidung.

6. In Sachen, die nicht zur Kompetenz der Untergerichte gehören, wird von den Inquisitoriaten untersucht und vom Kriminalsenat erkannt.

In zweiter Instanz gehen alle Sachen an die betreffenden Senate des Ober-Landesgerichts.

(Vergl. die gedruckte Entwickelung und Zusammenstellung der Kompetenz-Verhältnisse von Magdeburg (Just. Min. Akten Crim. 5. Vol. 4. Bl. 40 b.) und

Rescript vom 14ten Juni 1842. (Just. Min. Akten, General-Berichte von Magdeburg Vol. X. Bl. 171.).

Provinz Brandenburg.

Umfang: 747 Quadratmeilen.
Einwohnerzahl: 1,813,000.

A. Departement des Kammergerichts.

Umfang. 383 Quadratmeilen mit 1,029,000 Einwohnern in der Stadt Berlin, 14 landräthlichen Kreisen und kleineren Absplissen anderer Kreise.

Von den Einwohnern stehen 269,000 unter Privatgerichten.

Gerichte. 1. Das Kammergericht mit drei Präsidenten und 32 Mitgliedern, von denen ein Theil unter einem besondern Präsidenten das Kurmärkische Pupillen-Kollegium bildet; das Kammergericht hat eine Kreis-Justizkommission in Beeskow.

2. Das Kammergerichts-Inquisitoriat, aus Einem Inquirenten bestehend.

3. Untergerichte:

a) das hiesige Kriminalgericht mit 13 Mitgliedern;

b) 56 andere Königliche Untergerichte (das hiesige Vormundschaftsgericht ungerechnet), und zwar

α. 41 nicht kollegialisch formirte, 15 mit Einem, 26 mit zwei Richtern besetzt;

β. 15 kollegialisch formirte, von denen das hiesige Stadtgericht 22, Potsdam 6, Brandenburg 5, Schwedt und Wrietzen 4, die anderen 3 Mitglieder haben;

c) 25 standesherrliche und andere größere Privatgerichte, sämmtlich nicht kollegialisch formirt; die unter dem Kammergericht stehende, aber in Sachsen gelegene und bei Halberstadt erwähnte Stolbergsche Regierung zu Wernigerode mit den davon abhängigen Gerichten ist nicht mitgezählt;

d) 591 kleinere Patrimonialgerichte.

Kompetenz. 1. Im Departement besteht im Allgemeinen nicht die Inquisitoriats-Einrichtung.

2. Das Kammergerichts-Inquisitoriat ist nur eine, nicht selbstständige, Kommission des Kammergerichts, und führt nur vermöge besonderer Aufträge die Untersuchungen gegen Eximirte, in welchen das Kammergericht ausschließlich kompetent ist.

3. Die mit Kriminal-Jurisdiktion versehenen Untergerichte — und dahin gehören, abgesehen von den unter 5. zu erwähnenden Bezirken, mit sehr wenig Ausnahmen alle, sowohl Privat- als Königlichen Gerichte — haben, wie alle der Inquisitoriats-Einrichtung nicht beigetretene Untergerichte, volle Kompetenz zur Führung der Untersuchung, wie zur Abfassung der Erkenntnisse, und müssen nur in den Fällen des §. 513. der Kriminal-Ordnung die Erkenntnisse zur Bestätigung einsenden.

4. Dieser §. 513. a. a. O. ist jedoch bei einigen Gerichten modifizirt:

a) das hiesige Kriminalgericht, welches an die Stelle der Kriminaldeputation des Stadtgerichts getreten ist, und dessen Kompetenz sich über die Bezirke des Stadtgerichts, des Landgerichts und einiger Patrimonialgerichte erstreckt, erkennt selbstständig, ohne irgend eine Beschränkung durch das Kammergericht.

b) Das Stadtgericht zu Potsdam, die Land- und Stadtgerichte zu Bran- und Wriezen und die Justizkammer zu Schwedt erkennen gleichfalls selbstständig, ohne Beschränkung auf ein Strafmaaß, jedoch mit Ausschluß der Verbrechen des Hoch- und Landesverraths, Majestätsbeleidigung, Münzverbrechen, Raub, Mord, Todschlag, vorsätzliche Brandstiftung, verheimlichte Schwangerschaft und Niederkunft.

5. Die Patrimonialgerichte in den vormals Sächsischen Landestheilen haben keine Kriminal-Jurisdiktion. Die Bezirke derselben sind den Königl. Gerichten zugetheilt, welche jedoch im Erkennen auf die im §. 19. der Kriminal-Ordnung bestimmten geringern Vergehen beschränkt sind.

6. In zweiter Instanz entscheidet überall das Kammergericht, resp. dessen Appellationssenat.

Starke, Thl. II. Abth. 2. S. 14.
Acta des Just. Min. Kammerger. U. G. 24. Vol. II. S. 155.

B. Departement Frankfurt.

364 Quadratmeilen mit 784,000 Einwohnern (von denen 294,000 unter Privatgerichten stehen), in 17 landräthlichen Kreisen, mit einigen Absplissen anderer Kreise. Umfang.

1. Das Ober-Landesgericht, aus zwei Präsidenten und 19 Mitgliedern bestehend, mit 19 Kreis-Justizräthen. Gerichte.
2. Zwei Inquisitoriate, zu Lübben mit zwei, zu Sorau mit drei Mitgliedern.
3. Untergerichte:
   a) 46 Königliche Untergerichte, darunter
      α. 9 kollegialisch formirte, von denen 1 neun, 1 sieben, 1 sechs, 2 fünf, 3 vier, 1 drei Mitglieder haben, jedoch die Mitglieder von sechs Gerichtskommissionen mitgerechnet.
      β. 37 nicht kollegialisch formirte, von denen 15 zwei, 22 Einen Richter haben.
   b) 631 Privatgerichte, nämlich:
      1 kollegialisch formirtes,
      29 nicht formirte, größere,
      601 gewöhnliche Patrimonialgerichte.

Die Kompetenz-Verhältnisse sind verschieden: Kompetenz.

A. in den Landestheilen, welche schon vor 1815. zur Preußischen Monarchie gehört haben und seit 1807. nicht davon getrennt gewesen sind;

B. in den vormals Sächsischen und den vormals zum Großherzogthum Posen gehörig gewesenen Landestheilen.

Zu A. In dem ersten Theile des Departements besteht

1. im Allgemeinen nicht die Inquisitoriats-Einrichtung; die Kompetenz gestaltet sich also im Allgemeinen so, wie sie die Kriminal-Ordnung für die der Inquisitoriats-Einrichtung nicht beigetretenen Gerichte bestimmt (siehe jedoch unten).
2. Die Eximirten stehen ausschließlich unter dem Ober-Landesgerichte, welches die Untersuchungen durch die Kreis-Justizräthe oder andere Kommissarien führen läßt.
3. Die Untergerichte (Privat- wie Königliche) haben der Regel nach Kriminal-Jurisdiktion, und unterliegen bei deren Ausübung nur den Beschränkungen, welche die Kriminal-Ordnung für die der Inquisitoriats-Einrichtung nicht beigetretenen Gerichte vorschreibt. Hierin treten jedoch folgende Modifikationen ein:
   a) Den Land- und Stadtgerichten zu Frankfurt und Landsberg a. W. ist die Befugniß beigelegt, in „den von ihnen geführten Untersuchungen, ohne Beschränkung auf ein Strafmaaß, selbstständig zu erkennen, jedoch mit Ausnahme der Verbrechen des Hoch- und Landesverraths, beleidigten Majestät, Münzverbrechen, Raub, Mord, Todschlag, vorsätzliche Brandstiftung, verheimlichte Schwangerschaft."
   b) Das Land- und Stadtgericht zu Cüstrin ist für befugt erklärt, in allen Untersuchungen seines Bezirks, mit alleiniger Ausnahme der ad a. genannten Verbrechen, wegen Real-Injurien und Widersetzlichkeit gegen Militairpersonen, wegen der Verbrechen gegen Hoheitsrechte und Landespolizei-Verordnungen, sowie wegen Dienstvergehen, selbstständig zu erkennen, wenn die Untersuchung
      α. ein Verbrechen, dessen gesetzliche Strafe, außer der Ehrenstrafe und körperlichen Züchtigung, eine Freiheitsstrafe von drei Jahren oder eine Geldstrafe von 1000 Thalern nicht übersteigt,
      β. einen ersten gewaltsamen oder den zweiten oder dritten großen gemeinen oder unter erschwerenden Umständen verübten Diebstahl

      betrifft.
   c) Das Land- und Stadtgericht zu Crossen kann, mit Ausnahme der Untersuchungen wegen Real-Injurien und Widersetzlichkeit gegen Militairpersonen, wegen der Vergehen gegen Hoheitsrechte und Landespolizei-Verordnungen und wegen Dienstvergehen selbstständig erkennen, wenn die gesetzliche Strafe des Verbrechens das bei Cüstrin sub α. angegebene Maaß nicht übersteigt.

Zu B. In dem vormals Sächsischen Theile des Departements haben

1. die Privatgerichte keine Kriminal-Jurisdiktion; nur die Führung der Untersuchung wegen der Vergehen, welche mit einer willkührlichen Strafe, mit Geldstrafe bis 50 Thaler, körperliche Züchtigung oder 4 Wochen Gefängniß

bedroht sind, ist ihnen besonders aufgetragen worden; die Bezirke sind im Uebrigen kreisweise den Kollegial-Gerichten zugetheilt, welche darin die Kriminal-Jurisdiktion in demselben Umfange ausüben, in welchem sie ihnen über die eigenen Eingesessenen zusteht.

2. Es besteht die Inquisitoriats-Einrichtung; mit Rücksicht darauf bestimmt sich die Kompetenz zunächst nach der Kriminal-Ordnung, welche jedoch folgende Modifikationen erleidet:
3. Die Kollegialgerichte zu Cottbus, Guben und Lübben erkennen selbstständig in demselben Umfange, wie das Land- und Stadtgericht zu Crossen (A. 3c.); die beiden ersten führen in gleichem Umfange die Untersuchung, während das zu Lübben auf die vom Inquisitoriat geführten Untersuchungen erkennt.
4. Die übrigen Königlichen Gerichte, mit Ausnahme des zu Sorau, wo das Inquisitoriat untersucht, können in gleichem Maaße die Untersuchungen führen; sie erkennen aber selbst nur in den zum jetzigen summarischen Verfahren gehörigen Sachen; auf ihre Untersuchungen wegen schwererer Verbrechen erkennen die kollegialischen Untergerichte.

In zweiter Instanz gehen überall die Sachen an das Ober-Landesgericht.

Vergl. Starke, Beiträge Thl. II. Abthl. 2. S. 90.; ferner
Rescript vom 24sten Januar 1840. Just. Min. Akt. Crim. 5. Vol. 4. S. 171.
Rescript vom 28sten Juni 1843. Just. Min. Blatt 1843. S. 181.
Generalberichte von Frankfurt Vol. 8. Bl. 1. Vol. 9. Bl. 2.

Provinz Schlesien.

Umfang: 725 Quadratmeilen.
Einwohnerzahl: 2,800,000.

A. Departement Breslau.

284 Quadratmeilen mit 1,258,000 Einwohnern in 27 Kreisen; von den Einwohnern stehen 723,000 unter Privatgerichtsbarkeit. Umfang.

1. Das Ober-Landesgericht mit drei Präsidenten und 28 Mitgliedern; — als Organe fungiren 25 Kreis-Justizräthe. Gerichte.
2. 5 Inquisitoriate — zu Breslau, Brieg, Glatz, Jauer und Schweidnitz; das erste mit sechs, das zu Jauer mit Einem Richter, die andern mit 2 Richtern besetzt; die Kreise Steinau und Wohlau sind dem Inquisitoriate zu Liegnitz im Departement Glogau zugetheilt.
3. 49 Königliche Untergerichte, und darunter:
   a) 17 formirte, von denen das Stadtgericht zu Breslau 17, das Landgericht daselbst und das Gericht zu Brieg 6, zwei 4 und die andern 3 Mitglieder haben,
   b) 32 nicht kollegialische, 4 mit zwei, 28 mit Einem Richter besetzt.

4. 945 Privatgerichte, worunter:
   a) 5 kollegialische, standesherrliche oder Fürstenthumsgerichte,
   b) 79 größere Privatgerichte von mehr als 1500 Eingesessenen,
   c) 861 gewöhnliche Privatgerichte.

Kompetenz. Die Eximirten stehen unter der ausschließlichen Kriminal-Jurisdiktion des Ober-Landesgerichts und resp. der Inquisitoriate, als der Untersuchungsbehörden. Nur den Fürstenthums- und standesherrlichen Gerichten zu Oels, Trachenberg, Militsch und Wartenberg steht über gewisse Eximirte die Gerichtsbarkeit zu. Die Nicht-eximirten stehen zunächst unter den Königlichen oder Privat-Untergerichten, die fast ohne Ausnahme mit Kriminal-Jurisdiktion beliehen sind.

Die Untergerichte üben die Kriminal-Jurisdiktion unter den Beschränkungen aus, welche die Kriminal-Ordnung für die der Inquisitoriats-Einrichtung nicht beigetretenen Gerichte vorschreibt.

Sie haben demnach, wenn nicht im einzelnen Falle vom Ober-Landesgerichte ein Anderes bestimmt wird (§. 94. a. a. O.), die Befugniß, alle Untersuchungen zu führen, können sie aber nach §. 18. an die Inquisitoriate abgeben. In der Abfassung des Erkenntnisses stehen sie dagegen unter der Beschränkung des §. 513. a. a. O.

Diese Vorschriften der Kriminal-Ordnung haben jedoch folgende Modifikationen erlitten. Zunächst ist:

1. der §. 18. a. a. O. dahin modifizirt, daß die Untergerichte die Untersuchungen nicht an die Inquisitoriate abgeben dürfen, wenn die Vergehen, welche den Gegenstand derselben ausmachen, mit einer willkührlichen Strafe bedroht sind;
2. das Stadtgericht zu Breslau erkennt in den Untersuchungen gegen seine Gerichts-Eingesessenen ohne alle Beschränkung, gleich dem hiesigen Kriminalgericht; die Untersuchungen werden jedoch von dem Inquisitoriate geführt, welches auch in den summarischen Sachen selbst erkennt;
3. die anderen kollegialischen Königlichen Gerichte erkennen selbstständig wegen aller Verbrechen, deren höchste gesetzliche Strafe eine Geldstrafe oder, außer körperlicher Züchtigung und Ehrenstrafen, eine dreijährige Freiheitsstrafe nicht übersteigt, sowie wegen des ersten gewaltsamen und des zweiten und dritten gemeinen oder unter erschwerenden Umständen verübten Diebstahls. Rücksichtlich der Geldstrafe sind einige gar nicht, die anderen auf den Betrag von 1000 Thalern beschränkt. — Bei den Gerichten, an deren Sitz sich ein Inquisitoriat befindet, werden die Untersuchungen von letzterem geführt; die anderen dürfen die Untersuchungen, in welchen sie selbstständig erkennen können, nur dann an die Inquisitoriate abgeben, wenn die Angeschuldigten zu verhaften sind und entweder die Individualität derselben eine sicherere Aufbewahrung nothwendig macht, als das Ortsgefängniß gewährt, oder die Verhafteten wegen Mangels an Raum nicht untergebracht werden können.
4. Das Landgericht zu Breslau und die sämmtlichen kollegialischen Land- und Stadtgerichte haben nicht blos in den Untersuchungen gegen ihre eigenen

Gerichts-Eingesessenen die Erkenntnisse abzufassen; sie sind vielmehr zugleich Kreis-Spruchbehörden und erkennen als solche innerhalb ihrer sächlichen Spruchkompetenz auch in den Untersuchungen aus den Bezirken der andern Königlichen oder Privatgerichte ihres Kreises, sofern diese nicht selbst erkennen können, mögen übrigens die Untersuchungen von diesen Gerichten selbst oder von den Inquisitoriaten geführt sein. — Diese Einrichtung besteht in 15 von den 27 Kreisen des Departements; der eine derselben, Hirschberg, ist unter zwei Spruchbehörden (Hirschberg und Schmiedeberg) getheilt; die andern haben nur Eine Spruchbehörde, gleich wie sich auch in jedem derselben — abgesehen von dem Stadtgericht zu Breslau — nur Ein Königlich formirtes Land- und Stadtgericht befindet. Bei dem Inquisitoriate zu Breslau tritt nur die Modifikation ein, daß dasselbe die Untersuchungen aus einigen Kreisen seines Bezirks nicht an die Kreis-Spruchbehörde, sondern immer an das Ober-Landesgericht zur Abfassung der Erkenntnisse abgiebt.

5. Die Fürstenthums- und resp. standesherrlichen Gerichte zu Oels, Trachenberg, Hermsdorf u. K. und Fürstenstein haben widerruflich eine gleiche Erweiterung der Kompetenz erhalten, wie die Königlich formirten Gerichte (No. 3.); die Kompetenz der beiden erstern erstreckt sich auch auf die Untersuchungen der von ihnen abhängigen Untergerichte.

In zweiter Instanz wird in allen Untersuchungssachen vom Ober-Landesgerichte erkannt.

Vergl. die Darstellung

a) in dem Berichte des Präsidiums des Ober-Landesgerichts vom 13ten April 1841. Justiz-Min. Akt. Crim. 5. Vol. 5. Bl. 49.;

b) in der Cirkular-Verfügung des Präsidenten Grafen von Rittberg vom 3ten Januar 1842.; — ebendaselbst, Bl. 121. und Just. Min. Blatt von 1842. S. 84.

B. Departement Glogau.

210 Quadratmeilen mit 688,000 Einwohnern in 14 Kreisen. Umfang.
445,000 Einwohner stehen unter Privatgerichtsbarkeit.

1. Das Oberlandesgericht mit 2 Präsidenten und 14 Mitgliedern; 17 Kreis-Justizräthe fungiren als Organe des Oberlandesgerichts. Gerichte.

2. Zwei Fürstenthums-Inquisitoriate, Glogau und Liegnitz, jedes mit einem Richter besetzt; die Inquisitoriate zu Görlitz und Grünberg, und die Kreis-Inquisitoriate zu Löwenberg und Bunzlau sind jetzt mit den Land- und Stadtgerichten an diesen Orten verbunden.

3. 25 Königliche Untergerichte, und darunter

a) 10 formirte, wovon 1 (Görlitz) acht, 2 fünf, 1 vier, die andern sechs Mitglieder haben;

b) 15 nicht kollegialische, 2 mit zwei, 13 mit einem Richter besetzt.

4. 5 Fürstenthums- oder standesherrliche Gerichte, wovon eins (Sagan) formirt ist, und 656 gewöhnliche Patrimonialgerichte, worunter 14 größere von mehr als 1500 Eingesessenen.

Kompetenz.

Die Kompetenzverhältnisse sind verschieden:

A. in den Schlesischen Distrikten,

B. in den vormals Sächsischen Distrikten, welche letztere indessen nur in drei Kreisen bestehen.

Zu A. besteht im Allgemeinen dieselbe Verfassung, wie im Departement Breslau. Die Modifikationen der Vorschriften der Kriminal-Ordnung beschränken sich aber darauf, daß

1. die kollegialischen Gerichte selbstständig erkennen können wegen aller Verbrechen, deren höchste gesetzliche Strafe, außer Ehrenstrafen und Züchtigung, eine Freiheitsstrafe von drei Jahren oder eine Geldstrafe von 1000 Thaler nicht übersteigt (mit Ausnahme der im §. 16. der Kriminal-Ordnung und im §. 248. des Anhangs zur Allg. Gerichts-Ordnung genannten), sowie wegen des ersten gewaltsamen, zweiten und dritten gemeinen oder unter erschwerenden Umständen verübten Diebstahls;

2. daß sie innerhalb dieser Kompetenz auch dann erkennen, wenn die Untersuchungen aus ihrem Bezirke von den Inquisitoriaten geführt sind;

3. daß das Land- und Stadtgericht zu Liegnitz in ähnlicher Art, wie die Breslauer kollegialischen Untergerichte, als Kreisspruchbehörde fungirt.

Zu B. Im andern Theile des Departements ist, wie in allen wieder eroberten und neu erworbenen Provinzen, die Kriminal-Jurisdiktion der Privatgerichte aufgehoben, und im Uebrigen die Inquisitoriats-Einrichtung ganz nach dem Generalplan von 1809. und der Kriminal-Ordnung eingeführt. Darin ist jedoch später die Aenderung eingetreten, daß das einzige Inquisitoriat zu Görlitz, mit dem Land- und Stadtgerichte daselbst, als eine besondere Deputation vereinigt, und daß in erster Instanz nicht der Kriminalsenat, sondern das gedachte Land- und Stadtgericht die Spruchbehörde ist. Die Abfassung der Erkenntnisse in erster Instanz ist dem Kriminalsenate nur vorbehalten, in den Untersuchungen wegen Hochverrath, Landesverrätherei, beleidigter Majestät, Münzverbrechen, Brandstiftung, Raub, Mord, Todschlag, verheimlichte Schwangerschaft und Niederkunft.

In zweiter Instanz wird in allen Untersuchungssachen des Departements von dem betreffenden Senate des Ober-Landesgerichts erkannt.

Starke, Beiträge Th. II. Abth. 1. S. 444.

Justiz-Ministerial-Akten Crim. 5. Vol. 5. Bl. 120.

C. Departement Ratibor.

231 Quadratmeilen mit 855,000 Einwohnern in 15 Kreisen. Umfang.
535,000 Einwohner stehen unter Privatgerichtsbarkeit.

1. Das Ober-Landesgericht mit 2 Präsidenten und 16 Mitgliedern und 15 Kreis-Justizräthen. Gerichte.

2. Ein Königliches Inquisitoriat zu Neustadt von 5 Richtern, eine Inquisitions-Deputation zu Neisse und ein von den Gerichtsherrschaften für die Privat-Jurisdiktionen unterhaltenes, ständisches Inquisitoriat zu Cosel.

   Wegen der Königlichen Inquisitoriate ist indeß eben eine neue Einrichtung im Werke: das von Neustadt ist bereits aufgehoben, ein zweites eingerichtet und ein drittes beabsichtigt.

3. 32 Königliche Untergerichte, und darunter:

   a) 7 formirte, wovon 1 zehn (Neisse), 1 fünf, 1 vier, die andern drei Mitglieder haben.

   b) 25 nicht kollegialische, 3 mit zwei, die andern mit Einem Richter besetzt.

4. Zwei kollegialisch formirte Fürstenthumsgerichte (zu Leobschütz und Pleß), ein standesherrliches Gericht und größeres Privatgericht, und 393 gewöhnliche Patrimonialgerichte.

Die Kriminal-Verfassung ist im Allgemeinen dieselbe, wie im Departement Breslau. Die Modifikationen der Kriminal-Ordnung bestehen indeß nur darin, daß zur selbstständigen Abfassung der Erkenntnisse in den Untersuchungssachen ihres Jurisdiktionsbezirkes ermächtigt sind, Kompetenz.

1. das Fürstenthumsgericht zu Neisse, ohne Beschränkung auf ein Strafmaaß, mit alleiniger Ausnahme der Widersetzlichkeit und thätlichen Beleidigung gegen Schildwachen und Gensdarmen;

2. die andern kollegialischen Gerichte, einschließlich der Fürstenthumsgerichte zu Leobschütz und Pleß, wenn die gesetzliche Strafe des Verbrechens außer Ehrenstrafen und Züchtigung, eine Freiheitsstrafe von drei Jahren oder eine Geldstrafe von 1000 Thalern nicht übersteigt, mit gleicher Ausnahme der zu 1. erwähnten Verbrechen.

Außerdem ist zu bemerken, daß dem Königlichen Fürstenthumsgerichte zu Neisse, den Fürstenthumsgerichten zu Leobschütz und Pleß und dem standesherrlichen Gerichte zu Tarnowitz Gerichtsbarkeit über gewisse Klassen der Eximirten zusteht.

Provinz Pommern
(mit Ausschluß von Neu-Vorpommern).

Umfang: 494 Quadratmeilen.
Einwohnerzahl: 876,000.

A. Departement Stettin.

Umfang. 236 Quadratmeilen mit 479,000 Einwohnern in 12 Kreisen; 154,000 Einwohner stehen unter Privatgerichtsbarkeit.

Gerichte. 1. Das Ober-Landesgericht mit zwei Präsidenten und 15 Mitgliedern, hat als Organe 9 Kreis-Justizräthe.
2. 29 Königliche Untergerichte, und zwar:
   a) 9 kollegialische, von denen 1 (Stettin) zwölf, 2 vier, 6 drei Mitglieder haben;
   b) 20 nicht formirte, 12 mit zwei, 8 mit drei Richtern besetzt.
3. 457 gewöhnliche Patrimonialgerichte, worunter nur 2 größere von mehr als 1500 Eingesessenen.

Kompetenz. Es besteht nicht die Inquisitoriats-Einrichtung. In Sachen der Eximirten ist das Ober-Landesgericht ausschließlich kompetent; führt auch die Untersuchungen selbst oder durch Kommissarien.

Die Königlichen Untergerichte und, mit wenigen Ausnahmen, alle Patrimonialgerichte haben Kriminal-Jurisdiktion; ihre Kompetenz bestimmt sich nach den Vorschriften der Kriminal-Ordnung für die der Inquisitoriats-Einrichtung nicht beigetretenen Untergerichte. Diese Vorschriften sind jedoch dahin modifizirt, daß

a) das Land- und Stadtgericht zu Stettin in allen Untersuchungen, jedoch mit Ausnahme derer wegen Hoch- und Landesverraths, Majestätsbeleidigung, Münzverbrechen, Raub, Mord, Todschlag, vorsätzliche Brandstiftung, verheimlichte Schwangerschaft und Niederkunft, ohne Beschränkung auf ein Strafmaaß,
b) die Land- und Stadtgerichte zu Anclam, Demmin, Pasewalk, Stargard und Swinemünde in allen Untersuchungen, mit Ausnahme der ad a. gedachten, bis auf eine Freiheitsstrafe von drei Jahren oder eine Geldbuße von 1000 Thalern, mit oder ohne Ehrenstrafen oder körperliche Züchtigung,

selbstständig erkennen können.

Starke, Beiträge Thl. II. Abth. 1. S. 222.

B. Departement Cöslin.

Umfang. 258 Quadratmeilen mit 388,000 Einwohnern in 8 Kreisen; 201,000 Einwohner stehen unter Privatgerichtsbarkeit.

Gerichte. 1. Das Ober-Landesgericht mit Einem Präsidenten und 11 Mitgliedern; hat als Organe 8 Kreis-Justizräthe.

2. 21 Königliche, und zwar
 5 kollegialische, 1 von vier, 4 von drei Mitgliedern;
 16 nicht formirte, 4 mit zwei, 13 mit Einem Richter besetzt.
3. 689 gewöhnliche Patrimonialgerichte.

Auch hier besteht kein Inquisitoriat; die Kompetenz-Verhältnisse sind im Allgemeinen eben so, wie in Stettin. Kompetenz.

Die kollegialischen Untergerichte sind indessen von den Beschränkungen der Kriminal-Ordnung nur in Beziehung auf die fiskalischen Untersuchungen wegen Injurien in der Art entbunden, daß sie darin ohne Rücksicht auf das Maaß der Strafe selbstständig erkennen können, mit Ausnahme jedoch der mit Widersetzlichkeit gegen Militairpersonen und Gensdarmen verbundenen Injurien.

In zweiter Instanz entscheidet das Ober-Landesgericht zu Cöslin, wenn ein Untergericht selbstständig, ohne Bestätigung, erkannt hatte; in allen anderen Fällen das Ober-Landesgericht zu Stettin.

Starke, Thl. II. Abth. 1. S. 252. 257.

Provinz Posen.

Umfang: 555 Quadratmeilen.
Einwohnerzahl: 1,223,000.

Die Provinz hat eine eigenthümliche, auf der Verordnung vom 16ten Juni 1834. beruhende Gerichtsverfassung. Sie hat zwei Ober-Landesgerichte und ein gemeinschaftliches Ober-Appellationsgericht, und nur Königliche, ohne Ausnahme kollegialisch formirte, zum großen Theil zahlreich besetzte Untergerichte, welche in der Regel einen landräthlichen Kreis umfassen. Es giebt dort keine Patrimonialgerichte und eben so wenig einen eximirten Gerichtsstand. Die Ober-Landesgerichte sind Aufsichtsbehörden, und Erste Instanzgerichte und Vormundschafts- und Hypothekenbehörden für wichtigere Sachen; sie sind nicht die Appellations-Instanz in Civilsachen, wohl aber die zweite Instanz für Kriminalsachen, sofern ein Untergericht in erster Instanz erkannt hat.

Das Ober-Appellationsgericht zu Posen besteht aus Zweien Präsidenten und 15 Mitgliedern.

Das Ober-Landesgericht zu Posen,
 dessen Bezirk 321 Quadratmeilen mit 816,000 Einwohnern in 17 Kreisen umfaßt,

hat zwei Präsidenten und 15 Mitglieder, und als Chef den Präsidenten des Ober-Appellationsgerichts; seine Unterbehörden sind:

2 Inquisitoriate, zu Posen und Kozmin, ersteres aus 4, letzteres aus Einem Richter bestehend;

20 Untergerichte, von denen 1 zwölf, 1 neun, 9 sieben, 3 sechs, 2 fünf, 2 vier, 2 drei Mitglieder haben.

Das Ober-Landesgericht zu Bromberg,

mit 234 Quadratmeilen und 407,000 Einwohnern in 9 Kreisen,

besteht aus Einem Präsidenten und 7 Mitgliedern und hat 10 Untergerichte, von denen 2 mit acht, 3 mit sieben, 3 mit sechs, 1 mit fünf, 1 mit vier Richtern besetzt sind.

Die Verordnung vom 16ten Juni 1834. verwies von den Strafsachen zum Ressort der Untergerichte,

1. alle polizeilich und fiskalisch zu führenden Untersuchungen,
2. die Kriminal-Untersuchungen wegen zweiten, dritten groben gemeinen oder unter erschwerenden Umständen verübten, und wegen ersten gewaltsamen Diebstahls, sowie wegen aller Verbrechen, deren höchste gesetzliche Strafe eine Geldstrafe oder, außer körperlicher Züchtigung und Ehrenstrafen, eine dreijährige Freiheitsstrafe nicht übersteigt.

Sie sollten innerhalb dieser Gränzen untersuchen und erkennen; jedoch die Befugniß haben, die Untersuchungen an die Inquisitoriate abzugeben, wenn die Individualität der verhafteten Angeschuldigten eine größere Sicherheit nothwendig mache, als die Gefängnisse der Gerichte gewähren oder wenn es in diesen Gefängnissen an Raum fehle.

Bei schwerern Verbrechen sollten die Untersuchungen von den Inquisitoriaten geführt und die Erkenntnisse von den Obergerichten abgefaßt werden.

Dieses hat sich jedoch in sofern geändert, als im Departement Bromberg das einzige früher bestandene, und im Departement Posen eins der drei Inquisitoriate aufgehoben und die beiden andern mehr beschränkt, und dagegen in Beziehung auf die Führung der Untersuchung allen Gerichten im Departement Bromberg und den meisten Gerichten im Departement Posen unbeschränkte Kompetenz gegeben.

Das Inquisitoriat zu Posen hat übrigens in den von ihm geführten Untersuchungen innerhalb der untergerichtlichen Kompetenz zugleich zu erkennen.

In zweiter Instanz wird von den Ober-Landesgerichten oder von dem Ober-Appellationsgerichte erkannt, je nachdem in erster Instanz ein Untergericht oder ein Ober-Landesgericht erkannt hat *).

Provinz Preußen.

Umfang: 1178 Quadratmeilen.
Einwohnerzahl: 2,137,000.

Die Provinz hat ein gemeinschaftliches Appellationsgericht in dem Tribunal zu Königsberg, welches aus einem Präsidenten und 10 Mitgliedern besteht.

A. Departement Königsberg.

Umfang.

412 Quadratmeilen mit 795,000 Einwohnern in 20 Kreisen und kleinen Absplissen anderer Kreise.

164,000 Einwohner stehen unter Privatgerichtsbarkeit.

*) Vergl. Starke, Th. II. Abth. 1. S. 179. 183. 201. 203. und die Generalberichte von Posen und Bromberg pro 1839. bis 1841.

1. Das Ober-Landesgericht mit zwei Präsidenten und 16 Mitgliedern; hat als Organe 18 Kreis-Justizräthe. Gerichte.
2. Ein Inquisitoriat, zu Königsberg, von 3 Mitgliedern.
3. 52 Königliche Untergerichte, und darunter
   a) 11 kollegialische, 1 mit vierzehn, 1 mit neun, 1 mit sechs, 2 mit vier, die übrigen mit drei Richtern besetzt,
   b) 41 nicht formirte, 17 mit zwei, 24 mit Einem Richter,
4. 3 größere Privatgerichte und 742 gewöhnliche Patrimonialgerichte.

Es besteht im Allgemeinen nicht die Inquisitoriats-Einrichtung; das Inquisitoriat zu Königsberg ist nur für die Stadt und Umgebung bestimmt. In der Regel steht allen Königlichen und Privat-Jurisdiktionen Kriminal-Gerichtsbarkeit zu. Kompetenz.

Rücksichtlich der Modifikationen, welche die Kompetenz-Bestimmungen der Kriminal-Ordnung erleiden, ist zu unterscheiden zwischen

A. dem Ermland,

B. dem übrigen Theile des Departements.

Zu A. Im Ermland hat das Landvogteigericht zu Heilsberg, außer der Kriminal-Jurisdiktion über seine eigenen Gerichts-Eingesessenen im Wesentlichen die Befugnisse, welche der Kriminal-Ordnung den Inquisitoriaten und Kriminalsenaten zugedenkt. Dasselbe ist die Untersuchungs- und Spruchbehörde in allen Untersuchungen gegen die Eximirten des ganzen Ermlandes und gegen die Nicht-Eximirten seines Gerichtsbezirks und in denjenigen Untersuchungen gegen die Eingesessenen der andern Ermländischen Gerichte, welche nach dem Folgenden der Kompetenz der letztern entzogen sind oder von denselben an das Landvogteigericht abgegeben worden. Einige Klassen der Eximirten sind jedoch dem Ober-Landesgerichte vorbehalten. Sächlich ist das Landvogteigericht nicht anders beschränkt, wie die Ober-Landesgerichte selbst, d. h. durch die erforderliche Königliche oder ministerielle Bestätigung.

Von den andern Königlichen Untergerichten im Ermland haben in Untersuchungen gegen ihre Gerichts-Eingesessenen die Untersuchung zu führen und zu erkennen:

a) die beiden kollegialischen zu Braunsberg und Allenstein wegen aller Verbrechen, deren gesetzliche Strafe eine Geldbuße oder, außer körperlicher Züchtigung und Ehrenstrafen, eine dreijährige Freiheitsstrafe nicht übersteigt, und wegen ersten gewaltsamen, zweiten und dritten großen gemeinen oder unter erschwerenden Umständen verübten Diebstahl;

b) die nicht kollegialischen:
wegen der Vergehen, deren höchste Strafe 4 Wochen Gefängniß, 50 Thaler Geld, oder leichte Züchtigung nicht übersteigt. (Wenn letztere auf eine höhere Strafe erkennen, dann haben sie das Erkenntniß nach §. 513. der Kriminal-Ordnung an das Landvogteigericht zur Bestätigung einzusenden.)

Beide können die Untersuchungen an das Landvogteigericht abgeben, wenn die Individualität des zu verhaftenden Angeschuldigten eine größere Sicherheit, als ihre

Gefängnisse gewähren, nothwendig macht oder es in ihren Gefängnissen an Raum fehlt.

Die Patrimonialgerichte können die Untersuchungen an das Landvogteigericht und resp. an die beiden kollegialischen Gerichte abgeben, welche dann nach dem Umfange ihrer Kompetenz erkennen.

Vergl. Verordnung vom 9ten Oktober 1838.

Starke, Th. II. Abth. 1. S. 492.

Zu B. In dem andern Theile des Departements stehen die Eximirten unter der Jurisdiktion des Ober-Landesgerichts; nur dem Erbhauptamte Gerdauen und Nordenburg steht Gerichtsbarkeit über die dort angesessenen Eximirten zu, bei deren Ausübung dasselbe, sowie andere Untergerichte beschränkt ist.

Das Ober-Landesgericht läßt die Untersuchungen gegen Eximirte durch die Kreis-Justizräthe und in Königsberg durch das Inquisitoriat führen.

In Sachen der Nicht-Eximirten regelt sich die Kompetenz nach den Vorschriften der Kriminal-Ordnung für die der Inquisitoriats-Einrichtung nicht beigetretenen Untergerichte; jedoch mit folgenden Modifikationen:

a) in Königsberg werden die Untersuchungen vom Inquisitoriate geführt, die Erkenntnisse aber vom Stadtgericht abgefaßt,

welches ohne Beschränkung auf ein Strafmaaß selbstständig, d. h. mit Entbindung von dem §. 513. der Kriminal-Ordnung erkennt, wenn nicht die Untersuchung Hoch- und Landesverrath, Majestätsbeleidigung, Münzverbrechen, Raub, Mord, Todschlag, verheimlichte Schwangerschaft und Niederkunft, vorsätzliche Brandstiftung zum Gegenstande hat;

b) das Gericht zu Memel, welchem auch die Kriminal-Jurisdiktion im Bezirke des Justizamts Prokuls zusteht, untersucht und erkennt mit derselben erweiterten Kompetenz, wie das Stadtgericht zu Königsberg;

c) in den Kreisen Tapiau, Eylau, Neidenburg und Saalfeld erkennen die fünf kollegialischen Gerichte ohne Bestätigung bis zu dreijähriger Freiheitsstrafe; die nicht kollegialischen sind dagegen hinsichtlich der Abfassung der Erkenntnisse auf das im §. 19. der Kriminal-Ordnung bestimmte Strafmaaß beschränkt.

In zweiter Instanz wird das Erkenntniß abgefaßt vom Tribunal, wenn in erster Instanz das Ober-Landesgericht, vom Ober-Landesgericht, wenn in erster Instanz ein Untergericht erkannt hat.

Starke, Th. II. Abth. 1. S. 18. 23.

B. Departement Insterburg.

Umfang. 298 Quadratmeilen, mit 586,000 Einwohnern in 16 Kreisen: 19,000 Einwohner stehen unter Privatgerichtsbarkeit.

Gerichte.
1. Das Ober-Landesgericht mit Einem Präsidenten und 12 Mitgliedern;
2. einer Kreis-Justiz-Kommission, zu Lyck, aus 2 Richtern bestehend (fungirt nach der frühern Ostpreußischen Verfassung, insbesondere als Untersuchungsbehörde).

3. Ein Inquisitoriat, zu Insterburg, aus 2 Richtern bestehend.
4. 21 Königliche Untergerichte, und darunter
   16 formirte, 1 mit dreizehn (Tilsit), 2 mit sieben, 2 mit sechs, 4 mit vier, 7 mit drei Mitgliedern;
   5 nicht formirte, alle mit Einem Richter besetzt.
5. Zwei mit eignen Richtern besetzte, größere Privatgerichte, und 186 gewöhnliche Patrimonialgerichte, die jedoch fast alle widerruflich von Königlichen Gerichten verwaltet werden.

Es besteht im Allgemeinen nicht die Inquisitoriats-Einrichtung. Das Inquisitoriat zu Insterburg und die Kreis-Justiz-Kommission zu Lyck sind hauptsächlich die Untersuchungsbehörden für die Bezirke der Land- und Stadtgerichte an den beiden genannten Orten. Kompetenz.

Die Untersuchungen gegen Eximirte gehören zur ausschließlichen Kompetenz des Ober-Landesgerichts, welches über die Einleitung beschließt und nach Umständen das eine oder andre Gericht mit der Führung der Untersuchung beauftragt.

In Sachen der Nicht-Eximirten steht:

A. die Führung der Untersuchung den Untergerichten und resp. deren Untersuchungsbehörden (Insterburg und Lyck) zu, und zwar den kollegialischen Gerichten ohne Beschränkung, den nicht kollegialischen und den Gerichts-Kommissionen aber nur in sofern die höchste gesetzliche Strafe des in Rede stehenden Verbrechens, ohne Rücksicht auf Züchtigung, Ehrenstrafen und Geldbußen, eine dreijährige Freiheitsstrafe nicht übersteigt; wegen schwererer Verbrechen aus den Bezirken der letztern werden die Untersuchungen von bestimmten Kollegialgerichten geführt.

B. In Ansehung der Abfassung des Erkenntnisses sind gewisse Verbrechen,
   nämlich: Hoch- und Landesverrath, Majestätsbeleidigung, Aufruhr, Münzverbrechen, Dienstvergehen, wenn auch Kassation zu erkennen, Duell, Todschlag, Mord, verheimlichte Schwangerschaft und Niederkunft, zweiter gewaltsamer und vierter gemeiner Diebstahl, Raub, vorsätzliche Brandstiftung, Meineid,
   ausschließlich dem Ober-Landesgerichte vorbehalten.

In andern Fällen haben in erster Instanz zu erkennen:

a) die Gerichte mit 5 oder mehreren Mitgliedern,
   wenn die höchste gesetzliche Strafe, ohne Rücksicht auf Züchtigung, Ehrenstrafen und Geldbußen eine 10jährige Freiheitsstrafe,
b) die Gerichte von 3 oder 4 Mitgliedern,
   wenn das Maximum der Strafe in gleicher Weise eine 3jährige Freiheitsstrafe,
c) die nicht kollegialischen und Gerichts-Kommissionen,
   wenn das Strafmaximum 4 Wochen Gefängniß, 50 Thaler Geld oder leichte Züchtigung, nicht übersteigt.

Die Sachen, in welchen hiernach das untersuchende Gericht nicht erkennen kann, werden zur Abfassung des Erkenntnisses von den Gerichten sub a. und b. dem Ober-Landesgerichte (welches dann auch über die Vollstreckung verfügt), von denen sub c., gewissen kollegialischen Gerichten vorgelegt.

So bei den Königlichen Gerichten.

Die Kompetenz-Verhältnisse der Privatgerichte bestimmen sich nach den Vorschriften der Kriminal-Ordnung für die der Inquisitoriats-Einrichtung nicht beigetretenen Gerichte mit der Maaßgabe, daß die Untersuchungen, welche die Privatgerichte nach §. 18. der Kriminal-Ordnung abgeben wollen, von bestimmten Königlichen Untergerichten geführt werden.

In zweiter Instanz erkennt das Tribunal zu Königsberg, wenn in erster Instanz das Ober-Landesgericht, und das Ober-Landesgericht, wenn in erster Instanz ein Untergericht erkannt hat.

Starke, Th. II. Abth. 1. S. 71. ff.; Abth. 3. S. 142.

C. Departement Marienwerder.

Umfang. 471 Quadratmeilen mit 904,000 Einwohnern in 21 Kreisen; von den Einwohnern stehen 98,000 unter Privatgerichten.

Gerichte.

1. Das Ober-Landesgericht mit zwei Präsidenten und 21 Mitgliedern; 17 Kreis-Justizräthe fungiren als Organe desselben.
2. Ein Inquisitoriat, zu Marienwerder, aus 1 Richter bestehend; mit den Gerichten zu Graudenz, Thorn und D. Crone sind Inquisitoriats-Deputationen verbunden.
3. 36 Königliche Untergerichte, und darunter
   a) 15 kollegialisch formirte, wovon 1 zwölf (Danzig), 1 neun, 2 acht, 1 sieben, 2 sechs, 1 fünf, 2 vier, die übrigen 5 drei Mitglieder haben;
   b) 21 nicht formirte.
4. 3 Kreis- resp. Patrimonial-Landgerichte, nicht formirt, und 524 gewöhnliche Patrimonialgerichte, worunter 7 größere mit mehr als 1500 Eingesessenen.

Kompetenz. Es besteht zwar Inquisitoriats-Einrichtung; dieselbe hat aber wesentliche Modifikationen erlitten, und es haben sich allmählig folgende Kompetenz-Verhältnisse gebildet:

Die Eximirten sind lediglich dem Ober-Landesgerichte unterworfen; die Untersuchungen werden durch die Inquisitoriate oder durch besondere Kommissarien geführt.

In Sachen der Nicht-Eximirten wird dagegen nur dann von den Inquisitoriaten untersucht und in erster Instanz vom Kriminalsenate erkannt, wenn nicht die Kompetenz der Untergerichte nach den folgenden Bemerkungen eintritt:

1. Der Regel nach haben alle Königliche und Privat-Untergerichte Kriminal-Jurisdiktion auszuüben.

2. Die Land- und Stadtgerichte untersuchen und erkenneu selbstständig ohne Beschränkung auf ein Strafmaaß, mit Ausnahme der Verbrechen des Hoch- und Landesverraths, Majestätsbeleidigung, Münzverbrechen, Raub, Mord, Todschlag, vorsätzliche Brandstiftung.

3. Alle andern kollegialischen Untergerichte untersuchen und erkennen selbstständig:

   wenn die höchste gesetzliche Strafe des in Rede stehenden Verbrechens eine Geldstrafe, oder, außer Züchtigung und Ehrenstrafen, eine dreijährige Freiheitsstrafe nicht übersteigt, oder der Gegenstand der Untersuchung ein erster gewaltsamer, erster, zweiter, dritter gemeiner oder uuter erschwerenden Umständen verübter Diebstahl ist.

Die Gerichte zu Marienwerder, Thorn, Graudenz und Deutsch Crone erkennen innerhalb dieser Gränzen auf die von dem Inquisitoriate, resp. den Inquisitoriats-Deputationen geführten Untersuchungen. Die andern können die Untersuchungen an die Inquisitoriate abgeben, wenn die zu verhaftenden Angeschuldigten wegen Mangel an Gefängnißraum nicht untergebracht werden können, oder die Individualität derselben eine besondere Sicherheit erfordert, welche die Gefängnisse der Gerichte nicht gewähren.

4. Die nicht kollegialischen Königlichen, so wie die Privatgerichte, unterliegen den Beschränkungen, welche die Kriminal-Ordnung §§. 16. 17. 18. 94. 513. und die Allgemeine Gerichts-Ordnung, Anhang §. 248. ff. in Ansehung der Untersuchung und der Abfassung des Erkenntnisses für die der Inquisitoriats-Einrichtung nicht beigetretenen Untergerichte vorschreiben.

In zweiter Instanz gehen alle Untersuchungen zur Abfassung des Erkenntnisses an das Ober-Landesgericht oder an das Tribunal, je nachdem in erster Instanz ein Untergericht oder das Ober-Landesgericht erkannt hat.

Starke, rc. Th. II. Abth. 1. S. 121.

Rescripte vom 24sten März und 19ten Juli 1834.; 2ten Dezember 1839. Justiz-Min. Akten Crim. 5. Vol. 3. Fol. 48. 69. Vol. 4. Fol. 150.

Rescript vom 17ten Januar 1843., Justiz-Ministerial-Blatt pro 1843, S. 24.

II. In Neu-Vorpommern und im Bezirk des Justiz-Senats zu Ehrenbreitstein.

Die Uebersicht I. umfaßt die Landestheile, in welchen die allgemeinen preußischen Gesetzbücher eingeführt sind. Da hier die Landestheile, in denen das französische Recht und der französische Prozeß gilt und die diesem entsprechende Gerichts-Verfassung besteht, nicht in Betracht kommen, so bleiben nur noch Neu-Vorpommern und der Bezirk des Justiz-Senats zu Ehrenbreitstein übrig. Beide haben gemeines Recht. Zu bemerken ist im Allgemeinen, daß in beiden Landestheilen ein eximirter Gerichtsstand besteht, die Exemtionen aber nicht überall gerade mit denen der Allgemeinen Gerichts-Ordnung übereinstimmen. Diese Unterschiede vollständig zu entwickeln, lag dem Zwecke dieser Uebersicht fern.

Neu-Vorpommern mit Rügen.

Umfang: 79 Quadratmeilen
Einwohnerzahl: 169,000. } in 4 Kreisen.

Der Landestheil hat mit dem frühern materiellen und formellen Rechte im Wesentlichen auch die Gerichtsverfassung behalten, welche zur Zeit der Vereinigung mit der preußischen Monarchie (1815) bestand. Die Verfassung hat manches Eigenthümliche und, besonders bei der städtischen Gerichtsbarkeit, viele örtliche Verschiedenheiten. Eine ausführliche Darstellung geben Starke's Beiträge Thl. I. §§. 99. ff. Hiervon genügt folgende Uebersicht.

I. Gerichte.

Abgesehen von dem Universitätsgerichte zu Greifswald und den Steuer-Untersuchungsrichtern sind die bestehenden Gerichte folgende:

1. Das Ober-Appellations- und Höchste Gericht zu Greifswald, bestehend aus Einem Präsidenten und 4 Mitgliedern;
2. das Hofgericht zu Greifswald, mit Einem Direktor und 5 Mitgliedern;
3. das Konsistorium zu Greifswald, mit Einem Präsidenten und 5 Mitgliedern;
   (Die Gerichte 1. 2. 3. sind Landes-Obergerichte.)
4. vier Königiche Kreisgerichte, für jeden Kreis eins, alle vier kollegialisch formirt, aus je drei Mitgliedern bestehend;
5. die Gerichte der Städte. Die 14 Städte haben jede ihre eigene Gerichtsbarkeit. Dieselbe wird nicht von besondern Richtern, sondern von den Magisträten ausgeübt, welche zu dem Ende rechtsgelehrte Mitglieder haben müssen.

a) Die vier Seestädte (Greifswald, Stralsund, Wolgast, Barth) haben zwei oder mehrere aus den Deputationen des Magistrats bestehende städtische Untergerichte, und zugleich in dem gesammten Magistrat ein städtisches Obergericht, an welches von jenen Untergerichten Berufung genommen werden kann. Die Untergerichte, deren Zahl, Namen und Verfassung in den einzelnen Städten verschieden ist, bestehen aus einem oder mehreren Magistratsmitgliedern (gelehrten oder ungelehrten), und theilen sich in die Gerichtsbarkeit entweder nach Gegenständen oder Bezirken.

b) Die andern Städte haben nur Ein Gericht und nur Eine Instanz.

6. Das Fürstlich Putbussche Justizamt zu Putbus auf Rügen, mit 6600 Eingesessenen.

Sämmtliche Privatgerichte sind im Jahre 1806. aufgehoben, die Gerichtsbarkeit des Fürsten Putbus beruht auf einer neuerlichen Beleihung.

II. Ressort-Verhältnisse im Allgemeinen.

Die Ressortverhältnisse dieser Gerichte sind im Allgemeinen:

1. die städtische Gerichtsbarkeit beschränkt sich auf die Städte selbst und deren Vorstädte, erstreckt sich aber auf alle darin wohnende Personen mit Ausnahme:

a) der im aktiven Dienste stehenden Königlichen Beamten mit Frauen, Kindern und Gesinde;

b) der Pfarrer, Prediger und die höhern städtischen Schullehrer, mit Frauen und Kindern, Wittwen und Waisen;

c) der Offiziere.

In Stralsund stehen auch die unter b. genannten Porsonen unter städtischer Jurisdiktion. In Bergen dagegen sind „Adlige, graduirte Personen und andere dergleichen Personen" ausgenommen.

In den vier Seestädten bilden die städtischen Untergerichte die erste, und der gesammte Magistrat die zweite Instanz, von welcher die weitere Berufung an das Hofgericht und resp. das Ober-Appellationsgericht der Regel nach gestattet ist. In einigen dieser Städte (Greifswald, Wolgast, Barth) ist der Magistrat für gewisse Sachen und für gewisse Personen (Magistratsmitglieder, Adelige, Graduirte) die erste Instanz.

2. Die vier Kreisgerichte haben die Gerichtsbarkeit über das ganze platte Land, d. h. über alles, was nicht unter der Gerichtsbarkeit der Städte steht, jedoch nur über nicht eximirte Personen und Güter.

3. Ausgenommen hiervon sind nur die zum Bezirke des Kreisgerichts zu Bergen gehörenden Besitzungen des Fürsten Putbus, jedoch nur in Ansehung der Civil-Gerichtsbarkeit und Polizei-Gerichtsbarkeit, welche dem Fürstlichen Justiz-Amte zustehen.

4. Das Hofgericht zu Greifswald ist der Gerichtsstand für die Güter und Personen, welche von der Gerichtsbarkeit der Städte, der Kreisgerichte und des Justizamts Putbus eximirt sind, so wie für die Städte und Magistråte, als

corpora, ferner in gewissen Sachen die zweite Instanz für die Kreisgerichte und die zweite, resp. dritte Instanz für städtische Unter- und Obergerichte.

5. Das **Konsistorium** ist ein forum speciale causarum, aber zugleich der persönliche Gerichtsstand seiner Mitglieder und deren Familien.

6. Das **Ober-Appellationsgericht** ist die Aufsichtsbehörde für alle Gerichte der Provinz, die erste Instanz für seine Beamten, deren Familien, Wittwen, Waisen, Dienstboten und städtische Besitzungen, sowie für gewisse Korporationen (die Universität, das Konsistorium ꝛc.); ferner die **zweite** und resp. **dritte** Instanz für alle andern Gerichte.

Der Instanzenzug in Civilsachen ist mit mancherlei Unterscheidungen geregelt. Von Kriminalsachen wird unten die Rede sein.

Wo gegen die Entscheidungen des Ober-Appellations-Gerichts noch eine Revision zulässig ist, da geht dieselbe an des **Geheime Ober-Tribunal**.

III. Kompetenz in Strafsachen.

Was hiernächst die **Strafrechtspflege** insbesondere angeht, so gilt der gemeinrechtliche Untersuchungs-Prozeß mit den Modifikationen, welche die Verordnung vom 18ten Mai 1839. (Gesetzsamml. S. 207.) vorgeschrieben hat. Die letztere enthält neben den Vorschriften über das **Verfahren** zugleich einige abändernde Bestimmungen über die **Kompetenz-Verhältnisse**, die im Uebrigen ihre frühere Gestaltung behalten haben. — Es ist in dieser Beziehung vorab der Unterschied zwischen **summarischen** und den eigentlichen **Kriminalsachen** zu bemerken. Zu den erstern gehören bloße Vergehen gegen polizeiliche Vorschriften und diejenigen Verbrechen, deren Strafe im konkreten Falle eine Gefängnißstrafe von 4 Wochen oder eine Geldbuße von 50 Thalern nicht übersteigt; alle schwereren Straffälle gehören zu den Kriminalsachen.

§. 14. der Verordnung vom 18ten Mai 1839.

Erste Instanz.

1. Das Justizamt zu Putbus hat nur Polizei-Strafgerichtsbarkeit und die Bestrafung der Holzdiebstähle nach dem Gesetze vom 7ten Juni 1821. In andern Sachen hat es nur die vorläufige (General-) Untersuchung zu führen, dann aber die Akten an das kompetente Gericht abzugeben.

   Starke, Beiträge Th. II. Abth. 3. S. 146.

2. Den Städten steht an sich volle Kriminal-Jurisdiktion zu; sie dürfen diese aber nach der Königl. schwedischen s. g. neuesten Justizverordnung vom 8ten Oktober 1810. §. 3. in Beziehung auf eigentliche Kriminalverbrechen nur ausüben, wenn die städtischen Gerichte mit wenigstens zweien zum Richteramte qualifizirten Personen besetzt sind, was nach **Starke**, Th. I. §. 102., nur in den vier Seestädten der Fall ist. Die Gerichte dieser Städte haben demnach in Beziehung auf die ihrer Gerichtsbarkeit unterworfenen Personen unbeschränkte Kriminal-Jurisdiktion. Sie wird in erster Instanz von den städtischen Untergerichten ausgeübt; nur in Wolgast wird auf die von den Untergerichten geführten Untersuchungen schon in erster Instanz von dem **Magistrate** erkannt.

3. Die Gerichte der andern Städte haben nur in **summarischen** Sachen gegen die nicht eximirten Personen selbst zu untersuchen und zu erkennen. In **Kri-**

minalsachen haben sie nur die vorläufige Untersuchung vorzunehmen und demnächst die Akten an das Kreisgericht abzugeben. Hat letzteres in der Stadt seinen Sitz, dann kann ihm das städtische Gericht jede Untersuchung sofort bei der ersten Anzeige überlassen. — Die Sachen der Eximirten gehen nach der vorläufigen Untersuchung an das Hofgericht.

§. 19. der Verordnung vom 18ten Mai 1839.

4. Die Kreisgerichte haben gegen die Nicht-Eximirten volle, nur durch Ausschließung gewisser Verbrechen beschränkte Strafgerichtsbarkeit. — Ausgeschlossen von ihrer Kompetenz sind nämlich:

a) Hochverrath, Landesverrätherei, Aufruhr und Tumult, die in den §§. 196. bis 206. Tit. 20. Th. II. des Allg. Landrechts bezeichneten Majestätsverbrechen, Münzverbrechen, Duell, Todschlag, Mord, Kindermord, Menschenraub, Entführung, Nothzucht, Meineid, vorsätzliche Brandstiftung;

b) Zoll- und Steuerdefraudationen.

Wegen der unter a. bemerkten Verbrechen ist jedoch den Kreisgerichten nur die Abfassung des Erkenntnisses entzogen; die Führung der Untersuchung und die Vollstreckung des Erkenntnisses steht ihnen zu. Die Untersuchungen wegen der Zoll- und Steuerdefraudationen werden von den Steuer-Untersuchungsrichtern geführt und vom Hofgericht abgeurtheilt.

Mit Ausnahme der summarischen Sachen erstreckt sich die so begränzte Gerichtsbarkeit der Kreisgerichte auch auf den Bereich der unter 3. gedachten Städte.

§§. 1. 18. 19. 20. der Verordnung vom 18ten Mai 1839.

Bei den Kreisgerichten wird übrigens in Kriminalsachen von dem ganzen Kollegium, in summarischen Sachen in der Regel von einzelnen Kommissarien untersucht und erkannt.

§§. 5. ff. §. 14. a. a. O.

5. Zur Kompetenz des Hofgerichts gehören:

a) die Untersuchungen gegen die Personen, welche von der Gerichtsbarkeit der städtischen und der Kreisgerichte,

b) die Abfassung der Erkenntnisse in den Sachen, welche nach No. 4. a. u. b. von der Kompetenz der Kreisgerichte ausgeschlossen sind.

In den Sachen gegen Eximirte läßt das Hofgericht durch Kommissarien die Untersuchung führen, worauf das Kollegium erkennt. Die Untergerichte haben jedoch auch in diesen Sachen die vorläufigen Verfügungen und Vernehmungen vorzunehmen.

§§. 16. 17. 20. a. a. O.

6. Das Konsistorium und das Ober-Appellations-Gericht selbst bilden die erste Instanz in den Untersuchungen gegen die Personen, für welche sie nach den obigen Bemerkungen unter II. 5. und 6. der gewöhnliche Gerichtsstand sind.

Starke, a. a. O. §§. 110. 112.

Zweite und resp. dritte Instanz.

Abgesehen von dem Aggravationsgesuche, welches dem Fiskus in gewissen Sachen — in Untersuchungen wegen Vergehen gegen die Abgaben-Gesetze und wegen Vergehen der Beamten — zusteht, hat nur der Angeklagte ein Rechtsmittel, die weitere Vertheidigung, und zwar in der Regel nur Eine.

In summarischen Sachen geht die Berufung von den Erkenntnissen des Hofgerichts und des Konsistoriums an das Ober-Appellationsgericht, von denen der Kreisgerichte und der Gerichte in den Städten, welche überhaupt oder in Kriminalsachen nur Eine Instanz haben, an das Hofgericht, von den Untergerichten der andern Städte an den Magistrat derselben, als Obergericht. Bei dieser Entscheidung in zweiter Instanz behält es überall das Bewenden.

In Kriminalsachen geht die Berufung von den Erkenntnissen aller Gerichte an das Ober-Appellationsgericht. Nur in den Städten, welche zwei Instanzen haben, erkennt in zweiter Instanz der Magistrat; in diesem Falle findet dann aber noch eine dritte Instanz bei dem Ober-Appellationsgerichte statt.

§. 21. a. a. O.

Ob und wohin Berufung genommen werden kann von den Erkenntnissen, welche das Ober-Appellationsgericht selbst in erster Instanz abgefaßt hat, ist augenblicklich nicht zu ermitteln gewesen.

Zu bememerken ist nur noch, daß einige allgemeine Verordnungen, welche für gewisse Verbrechen über das Untersuchungs-Verfahren oder die Kompetenz Besonderes bestimmen, auch in Neu-Vorpommern Anwendung finden.

§. 22. a. a. O.

Departement des Justiz-Senats zu Ehrenbreitstein.

Der Bezirk des Justiz-Senats umfaßt den ostrheinischen Theil des Regierungsbezirks Koblenz, 32 Quadratmeilen mit 142,000 Einwohnern, wovon 63,000 unter Privat-Jurisdiktion stehen.

Auch dieser Landestheil hat im Wesentlichen seine frühere Justiz-Verfassung behalten; jedoch sind die allgemeinen preußischen Gesetze über das Verfahren in Kriminal- und fiskalischen Untersuchungen eingeführt.

Die ordentlichen Gerichte sind:

1. der Justiz-Senat, das landesherrliche Obergericht, aus Einem Direktor und 5 Mitgliedern;
2. 8 Königliche Untergerichte, wovon zwei (das Stadtgericht zu Wetzlar und das Justizamt zu Altenkirchen) kollegialisch formirt, nämlich mit 3 Mitgliedern besetzt sind, die andern Justizämter aber nur Einen Richter haben:
3. standesherrliche und andere Privatgerichte:
   a) die Fürstlich wiedsche Regierung zu Neuwied, als Obergericht, mit 5 Untergerichten (Justizämtern);

b) das Fürstlich solmssche Obergericht zu Braunfels mit 2 Justizämtern;
c) zwei andere standesherrliche Untergerichte;
d) ein Patrimonialgericht.

Von diesen Gerichten haben das Königliche und die standesherrlichen Obergerichte die ausschließliche Kriminal- wie Civil-Jurisdiktion über die Eximirten, von denen indeß gewisse Klassen — Königliche Beamte, Mitglieder der Fürstlichen Oberbehörden und andere — dem Justiz-Senat auch dann unterworfen sind, wenn sie in den Standesherrschaften wohnen.

Was die Nicht-Eximirten angeht, so üben die beiden standesherrlichen, nicht unter einem standesherrlichen Obergerichte stehenden Untergerichte die Kriminal-Jurisdiktion unter der Beschränkung des §. 513. der Kriminal-Ordnung aus. — In den Bezirken der anderen Gerichte stehen auch die Nicht-Eximirten unter der Jurisdiktion der Obergerichte. Die Untergerichte sind theils auf die im §. 19. der Kriminal-Ordnung bezeichneten Vergehen, theils auf noch geringere Sachen — Fiskalsachen des gemeinen Rechts — beschränkt. Nur dem Stadtgerichte zu Wetzlar steht eine ausgedehntere Strafgerichtsbarkeit zu, deren Umfang jedoch nicht sofort zu ermitteln gewesen ist.

Bei dem Justiz-Senate ist eins der Mitglieder als Inquirent bestellt.

In zweiter Instanz wird

a) in den geringern Sachen, in welchen in erster Instanz die Untergerichte selbstständig erkannt haben, von den betreffenden Obergerichten;
b) in den von den Obergerichten entschiedenen Kriminalsachen vom Oberlandesgerichte zu Arnsberg erkannt.

Der Justiz-Senat ist für die standesherrlichen Obergerichte nicht die höhere Instanz, sondern nur die Aufsichtsbehörde.

Note:

Seite 65. Zeile 9. von oben fehlt das Marginale: II. Nähere Bestimmung der Frage.

RECHTSHISTORISCHE REIHE

Die nachfolgende Liste führt die Titel der "Rechtshistorischen Reihe" ab Band 300 auf.
Eine vollständige Übersicht aller bisher in der Reihe erschienenen Bücher
finden Sie auf www.peterlang.de.

Band 300 Jan Kohlmann: Der Marsch zu den Gräbern von Karl und Rosa. Geschichte eines Gedenktages. 2004.

Band 301 Christian Rainer Schlicht: Die kumulative Schuldübernahme in der Rechtsprechung des Reichsgerichts und in der zeitgenössischen Literatur. 2004.

Band 302 Hans Peter Glöckner: Positive Vertragsverletzung. Die Geburt eines Rechtsinstituts. 2006.

Band 303 João Manuel Azevedo Alexandrino Fernandes: Die Theorie der Interpretation des Gesetzes bei Francisco Suárez. 2005.

Band 304 René Funk: Die Wahlprüfung der volksgewählten Abgeordneten der Volksvertretungen im Frühkonstitutionalismus. Eine Untersuchung der Wahlprüfung in den Kammern der Abgeordneten des Großherzogtums Baden, des Königreichs Württemberg und des Großherzogtums Hessen. 2005.

Band 305 Carolin O'Sullivan. Die Ahndung von Rechtsbrüchen der Seeleute im mittelalterlichen hamburgischen und hansischen Seerecht (1301–1482). 2005.

Band 306 Martin Jürgens: Staat und Reich bei Ernst Rudolf Huber. Sein Leben und Werk bis 1945 aus rechtsgeschichtlicher Sicht. 2005.

Band 307 Florian G. Dürselen: Franz Beyerle (1885–1977). Leben, Ära und Werk eines Rechtshistorikers. 2005.

Band 308 Kai Bandilla: Urheberrecht im Kaiserreich. Der Weg zum Gesetz betreffend das Urheberrecht an Werken der Literatur und Tonkunst vom 19. Juni 1901. 2005.

Band 309 Stefan Mieth: Die Entwicklung des Denkmalrechts in Preußen 1701–1947. 2005.

Band 310 Catharina Lodemann: Die Geschichte des französischen *acte de gouvernement*. 2005.

Band 311 Christina Wicke: Kodifikationsbestrebungen und Wissenschaft in Hessen-Darmstadt im vorkonstitutionellen Zeitalter. Zu der Beteiligung der Gießener Rechtsprofessoren an den Gesetzgebungsarbeiten in Hessen-Darmstadt in der Zeit zwischen 1769 und 1820. 2005.

Band 312 Christiane Chlosta: Nur dem Gesetz unterworfen? Eine rechtsgeschichtliche Untersuchung zu Idee und Wirklichkeit richterlicher Gesetzestreue unter besonderer Berücksichtigung der Aufwertungsrechtsprechung und des richterlichen Prüfungsrechts. 2005.

Band 313 Kathrin Dirr: Hoheitsrechtliche Streitigkeiten zwischen den Kölner Erzbischöfen und der Stadt Köln auf Grundlage reichskammergerichtlicher Verfahren des 16. und 17. Jahrhunderts. 2005.

Band 314 Michael Racky: Die Diskussion über Gewaltenteilung und Gewaltentrennung im Vormärz. 2005.

Band 315 Petra Thiemrodt: Die Entstehung des Staatshaftungsgesetzes der DDR. Eine Untersuchung auf der Grundlage von Materialien der DDR-Gesetzgebungsorgane mit zeitgeschichtlichen Bezügen. 2005.

Band 316 Julius F. Reiter: Entstehung und staatsrechtliche Theorie der italienischen *Carta del Lavoro*. 2005.

Band 317 André Book: Die Justizreform in der Frühzeit der Bundesrepublik. Die Beratungen der Kommission zur Vorbereitung einer Reform der Zivilgerichtsbarkeit in den Jahren 1955 bis 1961. 2005.

Band 318 Frank Zentz: Das amerikanische Strafverfahren als Element der Besatzungspolitik in Deutschland. Erziehung zur Demokratie durch den *Court of Appeals* 1948–1955. 2005.

Band 319 Friederike Quaisser: Mietrecht im 19. Jahrhundert. Ein Vergleich der mietrechtlichen Konzeptionen im Allgemeinen Landrecht für die Preußischen Staaten von 1794 und dem gemeinen Recht. 2005.

Band 320 Stefan Burghard: Professor Dr. Wilhelm Kahl – Leben zwischen Wissenschaft und Politik. 2005.

Band 321 Günter Baranowski: Die *Russkaja Pravda* – ein mittelalterliches Rechtsdenkmal. 2005.

Band 322 Christina Schneider: Die SS und das „Recht". Eine Untersuchung anhand ausgewählter Beispiele. 2005.

Band 323 Werner Schubert (Hrsg.): Zivilprozessreform in der Weimarer Zeit. Quellen zur Emminger-Zivilprozessverordnung vom 13.2.1924 und zu den Arbeiten der Zivilprozesskommission des Reichsjustizministeriums (1922–1930). Eingeleitet und herausgegeben von Werner Schubert. 2005.

Band 324 Felix Gaul: Der Jurist Rudolf Isay (1886–1956). Ein verantwortungsbewusster Vermittler im Spannungsfeld zwischen dynamischer Rechtsschöpfung, ökonomischem Wandel und technischem Fortschritt. 2005.

Band 325 Konstanze Braun: Dr. Otto Georg Thierack (1889–1946). 2005.

Band 326 Eckart Klein / Stefan Chr. Saar / Carola Schulze (Hrsg.): Zwischen Rechtsstaat und Diktatur. Deutsche Juristen im 20. Jahrhundert. 2006.

Band 327 Stefan Botor: Das *Berliner Sühneverfahren* – Die letzte Phase der Entnazifizierung. 2006.

Band 328 Andreas Köhler: Die Sorgerechtsregelungen bei Ehescheidung seit 1945. Scheidungsstrafe und verordnete Gemeinsamkeit. 2006

Band 329 Lars Düwel: Die Nichtigkeit und Anfechtbarkeit der Ehe in der Rechtsprechung des Reichsgerichts zwischen 1900 und 1945. 2006.

Band 330 Katalin Polgar: Das Oberappellationsgericht der vier freien Städte Deutschlands (1820–1879) und seine Richterpersönlichkeiten. 2007.

Band 331 Julia Schweitzer: Schiffer und Schiffsmann in den Rôles d'Oléron und im Llibre del Consolat de Mar. Ein Vergleich zweier mittelalterlicher Seerechtsquellen. 2007.

Band 332 Diana-Catharina Kurtz: Das Institut der Adoption im preußischen Allgemeinen Landrecht und im französischen Code civil zwischen Rezeption römisch-rechtlicher Prinzipien und verändertem Familienverständnis. 2006.

Band 333 Dino Joakim Duderstadt: Spiel, Wette und Differenzgeschäft (§§ 762–764 BGB) in der Rechtsprechung des Reichsgerichts und in der zeitgenössischen Literatur. 2007.

Band 334 Ronald Hoffmann: Die Domänenfrage in Thüringen. Über die vermögensrechtlichen Auseinandersetzungen mit den ehemaligen Landesherren in Thüringen nach dem Ersten Weltkrieg. 2006.

Band 335 Joachim Windmüller: *Ohne Zwang kann der Humanismus nicht existieren...* – „Asoziale" in der DDR. 2006.

Band 336 Sven Christian Gläser: Die Mediatisierung der Grafschaft Wertheim. Der juristische Kampf eines kleinen Reichsstandes gegen den Verlust der Landesherrschaft und seine Folgen. 2006.

Band 337 Benjamin Schleyer: Friedrich Wilhelm Bornemann (1798–1864). Eine Juristenkarriere im Preußen des 19. Jahrhunderts. 2006.

Band 338 Die Reform des Ehescheidungsrechts von 1976. Quellen zum Ersten Gesetz vom 14.6.1976 zur Reform des Ehe- und Familienrechts (Parlamentarische Ausschussprotokolle – Anglikanische Denkschrift von 1966 zur Scheidungsrechtsreform – Schlussabstimmung 1969 in der Eherechtskommission des Bundesministeriums der Justiz). Eingeleitet und herausgegeben von Werner Schubert. 2006.

Band 339 Andreas Feld: Das Bayerische Gesetz zum Schutz des Eigentums an Erzeugnissen der Literatur und Kunst gegen Nachdruck vom 15.04.1840. Vorgeschichte und Zustandekommen. 2007.

Band 340 Bernd Wörner: Adelbert Düringers Einfluß als Richter am Reichsgericht in Leipzig auf dem Gebiet des Personengesellschaftsrechts. 2007.

Band 341 Jan Jelle Kähler: Französisches Zivilrecht und französische Justizverfassung in den Hansestädten Hamburg, Lübeck und Bremen (1806–1815). 2007.

Band 342 Jörn Eckert / Pia Letto-Vanamo / Kjell Modéer (Hrsg.): Juristen im Ostseeraum. Dritter Rechtshistorikertag im Ostseeraum 20.–22. Mai 2004. 2007.

Band 343 Ferdinand von Weyhe: A.E. Wassermann. Eine rechtshistorische Fallstudie zur „Arisierung" zweier Privatbanken. 2007.

Band 344 Martin Klaus Römermann: Kündigungen und Kündigungsschutz im Franquismus. 2007.

Band 345 Thomas Hoffmann: Der Landrechtsentwurf David Hilchens von 1599. Ein livländisches Rechtszeugnis polnischer Herrschaft. 2007.

Band 346 Ingo Ullmann: Die rechtliche Behandlung holsteinischer Leibeigener um die Mitte des 18. Jahrhunderts. Dargestellt unter besonderer Berücksichtigung der Schmoeler Leibeigenschaftsprozesse von 1738 bis 1743 sowie von 1767 bis 1777. 2007.

Band 347 Petra Fischer-Langosch: Die Entstehungsgeschichte des Familiengesetzbuches der DDR von 1965. 2007.

Band 348 Lasse O. Johannsen: Die rechtliche Behandlung ausreisewilliger Staatsbürger in der DDR. 2007.

Band 349 Ralf Schlottau: Deutsche Kolonialrechtspflege. Strafrecht und Strafmacht in den deutschen Schutzgebieten 1884 bis 1914. 2007.

Band 350 Hartwig Brandt / Ewald Grothe (Hrsg.): Rheinbündischer Konstitutionalismus. 2007.

Band 351 Nora Lutze: Der Verwandtenunterhalt nach den §§ 1601 bis 1603 und §§ 1610 bis 1612 BGB in der Rechtsprechung des Reichsgerichts. Unter Berücksichtigung der Entstehung des BGB. 2007.

Band 352 Frank Thiäner: Das Verhältnis von Aufsichtsrat und Abschlussprüfern in der rechtshistorischen Entwicklung bis 1937. 2007.

Band 353 Britta Heymann: Ernst Melsheimer (1897–1960). Eine juristische Karriere in verschiedenen staatlichen Systemen. Mitarbeiter im Preußischen Justizministerium in der Weimarer Republik, im Justizministerium Preußens und des Reiches sowie Richter am Kammergericht in der NS-Zeit und Erster Generalstaatsanwalt der Deutschen Demokratischen Republik. 2007.

Band 354 Susanne Adlberger: Wilhelm Kisch – Leben und Wirken (1874–1952). Von der Kaiser-Wilhelms-Universität Straßburg bis zur nationalsozialistischen Akademie für Deutsches Recht. 2007.

Band 355 Moritz Waibel: Josef Berchtold (1833–1894). Ein Leben gegen den Ultramontanismus. 2007.

Band 356 Aline Levin: Erinnerung? Verantwortung? Zukunft? Die Beweggründe für die gemeinsame Entschädigung durch den deutschen Staat und die deutsche Industrie für historisches Unrecht. 2007.

Band 357 Ferdinand Krause: Die hergebrachten Grundsätze des Berufsbeamtentums. Eine rechtshistorische Analyse. 2008.

Band 358 André Tiebel: Die Entstehung der Schutztruppengesetze für die deutschen Schutzgebiete Deutsch-Ostafrika, Deutsch-Südwestafrika und Kamerun (1884–1898). 2008.

Band 359 Holger Ruff: Sittenwidrige Rechtsgeschäfte in der späten Kaiserzeit. Die Entwicklung der reichsgerichtlichen Rechtsprechung zu § 138 BGB von 1900 bis 1914. 2007.

Band 360 Frank Rohrer: Strafjustiz im Dritten Reich und in der SBZ/DDR. Die personelle und organisatorische Neuordnung des Justizapparates in den totalitären Diktaturen (1933–1955) mit ihren Auswirkungen auf die Rechtsprechung zum politischen Strafrecht. 2007.

Band 361 Hans-Georg Knothe / Marc Liebmann (Hrsg.): Gerichtskultur im Ostseeraum. Vierter Rechtshistorikertag im Ostseeraum. 18.–20. Mai 2006 in Greifswald. 2007.

Band 362 Christina Meß: Das Vertragsrecht bei Adam Smith. 2008.

Band 363 Quellen zur dänischen Rechts- und Verfassungsgeschichte (12.–20. Jahrhundert). Herausgegeben von Ditlev Tamm, Werner Schubert und Jens Ulf Jørgensen. 2008.

Band 364 Günter Baranowski: Die Gerichtsurkunde von Pskov. 2008.

Band 365 Mark Spengler: Die Entstehung des Scheckgesetzes vom 11. März 1908. 2008.

Band 366 Ivan Biliarsky / Radu G. Păun (eds./éds.): The Biblical Models of Power and Law. Les modèles bibliques du pouvoir et du droit. Papers of the International Conference, Bucharest, New Europe College 2005. Actes du colloque international, Bucarest, New Europe College 2005. 2008.

Band 367 Thomas A. Roth: Ausgestaltungen der Rechtsfähigkeit im 19. und 20. Jahrhundert. Zur Rechtspersönlichkeit natürlicher Personen in den bedeutenden deutschen Zivilrechtsordnungen. 2008.

Band 368 Björn Alexander Rautenberg: Der Fiskal am Reichskammergericht. Überblick und exemplarische Untersuchungen vorwiegend zum 16. Jahrhundert. 2008.

Band 369 Thorsten Miederhoff: *Man erspare es mir, mein Juristenherz auszuschütten.* Dr. iur. Kurt Tucholsky (1890–1935). Sein juristischer Werdegang und seine Auseinandersetzung mit der Weimarer Strafrechtsreformdebatte am Beispiel der Rechtsprechung durch Laienrichter. 2008.

Band 370 Philipp Nordloh: Kölner Zunftprozesse vor dem Reichskammergericht. 2008.

Band 371 Judith Freund: Die Wechselverpflichtung im 19. Jahrhundert. 2008.

Band 372 Hans-Michael Empell: Gutenberg vor Gericht. Der Mainzer Prozess um die erste gedruckte Bibel. 2008.

Band 373 Rainer Schröder: Die DDR-Ziviljustiz im Gespräch – 26 Zeitzeugeninterviews. 2008.

Band 374 Christian Neschwara: Ein österreichischer Jurist im Vormärz. „Selbstbiographische Skizzen" des Freiherrn Karl Josef Pratobevera (1769–1853). 2009.

Band 375 Stefan Ullrich: Untersuchungen zum Einfluss des lübischen Rechts auf die Rechte von Bergen, Stockholm und Visby. 2008.

Band 376 Johanna Gertrude Schmitzberger: Das nationalsozialistische Nebenstrafrecht 1933 bis 1945. 2008.

Band 377 Christian Brom: Urteilsbegründungen im „Hoge Raad van Holland, Zeeland en West-Friesland" am Beispiel des Kaufrechts im Zeitraum 1704–1787. 2008.

Band 378 Christian Böse: Die Entstehung und Fortbildung des Reichserbhofgesetzes. 2008.

Band 379 Tobias Röhnelt: Timm Kröger. Leben und Werk. 2009.

Band 380 Andrea Elisabeth Sebald: Der Kriminalbiologe Franz Exner (1881–1947). Gratwanderung eines Wissenschaftlers durch die Zeit des Nationalsozialismus. 2008.

Band 381 Angela Kriebisch: Die Spruchkörper Juristenfakultät und Schöppenstuhl zu Jena. Strukturen, Tätigkeit, Bedeutung und eine Analyse ausgewählter Spruchakten. 2008.

Band 382 Nana Ozawa: Louis Adolphe Bridel – Ein Schweizer Professor an der juristischen Fakultät der Tokyo Imperial University. Die geschichtliche Bedeutung der Yatoi zur späten Meijizeit. 2010.

Band 383 Christian Weißhuhn: Alfred Hueck 1889–1975. Sein Leben, sein Wirken, seine Zeit. 2009.

Band 384 Andreas Hunkel: Eduard Dietz (1866–1940) – Richter, Rechtsanwalt und Verfassungsschöpfer. 2009.

Band 385 Meike Guskow: Entstehung und Geschichte der Europäischen Charta der Regional- oder Minderheitensprachen. 2009.

Band 386 Markus J. Jahnel: Das Bodenrecht in „Neudeutschland über See". Erwerb, Vergabe und Nutzung von Land in der Kolonie Deutsch-Südwestafrika 1884–1915. 2009.

Band 387 Matthias Günter Steiner: Die Klöster und ihr Wirken – eine der Wurzeln des Stiftungswesens? 2009.

Band 388 Cornelia Staats: Die Entstehung des Bundes-Immissionsschutzgesetzes vom 15. März 1974. 2009.

Band 389 Cai Niklaas E. Harders: Das Bundesjagdgesetz von 1952 sowie die Novellen von 1961 und 1976. Vorgeschichte, Entstehung des Gesetzes sowie Problemfelder. 2009.

Band 390 Matthias Pohlkamp: Die Entstehung des modernen Wucherrechts und die Wucherrechtsprechung des Reichsgerichts zwischen 1880 und 1933. 2009.

Band 391 Sebastian Baur: *Vor vier Höllenrichtern...* Die Lizentiats- und Doktorpromotionen an der Juristischen Fakultät der Universität Heidelberg. 2009.

Band 392 Christoph Salmen-Everinghoff: Zur *cautio damni infecti*: Die Rückkehr eines römischrechtlichen Rechtsinstituts in das moderne Zivilrecht. 2009.

Band 393 Till Meno Sellschopp: Der Weg zum Revokationsrecht der Ehegatten nach § 1368 BGB. Zugleich ein Beitrag zur Geschichte des ehelichen Güterrechts. 2009.

Band 394 Marc Biermann: Das Staatseigentum an öffentlichen Sachen im Gemeingebrauch in der ersten Hälfte des 19. Jahrhunderts. Die Theorie des reinen Hoheitsrechts an den öffentlichen Sachen von Rudolph von Jhering und Friedrich Ludwig Keller im Zusammenhang mit dem Baseler Schanzenstreit von 1859/62. 2009.

Band 395 Markus Tüxen: Kollegialprinzip oder Einzelrichter. Die Entwicklung des zivilrechtlichen Spruchkörpers bei den Landgerichten sowie den Oberlandesgerichten seit 1879 unter besonderer Berücksichtigung der Reformen von 1974 und 1976. 2009.

Band 396 Adam Polkowski: Die polnische Zivilprozessordnung von 1930/33. Unter Berücksichtigung des deutschen, österreichischen, russischen und französischen Rechts. 2009.

Band 397 Barbara Riedi: Die Porten der Unteren Strasse, ihr Ladungsrecht und der Strassenunterhalt. Rechtshistorische Betrachtungen zur Verkehrs- und Wirtschaftsgeschichte Graubündens. 2009.

Band 398 Stefanie Jessica Loroch: Zeitungsrubrik: Gerichtssaal. Strafprozessberichterstattung in Münster im 19. Jahrhundert (1848–1890). 2009.

Band 399 Dirk Henning Hofer: Karl Konrad Werner Wedemeyer (1870–1934). Ein Juristen- und Gelehrtenleben in drei Reichen. Eine Biographie. 2010.

Band 400 Thomas Simon (Hrsg.): Hundert Jahre allgemeines und gleiches Wahlrecht in Österreich. Modernes Wahlrecht unter den Bedingungen eines Vielvölkerstaates. 2010.

Band 401 Dörte Mentz: Die Beweislastumkehr in der Rechtsprechung des Reichsgerichts. 2010.

Band 402 Werner Schubert (Hrsg.): Oberster Gerichtshof für die Britische Zone (1948–1950). Nachschlagewerk Strafsachen – Nachschlagewerk Zivilsachen. Präjudizienbuch der Zivilsenate. Eingeleitet und herausgegeben von Werner Schubert. 2010.

Band 403 Yong Lei: Auf der Suche nach dem modernen Staat. Die Einflüsse der allgemeinen Staatslehre Johann Caspar Bluntschlis auf das Staatsdenken Liang Qichaos. 2010.

Band 404 Andreas Schwenk: Die Formbestimmung des § 313 BGB a. F. (§ 311 b Abs. 1 BGB n. F.) bei Verträgen über Grundstücke in der Rechtsprechung des Reichsgerichts. 2010

Band 405 René Schorsch: Eberhard Georg Otto Freiherr von Künßberg (1881–1941). Vom Wirken eines Rechtshistorikers. 2010.

Band 406 Ulrike Köbler: Werden, Wandel und Wesen des deutschen Privatrechtswortschatzes. 2010.

Band 407 Björn Florian Faulenbach: Rolle und Bedeutung der Lehre in der Rechtsprechung der Internationalen Gerichtshöfe im zwanzigsten Jahrhundert. 2010.

Band 408 Guangyu Fu: Das Causaproblem im deutschen Bereicherungsrecht. Eine rechtshistorische Untersuchung. 2010.

Band 409 Andreas Kimmelmann: Die Folter im Beweisverfahren der Leges Visigothorum. Chindasvinths Gesetzgebung im Spiegel der westgotischen Rechtsentwicklung. 2010.

Band 410 Jacqueline Schmaltz: Die Entwicklung der Industrie- und Handelskammern. Zwischen Pflicht und Kür. 2010.

Band 411 Hermann Nehlsen: Bayerische Rechtsgeschichte vom frühen Mittelalter bis zum 20. Jahrhundert. 2011.

Band 412 Kathrin Spoerr: Recht und Revolution. Deutsche Ökonomen und ihr Einfluss auf das Recht der Weimarer Republik – eine Zeitschriftenschau 1917–1920. 2011.

Band 413 Moritz von Köckritz: Die deutschen Oberlandesgerichtspräsidenten im Nationalsozialismus (1933–1945). 2011.

Band 414 Annika Lillemor Lara Rabaa: Die Ehe als Rechtsinstitut im Badischen Landrecht von 1810. Unter besonderer Berücksichtigung der gesellschaftlichen Entwicklungen im 19. Jahrhundert. 2011.

Band 415 Christian Hattenhauer / Klaus-Peter Schroeder (Hrsg.): 200 Jahre Badisches Landrecht von 1809/1810. Jubiläumssymposium des Instituts für geschichtliche Rechtswissenschaft der Ruprechts-Karls-Universität Heidelberg und der Heidelberger Rechtshistorischen Gesellschaft vom 23. bis 26. September 2009. 2011.

Band 416 Tobias Alexander Krammerbauer: Die Ministerverantwortlichkeit und die Vorformen sonstiger Verfassungsgerichtsbarkeit in Württemberg zwischen 1815 und 1918. 2011.

Band 417 Werner Schubert (Hrsg.): Quellen zur GmbH-Reform von 1958 bis zum GmbH-Änderungsgesetz von 1980. Eingeleitet und herausgegeben von Werner Schubert. 2011.

Band 418 Gisela Emling: Johannes Heckel. Leben und Wirken (1889–1963). 2011.

Band 419 Jochen Kirschbaum: Die Etablierung der Historischen Rechtsschule an der Ludoviciana (1814–1824). 2011.

Band 420 Sören Koch: Unaufgeforderte Hilfeleistung in Notsituationen. Eine rechtshistorische und rechtsvergleichende Studie zu den zivilrechtlichen Aspekten der Nothilfe mit besonderer Berücksichtigung des Rechts der Geschäftsführung ohne Auftrag. 2011.

Band 421 Friedrich Carl von Savigny: Die Prinzipienfragen in Beziehung auf eine neue Strafprozeß-Ordnung. Ausgearbeitet im Justizministerium für die Gesetzrevision. Eingeleitet und herausgeben von Werner Schubert. 2011.

www.peterlang.de